文藝與政治的歧途

丁玲的最後生涯（1949－1986）

秦林芳◆著

目錄

第一章　從兩種傳統中走來

昨天我又苦苦地想起秋白，在政治生活中過了那麼久，卻還不能徹底地變更自己，他那種二重的生活使他在臨死時還不能免於有所申訴。我常常責怪他申訴的「多餘」，然而當我去體味他內心的戰鬥歷史時，卻也不能不感動，哪怕那在整體中，是很渺小的。[1]

——丁　玲

第一節　走向「革命」

丁玲（1904-1986），原名蔣冰之，湖南臨澧人。她是在思想和文學上帶著深厚的積累和深刻的矛盾向共和國走來的。作為一名出道較早的資深作家，她邁進共和國門檻時才 45 歲，但她卻經歷過新文學史上幾個重要的文學階段。總的來說，其創作軌跡的演變與新文學主潮的流向相一致，都經歷了從「五四」走向「革命」的過程。

丁玲最初是在「五四」運動的影響下成長起來的。1946 年 5 月，她在為《時代青年》而寫的一篇文章中說：「我雖沒有參加到『五四』，沒趕得上，但『五四』運動卻影響了我，我在『五四』浪潮極後邊，它震動了我，把我帶向前邊。」[2]「五四」運動爆發的那年，她在湖南桃源、長沙等地求學。她不但積極參加了遊行、講演、剪辮子等學生運動，而且在思想上受到了極大震動：「中國人民反帝反封建、

1　丁玲：〈風雨中憶蕭紅〉，《丁玲全集》第 5 卷，河北人民出版社 2001 年版，第 135 頁。以下所引《丁玲全集》各卷，版本均同此，不再另注。

2　丁玲：〈我怎樣飛向了自由的天地〉，《丁玲全集》第 5 卷，第 265 頁

要科學、要民主、要自由、要解放的呼聲和潮流，猛烈地激盪著我們，使我們如饑似渴地去找北京和上海出版的各種報章雜誌來讀，想從裏面找到中國應該走的道路」[3]。丁玲後於 1922 年入上海平民女子學校，1923 年就學於上海大學中文系，1924 年到北京。在這段時間裏，丁玲受「五四」新思潮影響，熱心向西方學習。其影響所及，不僅在她的文學創作，更在她的思想。這正如她事後所說：「如果沒有西方文學對我的影響，我大概不會寫小說，至少不會寫像這個譯本中的小說。可以看出，我最早的小說是跟著西方現實主義的道路走的，不只在形式上是如此，就是思想上，也是受了一些西方民主主義的影響。」[4]

在「五四」思潮和西方民主主義思想的影響下，丁玲「滿帶著『五四』以來時代的烙印」[5]而登上文壇，在大革命失敗後的苦悶中開始了小說創作。1927 年 12 月和 1928 年 2 月在《小說月報》發表處女作〈夢珂〉和成名作〈莎菲女士的日記〉，至 1929 年上半年又作小說 10 餘篇，主要收入《在黑暗中》（1928 年）、《自殺日記》（1929 年）、《一個女人》（1930 年）等三個集子中。此時，中國革命已越過思想革命時期，而進入了實際的社會革命階段，但她的創作卻仍然探討著五四時期的思想革命和個性解放的命題，關注著知識女性在五四退潮期的境遇與命運，表現了由個性解放幻滅導致的沈深的精神苦悶。此期，新文學第一代女作家冰心、廬隱等在思想和創作上處在相對停滯狀態，丁玲卻以新銳的朝氣和勇氣寫出了現代女性的心理與情感。在不到一年的時間裏，她描寫女性生活的〈夢珂〉、

---

3 丁玲：〈解答三個問題〉，《丁玲全集》第 8 卷，第 52 頁。

4 丁玲：〈為英文版《丁玲短篇小說選》寫的前言〉，《丁玲全集》第 9 卷，第 215 頁。

5 茅盾：〈女作家丁玲〉，《文藝月報》第 1 卷第 2 期，1933 年 7 月。

〈莎菲女士的日記〉、〈暑假中〉和〈阿毛姑娘〉等連續在《小說月報》刊載，確實給 20 年代末的文壇以不小的震動。

關於她此期的創作動機，她稍後（1932 年、1933 年）有過這樣的說明：「在開始，……對於社會上的一切，或某一件事，有一個意見，就想寫出來發表給大眾……同時我當初並不是以批判的觀點寫，只是內心有一個衝動，一種願望，想寫出怎樣一篇東西而已」，在兩三年時間裏，她的創作忠實於內心的感受、衝動，「總是先寫一個頭，擱下，後來再受了感觸，覺得非寫不可，於是再寫下去」[6]；「我那時為什麼寫小說，我以為是因為寂寞，對社會不滿，自己生活無出路，有許多話需要說出來，卻找不到人聽，很想做些事，又找不到機會，於是便提起了筆，要代替自己給這社會一個分析。因為我那時是一個很會發牢騷的人，所以《在黑暗中》，不覺的染上一層感傷。社會的一面是寫出了，卻看不到應有的出路。」[7]這些話道出了丁玲早期創作基本的情思特色。處女作〈夢珂〉寫一個出生於破落封建家庭的女子走出家庭、闖入社會後陷入困境的故事。女主人公本為一正直、善良、有同情心的女孩，但在學校和社會上與一些卑鄙之人接觸後，她發現了人心的險惡。於是，她慚慚地變了，為了能生存下去，她也不再反抗了：「以後，依樣是隱忍的，繼續到這純肉感的社會裏去，那奇怪的情景，見慣了，慢慢的可以不怕，可以從容，使她的隱忍力更加強烈，更加偉大，能使她忍受非常無禮的侮辱了。」小說承續五四浪漫抒情小說傳統，以鮮明的女性意識真實地寫出了社會吞噬一位曾經對生活抱有理想的純真女孩的過程，表述了現代女性在 20 年代後期的社會人生感受。

6　丁玲：〈我的創作經驗〉，《丁玲全集》第 7 卷，第 11 頁。

7　丁玲：〈我的創作生活〉，《丁玲全集》第 7 卷，第 15-16 頁。

沿著〈夢珂〉的情思軌跡，〈莎菲女士的日記〉對現代女性的人生困境和心理矛盾作出了更加深刻的開掘，它也因此成為早期同類作品的代表作。主人公莎菲的形象是丁玲早期作品所塑造的叛逆、苦悶的青年知識女性形象系列中最成功、最突出的一個典型。莎菲在五四個性主義浪潮的衝擊下背叛封建禮教，大膽走出家門，對個性解放有著無限的憧憬和追求。她渴望純真的愛情，要求「享有我生的一切」。但是，她所處的畢竟不是五四時代了，在大革命失敗後的低氣壓下，社會不會任其取用來滿足她的欲望，她對人生意義的執著尋求只能導致幻滅。在看不到前途和出路的情況下，她卻又不願意放棄反抗和追求，於是，這種痛苦的掙扎便不免帶上濃重的悲愴情調和病態色彩。她也因此成了「心靈上負著時代苦悶的創傷的青年女性的叛逆的絕叫者」[8]。作品以大膽直率的描寫，通過對她在愛情追求上的複雜矛盾的心理和行為，展示了她的叛逆、病態的性格：一方面，她欣賞葦弟的善良忠厚，又不滿於他性格的平庸怯懦；另一方面，她傾慕南洋闊少凌吉士的漂亮儀表和高雅風度，又鄙視他市儈主義的卑劣靈魂。在兩個男性中，她沒有選擇前者，也沒有選擇後者——但她在發現其靈魂的庸俗齷齪後卻仍然接受了他的吻，而吻過之後又毅然離開了他。這裏有她對靈（即自我個性）的堅守，也有靈肉分離後對肉（即性愛）的追求；但性愛的誘惑最終卻沒有使之泯滅靈的光輝。從這個意義上來說，「莎菲女士是『五四』以後解放的青年女子在性愛上的矛盾心理的代表者」[9]。作品著重刻畫的是莎菲在愛情上的矛盾心理，但這一心理卻反映出了時代投射在一部分知識女性身上的陰影，作者所說的「給這社會一個分析」就是從這一特定角度出發的。莎菲的矛盾和苦悶，是經歷過五四個

---

[8] 茅盾：〈女作家丁玲〉，《文藝月報》第 1 卷第 2 期，1933 年 7 月。

[9] 茅盾：〈女作家丁玲〉，《文藝月報》第 1 卷第 2 期，1933 年 7 月。

性主義思想洗禮的覺醒青年在時代低壓下陷入彷徨狀態的真實寫照，因而折射出了深廣的社會歷史內容。莎菲對愛情追求的失落流露出來的是對整個社會的絕望的情緒。在她看來，「在這個社會裏面是不會准任我去取得我所要的來滿足我的衝動，我的欲望」，於是，她便以變態、自戕的生活方式表示自己與社會的對立和對社會的反抗，「悄悄的活下來，悄悄的死去」。小說以第一人稱日記體的形式，飽含感情地對女主人公的內心世界作了深入細膩的揭示，顯示出了作者擅長描寫人物心理的出色才能。丁玲以〈莎菲女士的日記〉為代表的早期作品，以書寫女性命運為中心，重視心理描寫和情感抒發，顯然受到了法國現實主義文學（尤其是福樓拜的《包法利夫人》，莫泊桑的《一生》等作品）對於現代社會虛偽文明的批判、對女性命運深切關注、對於愛瑪式女子的描寫以及心理剖析技巧的啟發，也受到了歌德的《少年維特之煩惱》感傷型浪漫主義抒情風格的影響。而從中國現代文學自身的源流上來看，這些作品也是對由郁達夫開創的以《沈淪》為代表的「五四」個性主義浪漫感傷小說的繼承、回應與總結。

忠實於自己內心感受的創作動機和創作實踐表明了丁玲此期對「五四」自由思想和「五四」文學個性精神的追慕。或者說，其精神基礎就是崇尚個體尊嚴與自由的「五四」個性主義思想。晚年的丁玲在回顧自己的生活和思想道路時，清醒地意識到了「自由」與「革命」的矛盾，並承認自己在走向革命前的那一段時間裏對「自由」曾有過那樣深情的憧憬和深切的迷戀：

> 我原是一個貧窮的孤女……封建的黑暗生活常常要烙著我。我又讀過一些古書，熟悉一些古人。因此忠烈愛國、慷慨激昂，孤高自賞，感傷憂鬱各種矛盾注滿我的心靈。有許多是

> 催使我走向革命，然而又有許多是不合乎革命所須要的。比如自由。我個人一直是認為要自由思想，自由行動。「我怎樣飛向了自由天地？」……當我在平民女校時，有人徵求過我的意見入團，在上大也有人徵求過我的意見入團。我都表示了我的意見：我怕不自由。而當有人說：「你就按你喜歡的去學、去幹、去飛吧，飛得越高越好，越遠越好，你是一個須要展翅高飛的鳥兒。」我引為知己，並且就照著這樣辦，衝擊了幾年……[10]

這裏說的「有人」指的是瞿秋白。瞿秋白對她和社會有相當深刻的「理解」，當她向他徵求意見時，他說：「你嘛，飛得越高越好，越遠越好。」瞿秋白的話正中了她的下懷，她把他引為知己，因為她當時不想要的「就是黨組織的鐵的紀律」，她甚至把它比作是「一個緊箍咒」。她覺得「要服從鐵的紀律，命令我幹一件事，就非幹不可，要我去做機器裏面的一顆螺絲釘，放到哪裡就在哪裡，我心裏自問，這個太不自由，這個不行」。於是，她拿起了筆，雖然「拿筆也不一定行，但我可以自由」[11]。因此，她早年拿筆寫作本身，就構成其思想和生活態度的一種象徵：她渴望「自由」，渴望「自由」地發抒，渴望在「自由天地」裏展翅翱翔。而事實上，她早期以〈莎菲女士的日記〉為代表的創作確實也抒發出了對個性「自由」的追求和這種追求不能實現的憤懣。

1929 年下半年至 1933 年 5 月被捕前，丁玲的思想和創作開始發生變化。她邁出了走向「革命」的第一步。在創作上看，其早期小說中的個性主義主題開始為集體主義主題所替代，這很有代表性

10　丁玲：〈隨感四則（四）〉，《丁玲全集》第 9 卷，第 436 頁。

11　丁玲：〈我是人民的兒女〉，《丁玲全集》第 8 卷，第 306、307 頁。

地表現了 20、30 年代之交中國現代文學從文學革命到革命文學的轉型。她力圖拓寬視野，突破自身情緒宣泄的局限，創作了以革命者為主人公的長篇小說〈韋護〉。作品以「五卅」運動前的社會現實為背景，描寫了小資產階級女性麗嘉與革命者韋護的戀愛與衝突。韋護曾為愛人麗嘉而忽略革命工作，後在同志的「幫助」與粗暴的干預下，他意識到自己的錯誤，便離開深愛著他的麗嘉，全身心地投入到革命事業中了。小說試圖表現革命者對個性主義與集體主義矛盾的超越，韋護的形象對於人們瞭解此期共產黨人的生活，也有相當的認識價值。但是，由於丁玲對革命者的生活並無深刻的瞭解，致使韋護的形象不夠豐滿，並且故事本身也是「庸俗」的，竟「陷入戀愛與革命衝突的光赤式的陷阱裏去了」[12]。之後的〈一九三〇年春上海〉（之一、之二）在描寫知識份子從個人主義走向集體主義的道路時也帶有這樣的痕跡，雖然這些作品中的幾位女性形象還顯得較有光彩。總之，此期丁玲處在轉換途中，其思想急劇左轉，其「向外轉」的創作在隨之強化社會性和革命性的同時，卻在相當大的程度上忽略了藝術的獨創性。這也顯示了早期革命小說的一般的特點和缺點。

1931 年秋，丁玲在《北斗》雜誌上發表了短篇小說〈水〉。它以當年發生的十六省大水災為題材，描寫了農民與水災和官府作殊死搏鬥的情景，場面壯闊，筆觸粗獷，凸現了覺醒、抗爭的農民群像，顯示了「作者對於階級鬥爭的正確的堅定的理解」[13]。作品發表後得到左翼理論家的熱情肯定，被視為左翼所倡導的「新小說」的萌芽。茅盾指出，〈水〉的發表，「不論在丁玲個人，或者文壇全

12　丁玲：〈我的創作生活〉，《丁玲全集》第 7 卷，第 16 頁。

13　馮雪峰：〈關於新的小說的誕生——評丁玲的「水」〉，《北斗》第 2 卷第 1 期，1932 年。

體，這都表明了過去的『革命與戀愛』的公式已經被清算了」[14]。因此，〈水〉既標誌著丁玲創作的明顯轉變，也顯示了 30 年代整個革命文學的發展。之後，丁玲還沿著〈水〉的道路，寫出了一系列表現工農生活的作品，如〈消息〉、〈法網〉、〈奔〉、〈夜會〉等。

丁玲創作向「革命文學」的轉型，緣於其思想上的巨大變化，緣於其對「自由」與「革命」的新的理解。關於其文學創作路向發生變化的原因，她說過：「稍後隨著中國革命形勢的發展，我的小說很自然地隨著中國人民和時代的要求而發生變化，其內容、人物和生活就都是中國式的了」[15]。她所說這些都是外部因素。當然，對她創作轉型具有決定意義的是其思想的變化和主觀上對這些外部因素的體認。她思想的變化首先是在征服創作危機中發生的。應該看到，以〈莎菲女士的日記〉為代表的丁玲早期創作以其自我生活及其體驗所建立的「向內型」的藝術結構是封閉型的，因而是不穩定的。特別是在特定的題材範圍內，她的創作起點便成了頂點的現象，作為一種壓力和動力，更迫使她去作新的藝術開拓，去顛覆其原有的藝術結構。馮雪峰曾經指出，〈莎菲女士的日記〉的作者和主人公「十分同感而且非常濃重地把自己的影子投入其中去」，「在這上面建立起自己的藝術的基礎」，她在藝術上取得了成功，但也使這個作品成了「一個不能再前進的頂點」，從而「面臨著一個危機了」。他分析說：「這危機可以有三種出路，一是照舊發展下去，依然和社會的前進革命的力量隔離著，寫些在戀愛圈子內的充滿著傷感、空虛、絕望的種種所謂灰色的遊戲的作品；但這些作品將越寫越無力，再寫無法寫出第二篇和〈莎菲女士的日記〉同樣有力的東西來，那也是一定的，在她以前或同時就有類似的例子了。二是，不能再寫了，

[14] 茅盾：〈女作家丁玲〉，《文藝月報》第 1 卷第 2 期，1933 年 7 月。
[15] 丁玲：〈為英文版「丁玲短篇小說選」寫的前言〉，《丁玲全集》第 9 卷，第 215 頁。

就是說擱筆了。三是，和青年的革命力量去接近，並從而追求真正的時代前進的熱情和力量（人民大眾的革命力量）。這第三種是真的出路，並且也和已往的戀愛熱情的追求聯接得起來的，因為戀愛熱情的追求是被『五四』所解放的青年們的時代要求，它本身就有革命的意義，而從這要求跨到革命上去是十分自然，更十分正當的事。所以，這應當是一個轉機。」[16]確實，從 1929 年下半年開始，丁玲自己產生了拓展題材範圍、轉換創作路向的自覺要求。她曾借作品中人物——青年作家若泉之口說道：「對於我們的一些同行，我希望都能注意一點，變一點方向，雖說眼前難有希望產生成功的作品，不過或許有一點意義，在將來的文學歷史上。」正是在這種征服創作危機的內發要求驅使下，丁玲借鑒了當時流行的「革命小說」模式，以浪漫的情熱寫出了「向外轉」的〈韋護〉、〈一九三〇年春上海〉（之一、之二），如馮雪峰所說的那樣，以追求戀愛的熱情去「追求真正的時代前進的熱情和力量」。由於丁玲對革命既抱有不切實際的幻想，對實際的革命情形又缺乏真切的認識，所以，作品概念化痕迹相當濃重。這是丁玲為了征服危機、轉換路向不得不付出的代價。

但是，丁玲在征服創作危機中發生的思想變化對她此後的創作道路還不具有決定性意義。儘管她此時在創作中表達了對革命的向往，但還僅僅停留在意識和情感層面，而沒有參加革命組織並投身到實際的革命運動中去。在許多正直的知識份子紛紛左傾，在道義和情感上對革命抱以理解、同情和向往的時代，丁玲作出如此舉動，是不難理解的。但是，在思想深處，丁玲那時仍然固執地認為「自己自由地寫作，比跑到一個集體裏面去，更好一些。我們並沒有想

---

[16] 馮雪峰：〈《丁玲文集》後記〉，《馮雪峰選集・論文編》，人民文學出版社 2003 年版，第 233-234 頁。

著要參加什麼，要回到上海。我們只是換了一個地方，仍然寂寞地在寫文章」[17]。雖然那時她不可能不受到革命氛圍和革命文學的影響，但她並沒有放棄「五四」思想自由的原則，她對革命的向往和描寫也是她自由思想和自主探索的結果。1930 年 5 月，從濟南回到上海的丁玲和胡也頻經潘漢年介紹同時參加左聯。關於此事，丁玲回憶說：「5 月從山東回來，和潘漢年聊了一陣天，喝了陣咖啡，就參加了左聯。但因有小孩，不願意活動。」[18]當時她參加左聯的方式既顯隨意，後又以懷孕為由不願意參加左聯活動，因此，其實際意義並不彰顯。

1931 年 2 月胡也頻慘遭殺害，這一慘案使丁玲真正懂得了什麼是「專制」，什麼是「殘暴」。她感到了在專制的淫威中個體的渺小和無力，而開始真正寄希望於「大家」、「集體」。5 月 28 日，她在中國公學發表講演，希望死人的意志化為「大家」的努力：「有人說：死去了一個朋友，彷彿丁玲應該努力；也有人對我有善意的勉勵。但死人的意志，只在一個人身上嗎？難道不在大家身上嗎？」[19]她個人當時也極力否定「丁玲終日以淚洗面，扶孤返湘」的孤苦，指出「這是錯誤的，是一種模糊的印象」[20]。原因就在於她找到了集體，融入了集體。這給了她自信和力量。從那以後，左聯對她來說才真正具有了「集體」、「組織」的意義。胡也頻犧牲後不久，她即向左聯提出去蘇區工作的請求，9 月，又根據黨組織的決定留滬編輯左聯機關刊物《北斗》。第二年 3 月，她加入了中國共產黨，入黨宣誓儀式由潘梓年主持，瞿秋白代表上級黨組織參加。丁玲在儀式

---

17 丁玲：〈我與雪峰的交往〉，《丁玲全集》第 6 卷，第 268 頁。

18 見王景山：〈我所知道的中央文學研究所和所長丁玲〉「附錄一」，「我日記裏丁玲的幾次講話」。

19 丁玲：〈死人的意志難道不在大家身上嗎？〉，《丁玲全集》第 7 卷，第 6、7 頁。

20 丁玲：〈我的自白〉，《丁玲全集》第 7 卷，第 1 頁。

上宣誓：「再也不做黨的同路人了。我願意做一顆螺絲釘，把我放在哪裡，我就在哪裡，叫我幹什麼，我就幹什麼。我的生命，我的心，不是屬於我自己的，而是屬於黨的。」[21]以此為標誌，丁玲在思想上急劇地完成了左轉，投身到了革命和集體的行列，渴望「自由」、尊崇個性的她皈依了「革命」，飛進了「集體」的懷抱。當年曾勸她「飛得越高越好，越遠越好」的瞿秋白如今又多了一個同志，真不知叫在場的他產生何種感慨！

丁玲的思想變化從征服創作危機開始，中經胡也頻犧牲的刺激，最後終於以自願放棄一己「自由」、投身「革命」而結束。在實現思想轉換的過程中，丁玲的文學觀也發生了巨大的變化。她將「作者的態度」和「階級的意識」放在創作的首要位置上，批評青年作者「站在旁觀的地位，在作品中說出作者自己的話」(亦即反對個性意識的流露和表現)，強調文學「能夠組織起廣大的群眾」的「社會價值」，反對「胡秋原之流」所要求的「所謂文學的本身價值」[22]。在題材上，號召「用大眾做主人」，要求作家「不要太喜歡寫一個動搖中的小資產階級的知識份子。這些又追求又幻滅的無用的人，我們可以跨過前去，而不必關心他們，因為這是值不得在他們身上賣力的」；要求「已經有階級的覺悟」的青年作家「決心放棄眼前的，苟安的，委瑣的優越環境，穿起粗布衣，到廣大的工人、農人、士兵的隊伍裏去，為他們，同時就是為自己，大的自己的利益而作艱苦的鬥爭」，以「產生新感情和新意識」，獲得「實際生活」的題材[23]。丁玲思想和文學觀的變化導致了其創作本身的轉向，創作出了「以大眾做主人」、具有鮮明階級意識的〈水〉、〈法網〉等作品。

21　引自丁玲：〈我是人民的兒女〉，《丁玲全集》第 8 卷，第 309 頁。

22　丁玲：〈我的創作經驗〉，《丁玲全集》第 7 卷，第 12、13 頁。

23　丁玲：〈對於創作上的幾條具體意見〉，《丁玲全集》第 7 卷，第 9-10 頁。

丁玲走向「革命」、皈依集體的思想轉換是在反抗暴政的過程中實現的，也是以放棄「個人自由」為前提的。丁玲的這種思想定勢在以後長期的生活和工作中一再表現出來。1933 年 5 月，丁玲被國民黨特務綁架，在南京度過了三年多的幽囚歲月。1936 年 9 月逃離南京，11 月到達陝北。1937 年 8 月至 1938 年底，出任西北戰地服務團（西戰團）主任，率團開赴抗日前線，從事抗日宣傳工作。在西戰團活動期間，丁玲也積極提倡「個人」服從「集體」、「自由」服從「紀律」。在〈西北戰地服務團成立之前〉一文所附的日記中，她寫道：「領導是集體的，不是個人的，所以不是一個兩個英雄能做成什麼大事的」；個人「要在群眾的監視之下糾正那致命的缺點」[24]。在西戰團第一次大會討論通過的〈本團規約〉中頭兩條即為「一切行動聽指揮」、「對上級應有禮節」[25]。在她看來，為了「革命」，犧牲個人自由是必要的。她在 1938 年夏作的一篇文章裏對此說得分明：「為了人類幸福的前途，是須要大多數人犧牲了個人自由，耐心的，誠懇的不被流俗所喝采，也不以困難委屈而氣餒的去工作，這些人也許不會出名，但他的偉大卻將因世界的進化而永存在人心中。」[26]

不要以為丁玲對「集體」、「紀律」的鼓吹僅僅是一種理念上的倡導，它本身還成了約束人們行為的標準和尺度。1937 年冬天，丁玲寫了一篇散文〈一次歡送會〉，生動地描寫了集體對一個「個人自由主義者」王淇的批評幫助及王淇的轉變過程，具體地展示了「集體」、「紀律」對個體的約束力。王淇讀過不少社會科學書籍，「同志們因為領導上對他頗為重視，也都希望他有一些好的表現」。但幾次

---

[24] 丁玲：〈西北戰地服務團成立之前〉，《丁玲全集》第 5 卷，第 48 頁。

[25] 丁玲：〈第一次大會〉，《丁玲全集》第 5 卷，第 50 頁。

[26] 丁玲：〈反與正〉，《丁玲全集》第 7 卷，第 38 頁。

工作後，他沒有給大家好印象，常常和大家意見不合，好發表「空洞的、不正確的意見」。於是，他便成了大家批評幫助的物件。在小組會和全團生活檢討會上，同志們多次幫助他，丁玲也同他談過話，批評他「過於原諒自己，應該同自己做鬥爭；鬥爭是不寬容的，殘酷的，不停止的，到最後一天還會有的」。據丁玲分析，他的思想中的「主要的成分是虛無，是極端的個人自由主義」。在她看來，這在「我們如此緊張、團結的集體之中」，是不能容許的，因此必須「鼓勵他，糾正他」。而實際上，他的一些所謂「奇談怪論」（如文章中例舉的他所說的「國共合作」「是暫時的」）後來卻被無情的事實證明是正確的、具有預見性的。在強調「聽指揮」的集體中，個人的意志（哪怕是正確的）往往要被淹沒。當王淇經歷過多次批評後轉變，說出「以前種種譬如昨日死，以後種種譬如今日生」，表示「要記住你們給我同志式的愛護」時，我們看到的正是這種「集體」對「個人」的征服。[27]稍後，她在〈憶天山〉一文中又提出了要「在集體中受磨煉，克服自己」，並慨歎這「真是不容易的事呵！」[28]丁玲的所有這些的認識和舉動，都可以視為 1929-1933 年間思想轉換的餘波，都可以視為此間形成的思想定勢的呈現。

在 1942 年 5 月召開的延安文藝座談會以後，丁玲在走向「革命」的征途中邁出了更為堅實的一步。如果說，在左聯期間丁玲思想轉換的動機主要是為了反抗暴政、挑戰國民黨的權力話語、因而具有鮮明的異端色彩的話，那麼，這一時期丁玲思想變化的目的卻在自覺地維護毛澤東〈在延安文藝座談會上的講話〉所指明的文藝方向，在抗日民主根據地和以後的解放區建構起作為新中國文學雛形的文學新體制（即「規範」），因而具有相當的正統性。而要完成其思想

27　丁玲：〈一次歡送會〉，《丁玲全集》第 5 卷，第 80-84 頁。

28　丁玲：〈憶天山〉，《丁玲全集》第 5 卷，第 87 頁。

上的這一次飛躍，最根本的是要清除自己頭腦中的個人主義等一切非無產階級思想，徹底放棄個人的「自由」。丁玲回憶說，「那年整風開始不久，我們天天學習文件，批判個人英雄主義」[29]，她也因為此前所作的〈我們需要雜文〉、〈「三八」節有感〉等文章，在延安整風運動中受到了嚴厲的批評。她自己也自覺地全身心投入延安整風運動，「運動中她寫下了兩本學習心得，一本封面的題目是《脫胎換骨》，另一本是《革面洗心》。」[30]單從心得的題目中就可以看出運動對她的觸動之深和她自我改造意志之堅決。在座談會召開後的次月，她寫了篇〈關於立場問題我見〉，表明了徹底改造自己、繳納「自己的甲胄」的決心：「改造，首先是繳納一切武裝的問題。既然是一個投降者，從那一個階級投降到這一個階級來，就必須信任、看重新的階級，而把自己的甲胄繳納」，以「把這一種人格改造成那一種人格」；「與其欣賞那些，讚美那些個人的偉大，還不如歌頌那些群眾的平凡的事業。這才是真正的偉大。」[31]在表明自我決心的同時，她還反戈一擊，對原先可以引為思想上的同道者的王實味進行了無情的揭露、批判，說「王實味的思想問題，從這個座談會的結果來看，已經不是一個思想方法的問題，立場或態度的失當，而且是一個動機的問題，是反黨的思想和反黨的行為，已經是政治的問題」，提出「全要打擊他，而且要打落水狗」[32]，並檢討了自己發表王實味作品的錯誤。胡喬木晚年回憶：「6 月 11 日，丁玲在中央研究院批判王實味的大會上，對她主編《解放日報》文藝專欄時允許發表〈野百合花〉，以及她自己的〈三八節有感〉在『立場和思想

29　丁玲：〈序《丁玲戲劇集》——我與戲劇〉，《丁玲全集》第 9 卷，第 158 頁。

30　陳明：〈丁玲在延安〉，《新文學史料》1993 年第 2 期。

31　丁玲：〈關於立場問題我見〉，《丁玲全集》第 7 卷，第 68、69 頁。

32　丁玲：〈文藝界對王實味應有的態度及反省〉，《丁玲全集》第 7 卷，第 71、72 頁。

方法上的問題』作了檢討，並以生動的語言講述了自己在整頓三風中的收穫。她說：『回溯著過去的所有的煩悶，所有的努力，所有的顧忌和過錯，就像唐三藏站在到達天界的河邊看自己的軀殼順水流去的感覺，一種幡然而悟，憬然而漸的感覺。』——這段話表明了一位有成就、身上又有著小資產階級弱點的作家，在毛主席的啟迪下所發生的思想認識上的超越。這也正是丁玲後來在文藝創作上取得卓越成績的新起點。」[33]稍後，她又於 1942 年 10 月魯迅逝世紀念日，主持了對另一個思想上的同道者蕭軍的批判。那天，延安各界隆重集會紀念魯迅先生，參加者有兩千多人。會上，蕭軍為了批駁強加在他頭上的「破壞批判王實味大會」的罪名，宣讀了說明真相的〈備忘錄〉，觸犯了眾怒。於是，大會又衍生出了一個新主題——即批評蕭軍思想，在丁玲主持下[34]，會議前後開了九個小時。會上，丁玲、周揚、陳學昭等黨內外七位作家輪番上陣，與蕭軍展開舌戰。蕭軍檢討自己是百分之九十九的錯，而「你們是不是該考慮一下百分之一……」話音未落，迅即遭到了丁玲的反駁：「我們一點也沒錯，你是百分之百的錯！告訴你蕭軍，我們共產黨的朋友遍天下，丟掉你一個蕭軍，不過九牛一毛……」蕭軍怒吼，拂袖而去[35]。後來，在延安「文抗」，在丁玲主持下，又集會討論蕭軍思想，主題為批評個人英雄主義。

33　《胡喬木回憶毛澤東》，人民出版社 1994 年版，第 267 頁。

34　關於大會主席，有兩說：一是丁玲，見丁玲：〈批判蕭軍錯誤思想——東北文藝界座談會發言摘要〉，《丁玲全集》第 7 卷，第 103 頁；二是吳玉章，見張毓茂：〈我所知道的蕭軍先生〉，《新文學史料》1989 年第 2 期。陳明〈一點實情〉（《新文學史料》1994 年第 4 期）說，吳玉章並未與會，但也同時提到了丁玲與蕭軍的衝突。

35　張毓茂：〈我所知道的蕭軍先生〉，《新文學史料》1989 年第 2 期。陳明〈一點實情〉中也說，丁玲在反駁蕭軍時有過「共產黨是千軍萬馬，背後還有全國的老百姓，你蕭軍只是孤家寡人」等語。

丁玲在延安整風運動中所表明的改造自己的決心和態度，很快化成了實際行動。在參加審幹運動後，她調到邊區文協從事專門寫作。她虔誠地按照毛澤東的要求改造自己，到工廠、農村深入生活，參加各種工作會議，採訪與會代表，寫出了許多以英模為主人公的紀實作品。她「和許多作家一起，為實踐毛澤東指出的新的文藝路線而鬥爭。我多次去農村，參加農村的工作；也去工廠，幫助工人開展文化工作；不斷地反映他們的工作與生活。我寫了一些短篇，這裏面的人物已經不像過去那樣，不是虛構的人物，而是同我日夜相處，甘苦與共的親切同志了。」[36]胡喬木回憶說：「丁玲、歐陽山在參加邊區合作會議後，分別寫了〈田保霖〉和〈活在新社會裏〉。因為作品描寫了新人新事（兩文的主人公田保霖和劉建章都是合作社的模範），表明了作者在投入了新的鬥爭生活後取得的進步，所以毛澤東極感快慰，專門派人送信給丁玲和歐陽山。……毛主席不止一次表揚丁玲，說她下鄉、到群眾中去，寫出了好的文章和小說。」[37]丁玲的報告文學〈田保霖〉和歐陽山的〈活在新社會裏〉於 1944 年 6 月 30 日同時發表在《解放日報》上。對於這篇文章，丁玲自己「一點也不覺得好，一點也不滿足，可是卻得到了最大的鼓勵」[38]。毛澤東在翌日淩晨讀完後，以掩飾不住的欣喜給丁玲和歐陽山奮筆修書一封。信中寫道：「快要天亮了，你們的文章引得我在洗澡後睡覺前一口氣讀完，我替中國人民慶祝，替你們兩位的新寫作之風慶祝」，並約請他們去他處一敘。[39]後來，毛澤東在幹部會議上、在合

---

36 丁玲：〈在旅大小平島蘇軍療養院的一次講話〉，《丁玲全集》第 7 卷，第 353 頁。

37 《胡喬木回憶毛澤東》，人民出版社 1994 年版，第 267 頁。

38 丁玲：〈《陝北風光》校後感〉，《丁玲全集》第 9 卷，第 52 頁。

39 〈田保霖〉、〈活在新社會裏〉均為歌頌邊區合作社工作中的模範之作。1944 年 7 月 1 日，毛澤東讀後寫信祝賀他們深入群眾描寫工農兵；後在一次高幹會上又表揚說：「丁玲現在到工農兵中去了，〈田保霖〉寫得很好；作家到群眾中去就

作社會議上都提到了這篇文章。顯然，毛澤東是從利國利民的高度對丁玲和歐陽山的這兩篇描寫工農兵的歌頌性作品予以高度肯定的。這確實起到了「開路」引導的作用。這正如晚年的丁玲所說：「不是我的文章寫得好，我也不是從這時候寫工農兵的，毛主席說的話是替我開路的」[40]。從那以後，她「特別堅定地深入到工農兵裏邊去」，寫出了《太陽照在桑乾河上》等「寫工農兵」的作品。

領袖的「開路」和引導，不但強化了丁玲自覺改造自己的意識，而且進一步激發了她維護「規範」的鬥爭精神。丁玲在 1946 年 6 月 17 日所寫的〈紀念瞿秋白同志被難十一周年〉一文中談到，在距讀瞿秋白文章之後的十年讀毛澤東的講話時，「我才明白我還需要『挖心』。我很難受我『脫胎換骨』之難」[41]——她為自己轉變之難而作出了這樣的自責。1948 年 10 月，她在哈爾濱團市委舉辦的青年講座上發表講話，核心仍然是批判「個人英雄主義」：「革命的英雄主義，不是個人的，不是專門為個人的名譽地位，個人的權利和感情，那種個人英雄主義，張牙舞爪，實在是很可笑的。但是這種個人英雄主義，不但資產階級裏有，小資產階級裏也是有的。我們大家都是小資產階級出身，我們要懂得這個階級的特點。」[42]她要求小資產階級出身的知識份子放棄「個人的權利和感情」，痛快地實現「脫胎換骨」式的自我改造。這表明她自我改造的意識已經相當自覺和強烈。就是在詮釋《太陽照在桑乾河上》中的那個「沒有掌

能寫好文章。」實際上，丁玲自己也認為寫得沒有什麼好。這是可以看出毛澤東欣賞的傾向和導向的。見丁玲：〈毛主席給我們的一封信〉，《丁玲全集》第 10 卷，第 285 頁。

40 丁玲：〈談寫作〉，《丁玲全集》第 8 卷，第 261 頁。

41 丁玲：〈紀念瞿秋白同志被難十一周年〉，《丁玲全集》第 5 卷，第 267 頁。

42 丁玲：〈同青年朋友談談舊影響〉，《丁玲全集》第 7 卷，第 101 頁。

握必要的實際工作經驗」的文采時，她也把他看成是一個出身於知識份子階層的「還沒有克服個人主義」[43]的形象。

從這一意識出發，從改造自我以維護「規範」的目的出發，丁玲在建國前夕的東北參與組織了對蕭軍「錯誤思想」的批判。1949年3月，丁玲去匈牙利參加國際婦女聯合會第二次代表大會後回到瀋陽，主持了東北文藝界座談會。這是她在批判蕭軍問題會議上第三次當主席了。這次東北文藝界座談會是在蕭軍個人主編的《文化報》與中共東北局宣傳部領導的《生活報》展開大論戰的背景下、在東北文藝協會和中共中央東北局對蕭軍作出組織處理結論前兩個月召開的。抗戰勝利後，蕭軍隨大軍回到東北，創辦《文化報》，繼續伸張「五四」個性主義、啟蒙主義的主張和價值觀：「不論一個國家，一個民族，以至作為一個『人』，全應有它的自尊心，不能夠容忍任何外力加以侮辱和玷污」；「我沒有權利把自己的思想、觀點、認識以至主張強加於人」[44]。報紙在群眾中產生強烈反應，發行量達到每月七八千份。從1948年8月起，由劉芝明為領導、由宋之的為主編的《生活報》對蕭軍的《文化報》發起了激烈的論爭，並很快演變為大規模的批判。這場論爭和批判的實質，是「五四」個性主義與新「規範」這兩種不同話語之間的對峙和衝突。當時「面臨新政權的建立，要求思想、理論與精神、意志，政治與組織上的高度集中和統一，蕭軍這類知識份子依然要保持『獨立性』（儘管對蕭軍而言是擁護前提下的獨立性），就難以再接受和容忍了」[45]。

對於這場論爭的性質，丁玲自然也是了然於心。回到瀋陽後，她與這次大規模批判的組織者、時任東北局宣傳部副部長劉芝明過

---

43 丁玲：〈《太陽照在桑乾河上》俄譯本前言〉，《丁玲全集》第9卷，第48頁。
44 蕭軍：《蕭軍近作》，四川人民出版社1981年版，第233、225頁。
45 錢理群：《1948：天地玄黃》，山東教育出版社1998年版，第139頁。

從甚密。[46]早在延安時期，丁玲與時任中共中央黨校教務處副主任的劉芝明就有了接觸，因為她與黨的關係編在教務處。「在這一段時間裏，劉芝明同志留給我一個很深的印象。他以一個所謂的外行領導了黨校的業餘文藝活動，寫出了作品，發現了人材，不只豐富了黨校的文藝生活，而且推動了延安的整個文藝活動。」他是「在延安文藝座談會後執行黨的文藝路線卓有功績」[47]的。在這個座談會的發言中，從「如何使我們文藝工作者，特別是工作歷史較長的人不掉隊」、「如何使我們跟上時代，不被時代的浪潮打下去」的高度，丁玲提出了思想上必須解決的幾個問題。首先，關於文藝工作在整個革命工作中的地位，她一方面持工具論，認為它能夠發揮作用，而另一方面則又對之作了貶抑，認為其「沒什麼了不起的作用」。文藝為政治的工具說，是毛澤東〈在延安文藝座談會上的講話〉的重要觀點，丁玲從內心深處是積極擁護的。早在西戰團活動期間，她就對文藝的工具性作了強調，指出：「我們的戲劇歌詠等等，只是一個工具，是船上的槳、篷、纜索而已。這些工具固然重要，但更重要的是指南針、是舵。而政治卻是戰地服務的指南針、是舵。」[48]1940年，她又提出了「藝術不可能守中立」的觀點：「如果它不是替大多數受壓迫者說話，反抗一切黑暗的、醜惡的、不合理的東西，與歷史上進步的勢力相結合；便是替少數壓迫者說話，屈服奴役於現生活而與反動的勢力相結合」[49]。而此時她之所以貶低文學為政治服

[46] 見丁玲 1949 年 3 月 16、19、21 日日記，《丁玲全集》第 11 卷，第 370、371、372-373 頁。而且在她出國之前給陳明的信中幾次要陳明在決定工作之前找劉芝明談談，表現出對劉的高度信任。見丁玲 1948 年 10 月底與 11 月初致陳明信，《丁玲全集》第 11 卷，第 73、75、77 頁。

[47] 丁玲：〈悼念劉芝明同志〉，《丁玲全集》第 6 卷，第 17、20 頁。

[48] 丁玲：〈政治上的準備〉，《丁玲全集》第 5 卷，第 52 頁。

[49] 丁玲：〈作家與大眾〉，《丁玲全集》第 7 卷，第 43、44 頁。

務的作用，主要原因就在於要淡化個人的作用，要從事文學創作的具體的個人擺正自己的位置——「任何人也沒有權利要求比別人特別高出一等」。這實際上涉及到的仍然是作家自我改造的問題。其次，她還以蕭軍為個案，正面提出要「加強組織性和紀律性」、要反對極端的個人主義。她從全局的角度指出，「當革命進入了新的環境之後，就必然要發生這樣的事情，必會有掉隊的人」。她追溯了蕭軍「掉隊」的歷史，並深挖了蕭軍現實「錯誤」的「歷史」根源：「蕭軍的思想並不是到東北才有的，在延安時也並不好；我們在延安也批評過他」。雖然發言最後表明了「我們希望蕭軍能夠跟上來，我們願意幫助他改正錯誤」的態度和願望，但她那種機械地以歷史聯繫現實、由現實追溯歷史的思路卻顯然與 1958 年對她的〈「三八」節有感〉組織「再批判」的做法幾乎如出一轍。她意在以蕭軍「掉隊」的歷史說明作家為了防止「犯大錯誤」，就必須時刻反對個人主義，「用我們正確的，工農兵的東西抗拒一切非人民大眾的東西」[50]。於此，我們可以看出丁玲否定「五四」個性主義的自覺和維護作家進行自我改造這一「規範」的自覺。

延安時期（準確說是在 1942 年 5 月延安文藝座談會以後），丁玲在走向「革命」的征途中確實邁出了更為堅實的一步。她在 1950 年 5 月所寫的〈《陝北風光》校後感〉中總結說：「陝北在我的一生中卻佔有很大的意義」，「在陝北我曾經經歷過很多自我戰鬥的痛苦，我在這裏開始認識自己，正視自己，糾正自己，改造自己」。她反省自己「過去走的那條路可能達到兩個目標，一個是革命，是社會主義，還有另一個，是個人主義。這個個人主義穿的是革命衣裳，裝飾著頗不庸俗的英雄思想，時隱時現。但到陝北以後，就不能走

---

[50] 丁玲：〈批判蕭軍錯誤思想〉，《丁玲全集》第 7 卷，第 103-107 頁。

兩條路了。只能走一條路，而且只有一個目標。即使是英雄主義，也只是集體的英雄主義，是打倒了個人英雄主義以後的英雄主義。」[51]陝北生活對她的改造作用自然是巨大的，但是問題在於：她在自覺追求一個「目標」的同時，是否真能捨棄對她很有誘惑力的另一個「目標」？

第二節　「自由」的潛流

在30年代初期走向「革命」特別是在延安文藝座談會後，丁玲以許多公開的言行對崇尚「自由」的個性主義思想作出了決絕的否定。但是，她果真能夠把她關於「自由」的「迷夢」徹底打破嗎？事實上，在她走向「革命」的征途中，始終伴隨著她對「自由」的渴望；在她奔向「革命」的大潮中，始終流淌著她嚮往「自由」的潛流。從其深層心理來看，她對個性主義的反覆否定，實際上潛伏著對自己徹底放棄「自由」的不自信——如果真的已經全部放棄，那還有什麼必要反覆申辯？

關於「文學與政治」（亦即「自由」與「革命」[52]）之間的矛盾，直到晚年，丁玲仍然不但予以承認，而且對此持理解態度。她在追憶瞿秋白同志、重評〈多餘的話〉時說過：「秋白在文學與政治上的矛盾，本來是容易理解的，但這種矛盾的心境，在實際上是不容易得到理解、同情或支持的。」[53]丁玲指出這一矛盾，並說瞿秋白因此而造成的「矛盾的心境」不容易得到理解、同情或支持，恰恰說

[51] 丁玲：〈《陝北風光》校後感〉，《丁玲全集》第9卷，第50-51頁。

[52] 在這裏，我把「文學」視為「自由」的象徵。丁玲把「文學」與「政治」對舉，實際上也蘊涵此意。

[53] 丁玲：〈我所認識的瞿秋白同志〉，《丁玲全集》第6卷，第54頁。

明她不但理解這一矛盾，而且對這種心境也持理解、同情甚或支持態度。這與其說是對瞿秋白的理解，倒不如說是對自己曾有過的思想矛盾的認可和剖析。

事實也正是如此。在 1931 年 2 月胡也頻犧牲後思想上發生急劇左轉時，她一方面強調「大家」的力量，號召在創作中用「大眾做主人」，但另一方面則又表示要寫自己熟悉的題材。5 月，她在光華大學講演時說：「寫的材料多得很……我以後絕不再寫戀愛的事情了，現在已寫了幾篇不關此類事情的作品。我也不願寫工人農人，因為我非工農，我能寫出什麼！我覺得我的讀者大多是學生，以後我的作品的內容，仍想寫關於學生的一切。因為我覺得，寫工農就不一定好，我以為在社會內，什麼材料都可寫。現在我正打算寫一個長篇，取材於我的家庭」[54]。果然，從 6 月起，取材於其家庭的長篇小說〈母親〉就開始連載，並於 1933 年 6 月出版了單行本。小說以丁玲自己的母親為原型，以封建大家庭的一個側面透露出了整個時代變遷的資訊，著重展示了「母親」曼貞那一代放開小腳的女性尋求自立、追求真理的坎坷歷程。「母親」雖屬於辛亥時代，但丁玲在作品中所貫注的卻是濃重的「五四」個性解放精神：「要問〈母親〉主要的是寫什麼，那就是『以曼貞為代表的我們前一代女性，怎樣掙扎著從封建思想和封建勢力的重圍中闖出來，怎樣憧憬著光明的未來。』」[55]這一時期，丁玲同時寫出了〈田家沖〉、〈水〉、〈某夜〉、〈法網〉等鼓吹「革命」的作品。顯然，在價值取向上，謳歌「自由」的〈母親〉與它們形成了鮮明的對照，表現了丁玲自己對「自由」的憧憬。

---

[54] 丁玲：〈我的自白〉，《丁玲全集》第 7 卷，第 4 頁。

[55] 錢謙吾：〈丁玲的「母親」〉，《丁玲研究資料》，天津人民出版社 1982 年版，第 261 頁。

1936年到達陝北以後，丁玲一方面號召知識份子要為「革命、「集體」而犧牲個人自由，但另一方面卻又繼承「五四」個性主義傳統，對知識份子的獨立思想和自由精神給予了高度重視。這具體表現在以下幾個方面：首先，丁玲對知識份子的獨立性懷有深深留戀，在情感上對「做螺絲釘」產生了不滿。晚年的丁玲回憶說，一九三八年的七月底，她率西戰團回到延安，後來進馬列學院，以後又到文協，到《解放日報》。那幾年她學到了一些東西，多懂了一點事，但自認工作沒有什麼成績。她「只是愉快地，或者有時有一點愁悶地，實際可以說懵懵懂懂地，安心地做一顆螺絲釘那樣地做些雜事，沒有很有計劃地讀一點書」。大約是在1940年或1941年，有一天她忽然遇著了潘漢年。他「從心裏，或者可以說是從思想深處流露出來一種對我的同情，他沈思地懇切地說了一句：『好好寫文章吧。』我心裏好像貼了一塊濕潤的溫暖的手帕。但我又反感自己的這種感受」[56]。潘漢年是丁玲加入「左聯」的介紹人。丁玲在加入「左聯」後、在胡也頻犧牲前的大半年時間裏，並沒有參加「左聯」的任何活動。這使潘漢年深深瞭解了丁玲愛自由的天性。在丁玲像螺絲釘一樣地做著雜事的時候，異鄉相逢的他誠懇地向她提出了「好好寫文章」的建議。在這裏，「做雜事」與「寫文章」不僅僅是兩種不同的工作方式，而且還代表著兩種不同的思想方式。簡言之，前者是做螺絲釘，而後者則象徵著獨立與自由。出於渴望自由的天性，丁玲對他的一番話倍感滋潤、慰貼，使她的心裏「好像貼了一塊濕潤的溫暖的手帕」。至於她對產生這種感受表示「反感」，則是多年來革命紀律的約束而產生的顯意識層面上的自律所致。這是丁玲的矛盾所在，也是丁玲的痛苦所在：一方面，經過多年改造，在顯意

56　丁玲：〈回憶潘漢年同志〉，《丁玲全集》第6卷，第210-211頁。

識層面，她接受了政治的他律，並進而把他律轉化成了自律；而另一方面，在潛意識層面，她又抵抗不了自由的誘惑，因而對之戀戀不捨、並時時反顧。她的這一思想矛盾在延安文藝座談會召開前一月（1942 年 4 月 25 日）所做的一篇文章中也表現了出來。她以深沈的情感在風雨中憶蕭紅，並由蕭紅中「想起天涯的故人」：「昨天我又苦苦地想起秋白，在政治生活中過了那麼久，卻還不能徹底地變更自己，他那種二重的生活使他在臨死時還不能免於有所申訴。我常常責怪他申訴的『多餘』，然而當我去體味他內心的戰鬥歷史時，卻也不能不感動，哪怕那在整體中，是很渺小的。」[57]這裏她提出了「二重的生活」這一重要的概念，一重當然指外在的「政治生活」，另一重指的該是與政治生活有衝突的知識份子內在的精神生活（「內心的戰鬥歷史」）、那種「不能徹底變更」的以個體為本位的「五四」思想立場。丁玲自然意識到這「二重的生活」在當時是無法等值的，因為前者是「整體」，後者則「很渺小」。從政治的立場來看，丁玲自然會「責怪他申訴的『多餘』」，但換一個角度來看，不也很令人「感動」嗎？丁玲為什麼會在體味其內心的戰鬥歷史時深受感動，主要原因就在於她自己也有著這樣的精神傾向、有著對知識份子個體獨立性的割捨不了的留戀。從這個意義上說，這番話看起來是丁玲對瞿秋白的剖析，其實又何嘗不是丁玲的夫子自道呢？

其次，在知識份子與群眾的關係上，強調知識份子的啟蒙作用。丁玲對知識份子獨立思想和自由精神的堅守和弘揚，必然會導致在與群眾的關係上對知識份子價值和作用的肯定。1937 年抗戰爆發後，救亡彙成了時代的主潮，「群眾」成了救亡必須依靠的主力軍。

---

[57] 丁玲：〈風雨中憶蕭紅〉，《丁玲全集》第 5 卷，第 135 頁。

隨著「群眾」社會角色的變化，他們的思想地位迅速提高。與「五四」時期相比，他們與知識份子的思想關係發生了倒轉，他們不再是被啟蒙、被改造的物件，而成了知識份子學習的楷模。知識份子必須以他們為榜樣，反過來對自己的思想來一番改造。正是在這種民粹思潮掀起的背景下，丁玲卻對群眾的社會角色與思想地位作出了富有卓見的區別，認為前者並不能機械地決定後者；如果要充分發揮群眾在抗戰中的作用，就必須首先由知識份子對他們進行啟蒙。她尖銳地指出，在知識份子「如何接近群眾的問題」上，「有著適合與取媚的不同」。因為「群眾本都有其固守的風俗人情習慣，他們有他們的迷信，忌諱。……如果我們不採取適當的手段，不設法糾正他們的錯誤的陋習，不灌輸其抗戰的認識和鼓動其情緒，並從而組織之，只一味遷就，畏難而止，甚至縱其所趨，而又非正當之法，如過右之行動等，則是忘掉本身之任務，做了群眾的尾巴，只是取媚群眾而已」。她指出群眾這些思想上的弱點，是要求知識份子在「群眾化」的過程中不要忘掉「化群眾」的任務，在思想上「不是把我們變成與老百姓一樣，不是要我們跟著他們走，是要使群眾在我們的影響和領導之下，組織起來，走向抗戰的路，建國的路。時時記住自己的責任，永不退讓，永不放鬆，才是我們應有的精神，這末到群眾中去，只求能適合群眾，而絕不取媚群眾」。[58]丁玲要求知識份子牢記自己的責任，設法糾正群眾錯誤的陋習，堅決反對取媚群眾，這一思想態度顯然是繼承了「五四」改造國民性的精神傳統的。

第三，在文藝觀上，提倡獨立思想，鼓吹「寫真實」和批評現實。她在 1941 年 2 月發表的一篇文章中批評有些創作者雖然受過馬

[58] 丁玲：〈適合群眾與取媚群眾〉，《丁玲全集》第 7 卷，第 22-23 頁。

克思主義的洗禮、有了一個正確的人生觀、世界觀，希望他們的作品有教育意義、政治價值，但「並沒有理智地去思考他最熟悉的事，最被感動的事，研究它，抓住它，表現它，而只斤斤追求其合乎理論的範圍」，正是這種缺乏獨立思想的舍本求末的方法導致了文學創作中「差不多」、「八股」、「公式」現象的出現。她正面指出，「文藝不是趕時髦的東西，這裏沒有教條，沒有定律，沒有神秘，沒有清規戒律，放膽地去想，放膽地去寫，讓那些什麼『教育意義』，『合乎什麼主義』的繩索飛開去，更不要把這些東西往孩子身上套，否則文藝沒有辦法生長；會窒息死的！」[59]

為了在創作中能夠發揮自己的獨立思想，她在題材上積極主張「寫真實」。她所說的「寫真實」有兩重含義：第一，是指寫自己熟悉的現實。因為在她看來，題材只有是作家自己熟悉的、親切的，才可能包蘊作家自己的獨特發現和獨立思想。從這個意義上說，「寫真實」成了獨立思想的重要前提。為此，她對收集材料時的獵奇現象和趨時傾向作出了嚴肅的批評：「寫在自己毫不親切的故事，一個連東北的任何地方都沒有到過的人，卻寫一個共產黨員在蘇聯邊界上夜行的故事。一個連日軍俘虜也只遠遠地看見幾個的人，卻寫著日本軍隊的長篇小說」，這類作品「不管其技巧好壞，材料多寡，甚而還有可以盛傳一時的作品，然而這都是沒有生命的東西，在文學上沒有價值」。文學作品的生命，首先在於作家對現實生活的獨特感受和獨立思考，因此，「作家應該去生活，不特要把生活推廣，而且要深，不只要感覺，而且要認識」，只有這樣，「才能完成自己的創造」[60]。第二，是指按照現實的本來樣子來正確地反映現實，對現實生活不粉飾、不歪曲。在這一意義上，「寫真實」本身就包含了或

[59] 丁玲：〈什麼樣的問題在文藝小組中〉，《丁玲全集》第 7 卷，第 46、48 頁。

[60] 丁玲：〈材料〉，《丁玲全集》第 7 卷，第 56、57 頁。

者就是對現實的一種思想態度。1940 年 4 月，她寫了篇題為〈真〉的雜文，倡導「寫真實」，就是從這一角度出發的。她批評當時「弄藝術的人」脫離現實的傾向：「有主題是好的，典型也如理想一樣是很好的，但事實卻不一定真，脫離了現實」。她指出，「不是真的東西，不是人人心中所有的東西，是不會博得人人喜愛的。粉飾和欺騙只能令人反感」；「藝術本質之提高，不在形式，卻正是看它是否正確反映了現實而決定的」[61]。她倡導正確地如實地反映現實，在當時是有極其銳利的思想鋒芒的。當時，現實中存在的需要克服的東西是如此之多，因此，寫這樣的「真實」實際上就是對現實的批判。正是從這一思想邏輯出發，她對文學作品和文藝報刊的批評功能作了強調。在《文藝月報》創刊之際，她對它如何發揮批評功能寄予了殷切的期望：「我以為《文藝月報》要以一個嶄新的面目出現，把握鬥爭的原則性，展開深刻的、潑辣的自我批評，毫不寬容地指斥應該克服、而還沒有克服，或者借辭延遲克服的現象」；「無論如何，不要使《文藝月報》成為一個沒有明確的主張、溫吞水的、拖拖遝遝的可有可無的、沒有生氣的東西就好」[62]。

丁玲對「五四」個性主義傳統的繼承，對知識份子的獨立思想和自由精神的高度重視，在她這一時期文化活動和文學創作中也得到了鮮明的體現。丁玲 1940 年寫成的小說〈我在霞村的時候〉描寫的主人公貞貞在身體遭受日本鬼子蹂躪之後仍然堅強、自尊，不接受任何廉價的同情，對生活依然充滿理想。作品在寄同情於年輕的貞貞的同時，還通過描寫人們對貞貞的冷漠和歧視，對解放區仍然存在的濃厚的封建意識作出了深刻的批判，揭示了在民族矛盾上升為時代主要矛盾的背景下反封建的重要性和艱鉅性。1941 年 11 月

---

[61] 丁玲：〈真〉，《丁玲全集》第 7 卷，第 41 頁。

[62] 丁玲：〈大度、寬容與《文藝月報》〉，《丁玲全集》第 7 卷，第 49、50 頁。

發表的小說〈在醫院中時〉，則通過女知識青年陸萍在解放區醫院工作的經歷，提示了先進與落後、科學與愚昧、改革與反改革的矛盾，揭露了在解放區存在著的小生產者的習慣勢力和官僚主義作風的危害性。這兩篇「寫真實」的小說以鮮明的現實批判性，從思想革命的角度繼承了「五四」啟蒙文學反封建的傳統，表現了作者的獨立思想、自由精神和干預現實的巨大勇氣，閃爍著個性主義的思想光芒。確實，在延安文藝座談會後，也有論者就是從這個角度對它們進行否定的。例如，說〈在醫院中時〉「對環境的進步冷淡，對這些『不行』的人（其實都是叫做『同志』的人）的進步故意漠不關心，而高談個人的進步，這樣的處理方法，是反集體主義的，是在思想上宣傳個人主義」[63]。

當然，在丁玲此期的文學活動中影響最大的是對雜文的倡導和實踐。在延安文藝座談會召開前出現了一個很引人注目的文學現象，一批來自國統區的作家開始紛紛倡導雜文的創作。在這一方面較早引領風潮的卻是受到共產黨重用的丁玲。根據她 1982 年 6 月的回憶，在延安文藝座談會召開之前，她的「知己還是作家，還是我們文協山頭上的一些人，沒有事幾個人坐在一塊聊天。聊天的範圍現在想起來實際是很小的，就是談知識份子的苦悶吧！對現實的不滿吧！要不就諷刺這個，諷刺那個。我抒發我的感情，你抒發你的感情，從這裏邊得到樂趣。」[64]顯然，他們是繼承了「五四」精神傳統的一群——他們有他們的苦悶，他們有他們對現實的不滿。在這種背景和心境下，最適於釋憤抒情的雜文文體得到了他們的青睞。在延安，最早的雜文陣地是是大砭溝（文化溝）裏的〈輕騎隊〉，

---

63 燎熒：〈「人……在艱苦中生長」——評丁玲同志的「在醫院中時」〉，《解放日報》1942 年 6 月 10 日。

64 丁玲：〈談寫作〉，《丁玲全集》第 8 卷，第 262 頁。

那上邊刊出了許多雜文，所論的問題比較廣泛。但因為它是壁報，傳播範圍和影響受到了很大的限制。稍後，佔黨報《解放日報》八分之一篇幅的《文藝》副刊成了刊發雜文的一個主要陣地，時任《文藝》副刊主編的丁玲對此作出了努力。關於刊發雜文的動機，據她1942 年 3 月解釋說，當初的「文藝欄，及改版後初期的《文藝》都使人感到不活潑、文章較長的缺點」。為了使黨報文藝副刊「減少些『持重』的態度，而稍具潑辣之風」，以「極力求其合乎讀者的需要」，「在去年十月中就號召大家寫雜文，追求對社會、對文藝本身加以批判的短作」，「直到現在，編輯的方法都是這樣的」[65]。

自稱「吃魯迅的奶長大的」[66]的丁玲，那時不但改變編輯方針、提倡「潑辣之風」，而且還於 1941 年 10 月在自己主編的《文藝》副刊上發表了一篇〈我們需要雜文〉，積極提倡雜文。她強調「文章不是為著榮譽，而是為著真理」，號召作家學習魯迅「從醫治人類的心靈下手」，像魯迅那樣「堅定的永遠的面向真理；為真理而敢說，不怕一切。我們這時代還需要雜文，我們不要放棄這一武器。舉起它，雜文是不會死的」[67]。從學習魯迅醫治人類靈魂的精神到倡導雜文文體，這是一個自然的邏輯過程，也是貫穿於是後發表的羅烽的〈還是雜文時代〉（《解放日報》副刊《文藝》1942 年 3 月 12 日）和王實味的〈政治家・藝術家〉（《穀雨》第 1 卷第 4 期 1942 年 3 月 15 日）的基本思路。或者說，他們（包括丁玲）對雜文文體的提倡，其意卻在對魯迅改造人的靈魂之思想的弘揚，因而遠遠超出了文體本身的範疇。在這特殊的歷史語境裏，「『雜文』不僅意味著一種寫

---

[65] 丁玲：〈《解放日報》文藝副刊一〇一期編者的話〉，《丁玲全集》第 9 卷，第 158 頁。

[66] 丁玲：〈我便是吃魯迅的奶長大的〉，《丁玲全集》第 8 卷，第 204 頁。

[67] 丁玲：〈我們需要雜文〉，《丁玲全集》第 7 卷，第 58、59 頁。

作方式，而且意味著那一代知識者對他們所理解的『五四精神』的堅持和傳承，意味著對那個時代、民族、大眾的一種道德承諾，意味著對藝術創作的自由獨立精神的執守，意味著對『五四』時代所界定的文學家的社會角色的認同，總之，意味著一種生存方式」[68]。羅烽之所以「常常憶起魯迅先生」，是因為「劃破黑暗，指示一路去的短劍已經埋在地下了，鏽了，現在能啟用這種武器的，實在不多」，因而「如今還是雜文的時代」。王實味則不但以雜文〈野百合花〉「講『愛』，講『溫暖』」、對延安存在的等級制度提出了尖銳的批評，更以理論性的雜感文字〈政治家・藝術家〉公然號召藝術家們「更好地肩負起改造靈魂的偉大任務罷，首先針對著我們自己和我們底陣營進行工作」，而他據以立論的竟然也是「看到自己戰侶底靈魂中，同樣有著不少的肮髒和黑暗」而戰鬥了一生的魯迅先生。

在有意識地倡導雜文之前及以後，丁玲還躬身實踐，積極從事於雜文的創作。1941 年春作的雜文〈幹部衣服〉談的是延安的一些「小的具體的情況」：如有人靠「幹部服」包裝自己，顯示自己的身份、地位；有人把騎馬視為「不只是代步的問題，重要的是可以改變別人對自己的觀感」；有人把進馬列學院看作是「有頭銜」的象徵。[69]文章在隨意而談中對延安落後的意識和風氣提出了尖銳的批評。這篇文章從思想傾向上看，實開了她延安時期雜文創作的先河。當然影響更大、後來為她帶來很多非議的是她於 1942 年三八節清晨寫就的那篇〈「三八」節有感〉。文章取的是女性的視角，談論更多的是女性的命運、痛苦和對女性自立的企望，甚至還肯定「延安的婦女是比其他地方的婦女幸福的」，但是，它的思想鋒芒仍然是銳利的：關鍵在於「婦女」這兩個字，在延安時代卻仍要特別提出，「延

---

68 黃子平：《「灰闌」中的敘述》，上海文藝出版社 2001 年版，第 165 頁。

69 丁玲：〈幹部衣服〉，《丁玲全集》第 7 卷，第 52 頁。

安的女同志卻仍不能免除那種幸運：不管在什麼場合都最能作為有興趣的問題被談起」[70]——這自然暗寓著被稱為「革命聖地」的延安仍然存在著歧視婦女的現象。文章本是命題作文，3 月 7 日，陳企霞派人送信來，要她寫一篇紀念三八節的文章。但她不願作成一般應景文字，而是「為著真理」，和著當時其因兩起離婚事件而引起的為婦女同志鳴不平的情緒，連夜揮就這篇「敢說」之文。說丁玲作此文意在攻擊根據地延安，甚或「罵我們的總司令」[71]，那自然是誤會或臆造之詞；但丁玲顯然也沒有因為這些現象發生在延安，而熟視無睹、粉飾太平。她以一個作家的藝術良知和敢於承擔的精神，欲在「有了初步的民主」的「進步的地方」繼續盡自己的「督促，監視」之責。顯然，這種思想是與「這裏只應反映民主的生活，偉大的建設」的觀念完全相悖的，而與王實味在〈政治家・藝術家〉中所說的「大膽地但適當地揭破一切骯髒和黑暗，清洗它們」的理念則一脈相通。該文於 3 月 9 日刊出，下午開三八節會，應群眾要求，本不想講話的丁玲「就上來了。我前面有兩個人講話發了牢騷，我上去是第三個啦。我第一句話就說，我不想講話。你們兩個講話，等著吧，你們一定要倒楣的。果然她倆倒楣了，當然我也倒楣了。我不想說，我還是說了嘛！」[72]為了這篇文章和這次講話，毛澤東果然立即找她談了一次話。

很快，丁玲的這一思想與表露這一思想的〈我們需要雜文〉、〈「三八」節有感〉等引起了政治人物的高度關注，並在隨後召開的延安文藝座談會上受到了嚴厲的批評。從某種意義上說，延安文藝座談

70　丁玲：〈「三八」節有感〉，《丁玲全集》第 7 卷，第 60 頁。

71　此為剛從前線歸來的賀龍在 1942 年 4 月初的一次高級幹部學習會上對〈「三八」節有感〉和〈野百合花〉的批評。見丁玲：《延安文藝座談會的前前後後》，〈丁玲全集〉第 10 卷，第 279 頁。

72　丁玲：〈談寫作〉，《丁玲全集》第 8 卷，第 266 頁。

會的召開也是由這些文章引發的。一介書生的王實味事前看得也還算透徹，藝術家從小處落墨，對人更求全，而政治人物為社會制度的實際改造者，則需從大處著眼，因而對事更看重。毛澤東作為政治人物，向來重視「文化軍隊」在改造社會制度方面的作用，重視「文藝工作和一般革命工作的關係」，因而，他不能容許「文藝界中還嚴重存在著作風不正的東西」。他從大處著眼，在《在延安文藝座談會上的講話》中明確要求「文藝很好地成為整個革命機器的一個組成部分，作為團結人民、教育人民、打擊敵人、消滅敵人的有力的武器」。他把文學視為「革命」的工具和武器，徹底清除了文學的「自由」性質，從思想上完成了對個性主義的清算。丁玲和她的同道們對獨立思想和自由精神的張揚由此跌入了低谷，但是，從政治人物對這一問題的關注和清算中，我們仍然可以看出他們個性主義思想的威力和影響。

對於「自由」的伸張，丁玲在延安文藝座談會之前達到了峰巔，甚至成了一股洶湧而來的明流。此後，雖然由於丁玲決心「洗心革面」、「脫胎換骨」，使之跌入低谷，但她對「自由」的憧憬仍然作為一股潛流綿綿不斷地流淌著。1942 年 6 月，在延安文藝座談會後所作的檢討中，她自己也清醒地意識到，「我們雖然接受了馬列主義，然而我們以前也還接受過一些非馬克思主義，這一些沈濾在我們的情感之中的雜質，是必須有一個長期而刻苦的學習才能完全清除乾淨的」；「因此我們非常可能在某一件事，某一篇文章中，即使有十分好的主觀願望，也難免流露一些我們舊有的情緒。」[73]但是，她對「自由」的依戀和憧憬（這被視為「非馬克思主義」的「雜質」和「舊有的情緒」），作為一種思想基因卻並不是可以完全清除乾淨

---

[73] 丁玲：《關於立場問題我見》，《丁玲全集》第 7 卷，第 67 頁。

的，它總會以各種方式流露出來。1946 年 5 月，在《晉察冀日報》副刊創刊之際，她深情寄語：「一切事情最怕盲從，不用思想。工作如同海洋，海洋面積廣闊，好像處處都可行走，可是海洋上有風浪，海底下有暗礁。這時就需要羅盤，需要思想。它能校正方向，指出航程」；並提出要「學會思想」[74]。1947 年 5 月，她在給兒子的信中也說：「一個青年人尤其要注重有思想，敢於懷疑，敢於想，不怕錯，不怕批評，只有動才能有發展……只接受別人思想，最好也不過是一個收音機。要懂得選擇、批評、研究和發揮，才真是有心得。」[75] 她這裏所說的「思想」，不是像聽收音機那樣的對現成教義、教條的接受，而是建立在「懷疑」基礎上的與「盲從」相對的獨立思考、獨立探索。而要能夠做到這一點，就必須不隨波逐流、不人云亦云。正是在這方面，丁玲表現出了堅持「五四」個性主義精神和「不隨俗」的勇氣。1947 年 5 月，丁玲從河北省阜平縣去冀中參加土改工作，到達目的地時，「這裏很熱鬧，全部的人馬都到了這裏。我一整天夾雜在這裏面，並不感覺舒服。我的不群眾化，我的不隨俗，是始終沒有改變，我歡喜的人與人的關係現在才覺得很不現實。為什麼我總不能在別人發生趣味的東西上發生興趣，總覺得大家都在學淺薄的低級的趣味。」[76]這樣的語言在當時強調要走與群眾相結合道路的背景下顯得相當觸目、相當刺耳。除了強調獨立思考外，丁玲還積極提倡在行動上要敢行其是。1948 年丁玲從正定華北聯大輾轉華東去東北，然後取道莫斯科去匈牙利參加國際民主婦聯第二次

---

[74] 丁玲：〈《晉察冀日報》副刊創刊漫筆〉，《丁玲全集》第 9 卷，第 40、41 頁。著重號為引者所加。

[75] 丁玲：致蔣祖林（1947 年 5 月 14 日），《丁玲全集》第 11 卷，第 35 頁。著重號為引者所加。

[76] 丁玲：1947 年 5 月 29 日日記，《丁玲全集》第 11 卷，第 336 頁。著重號為引者所加。

代表大會。6 月 27 日，途經河北德州時她致信逯斐。信中寫道：「我不可能對什麼人都好，因為我覺得應該有選擇，我不願浪費我的感情和精力放在無多效益的人和事上。我也不能平均主義，因為人和人、事和事都是不同的。我還會照我自己想的認為正確的去做」[77]。總之，丁玲這些提倡獨立思考和自主行動的話語都是很典型的「五四」個性主義話語，它們表現出了丁玲對獨立思想和自由精神的依戀和渴慕。

在延安文藝座談會前後，就總的趨勢而言，丁玲的文學創作發生了很大的轉折：以歌頌性作品替代了暴露性作品，以對政策的詮釋替代了自己對生活的發現，以記敘英模事蹟的紀實文學替代了潑辣犀利的雜文。這是事情的一個方面。而另一方面，她又推崇胡風的「主觀精神」說，並在創作中融入了自己的主觀意識。她在 1945 年致胡風的一封信中說：「總之，老老實實的用功是唯一的道路。這亦即是你所指的忠實於時代、忠實於自己的意識。你說有些作家會便宜的依恃一些有利，而不重視主觀追求，表面上看來是忠於時代而實際是不負責任。我想這樣的人會有的，甚至不少，甚至是自鳴得意，而且從表面來看，也好像是得意的。但也不要緊，我們可以慢慢告訴他；告訴無用，也只好就讓他。」[78]應該說，在解放區文學「規範」日漸形成的時候，一個作家要真正做到「忠實於自己的意識」、「重視主觀追求」，已經缺乏必要的外部條件。丁玲此間那些泯滅主觀的平面化紀實文字的寫作當與這種外部條件的缺失相關。可貴的是，丁玲在可能的情況下還盡可能地融入了自己的主觀意識和獨立思想，而沒有讓自己的創作變成純粹的政策的傳聲筒。《太陽

[77] 丁玲：致逯斐（1948 年 6 月 27 日），《丁玲全集》第 12 卷，第 40 頁。著重號為引者所加。

[78] 丁玲：致胡風（1945 年 1 月 16 日），《丁玲全集》第 12 卷，第 32 頁。

照在桑乾河上》從基本情節架構來看，寫的是暖水屯農民在黨的領導下開展土改鬥爭的過程。這確實是一個純粹政治性的主題。對這種類型主題的表現自然離不開對政策文件的學習。在創作過程中，為了避免「犯錯誤」，丁玲「反覆去，反覆來」「讀了些關於土地改革的文件和材料」，並以此為依據去嚴格地選擇人物[79]。但是，也應該看到，政策文件畢竟不能始終含括（或者始終正確地含括）所有的生活現象。於是，在政策控制不到或者有所疏漏的地方，本有志「忠實於自己的意識」的丁玲其主觀意識便有了發生的可能。例如，在富裕中農顧湧形象的塑造中，就表現了作者對生活的獨特見解。丁玲開始參加土改時還沒有劃分出富裕中農這一階層，顧湧這類人被劃成了富農甚至地主。在運動中，她看見一個富裕中農在講臺上拿出一條破腰帶，從那一幕中，顧湧的形象便在她腦海中產生了。她在創作中「沒敢給他定成分，只寫他十四歲就給人家放羊，全家勞動，寫出他對土地的渴望」[80]。在這樣的寫實中實際上流露出了對他的同情。如果把他看作是「地富」，那當初批評她有「地富」思想也不純是無稽之談。這正如她所說，「顧湧又是個『富農』，我寫他還不是同情『地富』？」她沒有完全按照通常的政策去看待生活，而是以自己的思考顯示出了政策的疏漏。從丁玲對顧湧形象的把握中，我們可以在一定程度上看出丁玲對生活的獨立的主觀意識和自由探索精神。

總之，在丁玲走向「革命」的征程中，始終伴隨著對「自由」的向往。可以說，她是帶著革命文學傳統和「五四」文學傳統、帶著「革命」和「自由」的矛盾一起向共和國走來的。二者的糾結構成了丁玲特殊的心理定勢和文學視野，這在一定程度上造成了她左

79　丁玲：〈一點經驗〉，《丁玲全集》第 7 卷，第 418 頁。

80　丁玲：〈生活、思想與人物〉，《丁玲全集》第 7 卷，第 436 頁。

右逢源的優勢，而二者之間固有的矛盾也使她往往顯得前後矛盾，不能統一。作為兩種精神資源，作為一雙看不見的手，它們在一定程度上決定了丁玲走向共和國的方式，並影響了丁玲建國後思想和文學道路的走向。

第二章　做好一名小號兵

——跨進新的時代來（一）

四十年代末，我隨著革命大軍凱旋來到京城。鞭炮響徹了天安門。人們的心呵！像飄遊在碧空的五彩紅雲。光明在前面，希望在前面，幸福在前面，人民的心結在一起，人民的力量聚集在一起。我願在黨的指引下，繼續做好一名小號兵。[1]

——丁　玲

第一節　跨進新體制

1949 年 6 月 8 日，丁玲為參加中華全國文學藝術工作者代表大會（以下稱「第一次文代會」）來到了北京（當時稱北平）。為此，《文藝報》還發過一則消息：「丁玲、古元出席世界擁護和平大會，回東北後稍事逗留，現已抵平。」[2]北京對於丁玲來說並不陌生。20 年代，她曾和胡也頻在這裏飽嘗了拮据的痛苦和蟄居的苦悶；30 年代，她從國民黨的牢籠中逃出，秘密地來到這裏尋找黨的關係。但這度再來，丁玲的心情卻非往昔可比。自 1932 年加入中國共產黨，1936 年抵達陝北，丁玲為新政權的誕生奮鬥了 10 多年。如今，「隨著革命大軍凱旋來到京城」，在響徹天安門的鞭炮聲中，洋溢在她心

1　丁玲：〈北京〉，《丁玲全集》第 6 卷，第 99 頁。

2　「文訊」，《文藝報》1949 年第 1 卷第 7 期（6 月 16 日出版）。

頭的是一種勝利者的喜悅之情和來自延安的文藝工作者的優越之感。從那開始直到 1955 年夏秋間批判「丁、陳反黨小集團」的政治風暴襲來之前，丁玲在跨進新體制的過程中一直對文學新體制抱有一種親和感，不但迅速融入其中、成為新體制所依靠的中堅力量，並且為它的確立搖旗吶喊，充分發揮了「一名小號兵」的作用。

丁玲來到京城時，正是中國社會和中國文學發生重大轉折的關頭。隨著原來被迫分離在解放區和國民黨統治區的文藝隊伍的「大會師」，毛澤東在延安文藝座談會確立的文藝方向成了構建文學新體制的主要依據和基本內容，得以在全國範圍內推廣。40 年代在不同區域裏出現過的多樣化的文學探索和文學形態隨著意識形態大一統時代的到來，迅速開始歸趨於一。解放區文藝作為最早實踐毛澤東文藝方向的成果，在這時取得了至高無上的地位，具有了「方向」的意義。1949 年 7 月召開的第一次文代會，對解放區文藝所取得的成就和這種至高無上的「方向」地位作了明確的肯定。郭沫若所作的總報告在敘述三十年來文藝統一戰線所獲得的成績和勝利時，特別強調：「在解放區，由於客觀條件的根本不同，由於在毛澤東思想的直接教育之下，由於許多文學藝術工作者的積極的學習和工作，從一九四二年延安文藝座談會以來，在理論上和實踐上都解決了五四以來所未曾解決的問題，文學藝術開始作到真正和廣大的人民群眾結合，開始作到真正首先為工農兵服務，從內容到形式都起了極大的變化。」[3]具有比較意義的是，茅盾和周揚分別作的關於國統區革命文藝運動和解放區文藝運動的報告。前者雖也總結了鬥爭經驗，但主要檢討了種種錯誤傾向；而後者則以不容置疑的態度宣佈：「毛主席的〈在延安文藝座談會上的講話〉規定了新中國的文藝方

[3] 郭沫若：〈為建設新中國的人民文藝而奮鬥〉，《文學運動史料選》第 5 冊，上海教育出版社 1979 年版，第 657 頁。

向，解放區文藝工作者自覺地堅決地實踐了這個方向，並以自己的全部經驗證明了這個方向的完全正確，深信除此之外再沒有第二個方向了，如果有，那就是錯誤的方向。」為了保證這個方向的實現，周揚強調要加強對文藝工作的「思想領導」和「組織領導」：「批評是實現對文藝工作的思想領導的重要方法」，因此要「建立科學的文藝批評」；「除了思想領導之外，還必須加強對文藝工作的組織領導」[4]。為了加強對文藝工作的「組織領導」，這次大會成立了全國性的文學藝術界組織——中華全國文學藝術界聯合會，「它是國家和執政黨對作家、藝術家進行控制和組織領導的機構」[5]。全國文聯下屬的各協會，也先後成立。在這些協會中，最重要的是中華全國文學工作者協會（1953 年 9 月改名為中國作家協會），它是對作家進行政治、思想和藝術領導的重要組織。大會結束後不久，中國文聯和作協的機關刊物《文藝報》、《人民文學》等紛紛創刊，成為宣傳體制話語、發動文藝運動、舉薦和批評作品的主陣地。這些提法和做法顯然都借鑒了蘇聯的經驗。總之，從「方向」確立、「思想領導」、「組織領導」到「陣地」構建，在建國後的短短幾年裏，一統化的文學新體制在全國範圍內開始迅速形成。

這一文學新體制作為 1942 年以後「延安文藝」的放大和蘇聯文學體制在中國的移植，對於丁玲來說其實並不陌生。經過延安整風運動，丁玲自認已經革面洗心、脫胎換骨，不但接受了毛澤東文藝思想，而且從 1942 年開始為實踐毛澤東的文藝方向作出過不懈的努力，取得了解放區文藝的代表性成果。這正如她 1952 年時所說：「經過對這個文件（指〈在延安文藝座談會上的講話〉——引者）的學習，中國的文學走上了一個新的階段，人民的文學，新現實主義文

4　周揚：〈新的人民的文藝〉，《文學運動史料選》第 5 冊，第 684、706 頁。

5　洪子誠：《中國當代文學史》，北京大學出版社 1999 年版，第 15 頁。

學的階段，我和許多作家一起，為實踐毛澤東指出的新的文藝路線而鬥爭。」[6]在文學轉折關頭到來之際，對於蘇聯的文學體制，丁玲在國內作家中也是較早進行實地考察的一位。1948 年 11 月第一次去蘇聯之前，丁玲就「計劃過到蘇聯時一定要去作家協會一次，瞭解蘇聯文藝工作的組織情況，以及對文藝工作如何加強思想領導的問題。」她「希望瞭解蘇聯社會主義的一些組織及領導方法，以作為參考」[7]。在蘇聯對外文化委員會和蘇聯作家協會，她提出「希望瞭解作家協會及各文藝團體如何建立，組織領導和思想領導」與「作家與出版」等。蘇聯作家協會主席法捷耶夫向她介紹說：「首先要，組織中央的文藝工作機關，如果現在不可能有，就也必定要組織籌備會。它是作家的團體，不是聯合團體，也不須要，那是黨的，或者政府的工作」[8]……丁玲回國後將考察情況及時整理，向組織作了彙報。因此，當她在第一次文代會上作〈從群眾中來，到群眾中去〉的發言時，就能相當嫻熟地使用體制話語，對會議的主軸作出積極的呼應：「毛主席〈在延安文藝座談會上的講話〉，提出了新中國的文藝方向。要實現這個方向，必須由解放區所有的文藝工作者下決心去執行，刻苦努力，堅持不懈」；而她在具體論及作家深入生活、改造思想、選擇主題和形式等問題時，其觀點也與「講話」相當一致。她最後在提出「我們的文藝」的努力方向時，也與周揚一樣，反覆強調了對文藝工作必須進行組織領導，她的論述甚至比周揚更加細密、更加條理化。在創作上，她批評過去對創作的領導不夠，今後要「有組織有領導地發動創作」，並且有「組織機構，和專門的

6 丁玲：〈在旅大小平島蘇軍療養院的一次講話〉，《丁玲全集》第 7 卷，第 353 頁。

7 丁玲：〈法捷耶夫告訴了我些什麼〉，《丁玲全集》第 5 卷，第 347、350 頁。

8 丁玲：〈與蘇聯作家協會法捷耶夫等談話情況彙報〉，《丁玲全集》第 9 卷，第 364 頁。

負責人」；在批評上，她要求「建立起有領導的自由論爭和正確的批評」；甚至在文學繼承問題上，也要「有計劃有組織有領導有批判地學習西洋文學，尤其是學習蘇聯文學，以及中國文學的優良傳統，更要學習研究民間形式」[9]。作為多年來躬身實踐毛澤東的文藝方向並取得突出成就的作家，作為對蘇聯文學體制相當熟稔的作家，丁玲對建立中的中國文學新體制表現出了一種天然的適應和親切。

第一次文代會的召開標誌著作家的大會師，但是，來自不同地域、具有不同政治思想背景的作家在建立新體制的過程中卻被賦予了不同的任務和作用。以丁玲等為代表的來自解放區、繼續延安文學傳統的作家，進入文壇的中心位置，成了建立新體制的中堅力量，而 40 年代國統區的許多作家卻被迅速邊緣化。這種文學情勢的出現甚至造成了許多來自解放區的作家的自豪感和優越感，作為其中一位地位較高、吃著「特竈」的代表性人物，丁玲的這種自豪感和優越感更其明顯。據原中央文學研究所工作人員朱靖華回憶，「她作為作家，是有些自豪感的。但有時她對別人有一種不自覺的輕視。在一般作家和知識份子面前，她也有一種從解放區來的高人一等的潛在心理。」[10]她的秘書張鳳珠也回憶說：「她自己一些優越的條件和榮譽，是和共產黨聯繫在一起的。比如，她不大瞧得起和她同時代的一些作家，她可以自傲於他們的就是她參加了革命，而那些人沒有她這種經歷」；「和老舍、巴金他們比，她大概有一種參加了革命的優越感。」[11]而在陳夢家這樣的原新月詩人面前，她更是傲氣十足、不願理睬。1957 年上半年整風時，陳夢家作過這樣的發言：「在

---

[9] 丁玲：〈從群眾中來，到群眾中去〉，《丁玲全集》第 7 卷，第 114-115 頁。

[10] 邢小群：《丁玲與文學研究所的興衰・附錄・朱靖華訪談》，山東畫報出版社 2003 年版，第 172 頁。

[11] 邢小群：〈關於丁玲——張鳳珠訪談錄〉，《文史精華》2001 年第 7 期。

抗戰以前，我年青的時候，寫好了東西常寄給丁玲同志看，她常給我寫信，對我鼓勵很大。但近八年來，尤其是這幾年來，我常碰到丁玲同志，她也不理睬我。我曾想和她打招呼的，又不敢。後來我打聽到她就在我機關對面住，這麼近，卻老死不相往來。」[12]這樣，丁玲的特殊經歷養成了她特殊的心理優勢；與其他許多名作家相比，她是參加了革命、從延安走來的。這種心理優勢的形成，說到底緣自於新的文學體制。在新的文學體制形成的過程中，所依賴的主要力量是黨員作家，特別是從延安來的、得到「講話」真傳的黨員作家。新中國成立不久，1951 年 1 月，胡喬木提出在《人民日報》上全文轉載俄共 1925 年〈關於黨在文學方面的政策〉的決議。發表時加了一個很長的按語，強調決議中要求「黨應當周到地和細心地對待中間作家」，要求共產黨員防止驕傲、「擺共產黨員架子」。這也可從一個側面看出當時黨員作家驕傲成了一個需要提出和防止的問題。

丁玲的自豪感和優越感是由體制對隊伍的選擇造成的，也是由體制對文學的評價標準造成的（這也是一種選擇）。「假如將來有人問起我，你使了什麼力量呢？我要回答得上來，我要心裏不難受，覺得我沒有吝嗇過，我同許多人一樣，我不是空著手過來的。」這是丁玲寫於 50 年代初的小說〈糧秣主任〉中的主人公的話，但也分明是作者的心聲；話雖指向將來，但用於過去和現在仍然也無不妥。確實，在跨進新體制時，她不是「空著手過來的」，而是帶來了沈甸甸的作品。在第一次文代會前後，分別由周揚和茅盾主持編輯，出版了兩套大型文學從書——《中國人民文藝叢書》和《新文學選集》。後者共 24 冊，收入「五四」到 1942 年以前就已有重要作品問世的

[12] 見〈作家協會「整風簡報」〉，1957 年 5 月 30 日。

作家作品，《丁玲選集》列入了其中的第二輯。前者共 55 種，選編了解放區歷年來優秀的文學作品，丁玲的〈桑乾河上〉作為優秀小說而入選[13]。當時兩套叢書入選的作家作品不多，而像丁玲這樣同時入選兩套叢書的作家則更少。按照當時對文學的評價標準，如果說後者的入選說明了她的文學起點的話，那麼，前者的入選則顯示了其文學創作達到的高度。雖然這兩套叢書以 1942 年為界，明顯標示了二者在新的文學體制中具有不同的價值等級，但是，它們畢竟也都是為新的文學體制的建立所需要的文學力量。作為一種資格和地位的象徵，丁玲的雙雙入選無疑標明了新體制對她自 20 年代以來至 40 年代文學創作起點和高度的一種全面性的認可。這自然會增加丁玲的自豪感和優越感。

值得注意的是，丁玲的作品此時不但在國內產生了廣泛的影響，而且還遠播海外，在以蘇聯為代表的社會主義陣營裏贏得了巨大的聲譽。[14]在中國社會和文學發生巨大轉折的年代裏，由於「我們在國際上是屬於以蘇聯為首的反帝國主義戰線一方面」[15]的國家定位，「向蘇聯學習」成了一個時代的口號，蘇聯文學在中國文學界也具備了「楷模」的意義。1952 年，周揚指出：中國文藝工作者「應當更努力地學習蘇聯作家的創作經驗和藝術技巧，特別是深刻地去

13　〈桑乾河上〉入選，曾遇到曲折。據陳明回憶，周揚讓柯仲平選編《中國人民文藝叢書》時，開始沒有〈太陽照在桑乾河上〉。丁玲為此詢問過柯仲平，柯仲平沒有說話，但後來還是選進去了。

14　〈太陽照在桑乾河上〉被譯成俄文登載後，立刻引起了廣泛的注意。蘇聯許多報刊發表文章，對這部作品的思想上和藝術上的成就進行了評價。並有了俄文、烏克蘭文、立陶宛文、拉脫維亞文、羅馬尼亞文、捷克文、匈牙利文、波蘭文、保加利亞文、日文、德文和蒙古文等 12 種外文譯本。見〈蘇聯大使館代表史達林獎金委員會授予丁玲等史達林獎金〉，《文藝報》1952 年第 11、12 期合刊（6 月 25 日）。

15　毛澤東：〈論人民民主專政〉，《毛澤東選集》，人民出版社 1966 年版，第 1480 頁。

研究作為他們創作基礎的社會主義現實主義」[16]。丁玲1954年在蘇聯作家第二次代表大會上講話中也說:「蘇聯文學的方向也是我們的方向，也是全世界進步文學家所必走的道路」[17]。「向蘇聯文學學習」、看重蘇聯「老大哥」的意見，也成了新建立中的中國文學新體制的價值取向和評價標準之一。蘇聯文學界對丁玲作品的認可和讚譽，在當時是具有權威性的。這又反過來進一步提高了丁玲在中國文學新體制中的地位。從這個角度說，丁玲成了新體制評價標準的進一步受益者。1949年11月，蘇聯《旗幟》雜誌編輯部決定登載〈太陽照在桑乾河上〉，並於是月16日邀請正在蘇聯訪問的作者到編輯部談話，在那裏她「得到了無比的友誼和親愛」[18]。1952年3月15日，蘇聯各報刊發表部長會議關於以史達林獎金授予1951年文學藝術方面有卓越成績者的決定，〈太陽照在桑乾河上〉獲二等獎。《真理報》當天還發表評論說，中國作家丁玲、周立波、賀敬之、丁毅，匈牙利作家阿捷爾和法國作家斯提爾，都忠實地描寫了他們本國勞動人民的生活及其爭取自由和幸福的鬥爭[19]。6月7日，蘇聯駐華大使館舉行授獎儀式，羅申大使代表蘇聯政府授獎。出席典禮的有中央文化部副部長周揚、外交部東歐司副司長徐以新，以及文化界人士。丁玲在講話中強調自己是「中國作家」的代表:「我們幾個人就更加覺得作為中國作家的代表，以作品較早地獲得這樣大的光榮，這樣大的鼓勵而歡欣」;並稱成績的獲得「主要的是由於有馬克思、列寧主義、工人階級的理論做為指導。而在一九四二年，延安文藝座談會上毛主席的講話又為我們解決了很多根本的、原則性

[16] 周揚:〈社會主義現實主義——中國文學前進的道路〉，原載蘇聯《旗幟》1952年第12期，《人民日報》1953年1月11日轉載。

[17] 丁玲:〈在蘇聯作家第二次代表大會上的講話稿〉，《丁玲全集》第7卷，第414頁。

[18] 丁玲:〈塔娜莎娃的《安娜・卡列尼娜》〉，《丁玲全集》第5卷，第385頁。

[19] 〈丁玲、周立波等榮獲史達林獎金〉，《文藝報》1952年第6期（3月25日）。

的問題及具體的一些實際問題。我們有了這個思想武器，然後帶著階級的熱情投身到火熱的鬥爭生活中去參加群眾的鬥爭，才能獲得這樣小小的成績。如果不是這樣，我們是寫不出什麼來的」[20]。最後發言的周揚也突出了這些作品獲獎對於「我國文藝界」的意義：這些作品的得獎，不僅是作者的最大的光榮，同時也是我國文藝界和我國人民的光榮。這個光榮的獲得應該感謝中國共產黨和毛澤東同志的正確領導，感謝先進的蘇聯文藝和偉大的蘇聯人民的幫助。第二天（6月8日），全國文聯為丁玲等四位獲獎者舉行慶祝會，由周揚主持會議，全國文聯主席郭沫若和文藝界一百餘人參加。蘇聯駐華大使館的文化參贊等也應邀出席。會上朗誦了〈太陽照在桑乾河上〉、〈暴風驟雨〉中的片段。總之，不管是體制的力量選擇還是評價標準，都明顯地有利於丁玲。周揚在1958年所作的〈文藝戰線上的一場大辯論〉中也說，丁玲的「名譽和地位」是「全國解放和一本〈桑乾河上〉帶來」的。[21]作為新體制的直接受益者，丁玲在現實中又加強了對新體制的親切感。

丁玲對新體制的親近與新體制對她的重視，決定了她在新體制建立過程中應該發揮中堅作用。但以何種方式發揮這種作用，丁玲起初的想法與組織上不盡一致。作為一個作家，她的許多榮譽都來自於她的創作，因而她對創作有著一種割捨不了的情緣。張鳳珠說：「從內心裏，她瞧不起行政工作，也瞧不起周揚。她認為只有作品才能說明一個人，而且作用是長久的。」[22]李輝在比較丁玲與周揚的異同時，也注意到了文學創作對她的魅力和吸引力：「我們注意到周揚和丁玲，有一個共同的特點，那就是都願意成為人們環繞的中

20　丁玲：〈在史達林獎金授獎儀式上的講話〉，《丁玲全集》第7卷，第294、295頁。

21　周揚：〈文藝戰線上的一場大辯論〉，《文藝報》1958年第5期。

22　轉引自邢小群〈丁玲受害之謎考辨〉，《中國現代文學研究叢刊》2002年第1期。

心。但所表現的方式卻不同的……周揚更願意以一個領導者的身份出現在人們中間，也就是說，他個性中的領導欲和權力欲，決定著他許多時候許多場合的選擇。而丁玲，儘管也願意為人們擁戴，但不是借助地位、權力，而是靠文學成就所形成的明星效應……她樂於以文學的方式與人們見面，便把自己文學興趣與成就，放在了一個特殊的位置。」[23]王蒙也說：「丁與其他文藝界領導不同，她有強烈的創作意識、名作家意識、大作家意識」；「她爭的是金牌而不是滿足於給金牌得主發獎或進行勉勵作總結發言。」[24]以上這三人對丁玲心理的分析是有依據的。先看幾個內證。散文〈蘇聯美術印象記〉初收於 1951 年 6 月出版的散文集《歐行散記》，未單篇發表過。她在介紹莫斯科、列寧格勒等地的美術館和蘇聯人民的美術生活以後，在結尾處突然偏離話題地寫了蘇聯朋友葉洛菲也夫對她自己的一段忠告：「丁玲！你回國後應該多寫些文章，少做點工作，工作是人人會做的，而且也許比你做得好，但文章不是人人可以寫的，你應該更加努力。」[25]這裏在「巧妙地」顯示自己創作才華的同時，也流露出了她自己對文學創作的留戀。1951 年 10 月 16 日，中華全國文學藝術界聯合會舉行盛大招待會，歡迎參加中國國慶節慶典的各國代表團中的文藝家。丁玲在會上發表講話，介紹中國作家深入生活、創作、作品出版及青年作家培養方面的情況和成績；在說到缺點時指出：「缺點，就是把許多作家放在行政，編輯工作和培養作家工作上了。很多老作家都有一些矛盾，但如果不去培養更多的人材，這矛盾就愈不能解決。」[26]這似乎是在泛泛而論，但顯然也是

---

[23] 李輝：〈往事已經蒼老？〉，《往事蒼老》，花城出版社 2000 年版，第 227-228 頁。
[24] 王蒙：〈我心目中的丁玲〉，《讀書》1997 年第 2 期。
[25] 丁玲：〈蘇聯美術印象記〉，《丁玲全集》第 5 卷，第 384 頁。
[26] 丁玲：〈在招待外國文藝家會上的講話〉，《丁玲全集》第 7 卷，第 280 頁。

她有所感而發的。她所說的「有一些矛盾」的老作家應該包括她自己在內。1979 年 11 月 8 日，在中國作家協會第三次會員代表大會上講話時又說到：「巴金同志大約還記得，五一年歡送你們出國去朝鮮的時候，我說，我愛一個人，但不准我戀愛，要我嫁給另一個我不愛的婆家，又不能說我不愛，還非得在這家做媳婦不可。我那個意思是什麼？就是我愛的是創作嘛！我不能搞創作，叫我在裏面做組織工作。當著那麼多的人，我哭了。」[27]

再看一個旁證。1957 年在批判丁玲時，許廣平就以自己與丁玲接觸的一段親身經歷，對丁玲的把創作視為自己私產的觀點進行了揭露：「是她勸我寫東西。這原是好意的，但接著她說出她心裏的話來了：『你現在不管做多少工作都算得什麼呢？寫東西才是自己的。』當時我聽了震動一下，我想，為黨為人民做工作，領導是這樣教導，領導上考慮沒個人的工作，不是沒有根據的，總是人們需要你做什麼，就讓你做什麼，為什麼要考慮『是自己』的呢，難道自己比人民大眾更重要些嗎？」[28]

但是，新體制在確立階段，不僅需要她以自己的創作來顯示新體制的規範（就像她創作〈太陽照在桑乾河上〉那樣），以此間接地為新體制服務，更需要她「做好一名小號兵」，直接從事文藝的組織領導工作，去建立新體制。在參加第一次文代會之前，丁玲在瀋陽時曾與東北局宣傳部副部長劉芝明約定，文代會結束後即回東北，下工廠，寫工人。但是，會議期間，周揚找丁玲談心，誠懇希望她留下來同他一起工作：「你是搞創作的，我知道；現在大家都不願搞行政工作，我也知道；你呢，也是不願意的，但比較識大體，目前就是這麼一個局面，你我總不能視而不問。」周揚看重丁玲的政治

---

[27] 丁玲：〈講一點心裏話〉，《丁玲全集》第 8 卷，第 76 頁。

[28] 許廣平：〈糾正錯誤團結在黨的周圍〉，《文藝報》1957 年第 20 期。

原則性，早在未進京之前就向丁玲表達過合作共事的願望。1948 年 6 月在河北正定，時任中共中央華北局宣傳部部長的周揚就「挽留我搞文藝工委會，甚誠。但當我說到我的小說已突擊完工時，他不置一詞。我知道他的確是願我在他領導下工作的，他知道我這人還有些原則性，在許多老文藝幹部之中，他比較願用我，但他對我之寫作是有意的表示著冷淡。」[29]兩天後，丁玲向胡喬木、陸定一徵求意見後未去文委工作。這次，丁玲卻留了下來，擔任了全國文協的日常領導工作。後來，她調到中宣部文藝處工作，胡喬木找她談話。她說：「還是讓我搞創作吧，做這些事，我不是這個材料！」兩年多前明確向丁玲表示過「不必去做文委工作，不合算，還是創作」[30]的胡喬木此時卻說：「我支持你搞創作，知道你不是做工作的人，但是現在沒有辦法，你還是要來這裏坐一個時期再說。」於是，她又繼周揚之後擔任了文藝處處長。

丁玲從事文藝界的組織領導工作，固然是體制的需要，是她服從組織決定的結果。但是，也應該看到，丁玲對政治、行政本身也是有熱情的，她只是在組織工作與文學創作之間更偏於後者而已。不瞭解這一點，就不能明白為什麼周揚、胡喬木一做工作，她就能很快地接受下來。她後來還說過：「新中國成立後，我參加文學事業的領導和組織工作，當我做這些工作時，我常常忘了自己是一個作家。我沈醉在工作中，以為當一名宣傳員，當一個農村的黨支部書記也很滿足，也可以發揮自己的才能，為人民服務。」[31]這也應該是她的由衷之言。有人曾經說過，丁玲有「表現慾、風頭慾、領袖慾」。而僅僅是一名埋頭於書齋的作家，這些慾望是較難實現的。要

---

[29] 丁玲：1948 年 6 月 14 日日記，《丁玲全集》第 11 卷，第 337 頁。

[30] 丁玲：1948 年 6 月 16 日日記，《丁玲全集》第 11 卷，第 339 頁。

[31] 丁玲：〈我的生平與創作〉，《丁玲全集》第 8 卷，第 231 頁。

實現這些慾望，需要一個舞臺。而類似當「一名宣傳員」、「一個農村的黨支部書記」的訴求，正表達了她搭建舞臺的願望。她希望有一個自己當主演的舞臺，以充分「發揮自己的才能」；而一旦這種當主演的舞臺不存在，她就會感到「充數」、當配角的「屈辱」和悲哀。她的這種心理早在建國前夕就表現了出來。1948 年 12 月，丁玲作為中國婦女代表團成員之一，在團長蔡暢的帶領下，去匈牙利參加國際民主婦女聯合會第二次代表大會。2 日，向大會獻旗，蔡暢決定讓丁玲等四人捧著旗子在自己領導下走上去。「我捧著旗子站在一旁，大姐站在中間講話……我演了一出戲，扮演了一個十十足足的打旗子的角色。」為此，丁玲在日記中反諷道：「很好，我應該感到光榮。假使不是『婦女』抬舉我，我能見這種世面麼？我能演這出戲嗎？幸好大姐是要我拿旗，沒有要我拿被面；而且幸好她沒有把她所喜歡的那些繡花拖鞋拿出來。」3 日，在會場上，丁玲想去跟國際民主婦女聯合會主席戈登夫人打招呼，坐在夫人旁邊的蔡暢趕忙告訴她：「我們的位置在後邊」，於是，她便向後走去。這兩件事情在她看來，給了她「很大教訓」：「我瞭解了我的地位，我的渺小。整風以後，本來就毫無包袱了，但有時也還以為自己能寫一點書。現在我明白了，我在黨內是毫不足道的，我應該滿足，我當了一名代表，我站在後邊，充數，打旗的任務是了不起的，我瞭解我工作的渺小，我瞭解了許多人為什麼改行。只要會說兩句英文就比一個作家有用得多。而且人們是勢利眼，我學會了忍受一切冷淡，不尊敬。我以前也能忍受的，但我現在已經不只是忍受而是安然處之了。」[32] 她從兩件微不足道的小事中敏感到了自己的「渺小」，而在她看來，自己的「渺小」、受人「冷淡，不尊敬」又是由自己作為作家的「工

[32] 丁玲：1948 年 12 月 3 日日記，《丁玲全集》第 11 卷，第 363-364 頁。

作的渺小」造成的，因此，一旦有機會能夠提高自己在黨內的地位，能夠受人「尊敬」、被人擁戴，「改行」做組織領導工作，在她的心理中也並非不順理成章。

客觀情勢的需要和主觀從政願望的相互結合，決定了丁玲在中國文學發生重大轉折的關頭，在導引文學轉折、建立文學新體制的過程中，必須而且可能參加到「文學事業的領導和組織工作」上來。事實上，丁玲在建國前後確也擔任了一系列重要的從事「組織領導」的職務。1949 年 7 月，在第一次文代會上，丁玲當選為全國文聯常委、中華全國文學工作者協會全國委員會第一副主席，主席為茅盾，另一名副主席為柯仲平。1950 年春，任全國文協黨組書記、常務副主席，主持日常工作。1951 年春，任中宣部文藝處處長。1953 年 10 月，又當選為中國作家協會第二屆理事會第二副主席，主席為茅盾，副主席共七人，其中周揚為第一副主席。在思想、文化陣地的構建上，丁玲也發揮了很大的作用。1949 年 9 月，任《文藝報》主編；1952 年春，任《人民文學》主編。1950 年 10 月又任中央文學研究所所長，去著力培養適應新體制需要的作家、編輯和文藝幹部。此外，她還先後擔任過全國婦女聯合會常委、全國政協委員、全國文化教育委員會委員、文藝界抗美援朝宣傳委員會委員、第一屆全國人民代表大會代表等。在建國前後，她作為作家代表和婦女代表還多次出席國際會議。1948 年 11-12 月作為中國婦女代表團成員抵匈牙利首都布達佩斯參加國際民主婦女聯合會第二次代表大會，會後訪問蘇聯，會見了蘇聯作家協會主席法捷耶夫。1949 年 4 月，參加中國和平代表團赴捷克首都布拉格參加保衛世界和平大會；隨後，到蘇聯莫斯科、列寧格勒等地訪問。同年 10-12 月，率中國代表團赴蘇參加十月革命三十周年紀念大會，並參加國際民主婦女聯合會第二次執委會。1952 年 2-3 月，赴莫斯科參加世界文化名人果戈理逝世一百周年紀念大會，會後在蘇聯訪問。1954年年底，又作為中國作家代表團成員赴蘇參加蘇聯作家第二次代表大會。在四五十年代之交的政治、文化舞臺上，丁玲異常忙碌、活躍。她後來也總結說，那時「我工作忙得很。作家協會副主席，編《文藝報》，文藝報不編了，還要管《人民文學》，又管了個文學研究所，還有許多外事工作，會議又多得很。」[33]作為作家，丁玲小說創作幾乎中斷了。在無法以更多的小說創作顯示文學新體制規範的情況下，她寫下了大量的文藝雜感、評論。她以另一種更加直接的方式「扶正祛邪」，為建立文學新體制搖旗吶喊，從而充分發揮了「一名小號兵」的作用。

第二節　主編《文藝報》

從第一次文代會以後的1949年9月到1952年1月，丁玲出任《文藝報》主編。當時胡風極願意主編《文藝報》，但未獲准。這也可以看出新體制對丁玲的選擇和器重。在最初幾期上，編者均署「文藝報編輯委員會」，從1卷8期起始署丁玲、陳企霞、蕭殷。但實際上，主編就丁玲一人而已。組織上最初決定印上主編名字時，丁玲為主編，其餘兩人為副主編。早在延安時代就和丁玲合作編輯過《解放日報》文藝副刊的陳企霞提出：「主編就主編，有什麼副的，正的。」丁玲經請示周揚同意，讓陳企霞、蕭殷同掛主編之名。但1955年在批判丁、陳反黨小集團時，丁玲此舉卻被指陳為「拒絕黨的領導和監督」：「《文藝報》的編輯人選，全國文聯黨組原來決定丁玲為主編，陳企霞、蕭殷為副主編，而丁玲同志在陳企霞個人的抗拒下，竟然

33　丁玲：〈與美籍華裔女作家於梨華的談話〉，《丁玲全集》第8卷，第25頁。

違反黨的決定，把陳企霞、蕭殷也列為主編，出現了一個刊物有三個主編的怪現象。」[34]這是為丁玲始料未及的。1952 年 1 月，丁玲辭去主編一職。從 1952 年第 2 期起，主編由馮雪峰接任。1957 年後，《文藝報》受中國文學藝術界聯合會委託由中國作家協會主辦。

《文藝報》是「集中表現我們文藝工作部門領導思想的機關，是文藝戰線的司令台」，「從這裏所發出的一切言論，就代表了整個運動的原則性的標準」[35]。它名義上隸屬全國文聯，後來委託中國作家協會主辦，實際上領導它的是中共中央宣傳部。它在中國當代文藝發展史上具有特殊的地位，充分發揮了傳播體制話語的作用。1985 年任《文藝報》副主編的吳泰昌對該刊的性質、地位、作用作了這樣的介紹：「《文藝報》負有宣傳馬克思主義文藝理論和中國共產黨的文藝方針政策的使命，中華人民共和國成立 30 多年來文藝界所經歷的風風雨雨和所有文藝思想批判運動，在《文藝報》上都隨時留有記載。在『左』的思潮的影響下，它也發表過一些錯誤的文章。但總的說來，對於推動文藝工作為人民服務、為社會主義服務，起了重要作用。同時也培養了不少評論工作者。《文藝報》一直是反映和瞭解當代中國文藝運動的主要刊物，也為 30 多年來中國文藝發展史保留了大量文獻資料。」[36]在丁玲任主編期間，《文藝報》除發表少量文藝消息和文學作品外，主要刊發理論文字和評論文章，在確立新的文學體制方面，充分發揮了引領文藝方向的作用。應該說，

---

[34] 〈中國作家協會黨組關於丁玲、陳企霞等進行反黨小集團活動及對他們的處理意見的報告〉（1955 年 9 月 30 日），轉引自周良沛：《丁玲傳》，北京十月文藝出版社 1993 年版，第 36-37 頁。

[35] 丁玲：〈為提高我們刊物的思想性、戰鬥性而鬥爭〉，《丁玲全集》第 7 卷，第 271 頁。

[36] 《中國大百科全書・中國文學》「《文藝報》」條，中國大百科全書出版社 1986 年版，第 966 頁。

上述有關《文藝報》的定位、特點等，在丁玲主編期間就很鮮明地表現了出來。《文藝報》主編的特殊身份，也為丁玲「做好一名小號兵」的主觀願望提供了實現的條件和施展的舞臺。

以文藝批評為主的《文藝報》的創刊，是新體制加強對文藝界「思想領導」的重要舉措。關於開展文藝批評的重要性，在第一次文代會上曾是一個重要的話題。周揚在會上提出「建立科學的文藝批評」的主張，把批評視為對「文藝工作的具體領導」，號召「通過批評來提高作品的思想性和藝術性」。作為文藝界的領導人，他對文藝批評的論述更側重於圍繞「思想鬥爭」這個核心，並形成了兩個明顯的特點：一是將文藝批評與批評錯誤的「批評」等同起來，認為文藝批評的主要功能是「對文藝界的錯誤進行批評」，這樣，文藝批評就成了「進行必要的思想鬥爭」的手段；二是將批評與創作的關係解釋成領導與被領導的關係，強調「批評是實現對文藝工作的思想領導的重要方法」。對這種權威的體制話語，丁玲在文代會上也作出了積極的呼應，認為需要以批評工作來指導文藝工作者、「領導文藝工作」。而用一種什麼方式開展文藝批評，則可能直接受到了蘇聯文學體制的影響。1948 年底，丁玲在蘇聯訪問時曾就如何加強文藝界的「組織領導和思想領導」問題作過專門考察。蘇聯作家協會主席法捷耶夫介紹說：「作品要提高，就要批評。……這裏最重要的就是文學報紙，這是教育作家，教育讀者的最好的工具」[37]。回國以後的 1949 年 1、2 月間，她將蘇聯的這一經驗及時向組織作了彙報。

肩負著「思想領導」的重任，丁玲在主編《文藝報》期間組織開展了一系列「對文藝界的錯誤進行批評」的文藝批評。那時，雖然號召展開批評，但真正的批評話語權卻只操在少數人手裏。據統

---

[37] 丁玲：〈與蘇聯作家協會法捷耶夫等談話情況彙報〉，《丁玲全集》第 9 卷，第 364 頁。

計，1950 年全國 79 種文藝報刊共發表各類作品、文章 861 篇，其中文藝批評類僅有 25 篇，有 40 種報刊完全沒有評論文章[38]。因此，像《文藝報》這樣操有批評話語權的報刊在當時極富權威，非常引人注目。作為重要的文藝批評陣地，《文藝報》最重要的批評理念和批評標準是文學的黨性原則——「文藝為政治服務並從屬於政治」。1950 年初，阿壠在《文藝學習》上發表〈論傾向性〉一文，反對把作品的藝術性和政治性分開，指出片面地要求政治傾向性違背了藝術真實性原則，勢必會導致創作中的教條主義和公式主義。《文藝報》第 2 卷第 2 期組織刊發了陳湧的〈論文藝與政治的關係〉文章，對此進行了嚴厲的批評，「捍衛」了「藝術為政治服務」的文學觀念。稍後，《文藝報》第 2 卷第 3 期刊出〈編輯部的話〉，強調文藝與政治的關係「是文藝批評和文藝理論中心的課題。文藝批評的展開與文藝理論的建設，主要依靠這一中心課題的正確解決」。儘管如此，丁玲在隨後展開的「批評和自我批評」中還是作出了檢討。

1950 年 5 月 26 日，遵照〈中共中央關於在報紙刊物上展開批評和自我批評的決定〉，丁玲主持《文藝報》座談會，並以編輯部名義在 6 月 10 日《文藝報》第 2 卷第 6 期上發表〈《文藝報》編輯工作初步檢討〉，對該報前 15 期的編輯工作作了「初步檢討」。「檢討」圍繞「文藝與政治」的關係這一中心課題，指出其主要缺點包括「沒有通過文學藝術的各種形式與政治更密切地結合，廣泛地接觸目前政治上各方面的運動」；「未能更好地與當前的文藝運動配合」，「未能很好負起指導各地文藝工作的責任」；而這些缺點之所以產生，是「由於我們編輯部還沒有將學習政治、政策，放在首要的地位」。在談到以後的發展方向時，它強調：「我們要在文聯的領導幫助之下，

38 參見牧原：〈進一步展開文藝評論工作〉，《文藝報》第 3 卷第 7 期。

增多各地文藝運動的總結，和加強對各地文藝運動的思想指導」，要「加強文藝與當前政治的配合，加強刊物的政治性，提高刊物的政治思想水平」[39]。

從這樣的文學黨性原則出發，《文藝報》在丁玲任主編期間組織或參與了當時所有的文藝思想批判運動，比較充分地發揮了「鋤草」、「排異」的作用。丁玲和《文藝報》所欲「鋤」之「草」、欲「排」之「異」，就是「資產階級和小資產階級的文藝傾向」。在這一方面，丁玲和《文藝報》的政治神經是敏感的、政治傾向性是明確的。在1951年5月20日《人民日報》發表重要社論〈應當重視電影《武訓傳》的討論〉前的4月開始，《文藝報》先後刊發了兩組批判武訓和武訓精神的文章，並配發了編者按，希望「大家來注意」關於《武訓傳》的論爭。這兩組文章後來被5月15和16日的《人民日報》以大幅版面轉載。如果說如對電影《武訓傳》的批判是由《文藝報》肇其端而後則由中共主要領導親自組織，因而很難看出丁玲和《文藝報》在整個組織批判過程中的獨立作用的話，那麼，1950年主動回擊「資產階級攻擊」和1951年組織對蕭也牧小說〈我們夫婦之間〉的批評，則能在相當大的程度上看出丁玲和《文藝報》的「政治思想水平」和自覺「加強文藝與當前政治的配合」的努力。

1950年上半年《文藝報》收到很多讀者來信，他們大多是新解放區的知識青年、文藝愛好者。他們反映描寫工農兵的書「單調、粗糙、缺乏藝術性」，「主題太狹窄，太重複，天天都是工農兵」；他們喜歡張恨水的通俗小說、翻譯的古典文學和巴金、冰心等人的作品；要求寫小資產階級知識份子的苦悶，要求寫知識份子典型的英雄，寫出他們在解放戰爭中可歌可泣的故事……應該說，這些來信

---

[39] 丁玲：〈《文藝報》編輯工作初步檢討〉，《丁玲全集》第7卷，第140-143頁。

相當真實地反映了讀者對文學創作多樣性、藝術性的期盼和文學欣賞多樣化的要求，是符合文學創作和欣賞的規律的。但是，丁玲在一篇題為〈跨到新的時代來——談知識份子的舊興趣與工農兵文藝〉（《文藝報》第 2 卷第 11 期，1950 年 8 月 25 日）的文章中卻把讀者的這些合理的要求看作是「資產階級」對工農兵文藝的進攻，並用體制話語對此逐一作出了回擊。例如，當時的文學創作主題狹窄、重複，正面描寫知識份子題材的作品（或者說「為知識份子」的作品）很少，是一個公認的事實。這是由多方面的因素造成的，而在知識份子與工農兵的關係上不適當地貶低知識份子的作用、片面強調知識份子的單向改造，則是其中一個最重要的原因。丁玲在分析這一現象時，卻對它的合理性作了毋庸置疑的肯定。她運用主流的體制思路和話語，把這一現象出現的原因歸結到知識份子本身的缺點中去，指出：「知識份子在動蕩時代中的一些搖擺，一些鬥爭，比起工農兵的戰鬥來，的確是顯得單薄無力得多」，因而，「知識份子在這樣龐大的作為人民主體的工農兵隊伍裏面就不覺得有什麼值得表揚了」。不但如此，在論述方法上，她還置換了概念，把讀者來信中要求表現知識份子的主題、題材等有關「內容」的訴求變換成了「目的」，把內容上的「為知識份子」變換成了目的意義上的「教育、改造知識份子」。她認為：「工農兵的文藝，向知識份子展開了一個廣闊的世界，對知識份子正是很需要的。其中所描寫的英雄人物，對自己的缺點正是一個很好的教育。為什麼要嫌這些書太多，說為工農兵太多，為知識份子太少，說忽略了知識份子呢？其實不只為工農兵，就是為知識份子，這樣的書也只有太少的！」這樣，她得出的結論，自然一方面強化了「文學為工農兵」的政治方向，另一方面則排斥了文學創作在內容上實現多樣性的可能。她後來於 1952 年 5 月在〈要為人民服務得更好〉中介紹了寫作本文的背景：「過去，當我們的文藝受到資產階級攻擊的時候，我曾經為工農兵文藝的整個成就而辯護過。寫了一篇文章叫〈跨到新的時代來〉。這些辯護，我認為是對的。」[40]

在迎頭回擊來自社會上的「資產階級攻擊」的同時，丁玲和《文藝報》還組織了對左翼文學內部「小資產階級文藝傾向」的批判。1951 年 6 月 10 日《人民日報》刊發陳湧的〈蕭也牧創作的一些傾向〉後不久，當月出版的《文藝報》第 4 卷第 5 期上迅速刊出了由稍後擔任主編的馮雪峰化名「李定中」的一封讀者來信〈反對玩弄人民的態度，反對新的低級趣味〉。來信以極其嚴厲的口吻指責蕭也牧是「最壞的小資產階級分子」，他以「玩弄人民的態度」描寫工農出身的黨員幹部，「對於我們的人民是沒有絲毫真誠的愛和熱情的」，「簡直能夠把他評為敵對的階級了」。這顯然是丁玲和《文藝報》以「讀者來信」的方式間接地表達了自己的傾向性。來信是陳企霞找馮雪峰寫的，但丁玲認為「這篇文章立場是好的，態度是嚴肅的」。該信發表時，丁玲在南京。她在南京市文聯所作講演中，也公開批評蕭也牧「沒有真實地反映出我們的革命幹部真實的本質，而是在拿革命幹部出洋相，讓大家去鼓掌。所以這篇作品的重要缺點，就是在於不是寫實際生活，而是遊戲文字，玩弄技巧，討好小市民的低級趣味，把我們的幹部小醜化。因此它是蔑視生活的，是不真實的」[41]。後來，丁玲把這一觀點系統化，寫成〈作為一種傾向來看——給蕭也牧同志的一封信〉一文，於 8 月 10 日發表在《文藝報》第 4 卷第 8 期。

該文作於 1951 年 6、7 月間。從南京回來後，丁玲為了專心寫作這篇文章，住進了頤和園。有一個星期天，來此散心的毛澤東在

---

[40] 丁玲：〈要為人民服務得更好〉，《丁玲全集》第 7 卷，第 309 頁。

[41] 丁玲：〈談談文藝創作問題〉，《丁玲全集》第 7 卷，第 249 頁。

羅瑞卿的陪同下順便看望她。她告訴毛澤東，自己正在寫一篇文章，是關於蕭也牧的小說〈我們夫婦之間〉的，並介紹了小說的基本內容。毛澤東說，那是在吹他自己，作家捧作家自己。然後，他從中國有幾百萬知識份子話題說開去，談了對知識份子的團結、改造問題[42]。毛澤東的談話在丁玲思想中引起了共鳴。她在文章中從知識份子改造思想的高度，指出了小說在政治傾向性上「歪曲嘲弄工農兵」的錯誤：「它儼然在那裏指點人們應當如何改造思想，如何走上工農分子與知識份子結合的典型道路。它表面上好像是在說李克不好，需要反省，他的妻子——老幹部，是堅定的，好的，但結果作者還是肯定了李克，而反省的，被李克所『改造』過來的，倒是工農出身的女幹部張同志。」小說寫的是知識份子的丈夫李克和工農出身的妻子張同志之間的具體的生活與衝突。但丁玲卻把這二人之間個體的關係上升為「知識份子」與「工農」之間的抽象關係，因而，一旦作品寫了妻子的缺點，就被丁玲看作是「出革命幹部的洋相」，就被看成是立場問題。她也承認作者「的確看見過像你所描寫的這種無修養的工農分子」，但又說：「要寫這樣的主題（指知識份子與工農幹部結合的問題——引者），材料是很多的，你為什麼偏要寫這樣一對夫婦呢？」這就從先行的政治需要出發，劃定了題材的禁區。與陳湧的批評文章一樣，丁玲也使用了一個關鍵詞「傾向」。但它們的寓指卻不完全相同。前者只是說作者「依據小資產階級觀點、趣味來觀察生活，表現生活」，具有「小資產階級傾向」；而後者則是從文學創作全局的角度指出該作品代表了「一種文藝傾向」：

42 張素華等：〈毛澤東與丁玲——陳明訪談錄〉，《丁玲研究會通訊》總第 6 期，1993 年 3 月。另外，據當時也在現場的作家甘露回憶，毛澤東和丁玲「談到了對小資產階級出身的知識份子的團結和改造」問題。見甘露〈毛澤東和丁玲二三事——悼念丁玲同志〉，《新文學史料》1986 年第 4 期。

> 你的作品，已經被一部分人當作旗幟，來擁護一些東西和反對一些東西了。他們反對什麼呢？那就是去年曾經聽到一陣子的，說解放區的文藝太枯燥、沒有感情、沒有趣味、沒有藝術等呼聲中所反對的那些東西。至於擁護什麼呢？那就是屬於你的小說中所表現的和還不能完全包括在你的這篇小說之內的，一切屬於你的作品的趣味，和更多的原來留在小市民、留在小資產階級中的一些不好的趣味。……因此，這就不能說只是你個人的創作問題，而是使人在文藝界嗅出一種壞味道來，應該看成是一種文藝傾向的問題了。

在她看來，這實際上是一場在政治上是反對還是保衛「人民的文藝」之爭，是兩種力量「爭取群眾，爭取思想領導」之爭[43]。這是能夠看出她作為《文藝報》主編統攝全局的廣度和高度的。

丁玲這篇文章對於新體制的意義不但在於對具體作品的批評，不但在於對整個文藝界「一種文藝傾向」的概括，而且還在於它較早地提出了對來自解放區的作家應該進行思想清理的問題。在這篇文章發表 3 個月後的 11 月 24 日，在北京召開了文藝界整風學習動員大會。胡喬木在會上做了〈文藝工作者為什麼要改造思想？〉的報告。他特別指出：有一些共產黨員文藝界工作者，其中甚至也包括少數在延安文藝座談會上表示過擁護毛澤東同志的文藝方針的共產黨員，「在和資產階級小資產階級文藝家接觸以後，失去了對於他們的批判能力，而跟他們無條件地『團結』起來了」。這使「我們兩年來的文學藝術工作的進展受了重大的限制」。周揚在所作的〈整頓文藝思想，改進領導工作〉報告中也說：「老解放區經過改造的同志，

43　丁玲：〈作為一種傾向來看——給蕭也牧同志的一封信〉，《丁玲全集》第 7 卷，第 255-263 頁。

不要以為自己在延安經過了整風學習，就沒有問題了。不是也有老區的經過整風同志，到了新的環境，在各種資產階級小資產階級思想影響的包圍之下，就又露出了自己小資產階級的尾巴嗎？小資產階級出身的知識份子和小資產階級之間總是有千絲萬縷的聯繫，不是容易斷的，而他們和工農群眾之間的聯繫，卻是常常鬆懈的、容易斷的。至於新解放區的沒有經過改造的同志，他們的思想感情實際上根本沒有改變的。他們雖然口頭上也講工農兵，心裏喜歡的卻依然是小資產階級。」胡喬木和周揚的報告中傳達了一個重要資訊，就是這場文藝界的思想改造運動所要達到的目的，不僅是要肅清以往認為存在於國統區來的作家中的資產階級和小資產階級思想，同時，它對於從解放區來的知識份子的思想也要清理。而這一資訊在丁玲的這篇文章中早就出現了。她以蕭也牧的事例告訴人們：小資產階級文藝傾向不僅存在於黨外和國統區來的作家中，而且也存在於黨內和解放區來的作家中。因此，後者也必須「老老實實地努力改造自己」，以站到黨的立場和人民的立場上來。像蕭也牧這樣的作家，雖然「在晉察冀邊區住過不少年，也做過群眾工作，經過各種鍛煉」，但在新的環境下受壞思想的包圍又「駕輕就熟地回到小資產階級中去出風頭」，表現出對〈講話〉的某種程度的抗拒。因此，毛澤東文藝方向與小資產階級文藝傾向的鬥爭是長期的，不可鬆懈，「可是我們在這種傾向面前，卻缺少警惕」。

丁玲的〈作為一種傾向來看〉在當時對以蕭也牧為代表的「小資產階級文藝傾向」的批判中，是一篇高屋建瓴的上綱上線的代表性文章。它把由《人民日報》引發的這場批判推向了一個新的高度，代表了丁玲和由她主編的《文藝報》的「政治思想水平」。丁玲認為，陳湧的文章沒有擊中要害，而她的這篇文章卻「差不多『消滅』了蕭也牧」[44]，從而為新體制的確立起到了「鋤草」的作用。這場對蕭也牧的批判影響面甚廣，波及到了許多作家作品。而丁玲也以此為契機，點名批判了一系列作品。她指出：朱定的〈關連長〉「是專門去找壞的東西，誇大，甚至造謠」，「故意出解放軍的洋相」；陳學昭的〈工作著是美麗的〉「雖寫的是小資產階級，但就以小資產階級的面目出現」[45]；盧耀武的登載在重慶《新華日報》上的小說〈界限〉「也是不好的作品，不僅是面貌，連它穿的衣服都是小資產階級的」；《人民文學》上的〈戒煙的故事〉「也是壞作品」[46]……丁玲當時將這一系列作品視為異端來批判，是在批判電影《武訓傳》的政治運動的語境中，客觀上也起到了配合這場政治運動、擴大這場政治運動聲勢的作用。

丁玲和《文藝報》對蕭也牧的批判，客觀上造成了對蕭也牧和其他作家創作熱情的傷害，但是，丁玲此舉與 1949 年 3 月在東北文藝界座談會主持批判延安時期的同道蕭軍的「錯誤思想」一樣，卻並非出於私怨。蕭也牧 1938 年參加革命後一直在晉察冀邊區工作。早在阜平抬頭灣寫作〈太陽照在桑乾河〉時，丁玲就與蕭也牧交流過有關創作的意見。1947 年 5 月，丁玲去冀中瞭解土地改革工作情況時，託蕭也牧設法給陳明轉寄過信件。[47]建國後，在團中央宣傳部任職的蕭也牧也曾就創作問題向丁玲徵求過意見。丁玲與蕭也牧的關係是正常的同志關係，30 多年後，她主觀上還覺得「這封信是

44　王蒙：《我心目中的丁玲》，《讀書》1997 年第 2 期。

45　〈丁玲作第二學季「文藝思想和文藝政策」單元學習總結的啟發報告〉（1951 年 7 月 31 日），邢小群：《丁玲與文學研究所的興衰・附錄》，第 216 頁。

46　丁玲：〈怎樣迎接新的學習〉，《丁玲全集》第 7 卷，第 233 頁。

47　丁玲：1947 年 5 月 16 日致陳明信中寫道：「過兩三日小武（即蕭也牧——引者）要去正太線，故我又寫這信託他設法寄你，更不知此信可否收到？」見《丁玲全集》第 11 卷，第 37 頁。

很有感情的，對蕭也牧是愛護的」[48]。在當時的政治文化語境中，丁玲之所以要把蕭也牧上一年發表的作品拉出來批判，一方面是當時批判「小資產階級文藝傾向」的客觀形勢的需要，另一方面則是她個人的主觀認識和她作為《文藝報》主編所具有的使命意識使然。

總之，丁玲此舉是出於維護新體制的「公心」，是維護新體制的需要。同時，這也是丁玲在新體制的鼓勵和導向下作出的一個舉動。1951 年初，胡喬木「給《文藝報》來了一封信，有些鼓勵，說我們有進步。在《人民文藝》上也提到幾句，對大家很有作用。主要還是幾篇批評對了勁。這樣也好，以後好工作多了。」[49]可見，新體制確實需要「代表了整個運動的原則性的標準」的《文藝報》以政治態度鮮明、思想尖銳、戰鬥力強的文藝批評擔當起「思想領導」的任務。對於新體制的這一需要，作為主編的丁玲有著非常清醒的認識。她認為像過去那樣辦同人刊物的辦法已經過時，「我們應該明白我們已經處於另外一個嶄新的時代了。我們已經是主人，國家和人民需要我們的刊物能擔當思想領導的任務，能帶領群眾參加一切生活中的思想鬥爭，並且能引導和組織作家們一同完成這個任務。」因此，她把《文藝報》的主要任務作了這樣的定位：「組織創作，領導創作；組織批評，展開批評；組織學習，幫助作家去接近生活，接近群眾，接觸最主要的題材；糾正他們在創作思想、創作方法上錯誤的觀點，引導他們沿著正確的創作道路前進」[50]。從對《文藝報》性質、任務的這種認識出發，她不但在 1951 年中期批判了蕭也牧的作品，而且在稍後（11 月）召開的北京市文藝界整風學習動員

[48] 丁玲：〈談寫作〉，《丁玲全集》第 8 卷，第 266-267 頁。
[49] 丁玲：致陳明（1951 年 1 月 15 日），《丁玲全集》第 11 卷，第 101 頁。
[50] 丁玲：〈為提高我們刊物的思想性、戰鬥性而鬥爭〉，《丁玲全集》第 7 卷，第 270-271 頁。

會上所作的題為〈為提高我們刊物的思想性、戰鬥性而鬥爭〉的講話中，在自我批評的基礎上對幾乎所有的全國性文藝報刊提出了非常尖銳的批評。她首先對《文藝報》和作為主編的自己作出了嚴厲的自我批評：「我們卻缺乏勇氣，缺乏責任感，把一個負有領導責任的刊物當成是一個旁觀者的刊物，出版的目的不明確，政治態度模糊，思想不尖銳，甚至跟著落後的群眾走，沒有戰鬥性，戰鬥的目標自然也是不清楚的。我自己就有這個缺點」[51]。然後，她以不容置疑的判決式口吻對許多文藝報刊逐一進行了批評，指出：《文藝報》、《人民文學》、《人民戲劇》等刊物的思想「的確是不明確，很模糊，絲毫沒有一個領導者的感覺和負責者的態度」；《人民文學》和《說說唱唱》登載了如〈我們夫婦之間〉、〈金鎖〉等「一些不好的作品」；《說說唱唱》在《人民日報》發表批判《武訓傳》的社論後，還登載了「純『客觀』」的〈武訓問題介紹〉；《人民戲劇》「有小集團傾向」；《光明日報》的《文學評論》和《新民報》的《文藝批評》的編輯態度，也是不嚴肅的……她並籲請「全國文聯及其所領導的各個協會在領導文藝工作時應該對刊物加以密切的注意」[52]。

丁玲及其主編的《文藝報》從「文藝為政治服務」的黨性原則出發，多次發起、組織或參與了對「資產階級和小資產階級文藝傾向」的批判，比較充分地發揮了「鋤草」、「排異」的作用。但是，由於對「資產階級和小資產階級文藝傾向」缺乏準確界說和嚴格釐定，也造成了文藝批評中的教條主義傾向和簡單、粗暴的作風。這給許多文藝工作者留下了「兇兇狠狠」的印象。在 1954 年 10 月開

51　丁玲：〈為提高我們刊物的思想性、戰鬥性而鬥爭〉，《丁玲全集》第 7 卷，第 269 頁。

52　丁玲：〈為提高我們刊物的思想性、戰鬥性而鬥爭〉，《丁玲全集》第 7 卷，第 274-276 頁。

始的對《文藝報》的批評中，發出過「第三種聲音」——「大多數文藝工作者的聲音」[53]。他們猛烈抨擊了《文藝報》宣傳公式化、概念化的文藝理論，堅持「粗暴的罵倒一切、横掃一切」的文藝批評，是缺乏自我批評的「一生正確」。是年《文藝報》第 22 期刊發了中央文學講習所學員陳亦潔的文章〈論批評家的批評與自我批評〉，在其所例舉的 4 篇粗暴批評的文章中，有 3 篇就刊於丁玲任主編期間。

丁玲及其主編的《文藝報》的「思想領導」工作，除了「鋤草」、「排異」外，還包括「澆花」、「固本」。他們的「固本」工作大體來說，是根據毛澤東〈在延安文藝座談會上的講話〉的精神，以「文藝為政治服務」為核心，來構建文學新體制中的思想理論層面。基本內容為：以「為工農兵」為文學的基本方向、任務；以工農兵為文藝表現的主要物件；以「普及第一，普及和提高相結合」為指導文藝工作的基本原則；以民族化、大眾化為文藝創作的主要風格；以「政治標準第一，藝術標準第二」為文藝評論的標準；以作家改造世界觀為實現文藝工農兵方向的前提和保證。而所謂「澆花」，則是在操作層面上以文學批評扶植和褒獎體現了這一思想理論要義的作品。在思想意識大一統時代到來的時候，這些工作具有一種普遍的性質。由丁玲主編的《文藝報》在開展這些工作方面較有遠見、且形成鮮明特色的是，該報於 1951 年 11 月發起了一場關於建立新的「文藝學」討論。它試圖把大學的文學教學完全納入新體制，在理論上幾乎影響了近半個世紀中國文學藝術發展的道路。

在批判《武訓傳》及〈我們夫婦之間〉等作品以後不久，丁玲主編的《文藝報》開始關注高等學校的文藝學教學問題。丁玲和《文

---

[53] 于風政：〈一場批判三種聲音——試析 1954 年對《文藝報》的批評〉，《北京黨史研究》1998 年第 5 期。

藝報》對這一問題的關注，與新體制賦予文藝學的新的課程性質和功能密切相關。「考察歷年〈西南聯大各院系必修、選修學程及任課教師表〉，大體可說，過去中國大學中文系沒有『文藝學』這一課程，不但國文系沒有，外文系也沒有。」[54]這個判斷基本準確。建國以前，西南聯合大學開設的「文學概論」是時斷時續的，斷的時間多，續的時間少，而且其課程性質為選修。而建國以後，作為高等院校中文系的課程設置，「文藝學」成了常設的必修課程。1949 年，華北高等教育委員會向華北各地高校下達的〈各大學專科學校文法學院各系課程暫行規定〉，就明確規定「培養學生對文學理論及文學史的基本知識」為中國文學系的任務之一。有學者認為，建國後開設的中國文學史課程「始終是在按照自己時代的主流意識形態和課堂教學形態，建構一套特有的經典系統和理論體系，養成一種特有的文學文本的閱讀方式，並創造出當代對於過去歷史的一種獨特意識，從而融入到當代教育體制中去的。」[55]而「文藝學」作為一門理論性更為突出、當代性更為鮮明、宣傳體制話語更為便捷的課程，其設置則更直接地適應了新體制的要求，甚至成為新體制的重要組織部分。正是「文藝學」課程的特殊性質和功能，引起了承擔「思想領導」重任的《文藝報》的重視，並從 1951 年第 5 卷第 2 期起至 1952 年第 8 期，在近半年的時間裏組織開展了一場關於「文藝學」的討論。

1951 年 11 月 10 日，《文藝報》發表了一組文章。頭篇以「關於高等學校文藝教學中的偏向問題」為題發表了六封高等院校中文系學生、教師的來信。其中比較有代表性的是山東大學中文系資料員張琪的〈離開毛主席的文藝思想是無法進行文藝教學的〉。來信著

---

[54] 謝泳：〈「文藝學」如何成為新意識形態的組成部分？〉，《南方文壇》2003 年第 4 期。

[55] 戴燕：《文學史的權力》，北京大學出版社 2002 年版，第 94 頁。

重批評山東大學的文藝學教學偏離毛澤東「文藝為政治服務」的基本原則和文藝的工農兵方向：講文學作品的思想性和藝術性，不是以人民的文藝和社會主義現實主義文藝為主要線索，而是對外國古典文學作品加以片面的強調；不注重工農兵文藝，不注重當代寫工農兵的文藝作品，貶低趙樹理等解放區作家創作的意義，壓制學生學習、研究人民文藝和朝鮮通訊的熱情；文藝學教學與現實政治鬥爭相脫節，學生參加批判《武訓傳》的活動，被說成是「趕時髦」。在信的最後，張琪表達了以毛澤東文藝思想改革文藝學課程的教學、建立文藝學教學新體系的希望：「只有把毛主席的文藝思想，貫穿到每一個文藝基本問題的討論中來，才能解決上述的任務。只有通過方向的教育，才能真正提高我們的學生和作家的思想藝術修養，提高我們的文藝。我們應該樹立正確的美學原則——馬列主義——毛澤東思想的美學原則。〈在延安文藝談談會上的講話〉應該作為完整的馬列主義文藝理論來理解。」

《文藝報》以發表這組來信為開端，在全國範圍內開始了一場關於建立新的「文藝學」討論，引起了全國各地、各高校的廣泛關注。在這次討論中，全國各地有 28 所高等學校中文系的師生積極投書，《文藝報》共收到來稿和來信 300 件左右。丁玲和《文藝報》在刊發這些讀者來信時不但像以往那樣繼續扮演了「隱含作者」的角色，而且從一開始就旗幟鮮明地站在了讀者一邊。《文藝報》在配發的一系列〈編輯部的話〉、「編者按」中，指出了當時文藝學教學中存在問題的嚴重性，並對學生要求改革文藝學教學的合理性給予了高度的肯定。它們指出：「從這些來信裏可以看出，現在有些高等院校，在文藝教育上，存在著相當嚴重的脫離實際和教條主義的傾向；也存在著資產階級的教學觀點。有些人，口頭上常背誦馬克思列寧主義的條文和語錄，而實際上卻對新的人民文藝採取輕視的態度，對毛主席的〈在延安文藝座談會上的講話〉認識不足，甚至隨便將錯誤理解灌輸給學生。」因而，學生「能夠認真檢查文藝教學中的缺點和錯誤，以求得改進，這是正確的」；「我們覺得，對於這一類錯誤論點與歐美資產階級思想意識的殘餘展開批評，是完全必要的」。不但如此，它們還進而指明了改革文藝學教學的方向，要求以毛澤東文藝思想「進一步澄清一切非馬列主義的文藝思想，以改進高等學校中的文藝教學工作和文藝理論工作。」並且堅信：「文藝教學工作中所存在缺點是從過去長期歐美資產階級的教育中帶來的，今天在新民主主義的教育方針下，它終將會得到改正的機會，而且一定會得到改正的。」

在發表這些讀者來信以後的第二天下午，《文藝報》趁熱打鐵，邀請在京高校負責文藝教學的老師和文藝專家座談。會議由丁玲親自主持。出席座談會的有李廣田、鍾敬文、楊晦、蔡儀、嚴文井、王朝聞、陳湧、蕭殷等。

丁玲認為，從《文藝報》通訊員和讀者反映的情況判斷，文藝學在教學方面確實存在著一些問題。最關鍵的問題在於講授文藝學的教師對毛澤東〈在延安文藝座談會上的講話〉理解不深、甚至連基本的理解也沒有。有些人只懂得一點馬列主義條文，但理論不能與實際相結合，認為文藝是一門專門性的學問，可以脫離現實運動而存在。有些人馬列主義修養很差，以前沒有接觸過，現在只是浮光掠影地看幾本。因此名義上似乎是教新的文藝學，內容其實還是舊的一套。最後一種情況是新的沒有，舊的也很差。她希望參加座談的人結合正在全國開展的知識份子思想改造運動，來進一步思考這些問題。在丁玲的引導下，與會人員經過討論認為，現在的問題是要通過具體的材料，將其中違反毛澤東文藝思想的錯誤觀點，對新的人民文藝的輕視態度，不負責任地宣講著的錯誤文藝理論、以及歐美資產階級思想意識形態的殘餘，進行嚴正的批判。這次座談的紀要以〈認真地改進文藝教學工作〉為題，發表在隨後出版的《文藝報》上。

經過近半年的討論，《文藝報》1952 年第 8 期發表了一篇記者對這次討論的述評〈改進高等學校的文藝教學〉，對這場討論進行總結。文章指出：「就以『文藝學』這門課程來說，根據教育部的規定，它的任務是『應用新觀點、新方法，有系統地研究文藝上的基本問題，建立正確的批評，並進一步指明寫作及文藝活動的方向和道路。』這是作為培養未來的文藝幹部的一個基本要求。要使得這個要求能夠實現，就需要我們在教學實踐中以研究目前文藝方向及文藝創作、文藝運動與文藝批評為主要內容；就需要我們以毛主席的《在延安文藝座談會上的講話》為指導原則，對現實情況進行深刻的研究。」雖然在作出這個結論前，丁玲已經調離《文藝報》，主編一職由馮雪峰接任，但可以說，在這場討論開始之初，這個結論就沒有絲毫懸念地蘊含其中了。這是丁玲和馮雪峰在繼批判蕭也牧的《我們夫婦之間》之後的又一次相當默契、相當成功的合作。

丁玲和《文藝報》發起的這一場關於建立新的文藝學的討論，發生於 1951 年 10 月開始的知識份子思想改造運動的政治文化語境中，本身也是這場運動的重要組成部分。討論中對高校文藝學教師的「非無產階級思想」的指責和批判，對他們「思想改造」必要性的強調，就顯示出了這一特徵。從文藝自身的發展來看，這場討論的意義和影響也是深遠的。它把文學教學完全納入新體制，極大地衝擊並徹底改變了以往文學教育的經驗模式，而文學新體制也因為得到了高校教育的支撐，而益形穩固，更加深入人心。它不但在思想理論層面上起到了「固本」的作用，而且為闡揚新體制的理論話語培養了人才、準備了「幹部」。「在這種文學藝術教育體制下成長起來的中國作家和文學評論家，成為中國文學藝術領導和組織中的主要力量」，「幾乎影響了近半個世紀中國文學藝術發展的道路」[56]。因此，丁玲和《文藝報》開展的這場討論，把「思想領導」的領域從文藝界擴大到了教育界，在「固本」方面是極具遠見和影響力的。

當然，對丁玲本人來說，她對文藝學教學的重視其主觀動機主要還在貫徹〈講話〉的理念，至於培養人才、準備「幹部」，還屬一種客觀的結果。在這一方面，作為她的一種自覺追求的是她創辦和主持中央文學研究所的實踐。

第三節　主持中央文學研究所

1985 年 7 月，在生命即將走到盡頭的時候，丁玲回憶說：「一九五五年冬天，一場狂風暴雨過後，我成了反黨集團的首要分子，下屬有兩個『獨立王國』，一個是一九五一年我就離開了的《文藝報》，一個是一九五二年離開了的文學研究所。」[57]確實，與《文藝報》一樣，中央文學研究所與丁玲也是分不開的。從 1950 年秋到 1953 年夏，丁玲作為所長，在中央文學研究所工作了近三年，她為它的創辦、運行付出了自己的心血和勞動。

創辦中央文學研究所是文學新體制為培養創作人才和文藝幹部作出的重要舉措。1950 年，文學研究所副秘書長康濯在向《文藝報》記者介紹該所的隸屬關係和創辦目的時說：「中央文學研究所直屬中央文化部領導，並由全國文協協辦。創辦的目的在於選調全國各地的文學青年，經過一定時期的學習，提高其政治與業務水平，培養

---

56 謝泳：〈「文藝學」如何成為新意識形態的組成部分？〉，《南方文壇》2003 年第 4 期。

57 丁玲：〈再版《小金馬》序〉，《丁玲全集》第 9 卷，第 226 頁。引文中所說她離開《文藝報》的時間有誤，見上節；所說離開文學研究所的時間亦有誤，見下文。

實踐毛澤東文藝方向的文學創作與業務理論批評方面的幹部。」[58]在第一次文代會把毛澤東的文藝方向確定為「新中國的文藝的方向」以後，為了提供組織上的保證，建立新的培養作家的機制、造就出能夠自覺實踐這一方向的信得過的文藝隊伍就成了新體制的當務之急。因此，新體制在加強對文藝界的「思想領導」的同時，開始了對「組織領導」機制的積極探索。在這一方面，蘇聯文學體制又提供了借鑒。在第一次文代會籌備期間，當時的《文藝報》以「新文協的任務、組織、綱領及其它」為題多次召開座談會。在第一次座談會上，茅盾就提出：「培養青年作家是非常重要的事」，「蘇聯作家協會有文藝研究院，凡青年作家有較好成績，研究院如認為應該幫助他深造，可徵求他的同意，請到研究院去學習，在理論和創作方法方面得到深造」，因此，「新文協」「應該對青年儘量幫助和提高」。（見《文藝報》第 5 期）1949 年 10 月 24 日，文協向文化部建議成立「文學研究院」，在所呈〈關於創辦文學研究院的建議書〉中列舉了數條理由。其中最重要的有：加強「思想教育」、「培養文學幹部」、提高「在我黨領導下」湧現出來的文藝工作者的思想藝術水平等。1950 年 2 月，周揚代表全國文聯部署當年工作時，把「籌備文學研究所」列為工作重點[59]。10 月 18 日，文化部部長茅盾批覆「同意中央文學研究所籌辦計劃草案」。1951 年 1 月 8 日，文學研究所正式開學。郭沫若、茅盾、周揚、沙可夫、黃藥眠等參加了開學典禮。隨後，《人民日報》發表通訊，對開學典禮作了報導。

對於創辦培養青年作家的機構，丁玲自己也早有打算。這或者說是她與新體制的要求不謀而合，或者說是她從新體制的思路出發得出的結果。1949 年 5 月，到布拉格參加世界和平大會後回到瀋陽

---

[58] 蘇平：〈訪問文學研究所〉，《文藝報》第 3 卷第 4 期。

[59] 周揚：〈全國文聯半年來工作概況和今年工作任務〉，《文藝報》第 1 卷第 11 期。

的丁玲就表達過主辦一個文學研究室兼創作組的想法。那天晚上，陳其通來訪，徵求丁玲對他創作的劇本的意見。她覺得陳「基礎差些」，但「有一股幹勁」，「這種人應該多有人幫助他。在藝術上提高，在思想性上弄單純，他是有些雜的」。為了「純潔思想」、提高藝術，「我常想主辦一個文學研究室兼創作組，集合一幫人來搞。但總不能實現此工作，我個人也實在因為沒有條件避免或減少我的矛盾，創作與工作的矛盾。陳亦說，實在希望我能做些工作幫助別人，培養後代。我亦願稍微做些，但亦看見條件太差，人家又不給人，都喜歡把小山頭，因此我就只好仍是寫我自己文章了」[60]。1949 年 7 月，丁玲在第一次文代會上發言時就把她的這一想法公開化了。她提出要「培養青年作家和工農兵作家」，因為有「一群賦有天才的人民大眾的作家」，「他寫東西本來是偶然的，或者不寫了，或者寫了不及以前的東西，慢慢他的情緒又低了，他是非常需要有人注意他、鼓勵他、幫助他的。這些人，我們應該不只是說說，而是要有專人肯於埋頭踏踏實實地做這種工作。」[61]而後，她還直接向黨組織建議成立培養作家的機構，以至她有「要辦文研所，是我向黨的建議」的說法。這是因為「我聽到許多同志的反映，覺得過去在戰爭時期讀書太少，我也確實覺得他們需要讀書，就像我這樣的人也需要讀書，所以才向黨建議的。」[62]在這一點上，丁玲與新體制又共謀了。1956 年 12 月，徐光耀在作覆作協黨組丁、陳問題外調信時轉述到這樣一個情節：「解放不久，毛主席找了丁玲去談話，問她是願意做

60　見丁玲 1949 年 5 月 24 日日記，該日日記記於 4 月 3 日條下，但據所記時間，應為 5 月 24 日。見《丁玲全集》第 11 卷，第 380 頁。

61　丁玲：〈從群眾中來，到群眾中去〉，《丁玲全集》第 7 卷，第 114-115 頁。著重號為引者所加。

62　丁玲：〈重大事實的辯正〉（1956 年 8 月 9 日），引自周良沛：《丁玲傳》，北京十月文藝出版社 1993 年版，第 46 頁。

官呢，還是願意繼續當一個作家。丁回答說『願意為培養新的文藝青年盡些力量』。毛主席聽了連說『很好很好』，很鼓勵了她一番。」[63] 這個情節是丁玲秘書陳淼於 1950 年 9 月告訴作者的，而作為當事人的丁玲事後卻沒有談及。但不管怎麼說，其中所包含的丁玲的想法應該是真實的。

1950 年 10 月，經過一年籌備、並經政務院第 61 次政務會通過，中央文學研究所在北京成立，原來擔任過籌備組組長的丁玲任所長，張天翼任副所長，秘書長是原來擔任過籌備組副組長的田間，副秘書長是在籌備期間參與過具體工作的康濯。關於出任所長的經過，丁玲在 1956 年 8 月所作的〈重大事實的辯正〉中說：「文研所的籌備工作將就緒時，我對於我自己去負責，心裏有矛盾，因為我曾向周揚同志口頭上談過負責人選的事，周揚同志認為我較合適。我思想裏，認為我是不適宜辦學校的，又怕做行政工作，但因周揚同志正在忙於創設文化部，人員很不夠，文研所的工作，如果我不去，又怕一時辦不起來。而且如果我堅持下去，田間、康濯這些人就會有更多的矛盾。要辦文研所，是我向黨的建議，也參加了籌備，可是在將成立時，又把工作停下來，豈非對黨的工作不嚴肅，開玩笑。這樣我就暫時同意我來負責，擔任文研所的所長。」正是出於對「黨的工作」負責的態度，丁玲就任了文學研究所所長。1951 年，丁玲調任中宣部文藝處處長時，為了減輕工作負擔以有時間從事創作，也曾請求胡喬木准許其離開《文藝報》和文學研究所，未獲批准。此後，她仍然以滿腔的熱忱和崇高的使命感考慮著文學研究所的發展。1952 年，中宣部鑒於文學研究所缺乏必要的教學人員，建議停辦一個時期，在停辦期間，一面準備教學力量，以便將來辦成

63　徐光耀：〈「丁玲事件」之我經我見〉，《新文學史料》1991 年第 3 期。

名副其實的有正規教學制度的訓練創作人員的學校，一面仍可作廣泛輔導青年作者的工作。當聽到田間、康濯告訴說胡喬木有這個意思但還沒有決定時，丁玲便找邵荃麟商量，希望保留。她當時就告訴他，「康濯、田間等都有這個意見，如既是還沒有決定，那麼是不是可以談談」。邵荃麟同意就此事召開黨組會。會後，胡喬木決定縮小編制，將文學研究所改為「文學講習所」。在 1955 年批判丁、陳反黨小集團時，雖然丁玲此舉被指責為「拒絕黨的領導和監督，違抗黨的方針、政策和指示」，但她保留文學研究所的本意卻顯然也在為黨負責、維護黨的利益。

作為一個作家來說，擔任新成立的文學研究所所長這樣的行政職務，是要在創作上付出代價的。但是，對於新體制的責任感使她在付出這樣的代價時顯得相當坦然。文學研究所初建，行政人員緊缺，許多學員都兼任了行政工作，學員馬烽被任命為所裏的黨支部書記。他當時不願意擔任任何職務，只要求當學員，認真學習幾年，就去向丁玲辭職。丁玲說：「你想安心學習，這我可以理解。康濯、邢野他們也想專門學習，我是作家，我想專門去搞創作。這樣咱們就只好散攤了。」[64]丁玲以自己對新體制的事業心和責任感感動了其他人員。她不但為文學研究所搭起了行政班子，而且還常常親自出馬，與馬烽、陳淼等青年一起，跑經費，選所址，買房子，購圖書，招學員，擬制教學計劃，聘請授課教師……在文聯和《文藝報》兼著職務的同時，她也為新建中的文學研究所忙碌著：「文聯、文藝報等不會有很多變化，文學研究所又忙起來了」。她全身心地投入到新體制的建設中，自覺到「實在有些愈陷愈深的情況」[65]。

---

[64] 馬烽：〈文研所開辦前的一些情況〉，《山西文學》2000 年第 10 期。

[65] 丁玲：致陳明（1950 年 10 月 4 日），《丁玲全集》第 11 卷，第 99 頁。

新建的中央文學研究所忠實地貫徹了「培養實踐毛澤東文藝方向的文學創作與業務理論批評方面的幹部」的辦所宗旨。在丁玲任所長期間，文學研究所於 1951 年初和 1952 年夏招收過兩個班，分別稱第一期第一班和第一期第二班。第二期學員於 1953 年秋入學時，丁玲已經調離。從第一期兩個班的招生情況看，文學研究所著重培養的是來自革命隊伍內部尤其是來自老解放區的文藝人才。據第一班學員徐剛回憶，第一期學員多是老革命：「有兩名是第二次國內革命戰爭中入黨的，17 名是 1938 年參加革命，餘下來的也多是在抗戰與解放戰爭中參加工作的。百分之九十是黨員。」[66]同是第一班學員的王景山也說：「這一班的學員中來自老解放區從事農村工作的居多，如潘之汀、劉藝亭、王血波、張學新、楊潤身、沙駝鈴、胡正、劉德懷等都是。來自解放軍的有孟冰、陳孟軍、徐光耀、陳亦絮等。另有一個工農組，是趙堅、高冠英、張德裕、曹桂梅等，陳登科則是其中最出色的了。……我這樣的知識份子為數不多。」[67]王景山報到入學當天，丁玲找他談話時提到了文學研究所招收少數知識份子學員的緣由：「原來主要是要培養工農出身的作家。現有學員四十多人，絕大多數是從各處抽調來的工農出身的寫作幹部。不過也招收了少數知識份子，原意是希望他們能幫助工農們提高文化，反過來再受工農的生活感情的影響。」第二班主要培養文學編輯、教學工作者和理論研究者（即文化幹部），因為這樣的培養目標，學員多從大學中文系應屆畢業生中招收。兩個班的學員大多是經過所在單位或地方文化部門推薦、由文學研究所最後審定入學的。他們的水平參差不齊，尤其在第一班中具有大學文化程度的寥寥無

---

66 邢小群：《丁玲與文學研究所的興衰・附錄・徐剛訪談》，山東畫報出版社 2003 年版，第 108 頁。

67 王景山：〈我所知道的中央文學研究所和所長丁玲〉，《新文學史料》2002 年第 4 期。

幾。有的是童養媳出身，有的只讀過三年半私塾。連丁玲自己也承認，「個別的同志，原來的水平就不高，連魯迅是什麼樣的人都不知道」[68]。顯然，文學研究所在招生上最看重的是學員的出身、經歷等政治背景，而並非其文化水平和創作才華。

1951 年在文學研究所作〈怎樣迎接新的學習〉講話時，丁玲說到「有人曾說我們是文藝黨校」，而她自己也是以此為驕傲的。文學研究所的「文藝黨校」性質，不但表現在招生時對學員的政治思想的重視上，更表現在入學後對學員的培養模式上。應該說，作為隸屬中央文化部並受到各級領導關注的中央文學研究所雖在創辦初期，卻擁有了豐富的優質教學資源。建國後，許多著名作家和學者雲集北京，為它聘請優秀師資提供了得天獨厚的條件。據在文學研究所創辦之初就在那裏從事教學管理工作的朱靖華回憶，就是那些當時被視為「舊知識份子」的老教授們也「一請都來」，而且「有一種受寵若驚的感覺」。丁玲任所長期間，在一定程度上也利用了這一資源。據統計，應文學研究所之請為第一期學員講授中國古典文學的有：郭沫若、鄭振鐸、俞平伯、葉聖陶、余冠英、張庚、聶紺弩、裴文中、游國恩等；講授新文學的有：郭沫若、茅盾、周揚、胡風、馮雪峰、葉聖陶、田漢、丁玲、張天翼、老舍、吳組緗、艾青、趙樹理、何其芳、李廣田、楊晦、曹靖華、蔡儀、黃藥眠、李何林、張庚、李又然、陳湧、何干之、秦兆陽、陳企霞、蕭殷、柳青、劉白羽、楊朔等。這些師資可謂極一時之選，他們的講授為提高學員的文化水平和藝術水平起到了積極的作用。

但是，作為一所培養作家和文藝幹部的學校，文學研究所的教學卻是很不規範的。文學研究所開辦伊始，沒有正規的教學計劃，

---

[68] 丁玲：〈怎樣迎接新的學習〉，《丁玲全集》第 7 卷，第 228 頁。

也沒有教材，而只是隨機式地安排講座。丁玲「不是有計劃的進行工作，而是她想到甚麼就做甚麼」。特別是在教學時間上，學員在北京學習時每周只有一次到兩次的講座，其他都是以自學討論方式來學習。而就是這樣的學習秩序和時間也常常難以得到保證。「中央文學研究所於 1950 年 10 月開始了臨時性的學習，1951 年初開學，1951 年一、二月參加鎮壓反革命學習，全所以一、兩周的時間，交待反革命的社會關係，對一些在思想上敵我不分的人和事，進行批評與自我批評。四、五月進行抗美援朝的文件學習與發動捐獻。五、六月大部分力量投入批判《武訓傳》運動以及參加對〈關連長〉和蕭也牧同志的文藝思想的批評。七、八月全力投入臨時學習（忠誠老實運動）。九、十、十一、十二月份分別到朝鮮、工廠、農村實習（體驗生活）。1952 年一、二、三、四、五月由實習總結立即全力投入『三反』、『五反』、『土地改革』運動，一部分人在機關內全力搞『三反』運動，一部分人全力參加北京、上海的『五反』運動，一部分去廣西等地參加土地改革。六、七月參加文藝整風運動。八、九、十、十一、十二月，大部分時間參加整黨運動，以及學習蘇共十九次黨代表大會的文件。只有 1953 年一、二、三月，學員才真正以全力讀了一些書。」[69]這是徐剛 1956 年為丁玲辯護時列出的第一班學員參加運動的時間表，從中可以看出學員學習的一般情況。當然，要把一個培養作家和文藝幹部的學校辦成「文藝黨校」，在當時左的思潮湧起、運動頻仍的情況下，在教學質量上是要付出代價的。缺乏師資、沒有教學規範、把學員的大部分時間用在參加政治運動上而沒有把系統的文學知識傳授給他們，所有這些都給很多學員留下了「不像是辦學校」的印象。作為一所學校，丁玲把教學方針確定

[69] 引自周良沛：《丁玲傳》，北京十月文藝出版社 1993 年版，第 533 頁。

為「自學為主、教學為輔；聯繫實際，結合創作」，這對許多文化水平不高、自學能力不強且缺乏創作訓練的學員來說顯然是不合適的。而在實際運作過程中，事實上卻變成了以「聯繫實際」為主。康濯當初是這樣向《文藝報》記者介紹課程安排情況的：政治學習占 16%，業務學習（包括中國古代文學史、現代文學史、蘇聯文學、文藝學、名著研究、作品研究、作家研究等）占 53%，寫作實踐占 31%。但後來學員大部分時間用於參加政治運動和「深入生活」，因而計劃占 53%的業務學習時間根本無從保證。這些情況的出現，從客觀因素來看，是頻繁的政治運動衝擊正常教學秩序的結果；而從作為所長的丁玲的主觀原因來看，這跟她不是深諳教育教學規律的教育家有關，更與她將文學研究所定位於「文藝黨校」的指導思想有關。既然是「文藝黨校」，所培養的既然是「實踐毛澤東文藝方向的文學創作與業務理論批評方面的幹部」，那麼，丁玲就必然會根據新體制的要求把學員「深入生活，改造思想」放在頭等重要的位置。而在丁玲看來，當時接連不斷的政治運動也正好為學員提供了這樣的機會。這正如張鳳珠所說：丁玲辦文學研究所，「絕對是按〈講話〉那樣培養作家，把深入生活，改造思想放在非常重要的位置。」[70]

事實也確實如此。丁玲根據新體制的理念給學員灌輸的最多的有兩點：一是要「深入生活」；二是要「改造思想」。在她看來，培養作家「必須好好在廣大群眾的生活中，經過長期的鍛煉，深入的學習才行。只是放在文學研究所裏像養金魚一樣，是養不出作家的」[71]。從這樣的理念出發，她反覆向學員強調必須「下去」、必須「深入生活」。1951 年 7 月 31 日，在第一班學員即將下鄉下廠、到朝鮮體驗生活前夕，她作了一個關於「第二學季『文藝思想和文藝政策』單

70　邢小群：〈關於丁玲——張鳳珠訪談錄〉，《文史精華》2001 年第 7 期。

71　丁玲：〈談談文藝創作問題〉，《丁玲全集》第 7 卷，第 250 頁。

元學習總結」的啟發報告。報告就「為什麼要下去？下去做什麼」問題進行了闡述：「下去是自己看」，「是去呼吸新鮮空氣，是去開闊一下眼界，多接觸些人和事物。是去鍛煉自己，改造自己。不犯錯誤，不給人家留下什麼壞的印象」，而「不要希望太高，認為只要下去一次，回來就可以寫長篇」。8 月 11 日，在作「關於第二學季學習總結發言」時，又說「這次下去不是要求回來寫出偉大的作品來，而是老老實實到群眾中去，把自己的思想感情和群眾的統一起來，為他們做些事。」[72]她要求學員深入生活，其著眼點不在獲取創作的源泉，而在與群眾的結合中轉變自己的思想感情。對此，她還以自己的切身體會作了說明：「拿我自己的經驗來說，第一次下鄉是看看的，桑乾河上的村子只待了十七天。第二次下鄉在一個村裏呆了五個月，全心全意為群眾服務，解決問題，結果是自己對事的看法改變了。」

丁玲對學員「改造思想」的重視，緣於對思想鬥爭嚴重性的認識。在上述 1951 年 7 月 31 日的報告中，她指出：「小資產階級想方設法篡位，想以小資產階級統治世界，改造世界。沒有很好地學習毛主席文藝思想，沒有站穩立場，就會警惕性不高，甚至會投反對票，就會犯自由主義。」因此，她把思想改造放在了頭等重要的位置，認為「現在還是首先從做人做黨員著手，寫是第二」，並要求學員「努力克服思想中的個人意識」。她在看過徐光耀的文藝整風思想檢查的發言後，對他進行了尖銳的批評：「在你的思想中存在著頗大的問題，就是你關心你的寫作比關心政治生活（即生活的政治意義）多」，希望他「好好改造自己」，「學習做人，學習做一個好黨員」[73]。

---

72 引自王景山：〈我所知道的中央文學研究所和所長丁玲〉附錄一〈我日記裏丁玲的幾次講話〉，《新文學史料》2002 年第 4 期。

73 丁玲：致徐光耀（1952 年 4 月 8 日），《丁玲全集》第 12 卷，第 46-47 頁。

文學研究所對學員的思想問題已經非常重視了，但她覺得還做得不夠，並要求通過組織渠道來幫助學員「搞通思想」：

> 我們文學研究所裏，過去對於思想問題的教育不夠，總以為大家都經過整風學習，已經沒有思想問題了，但有的同志還是有思想問題，我們在這一方面要多注意。我們學習理論，就是要搞通思想，不搞好思想問題，文學也是搞不好的，所以在下一期，大家有問題時，一定要查找根源，小組幫助，不能解決，就拿到教務處研究、討論。[74]

對於以黨員幹部為主、多數經過整風的第一班學員，丁玲一直沒有放鬆對他們改造思想的要求。而對於主要來自各高校的第二班學員，丁玲更強調他們要「補思想改造」這一課。她曾經交待負責第二班的徐剛，以大學文科畢業生為主體的第二班的任務，主要是改造思想。他們要用一半的學習時間和工農在一起生活，因為在她看來，他們是從學校出來的小知識份子，改造的任務比一班的老革命們更重。1953 年 6 月 30 日，她在第一期第二班作總結報告時公開說：「辦第二班，目的也是明確的，不是培養作家，而是培養各文藝部門需要的文藝幹部。大學剛走出來的，不一定馬上就能適應工作。我們就是補一課，補思想改造、確立人生觀的課。找老同志帶一帶，參加整黨學習，到生活中去鍛煉。我們組織課什麼的，都是為了這個目的。總結重點放在思想改造的成績和收穫上是對的。」[75]她特別提醒第二班上這些「知識份子，小資產階級出身的人」，「特別需要警惕，要有意識的，無時無刻不提醒自己，要學曾參一日三省吾

[74] 丁玲：〈怎樣迎接新的學習〉，《丁玲全集》第 7 卷，第 232 頁。

[75] 引自王景山：〈我所知道的中央文學研究所和所長丁玲〉附錄一〈我日記裏丁玲的幾次講話〉，《新文學史料》2002 年第 4 期。

身的精神，改造了一些還要改造，好上面加好，不到徹底不止」[76]。為了確保他們能夠補上這一課，她甚至要求在課程的安排組織上顧及思想改造的需要，不必開設與思想改造聯繫不密切的課程，否則反而會分散精力。該班學員學習時間為一年，在入學半年後的 1953 年春，他們就被組織下鄉下廠，參加勞動，直到 6 月才返回文學研究所，差不多有一半時間是在農村和工廠中度過的。

總之，不管是從觀念上看，還是從時間安排、課程組織上看，以丁玲為所長的文學研究所為了把該所辦成「文藝黨校」所建構的以「思想改造」為主的培養模式，在當時的情況下確實「強調了政治思想的領導，強調思想改造，深入當前群眾的鬥爭生活，跟上時代，並站在時代的前面，和時代的脈搏一起跳動」[77]，而疏忽了對學員進行系統的知識傳授。而丁玲則以為這樣的培養模式對於學員的成長很有意義、很有價值：「你們在兩年多中是有很大的進步。這一段學習我以為在你們的文學事業中還是會有影響、有作用的。」[78]她稱學員「有很大的進步」，應該主要是就「思想改造」方面而言的。從「文藝黨校」的培養目標來看，丁玲作出這樣的評價確也是順理成章的。

丁玲執掌中央文學研究所近三年。為了造就一支能夠自覺實踐毛澤東文藝方向的隊伍，從招生物件的選擇到培養模式的建構，她都作出了積極的探索，表現出了為新體制服務的極大熱忱。她和中央文學研究所順應新體制的要求，在加強對文藝界「思想領導」的

---

[76] 丁玲：致中央文學研究所第二班同學（1953 年 2 月 21 日），《丁玲全集》第 12 卷，第 53 頁。

[77] 這是徐剛 1956 年作複中國作協關於丁、陳問題外調信時所說。引自周良沛：《丁玲傳》，北京十月文藝出版社 1993 年版，第 534 頁。

[78] 丁玲：致中央文學研究所第一班同學（1953 年 2 月 11 日），《丁玲全集》第 12 卷，第 51 頁。

同時所進行的對「組織領導」機制的探索，作用巨大，影響深遠。首先，從機制上看，它改變了中國新文學誕生以來的作家產生的模式，建立了培養作家的制度。總的來說，在現代文學史上，「作家」主要是一種自由職業。自由知識份子選擇這一職業，除了謀生的需要外，主要是為了獨立地發表對社會、人生的見解，並以此參與到民族現代化的進程中去。而丁玲發起並執掌中央文學研究所來培養作家，則改變了以往作家作為一種自由職業的性質。從上述具體的「培養」情況看，丁玲和文學研究所的「培養」重點不在「知識」，而在「方向」。這樣，在它的培養目標制約下，它所「培養」出來的作家作為體制中人就應該實踐它所規定的方向，而很難作為自由個體發表自己的獨立見解。身份有時會決定聲音，這是不奇怪的。

其次，從結果來看，中央文學研究所（包括更名後的中國作家協會文學講習所）所培養的學員，在以後 30 年左右的中國文藝界發生了很大的作用，以至有人稱文學研究所是中國當代文學界的「黃埔軍校」:「從 1984 年統計的文研（講）所第一期到第四期（至 1957 年停辦止）學員的情況看，在中國作協、文聯工作的幹部有 18 人，約占總人數（264 人）的 7%；任省級文聯、作協主席或副主席的 61 人，約占 23%；任國家級刊物、出版社正副總編的 19 人，約占 7%；任省級刊物正副主編的 38 人，約占 14%；專業創作人員 36 人，約占 11%；教授、研究員 11 人，約占 4%；其餘學員後來的身份分別是編輯、記者、工人、農民以及離休幹部。」[79]他們當中成為著名作家的較少，而文藝幹部較多。但是，在文學的生產、出版、消費等一切都納入「有組織有領導」的體制軌道時，「文藝幹部」較之「作家」在引領文藝方向、加強思想領導方面則更能直接起到全

[79] 邢小群：《丁玲與文學研究所的興衰》，山東畫報出版社 2003 年版，第 67 頁。

局性的組織作用。雖然這些「文藝幹部」的思想後來也會有一些調整，但文學研究所在他們思想上打下的烙印卻是不能徹底去除的。特別是丁玲和文學研究所給他們灌輸的「深入生活，改造思想」的理念，長期以來代表了新體制的一種不容懷疑的主流話語，這對加強他們貫徹〈講話〉精神的自覺性是有作用的。當他們作為文藝界的領導者去從事「思想領導」和「組織領導」工作時，必然會蕭規曹隨、薪火相傳，影響及於許多作家。從50年代開始，出身於文研所的學員有相當一批人成了各地作家協會的主要負責人。「由於中國的作家在很長時期內都是由作家協會來負責管理的，所以在『文革』前，中國當代文學中最活躍的作家在文學觀念和文學創作方法上，主要是受出身於文學研究所的那些作家的影響。」[80]從這個角度說，丁玲和文學研究所不僅培養出了為新體制所需要的作家，而且培養出了維護新體制的組織者和領導者。

從主編《文藝報》從事文藝界的「思想領導」，到主持中央文學研究所提供組織保證，丁玲為新體制的全面確立兢兢業業，做了許多工作，比較充分地發揮了「一名小號兵」的作用。即使後來她被打成右派、被清除出體制時，她的這些工作也沒有被體制全部抹殺。周揚在那篇反右鬥爭的總結性文章中也承認：「她在解放後一兩年內多少作了一些工作。」[81]這主要是就她在《文藝報》和中央文學研究所的工作而言的。由此可見，她的這些工作對於新體制的確立該有怎樣的價值。

---

80 謝泳：〈當代文學研究的新視角〉，《丁玲與文學研究所的興衰》〈代序〉。

81 周揚：〈文藝戰線上的一場大辯論〉，《文藝報》1958年第5期。

第四節 小號兵的聲音

立志「做好一名小號兵」的丁玲不但「行」，而且「言」。在主編《文藝報》、主持中央文學研究所期間及前後，她還以較多的批評和不多的創作發出了自己作為「小號兵」的聲音。此間，她發表了大量的文藝批評及文藝雜論，大多收錄在《跨到新的時代來》（人民文學出版社 1951 年版）和《到群眾中去落戶》（作家出版社 1954 年版）中。為什麼一個氣質、志趣更宜於創作的丁玲會把較多精力用之於批評？對此，她解釋說：「其中少數是臨時有感之作；大部分是趕任務，被逼被擠出來的」，「是需要什麼寫什麼」[82]的結果。可見，她之從事文藝批評是具有強烈的使命感和現實的針對性的。在第一次文代會上，她就批評「我們的批評工作做得太少」，並對開展批評工作的重要性和必要性作了這樣的強調：「許多文藝工作者需要指導，許多讀者也需要文藝批評來幫助他們學習。他們需要對文藝工作、對作品指出方向，明辨是非，評定高低」。正是從這種使命感和責任感出發，她寫下了大量的批評文字。

丁玲此期的文藝批評是駁雜的、多聲部的，其主調是她作為「小號兵」為新體制搖旗吶喊、呼應新體制話語的聲音。其批評的理論原點就是堅持毛澤東〈在延安文藝座談會上的講話〉所提出的「新中國的文藝方向」。圍繞著這一理論原點，她首先闡釋了「文藝為政治服務」的方式、內涵和合理性。她強調「作家們要打開眼界，多接觸政治，時刻關心政治問題，參加政治活動（不僅是下到一個工廠或一個農村）。多寫散文，抒發思想，養成隨時發表意見的習慣」；強調「寫作品主要是寫思想（也就是對政策有了消化），一切人物和

---

82 丁玲：〈《跨到新的時代來》後記〉，《丁玲全集》第 9 卷，第 82 頁。

事件都為透出一個思想來，而不是寫一段材料，一個故事」。顯然，她這裏強調的「寫思想」，並不是作家個人對社會、人生的獨特見解，而是消化政策後的群體的政治思想。為了給「文藝為政治服務」這一命題尋找歷史的依據，她還進而從新文學發展的歷史論述了文學與政治的關係。她認為，「三十年前的新文學——年輕的時代是為政治服務得非常好的。那時好像沒有人懷疑文學與政治的關係。翻開那時的《新青年》雜誌來看，可以看見作家們在只是寫小說，寫詩，而是對什麼問題都要發表意見，有時用文學的形式，有時就用論文、散文隨感」；「『五四』時代的文學作品，大半都是在說明一個問題，並且要解決這個問題的。這個問題在今天看來也許會覺得簡單些，但卻充滿了強烈的政治情緒，有不解決不罷休之勢。」在這裏，丁玲對「五四」文學傳統作出了「創造性」重釋。當然，這樣的重釋是建立在曲解的基礎之上的。「五四」是一個「人的發現」的時代，「五四」文學的先驅者們作為覺醒的個體發出了自己的聲音。雖然他們有時也涉及到了政治體制和政治道路問題，但他們更多探索的是「人」的現代化的問題。在這個問題的探索中，他們廣泛地涉及到了倫理、哲學、民族、宗教、科學、生理等多方面的因素。因此，我們儘管不能否認某些先驅者（如李大釗、陳獨秀等）政治意識、「政治情緒」的存在，但以此來概括「五四」文學傳統卻顯然是以偏概全。即以丁玲提及的「問題文學」為例，當時大量的「問題小說」、「問題戲劇」所探索的主要是一些寬泛意義上的「人生」問題。這既無法證明「五四」作家們「充滿了強烈的政治情緒」，也無法證明丁玲自己提出的「那時好像沒有人懷疑文學與政治的關係」的觀點。傳統作為一種既往之物，始終處在一種被闡釋的地位。從丁玲對「五四」文學傳統的闡釋中，我們可以看到的倒是丁玲的一種現實需要。她一方面要為「文學為政治服務」尋找歷史合理性，另一方面則要在虛構的歷史與現實的對照中用「歷史」向現實作出導引：「我們很強調作品的政治的社會價值，而今天我們作品裏的那種政治的勇敢、熱情，總覺得還沒有『五四』時代的磅礴」[83]，從而強化當代作家的「為政治服務」的意識和傾向。

丁玲在文藝與政治關係上對「文藝為政治服務」觀念的強調，必然導致在作品批評上堅持「政治標準第一，藝術標準第二」，把作品的思想傾向性和政治功利性放在價值評定的首位。她否定中國國畫和中國詩歌有較高的價值，因為在她看來，在其發展過程中，它們「逐漸與人民生活脫離開來，因此都是與政治無關，風花雪月，供文人雅士欣賞的」；她「從藝術與社會關係」來評價齊白石的畫，認為他的畫「不是最高的藝術」。在她的深層意識上，是以為只有「與政治有關」了，才能成為最高的藝術[84]。她還正面指出：「今天我們文學的價值，是看它是否反映了在共產黨領導下的我們國家的時代面影。是否完美地、出色地表現了我們國家中新生的人，最可愛的人為祖國所做的偉大事業。」[85]在這意義上，她對陳其通的那個在藝術上並不成功的劇作《兩兄弟》作出了積極的評價。她看過以後「覺得很興奮，很愉快」，以為「像這種寫工農兵的新的劇本，不管它還存在多少缺點，應該得到鼓勵」；認為它的優點在於「作者先有一個明確的思想、主題，想拿這個主題來達到教育群眾的目的」[86]。她表示「衷心擁護」魏巍的〈誰是最可愛的人〉等兩篇朝鮮通訊，是因為它們是「有思想性的好作品」，「是有教育意義的好作品」。

---

[83] 丁玲：〈「五四」雜談〉，《丁玲全集》第7卷，第156、157頁。

[84] 丁玲：致人民文學出版社編輯室（1954年），《丁玲全集》第12卷，第65頁。

[85] 丁玲：〈讀魏巍的朝鮮通訊〉，《丁玲全集》第9卷，第243頁。

[86] 丁玲：〈不能從形式出發——《兩兄弟》座談會發言〉，《丁玲全集》第9卷，第308、309頁。

重視文學作品的思想傾向性和政治功利性，既是丁玲開展當代作品批評的重要尺規，也是她評價新文學創作的主要尺度。冰心、巴金等人的作品，是新文學史上的藝術精品，在歷史上曾經產生過很大的影響。但是，丁玲對他們的創作卻從這一評價尺度出發作出了相當苛刻的批評，並且要求清除他們的不良影響。其主要原因在於他們的作品「無一定思想，脫離現實，即使有一些好的地方也是很少的」。她指出：冰心的作品代表了小資產階級的優雅幻想和生活趣味，她的作品「給我們的是愉快、安慰，在思想和情感上使我們與家庭建立許多瑣細的、『剪不斷、理還亂』的感情，當我們要去革命時就想到家庭，想到媽媽怎麼樣，姐姐怎麼樣，把感情束縛在很渺小、很瑣碎、與世界上人類關係很少的事情上，把人的感情縮小了，只能成為一個小姑娘，沒有勇氣飛出去，它使我們關在小圈子裏，那裏面的溪水、帆船、草地、小貓、小狗，解決不了貧窮，解脫不了中國受帝國主義的侵略。」應該承認，丁玲對冰心作品特點本身的把握有相當準確之處，但她卻不顧歷史語境、更不顧文學特點地要求作用於人的心靈的文學作品直接成為改造世界的工具（如「解脫貧窮」、「解脫侵略」等），這實際上是任何文學作品都無法做到的。在另一篇文章中，她還相當具體地論述了冰心的幾篇早期代表作的思想傾向；〈斯人獨憔悴〉寫兩兄弟都參加愛國運動，受到頑固父親的阻撓。「這的確是那時很典型的材料，這個問題實際在中國存在了很久。可惜冰心由於她的出身，她的環境，她的愛的哲學，這兩兄弟都投降了。她正代表了那時的資產階級的妥協性」；〈去國〉寫一個青年在美國學成歸國，以為大有可為，結果因為中國政治的腐化，結果仍只有到美國去。她將出路「寄託在資本主義的美國，這也充分代表了中國資產階級對美英資本主義的崇拜」[87]。在這樣嚴苛的批評下，冰心的作品作為「資產階級」和「小資產階級」思想的代表就被否定了。因此，她號召清除冰心作品的影響：「今天這個時代需要我們去建設，需要堅強、有勇氣，我們不是屋裏的小盆花，遇到風雨就會凋謝，我們不需要從一滴眼淚中去求安慰和在溫柔裏陶醉，在前進的道路上，我們要去掉這些東西。」關於巴金的小說，雖然她比較客觀地指出了它們在「暴風雨前夕的時代」起了作用，現在對某一部分的讀者也還有作用，但她強調它們「對於較前進的讀者就不能給人指出更前進的道路了」，因此對它們的影響，「我們應該好好地整理它，把應該去的去掉它！」[88]

對冰心、巴金等人作品的否定性評價，是與丁玲以新體制話語否定「五四」以來個性主義文學傳統聯繫在一起的。與此形成鮮明對比的是丁玲以思想傾向性和政治功利性的尺度對解放區文學作品不遺餘力的肯定。她指出，「新的人物，新的生活，新的矛盾，新的勝利，也就是新的主題不斷地湧現於新的作品中」，「這正是新的作品的特點，這正是高過於過去作品的地方」[89]。在她看來，這些作品不但思想內容健康、遠非過去作品可比，而且在現實生活中發揮了「教育人民」的積極作用：「這些書表現了一個時代，這些書為人民所需要。它是從人民那裏來的東西，它又到人民中去受考驗。它教育人民，鼓舞人民，提高人民的理想。」[90]關於解放區文學作品藝術上的缺點，丁玲也曾意識到。她說「這裏找不到巴爾扎克，也沒有托爾斯泰」，人物不夠形象，事件寫得也不能「更有組織，更有

[87] 丁玲：〈「五四」雜談〉，《丁玲全集》第7卷，第161頁。

[88] 丁玲：〈在前進的道路上〉，《丁玲全集》第7卷，第120、122頁。

[89] 丁玲：〈跨到新的時代來〉，《丁玲全集》第7卷，第202頁。

[90] 丁玲：〈在前進的道路上〉，《丁玲全集》第7卷，第124頁。

氣氛」。但是，出於為解放區文學辯護的需要，也出於為新體制張目的需要，她卻進而用政治標準取代藝術標準，把「政治標準第一，藝術標準第二」置換「政治標準唯一」。她認為，那些作品來自人民、並能教育人民（亦即既有正確的思想傾向性又能發揮政治功利性），「這些要素是我們肯定藝術性的最重要的東西，而不是其他。……籠統的說新作品藝術性不高，是從舊的觀點出發，是資產階級文藝的看法，很不正確的。」[91]後來，她在評價繼承解放區文藝傳統的作品時又指出：「真正有思想，能起到教育作用的好作品，就必然有它的優美的表現手法和形式，這就有『藝術性』。」[92]她強調不能把「藝術性（指形式——引者）和政治性（當為文學作品的內容——引者）分開來談」，這是有其合理性的，因為文學的內容與形式之間確乎存在著相互聯繫、相互制約的關係。但是，她在這裏卻把文學的形式看作是純粹被動的被決定之物，把從好的內容到好的形式看作是一個自然而然的過程，認為有了好的內容就「必然」具有好的形式。這就徹底否定了形式對內容的反作用。丁玲這一理論上的悖謬，是在批評標準上把「文藝為政治服務」推到極致的結果。

從「文藝為政治服務」的理念和「政治標準第一（甚至唯一）」的批評標準出發，丁玲非常重視承載文學作品內容的主題、題材問題。在她看來，所謂「好作品」是指「要描寫工農兵新的生活、新的人物的作品，要能教育工農兵的作品，要解決建設中新問題和困難的，政策性很高的作品！」[93]為此，在第一次文代會上作題為〈從群眾中來，到群眾中去〉的發言時，她就提出作家「選擇主題」，要

---

[91] 丁玲：〈在前進的道路上〉，《丁玲全集》第7卷，第124頁。

[92] 丁玲：〈讀魏巍的朝鮮通訊〉，《丁玲全集》第9卷，第241-242頁。

[93] 丁玲：〈談談普及工作——為祝賀北京市文代大會而寫〉，《丁玲全集》第7卷，第184頁。

「根據解決當前的工作任務與群眾運動的實際問題」，「我們要做到：現在群眾需要什麼就寫什麼，而且力求寫得好」。這裏，她所指的「群眾」就是指「工農兵」。劃定的題材範圍規定了「深入生活」的方向。為了瞭解群眾的生活和群眾運動的實際情況，她以〈講話〉為指標，要求作家去「深入生活」、「到群眾中落戶」。1953 年 9 月，她在第二次文代會上專門以此為題作了發言。她認為，如果真的要創作，想寫出幾個人物或一本好書出來，就必須長期在一定的地方生活，在那裏安身立命，要把戶口落在群眾當中，不是五日京兆，而是要長期打算，要在那裏建立自己的天地，要在那裏找到親戚朋友、知心知己的人，與他們同甘苦、共患難。「我們要成為他們的支持者，最可親信的人。他們願意向我們坦白他們最先想到的東西。當他們最快樂的時候，會想到我們；當他們最為難的時候，也首先想到我們。我們在那裏是一個負責任的人，嚴肅的人，熱情的人，理解人的人，而且最重要的是沒有私心的人，我們慷慨地、勇敢地把力量拿出來，我們也將會得到最多的、豐富的、各種各樣的情感。到那個時候，我們就不貧乏了，我們就富有了一切生活中多彩多樣的人的心靈的、生動的生命的躍動，我們就會覺得寫不勝寫，而且寫得那樣順手，那樣親切了。」[94]同年，在另一次創作會議上，她對此又作了進一步強調：「我們現在有些作家住在機關裏，連戶口也沒有。我們需要有在群眾中安身立命的思想準備。我們現在這種創作環境再也不能繼續下去了，我們要把我們的環境改變為和我們要寫的對象生活在一起的環境。我們要到群眾中去找親戚，找表姐表妹，找堂兄堂弟，找知心朋友」，因為「世界上最偉大的作家如托爾斯泰所寫的人都是他日常生活中最熟悉的人。曹雪芹寫的薛寶釵、

94　丁玲：〈到群眾中去落戶〉，《丁玲全集》第 7 卷，第 363 頁。

林黛玉、賈寶玉等也都是寫他的表姐表妹等」[95]。既然確定了作家創作的題材範圍，那麼，為了把這一題材表現得成功而要求作家去熟悉這一範圍內的生活，這也就勢在必然了。但是，缺陷也是顯然的：一是題材範圍的圈定，排斥了對工農兵題材之外更廣闊生活的表現。二是在給定的題材範圍內把深入生活、熟悉生活看成是成功表現生活的充要條件，認為深入生活後「就會覺得寫不勝寫，而且寫得那樣順手，那樣親切了」，這就排斥了作家獨特的個人體驗和形式表達對創作成功的極端重要性。對於作家個人情感體驗的獨特性，丁玲是持否定態度的。她強調，「所謂真正去『落戶』，是從精神上來講，要我們的精神、情感和群眾能密切聯繫，同群眾息息相關」[96]；換言之，她就是要以群眾的精神、情感為作家的精神、情感。這樣，作家的個人體驗的獨特性實際上就被取消了。她雖然說「我們不反對個人創作」，但是即使在個人創作中也「必須發揚集體主義精神，就是在寫作以前，要有提綱，要說明你想寫什麼，要開座談會，研究你的企圖是否正確，你的觀點是否正確。寫好之後，又廣為搜集意見，重複討論，再三修改」[97]。按照這種「集體主義」的創作模式，作家獨特的個人情感體驗根本就無從發生；即使在寫作過程中對「正確」界限稍有越出，也必然在「重複討論，再三修改」中被剪除和匡正。這樣，作家事實上就成了尋找材料來填空的「匠人」。從這一意義上說，丁玲所提出的這一創作模式實際上開了「文革」中「三結合」創作方法的先河。

為了防止作家越出「正確」界限的個人情感體驗的發生、防止他們「表現自己、宣傳自己」、「在大眾忙亂之中仍舊販賣一點私貨，

---

95 丁玲：〈作家需要培養對群眾的感情〉，《丁玲全集》第 7 卷，第 371、370 頁。

96 丁玲：〈生活、思想與人物〉，《丁玲全集》第 7 卷，第 420 頁。

97 丁玲：〈從群眾中來，到群眾中去〉，《丁玲全集》第 7 卷，第 111 頁。

販賣那些小資產階級的舊玩意」[98]，丁玲還根據〈講話〉精神從根本上提出了作家「改造思想」的任務，要求作家泯滅自我、「打倒個人英雄主義」。在第一次文代會上，她就強調要實現〈講話〉提出的新中國的文藝方向，就必須「改造自己，洗刷一切過去屬於個人的情緒」；「文藝工作者還必須將已經丟棄過的或準備丟棄、必須丟棄的小資產階級的，一切屬於個人主義的肮髒東西，丟得更乾淨更徹底」，而「以群眾為主體、以群眾利益去衡量是非、冷靜地從執行政策中去處理問題」[99]。她以自己到陝北後的親身經歷，說明知識份子出身的作家要進行「自我戰鬥」：「認識自己，正視自己，糾正自己，改造自己」；只有這樣，才能走向「集體的英雄主義」——「打倒了個人英雄主義以後的英雄主義。」[100]

丁玲對作家改造思想任務的強調，是與她在知識份子與工農兵（實際上是「農民」）的對比中對知識份子缺點的理解聯繫在一起的。1950 年 7 月應《中國青年》編輯部之約，她撰寫了〈知識份子下鄉中的問題〉一文。文章在提出「一個知識份子，帶有濃厚的小資產階級習氣與情感的人，要到群眾鬥爭生活中去受考驗」的前提下，誇大了知識份子的缺點和農民的優點。她認為，「知識份子一般最容易有的心情」為「愛面子，怕埋沒」、「軟弱，……需要溫情」、「小心眼多」、「容易有寂寞、找不到朋友的感情」等。這裏姑且不說她的如此提括是否完全確當、感情色彩是否帶有偏差，即便真是如此，那也只是關乎知識份子氣質、情感的特點，也未必如她所言會「妨礙自己的學習與進步」因而「都需要在實際中改造」。例如，有關「易感寂寞」的問題，這在被磨銳了感覺的知識份子那裏幾乎

98　丁玲：〈談談普及工作〉，《丁玲全集》第 7 卷，第 181 頁。

99　丁玲：〈從群眾中來，到群眾中去〉，《丁玲全集》第 7 卷，第 108 頁。

100　丁玲：〈《陝北風光》校後感〉，《丁玲全集》第 9 卷，第 50-51 頁。

成了通例，而她卻斷言：「小資產階級出身的知識份子的寂寞病」全是「從那些資本主義的頹廢文學裏傳染來的」。這實際上把複雜的問題簡單化了，把情感政治化了。與此形成鮮明對比的是她對農民優點的誇大：「農民比我們更懂得生活……他們文化很低，不識字，老娘兒們一生也沒有走出過幾十裏地的，但他們一旦覺悟了，就比我們更沒有個人打算，就比我們更堅決，這就是他們偉大的地方」。在這樣的對比中，她甚至得出了知識份子要為農民「當長工」的結論：「我們對他們沒有別的好說，就是替他們當長工，為他們服務，忠實負責，毫無二心。」[101]

丁玲在給定的題材範圍內把深入生活、熟悉生活看成是成功表現生活的充要條件，不但阻礙了作家獨特個人體驗的發生，而且排斥了作家在形式表達上的探索。在她看來，作家「深入生活」後「就會覺得寫不勝寫，而且寫得那樣順手，那樣親切」（著重號為引者所加）。這樣，「怎樣寫」對作家來說就不再成為一個需要探索的問題。不需要探索，不等於不要形式表達本身。探索之所以不需要，是因為在她看來，形式表達的「規範化」問題也早已得到了解決。這就是：「我們提倡向民族的民間的形式學習，因為這是為群眾所熟悉、所習慣的形式，為群眾所喜聞樂見，從這種形式中發展、提高了的形式，更容易深入群眾，更容易打倒封建的文藝。」[102]它的側重點就是她認為「本來應該解決了」的所謂「舊瓶新酒」，作家的任務就是一種「規範操作」，即把從深入工農兵生活中得到的題材、內容（「新酒」）裝到「民族的民間的形式」（「舊瓶」）中去。丁玲這一「舊瓶新酒」的形式觀作為一種先驗圖式，否定了作家進行形式探索的必要性。這也是她之所以把深入生活看作是成功表現生活之充要條件

---

101 丁玲：〈知識份子下鄉中的問題〉，《丁玲全集》第 7 卷，第 190-199 頁。

102 丁玲：〈從群眾中來，到群眾中去〉，《丁玲全集》第 7 卷，第 112 頁。

的重要原因之一。丁玲的這一形式觀的形成，是她強調「文藝為政治服務」這種政治功利性的必然結果。既然把「教育群眾」作為文藝的主要功能，那麼，文藝要能夠深入到文化水平不高的群眾中去、為他們所接受並進而發揮教育他們的作用，就必須以「普及」為主，運用為他們所喜聞樂見的「舊瓶」。在〈講話〉發表八年以後，丁玲認為「文藝工作仍然是應該著重普及」，「今天我們不是做普及工作的人太多，而是太少。我們要大大地號召，團結更多的人來做普及工作」[103]。而她所提倡的用於「普及」的藝術形式就是秧歌劇、快板、鼓詞、說書、京劇等。

總之，為了堅持毛澤東的〈講話〉所提出的「新中國的文藝方向」，為了確立文學新體制的理論規範，丁玲自覺作為「一名小號兵」，以大量的批評文字吶喊助陣。她既在理論上闡釋了「文藝為政治服務」的方式、內涵和合理性，又在作品批評的實踐中貫徹了「政治第一，藝術第二」的批評標準，突出了作品思想傾向性和政治功利性的意義。她還從「文藝為政治服務」的理念和「政治第一」的批評標準出發，對文學作品的主題、題材問題、作家「改造思想」問題以及形式問題給予高度的關注和比較系統的闡述。其中，文學與政治一體化的關係，是她這些批評文字貫穿始終的中心和基本線索；建立新體制的規範，是她開展批評的目的。作為一名有影響、有地位的作家和文藝界領導，丁玲發出的這些「小號兵的聲音」在 40 年代末到 50 年代前期新體制的確立階段發揮了較大的導引作用。它與她主持中央文學研究所的工作相比，如果說後者的影響主要集中在組織體制上，顯示的是其作用之「遠」的話，那麼，前者的影響則主要集中在思想領導方面，更多地顯示了其作用之「廣」。

---

103 丁玲：〈談談普及工作〉，《丁玲全集》第 7 卷，第 179、180 頁。

在以大量的批評文字直接發出「小號兵的聲音」的同時，丁玲作為一個作家還在繁忙的公務之餘創作了一些作品，並以此間接地顯露出了「小號兵的聲音」。散文方面，有 1951 年 6 月人民文學出版社出版的散文集《歐行散記》，《跨到新的時代來》也收錄了一組，另外有發表在各報刊而未收集的〈記遊桃花坪〉、〈春日紀事〉等數篇；小說有 1953 年發表的短篇〈糧秣主任〉和寫於 1954 年以後、發表於 1956 年的長篇〈在嚴寒的日子裏〉（前八章）；另有電影文學短劇〈戰鬥的人們〉等。總的來說，此期丁玲的創作不多，但她也以此顯示了新體制的「規範」。這主要表現在以下三個方面：

首先，從性質上來看，丁玲此期創作不再是源於生命的情感衝動，而成為一種在既定範圍內的「意義」搜尋。創作本是一種生命活動、是作家存在的一種生命形式，在創作過程中，作家總要傾注自己的血液、情感和整個生命活力。美國人本心理學家馬斯洛說過：「一位作曲家必須作曲，一位畫家必須繪畫，一位詩人必須寫詩，否則他始終都無法安靜。」[104]因此，作家的創作實際上是作家生命力的釋放，是作家借助於一定的物化形式傳達自己在生活經歷中所產生的獨特生命體驗的過程。丁玲的早期許多作品忠實地傳達出了個人的生命體驗。她 1932 年在描述自己的創作經驗時說：「在開始，……對於社會上的一切，或某一件事，有一個意見，就想寫出來發表給大眾」。她當初並不考慮「意義」、考慮「以批判的觀點寫」，而「只是內心有一個衝動，一種願望，想寫出怎樣一篇東西而已。」那時她寫作總是先寫一個頭，擱下，「後來再受了感觸，覺得非寫不可，於是再寫下去」[105]。但是，到這一時期，古典主義式的對「意義」的搜尋改變了丁玲此期創作（實際上變成了「寫作」）的性質，

---

[104] 馬斯洛：《動機與人格》，華夏出版社 1987 年版，第 53 頁。

[105] 丁玲：〈我的創作經驗〉，《丁玲全集》第 7 卷，第 11 頁。

她原先具有的那種充滿野性的生命體驗和情感衝動在創作過程中卻受到了「意義」的規範和鉗制。這種性質的改變可從其寫作〈在嚴寒的日子裏〉的過程中見出端倪。對於這部作品的寫作，丁玲是十分重視的，甚至為此於 1953 年辭去了許多行政職務，並幾次重返桑乾河畔收集材料，開始構思。為了能夠安心寫作，她先後住到了安徽黃山和江蘇無錫太湖療養院。與建國前相比，寫作環境不可說不好，但寫作心境卻有了根本的變化。從 1954 年 6 月動筆，到 1956 年 10 月在《人民文學》上發表前八章，其間除去受批判「丁、陳反黨小集團」等政治運動的衝擊，丁玲的寫作時間當有一年左右，但她總共才寫出四萬餘字，寫作速度之慢自不待言。主要原因在於她失去了創作心境的自由，必須反復考慮寫作的「意義」及其「功用」。她在給陳明的信中說：「今天我也沒有寫文章，我想多想一想……我的語言不好，不夠生動都沒有關係。可是讓它有意義些。不要太淺就行。」[106]她這裏所說的「有意義」，其評判尺度顯然不在自我對社會、人生體驗的獨特性與深刻性，而在新體制所制定的「政治標準第一」的規範。對政治「意義」的搜尋，也使她在人物設置和性格刻畫上常常處在進退失據的狀態中。在一部反映解放區農民在中國共產黨領導下進行艱苦鬥爭歷史的小說裏，農民一方面代表了歷史發展的動力，但另一方面他們畢竟是農民。對他們如何把握，也確實使丁玲左右為難：「我不能把人的理想寫得太高，高到不像一個農民。可是我又不能寫低他們，否則憑什麼去鼓舞人呢？」[107]為此，她在致家人的信中反覆傾吐了這篇命題作文「難寫」的苦衷：「你一定要問我盡看書去了，為什麼不寫？我實在一時寫不出。我想了，想了很多，可是實在難寫」；「我最近小說寫得也很困難。寫了又改，

106　丁玲：致陳明（1955 年 3 月 20 日），《丁玲全集》第 11 卷，第 117 頁。
107　丁玲：致陳明（1955 年 3 月 23 日），《丁玲全集》第 11 卷，第 120 頁。

寫了又改。」[108]從創作過程來看，如果一個作家有了強烈的個體生命體驗急於表達出來，那麼，在形式化的過程中常常會使他產生一種生命實現的快感。而丁玲之所以感到「難」，是因為她缺乏個體生命體驗而只能在新體制規定的範圍內去尋找「意義」；而作品經她反復修改而發表，則標誌著「困難」的克服，也意味著她所欲搜尋的「意義」的實現。

其次，從題材和主題上看，丁玲此期創作不再有私語化的話語空間，它所表達的是體制化的共同話語。丁玲作品不再「表現自我」，而成了「謳歌他者」的政治化的頌歌。它們所謳歌的是新中國、新時代和締造了新中國、新時代的革命領袖、工農兵英雄人物。散文集《歐行散記》是作者赴匈牙利和捷克分別參加世界民主婦聯第二次代表大會和保衛世界和平大會及隨後訪問蘇聯的記實，除記述行蹤和異國風情、描寫中外人民的情誼外，作者著力歌頌了新中國的締造者，抒發了作為中國人的豪情。在婦聯代表大會上，中國代表受到其他各國代表的歡迎與擁戴，丁玲感覺到「我們從來沒有被人們這樣愛過，被人們這樣珍視而羨慕過」。她立即聯想到「是中國人民的英勇，是中國解放戰爭的勝利，是中國人民的領袖毛主席給了我們這樣的榮耀」(〈世界民主婦聯第二次代表大會的開幕〉)。在布達佩斯的火炬大會上，外國人高呼「萬歲，毛澤東」的聲音，使她在感覺中國人民對毛澤東的感情之外，又進而「體會到『毛澤東』三個字在世界上的意義」(〈十萬火炬〉)。在〈蘇聯人〉中，她在讚美蘇聯和蘇聯人的同時，直截地抒發了這樣的感情：「我愛中國人，我愛中國人民和中國革命領袖的偉大，因為我瞭解中國人民所受的苦難。」1954 年 3 月，丁玲回到故鄉湘西參觀訪問，寫成遊記〈記

---

108 丁玲：致蔣祖慧（1955 年 5 月 3 日），《丁玲全集》第 11 卷，第 124 頁。

遊桃花坪〉。散文在穿插描繪湘西優美風光的同時，通過對桃花坪鄉支部書記楊新泉從乞丐、放牛娃到新時代建設者的成長歷程的描寫，歌頌了新時代裏的「新的人物」。而這樣的「新的人物」之所以能夠翻身得解放、成為新時代建設的棟樑，則全靠了黨和領袖的指引。這樣，作品又進一步拓展了主題，把對工農兵「新的人物」的歌頌引向了對黨和領袖的歌頌。文中所記錄的主人公的兩段道白（「我相信共產黨，我的一切是中國人民翻了身才有的」；「我有時想，毛主席怎麼那麼神明，別人都說毛主席像太陽，太陽只能照得見看得見的東西，毛主席卻看見旁人看不見的東西，他把全世界的人和事情都看透了，他就這樣一步一步地引導著我們」），把作者的這一主題意圖清楚地表露了出來。小說〈糧秣主任〉，是丁玲帶著「歌頌英雄和新生活」的主題意圖到官廳水庫「深入生活」的產物。她在一篇談到該作寫作過程的文章裏說，下去前「要先有一個題目，不管這個題目是別人給你出的，或是作家自己腦子裏產生的都行」，「要沒有一個主題作為創作的指導和範圍的話，那麼寬廣的生活，你到底要寫什麼呢？」[109]在這篇主題先行的「命題作文」中，為了避免自己「工業知識很少，對於技術工人，短時內就更沒有辦法熟悉」[110]所可能造成的概念化，丁玲沒有寫工人，而選擇一個看水位的老糧秣主任李洛英為主人公，以他的眼睛及其生活變化為視點「從農村看中國的變化」[111]。因為她參加過桑乾河的土改鬥爭，對老糧秣主任這樣的在土改中成長起來的「英雄」相對熟悉，所以，她寫起這類人物來倒也駕輕就熟。但是，缺陷仍然是顯在的。較之〈太陽照在桑乾河上〉，即使在政治層面上小說對生活和人物也都沒有任

---

[109] 丁玲：〈生活、思想與人物〉，《丁玲全集》第 7 卷，第 435 頁。

[110] 丁玲：〈怎樣閱讀和怎樣寫作〉，《丁玲全集》第 7 卷，第 393 頁。

[111] 丁玲：〈創作要有雄厚的生活資本〉，《丁玲全集》第 7 卷，第 403 頁。

何新的開掘。更重要的是，歌頌性的先行主題排斥了自己對社會、人生的獨特思考，因而，在那個體制化的頌歌時代，它雖然有可能避免概念化，卻無法避免在體制化共同話語傳達上的公式化。這就不能不造成她此期創作的膚淺。她自己也「覺得我近年來的作品也並未超過過去，過去雖說不好，可是還有一點點敢於觸到人的靈魂較深的地方，而現在的東西，卻顯得很表面。」[112]

最後，從藝術表現形式上看，丁玲此期創作為了「普及」、為了發揮政治教化功能，也變得淺近直露。且不用說那些記遊述志的散文短制，就是在那些創作小說中也常常夾雜著許多直露的抒情議論。〈糧秣主任〉在敘述方式上採用了一種訪談式的對講結構，主要就是為了便於讓被訪談者（主人公）展開議論和抒情，因此其中充滿了具有濃郁政治色彩的抒情式的議論話語。如：「我懂得，黨就是要人人都有幸福，為了人人的幸福，儘量把自己的東西、把自己的力量拿出來。……我已經看見官廳村變了樣，它明年還會好起來，它後年還會更好起來」。丁玲說，那些話不是她所見的水文站的那個人講的，「他沒有那麼『文』」，但「也不是我講的，是我腦子裏的那些老朋友講的」[113]。而她所說的「那些老朋友」也就是桑乾河畔的農民。為什麼那個人沒有那麼「文」，而桑乾河畔的農民就能那麼「文」呢？所以，這些文縐縐的議論話語說到底還是作者的。在〈在嚴寒的日子裏〉，作者比較好地保持了第三人稱敘述的一貫性。但她卻把自己對政治的理解融入到小說的人物中，讓其中的人物發出與身份不相符的議論來。萬福娘是賣過身的農村婦女，在不久前的土改運動中還被批評為「不老實」，但在風雲突變時卻在兒子面前表現出了卓識：「你跟著共產黨走，要跟到底！……世上要是沒有共產黨，咱

---

[112] 丁玲：致樓適夷（1953 年 8 月 16 日），《丁玲全集》第 12 卷，第 59 頁。
[113] 丁玲：〈生活、思想與人物〉，《丁玲全集》第 7 卷，第 434 頁。

看天怎麼也不會變亮的。……有一天你總會回家來的，共產黨總會打回來的！」這實際上是作者借助於作品中人物之口在發抒議論。在抗美援朝戰爭爆發後，她還運用更加通俗化的電影短劇的形式，寫過緊密配合時事的〈戰鬥的人們〉。劇本沒有一點點深入的人物刻畫，也沒有貫穿始終的情節線索，甚至沒有具體的矛盾衝突。所有人物幾乎都是概念的化身，其中的教導員安子野代表的是正確的政治領導，因此，他的議論幾乎全都是代表著方向、正義和信念。如「烈士們的鮮血不會白流，祖國一定要獨立，人民一定要解放，美帝國主義，征服不了我們朝鮮人民」等話語，幾乎比比皆是，從而使這個短劇顯得異常淺露。

總之，在這一時期，丁玲不但以自己的批評對新體制話語作出了積極的呼應，直接發出了「小號兵的聲音」，而且以自己的創作顯示了新體制的「規範」，間接顯露出了「小號兵的聲音」。她以自己的言說和主編《文藝報》、主持中央文學研究所的行動，實現了「做好一名小號兵」的願望。

第三章　要看見旁人看不到的東西

——跨進新的時代（二）

在生活中，即使是在極平凡的生活中，作家一定要看見旁人能見到的東西，還要看見旁人看不見的東西。常常聽到有人告訴我：「這個材料很好，你可以寫一篇文章。」每當這種時候，我只能沈默。這個材料既然人人都說好，那一定是真的；可是這個材料還不能成為我的，要成為我的，那只有當我熟悉它，而且從其中發現了真理……[1]

——丁　玲

第一節　歷史地對待歷史

但是，跨進新體制、相當政治化的丁玲對「五四」文學傳統、對文學的審美屬性仍然有著割不斷的情緣和依戀。她作為「一名小號兵」在為新體制的建立吶喊鼓吹的同時，卻又時時反顧於「五四」文學的審美傳統。這也構成了 1949-1957 年間丁玲思想和文學活動的一個重要側面。

歷史是現實的鏡子，因而，由於當代意識的作用，對歷史的評判所折射出的常常是主體對於現實的態度。建國初年，許多著名作家對自己的創作歷史曾經主動作過一番自覺的清算。茅盾在 1952 年 3 月作的〈《茅盾選集》自序〉中「又沈重而又痛快」「搔著了自

---

[1] 丁玲：〈創作與生活〉，《丁玲全集》第 7 卷，第 219 頁。

己的創傷」,「檢查了自己的失敗的經驗」,稱自己的作品「實在只能算是歷史的灰塵」[2]。與茅盾一樣，老舍 1950 年 8 月發表的〈《老舍選集》自序〉簡直也是一個「簡單的自我檢討」,甚至說自己檢討得「對與不對，還成問題」。1952 年，他對自己過去作品進行了這樣的責難:「現在，我幾乎不敢再看自己在解放前所發表過的作品。那些作品的內容多半是個人的一些小感觸，不痛不癢，可有可無。它們所反映的生活，乍看確是五花八門，細一看卻無關宏旨。」[3]在搔自己過去的創傷、挖自己「創作思想的膿瘡」方面，較早且較有「深度」的是曹禺。1950 年 10 月，他在丁玲主編的《文藝報》第 3 期上發表〈我對今後創作的初步認識〉一文，檢討自己過去「沒有歷史唯物論的基礎，不明了祖國的革命動力，不分析社會的階級性質，而貿然以所謂『正義感』當作自己的思想支柱，這自然是非常幼稚，非常荒謬的。一個作家的錯誤看法，為害之甚並不限於自己，而是蔓延到看過這個戲的千百次演出的觀眾。最痛心的就在於此。」從這樣的思想「高度」出發，他把他的代表作自貶得幾乎一無是處。他認為《雷雨》「悲天憫人的思想歪曲了真實，使一個可能有些社會意義的戲變了質，成為一個有落後傾向的劇本。這裏沒有階級觀點，看不見當時新興的革命力量；一個很差的道理支持全劇的思想，《雷雨》的宿命觀點，它模糊了周朴園所代表的階級的必然毀滅」。他還用階級分析的方法解剖自己，說自己是一個小資產階級出身的知識份子，因而跳不出自己階級的圈子，劇中的魯大海就是「穿上工人衣服的小資產階級」，這是自己賣的一次「狗皮膏藥」。他自責自己的《日出》「既沒有指出造成黑暗的主要敵人，向他們射擊，那麼，只有任他們依舊猖狂橫肆。然而這和中國革命的歷史真實是不相符

2　見《茅盾選集》，開明書店 1952 年版。

3　老舍：〈毛主席給了我新的藝術生命〉，《人民日報》1952 年 5 月 21 日。

合的」。最後，他還表達了檢討自我、實行脫胎換骨改造的決心：「只有通過創作思想上的檢查才能開始進步」，「若以小資產階級的情感寫工農兵，其結果必定不倫不類，你便成了掛羊頭賣狗肉的作家」。1951 年，開明書店邀他編輯他的劇作選集，借此機會，他對《雷雨》、《日出》和《北京人》作了修改。他「憑空用猛然獲得的一些未曾消化過的思想，生硬地加進舊作之中」，結果改得面目全非，「破壞了原作的整體的藝術構思，破壞了原有的思想和藝術的和諧統一」[4]。贖罪的心態，使曹禺失去了對自我價值及其作品價值的正確估計。

這些著名作家對自己創作歷史的清算，所表露的是一種歸依新體制的現實態度。與他們厚此薄彼的做法不同，雖然丁玲一方面積極為新體制的建立吶喊鼓吹，但另一方面對自己的創作歷史卻仍然非常珍惜，而沒有以今日之我否定昨日之我地去清算自己的創作歷史。她更看重的是歷史的連續性。1951 年開明書店出版的《丁玲選集》共收 16 篇作品，是丁玲從 1927-1941 年間創作的 48 篇短篇小說中選出來的。集子中選入了此間各個階段的代表性作品，包括〈莎菲女士的日記〉、〈我在霞村的時候〉等曾受到指責和批評的作品。在簡短的「自序」中，丁玲也沒有像上述作家那樣對自己創作歷史作出過苛的檢討和不必要的否定，而是對個人創作歷史的連續性作了強調。她說：「從這本集子裏面大約可以看出一點點我的創作的道路。是長長的路，也是短短的路」；「我不會為我個人的緩慢進展而發愁」。她沒有否定自己的創作歷史，而是把既往的創作視為後來創作的起點，把後來的創作視為對既往創作的「進展」；「進展」雖然「緩慢」，但畢竟是有連續性的「進展」。

4　田本相：《曹禺傳》，北京十月文藝出版社 1988 年版，第 371-372 頁。

在丁玲看來，這種歷史的連續性不但表現在創作道路的「進展」上，而且還表現在自己筆下塑造的人物形象的「連貫」中。作為一個生活在動蕩多變時代的作家，丁玲在 20 多年創作歷史中，其思想感情及對社會人生的思索，不可能一成不變。而這些變化也必然會外化到其筆下的那些作為其思想感情之載體的人物身上。值得注意的是，與其將自己創作道路描述為「緩慢進展」以強調其連續性一樣，丁玲對其筆下人物的嬗變則用「漸漸改變」來形容。她承認作品中人物的變化：「我的作品中的人物，是漸漸在改變的。像莎菲這樣的人物，看得出慢慢在被淘汰。因為社會在改變，我的思想有改變。我漸漸看到比較更可愛的人了，因此我筆下的人物也就慢慢改變了性格。」但她更強調人物變化中的連續性。這種連續性突出地表現在兩種人物「類型」的形成上。一種是從莎菲、貞貞到黑妮所構成的女性系列。她說：像莎菲這樣的人物，「我雖說變了，但這種類型的人物，從我後來的作品中，還是找得到他們的痕跡。像〈我在霞村的時候〉裏的女主角，她是農村的女孩子，不是知識份子，她的成分變了，她比莎菲樂觀，開朗，但是精神裏的東西，還是有和莎菲相同的地方。……〈太陽照在桑乾河上〉裏面完全是新的人，這是從我的作品來說，這些人物在我過去的書裏是少有的。但是還是寫了一個黑妮。……儘管作者不注意她，沒有發展她，但因為是作者曾經熟悉過的人物，喜歡過的感情，所以一下就被讀者所注意了。」[5]另一種是從曉淞、徐清到文采所構成的男性系列：「在〈夢珂〉裏的人物，後來出現在〈入伍〉裏；在〈太陽照在桑乾河上〉中又有了文采。」這兩種人物「類型」，從早期一直延續到被視為代表解放區創作成就的〈太陽照在桑乾河上〉，跨越了丁玲建國前的幾

5　丁玲：《生活、思想與人物》，《丁玲全集》第 7 卷，第 432-433 頁。

個重要的創作階段。這是丁玲長期以來從某一方面觀察和思考社會人生的結果，也是其思想感情具有一貫性的重要表現。這正如丁玲所說：「只要是你腦子裏的人物，只要有機會，你就會寫上他幾句。所以說人物都是多年在作家的思想上，作家的性格上，作家的感情中，作家的社會經歷中慢慢積累形成的。你到生活中去，看到一個人，得到了啟發，就把你舊有的人物都勾引出來了。很自然就把舊有的人物和新認識的人物融化在一起了。」[6]

對創作歷史連續性的強調，使丁玲在那種清算自我創作歷史的氛圍中敢於反其道而行之，對自己早期作品敢於作出自信的評價，敢於表白自己珍視、喜愛的感情。她後來在答記者問時也說到：「你說我寫了一篇文章，如果覺得不好，為什麼還拿出去發表呢？我說老實話，寫的時候，我對它還是非常有感情的，喜歡得很。我自己的東西寫出來後差不多都記得。因為總是寫了又看，看了又寫，有興趣得很。可是過了一個時期再來看，便會發現許多東西沒有寫上去，又覺得不夠了，不好了。」[7]顯然，她對自己早期所寫的作品是充滿感情的，只是後來因為有「許多東西沒有寫上去」而感到有所「不夠」罷了。事實上，一篇作品要包羅萬象、要把所有的東西都寫上去，這是不可能的。因此，這樣的「遺憾」對任何作家、任何作品來說，都是勢在難免的。這樣，她所說的如此的「不夠」，也就不再構成其自我否定的特別因素。而她從這樣的角度來談她早期創作的不足，也恰恰說明她不願意否定其早期創作本身。

看重歷史的連續性同時必然包含著歷史地對待歷史的態度。她雖然也承認在改變了的社會中出現了「比較更可愛的人」的情況下，早期作品中的有些人物「慢慢在被淘汰」，但她並沒有因此而輕易地

6　丁玲：〈生活、思想與人物〉，《丁玲全集》第 7 卷，第 433-434 頁。

7　丁玲：〈答《開卷》記者問〉，《丁玲全集》第 8 卷，第 5 頁。

用前者去否定後者。這本身體現出來的就是一種歷史的觀點。她的這一歷史的觀點在與曹禺討論《雷雨》修改問題上也得到了突出的體現。1952 年 3 月，丁玲和曹禺同赴莫斯科，參加果戈理逝世一百周年紀念活動。那時，曹禺已經對《雷雨》等作品作了修改。對《雷雨》，他所作的一處重要修改是將魯大海改成領導罷工的「有團結有組織的」戰士。他依據跨入新時代後對工人階級作為領導階級的新的理解，而賦予魯大海以「應有的工人階級的品質」。在同行中，曹禺就重寫魯大海的問題向丁玲這位來自解放區、並擔任著文藝界領導職務的作家徵求意見。丁玲對此發表的意見大概卻出乎了他的預料：「《雷雨》就是那個時代的那樣一個作品，觀眾已經非常熟悉它了，能把它改得更好，當然好，但魯大海在劇本中不是一個孤立的形象，一動就得大動，改大了，也就不是觀眾原來熟悉的《雷雨》了，小改小鬧，修修補補，要是弄得不倫不類，倒反而不好。歷史就是歷史，讓它就像歷史那樣吧。作家對自己的作品，總會留下一些遺憾的，還是在新作中去彌補吧！」曹禺為自己的修改辯解道：「魯大海應該是周樸園所屬的那個階級的掘墓人。」丁玲以自己的親身經歷說：「過去在上海，我也是布鞋布衫的到女工中去，我還是沒有寫出反映工人生活的作品來，可也不能說對他們一無所知。他們，從宏觀上看是個階級屬性很鮮明的集體，尤其是在勞資鬥爭，真刀真棒的時候，大家團結得真的就像一個人一樣。要是具體一個人，還是一個人一個樣，也不能說他們的一招一式，都一定是階級屬性的規範行為。不然，想當然的套入一個公式或概念，寫起來就難吶！」[8]她還提到，老托爾斯泰在《安娜・卡列尼娜》中把列文的那個害著肺病的住在小旅館的哥哥寫成一個信奉馬克思主義的革命者，說明

---

[8] 轉引自周良沛：《丁玲傳》，北京十月文藝出版社 1993 年版，第 489-490 頁。

寫人物只能從具體的時代出發，而不能脫離歷史條件從「規範」的標準出發。丁玲最後向曹禺建議說，工人生產支前的主人翁的熱情和魄力應該寫到新的劇本裏，寫出他筆下過去沒有出現過的新的人物，新的世界；但是，「過去的就過去了。歷史就是歷史。昨天的『雷雨』炸碎了一對年輕人美麗的夢，今天的陽光該照耀那禁錮生命活力的大公館的廢墟！」

看重歷史的連續性、強調「歷史就是歷史」、因而要歷史地對待歷史，所有這些都表現出了丁玲的濃厚的歷史意識。這一意識使丁玲於 50 年代初期在由那些積極追求革命、自覺向新體制靠攏的作家掀起的自我否定的狂潮中顯得相當冷靜、相當自信，而且冷靜、自信得也相當顯眼。丁玲為什麼會如此冷靜、如此自信？她的秘書張鳳珠後來分析說：丁玲非常信服〈講話〉，「但是從骨子的深處她是不自覺的。她自己從不否定《莎菲女士的日記》。她不說就是了。不像有些人，建國以後，就把自己原來作品說得一無是處」[9]。說丁玲對〈講話〉的信服是「不自覺」的，這顯然缺乏依據。從第二章的分析來看，丁玲對〈講話〉不但信服，而且還非常自覺，否則，她不可能在以〈講話〉為指導建立文學新體制的過程中有如此的「言」與「行」。但是，丁玲從不否定《莎菲女士的日記》等早期作品，也是確鑿的事實。但我們不能以此說明她對〈講話〉的信服是「不自覺」的。我們只能從這兩個事實中看到「兩個丁玲」的存在：一個是自覺信服〈講話〉、自覺維護新體制的丁玲；一個是肯定並秉承了「五四」文學傳統的丁玲。是丁玲對「五四」文學傳統的懷念、堅守，導致了她的冷靜和自信。

9　邢小群：〈關於丁玲——張鳳珠訪談錄〉，《文史精華》2001 年第 7 期。

對歷史的態度實際上就是對現實的態度。丁玲不否定自己早期創作中的那些秉承「五四」個性主義傳統的作品，所肯定的不僅僅是那些作品，而且更有其中的「五四」文學傳統。她以這樣的方式間接地宣示了「五四」文學傳統的歷史價值和在當代的意義。T. S. 艾略特說過：所謂「傳統」含有歷史的意識，「歷史的意識又含有一種領悟，不但要理解過去的過去性，而且還要理解過去的現存性」；「這個歷史的意識是對於永久的意識，也是對於暫時的意識，也是對於永久和暫時的合起來的意識。就是這個意識使一個作家成為傳統性的。同時也就是這個意識使一個作家最敏銳地意識到自己在時間中的地位，自己和當代的關係」。[10]丁玲歷史意識的存在，說明她不但理解了「五四」文學傳統作為「過去」的「過去性」，而且理解了「五四」文學傳統作為「過去」的「現存性」；同時也說明她敏銳地意識到了「自己和當代的關係」。

如果說丁玲對自己創作歷史的珍惜，間接地表達了她對「五四」文學傳統的尊重的話，那麼，丁玲在一些公開的講話和文章中則直接地表現了對這一傳統的維護和堅守。在中國新文學的發展過程中，「五四」文學早在革命文學的論爭中就被視為「革命文學」的對立面——資產階級、小資產階級文學而受到質疑和批判。成仿吾認為，「五四」文學革命是有閒階級的「智識階級」發起的，他們「對於時代既沒有十分的認識，對於思想亦沒有徹底的瞭解」，所以，「他們的成績只限於淺薄的啟蒙」[11]。李初梨斷言：「中國的文學革命，經了有產者與小有產者的兩個時期，而且因為失了他們的社會根

---

[10] T. S. 艾略特：〈傳統與個人才能〉，戴維・洛奇編：《二十世紀文學評論》（上冊），上海譯文出版社 1987 年版，第 130 頁。

[11] 成仿吾：〈從文學革命到革命文學〉，《創造月刊》第 1 卷第 9 期，1928 年 2 月。

據，已經沒落下去了」，無產階級的「革命文學」必須取而代之[12]。錢杏邨則直斥「五四」文學的扛鼎之作《阿Q正傳》「死去了」:「不但是阿Q時代是死去了，阿Q正傳的技巧也已死去了！阿Q正傳的技巧，我們若以小資產階級的文藝的規律去看，它當然有不少的相當的好處，有不少的值得我們稱讚的地方，然而也已死去了，也已死去了！」[13]到1942年延安文藝座談會上，作為「五四」文學重要思想支柱的個性主義思想又進一步受到了嚴厲的批判，作為「非無產階級思想」成為「鬥爭」和「改造」的物件。這樣，在「五四」文學成為歷史、成為傳統之後，新文學的每一步發展似乎都需要在克服「五四」文學傳統的影響下實現；「五四」文學似乎不再是一種重要的有價值的遺產，而成了必須甩掉的「包袱」、必須克服的障礙。建國初年，許多「五四」過來的作家或繼承了「五四」個性主義傳統的作家之紛紛檢討自己「五四」以來的創作，均與這種思潮相關。在當時許多人的心目中，所謂「新文學」所指即延安文學，或者說延安文學成了「新文學」的代名詞。

在這種背景下，丁玲多次撰文或發表講話，力圖維護「五四」文學傳統，力圖還「五四」新文學以應有的歷史地位，力圖匡正對「五四」新文學乃至整個中國新文學的曲解。她反復強調新文學是條河流，其源頭就在「五四」；「五四」為新文學開闢了道路，沒有「五四」，就沒有「五四」以後的文學乃至「今天的文學」。1951年，她在中央文學研究所作〈怎樣迎接新的學習〉的講話，在總結第一期學習的收穫時，特別強調「五四」以來的新文學應該作為遺產來繼承。她說：「大家對於『五四』以來的新文學的看法不同了，過去在接受遺產上只知道要向民間形式學習，要學習外國的古典東西，

12　李初梨：〈怎樣地建設革命文學〉，《文化批判》第2號，1928年2月。

13　錢杏邨：〈死去了的阿Q時代〉，《太陽月刊》3月號，1928年3月。

但沒有人知道『五四』以來的中國新文學也應該接受，也可以學習。」她還直言不諱地批評以為「只有延安的魯迅藝術學院才有新文學似的」的「個別的同志」「真是孤陋寡聞到極點」[14]。同年 5 月，丁玲又應《中國青年報》之約作〈怎樣對待「五四」時代作品〉一文。文中正確地分析了「五四」的性質、特點及其對後來文學的影響，指出：「『五四』是一個革命，是一個思想的革命，也是一個文學上的革命。……『五四』的文學一出現，就以一種極其充沛的戰鬥精神來出現，他們用一切文字向封建思想鬥爭，攻擊帝國主義……他們的攻擊是徹底的，堅決的（雖說後來個別人物妥協了），最代表這種精神的是魯迅先生。後來的文學，是在『五四』的戰鬥的、革命的文學傳統中發展起來的」。關於「五四」文學的影響，她指出：「五四」給新文學「開闢了道路」，「只有從這些作品才能懂這一段的文學歷史，才懂得如何有了今天的文學」，因此，「那種否定『五四』，否定『五四』文學的影響的看法，是一種缺乏常識的偏見」。在對「五四」文學的評價中，她正確地採取了一種歷史主義的態度：「我們只能在歷史的現實的條件下看它完成了多少任務，而不能要求過去的人說今天的話」，她提醒「我們年輕人，怎麼能因為初初懂得『為人民服務』，怎麼能因為曾經在農村或工廠蹓躂了一回，而對於一個偉大的歷史，和這歷史所產生的文學輕輕地一筆抹煞呢？」[15]

歷史地對待歷史，是為了從歷史遺產中汲取有益的營養去創造現實。丁玲對「五四」文學傳統的維護和堅守，其出發點不僅僅在於公正地評價那一段歷史，更在於要使之成為建構當代文學的重要資源。在許多人（包括從「五四」過來的作家）紛紛否定「五四」

---

14 丁玲：〈怎樣迎接新的學習〉，《丁玲全集》第 7 卷，第 228 頁。

15 丁玲：〈怎樣對待「五四」時代作品——為《中國青年報》寫〉，《丁玲全集》第 7 卷，第 238-241 頁。

作品乃至整個「五四」文學傳統、片面強調向民間形式和外國古典作品學習的時候，丁玲維護「五四」文學傳統就具有了非常強烈的現實意義。作為一個 20 年代後期步入文壇的作家，丁玲最初贏得的文學聲譽是與她對「五四」文學傳統的繼承聯繫在一起的，她對這一傳統有著深入的瞭解和割捨不了的依戀。她深知「五四」文學的個性品格和審美精神是切合文學自身特性的，因此，她才會在作為建立新體制的中堅力量為新體制吶喊鼓吹的同時，仍然向「五四」文學傳統投以這樣深情的目光，為繼承「五四」文學傳統發出這樣深情的呼喚。由此，我們也才在一個維護新體制的丁玲之外，看到了另一個丁玲的存在——一個信奉「五四」文學傳統的丁玲。

第二節　一本書主義

「一本書主義」，是 1955 年批判丁玲、陳企霞反黨小集團時給丁玲羅織的罪名。批判者指認她說過「一個人只要寫出一本書來，就誰也打他不倒。有一本書，就有了地位，有了一切，有了不朽」，認為這是在「宣傳資產階級個人主義思想」，「把文學創作完全看成達到個人目的的工具」。1956 年中宣部調查組在重新查對丁、陳問題時，也曾向徐剛、徐光耀調查過這一問題。他們一致認為，「一本書主義」是「推論」出來的，戴在丁玲頭上是不妥當的。但丁玲在提倡注意質量、反對粗製濫造的意義上，確實向中央文學研究所的學員說過：「不要粗製濫造，寫幾本不很好的書，不如寫一本好書」；她自己在第二次文代會上的講話中也公開告訴過大家：「我還有一點雄心，我還想寫一本好書，請你們給我以鞭策。」[16]在本節裏，對

[16] 丁玲：〈到群眾中去落戶〉，《丁玲全集》第 7 卷，第 368 頁。

「一本書主義」這一概念是在後者的意義上借用的，其內涵為重視創作的審美品質，反對粗製濫造。作為一個作家，丁玲主要是靠創作來安身立命的。建國前夕，在〈太陽照在桑乾河上〉寫完後呈請艾思奇審讀的當天，她在日記中寫道：「我常常覺得有些人還喜歡我，又常常覺得有些人並不喜歡我。……有人之所以不喜歡我，是因為他看見了我的缺點；喜歡我的人是因為他看出了我的長處。我保持我的長處，克服掉我的缺點不就全好了嗎？只要我有作品，有好作品，我就一切都不怕，小人是沒有辦法的。」[17]創作是丁玲的「長處」，也使她贏得了人們「喜歡」和尊敬。為了保持和發揚這一長處，她在建國以後不但自己立意寫出一本好書，而且還就如何寫出好書多次發表意見。正是在這一點上，丁玲繼承了「五四」文學遺產，接通了「五四」文學的審美傳統，並將它具體化到創作論中，從而為當代文學的建構提供了重要的資源。

那麼，在丁玲看來，怎樣才能寫出一本好書？怎樣的一本書才能成為「一本好書」呢？

第一，作家對生活應該有獨特的發現，創作中「自己要有見解……不要人云亦云」[18]。文學是一種審美的意識形態，是一種特殊的上層建築形式。這一本質屬性決定了文學的思想品格，它要求作家通過個人的話語行為對社會人生發表自己獨立的見解，並以此參與到社會生活中去。對文學的這一思想特徵，丁玲是深有體會、了然於心的。1952 年冬，在旅大小平島蘇軍療養院療養的丁玲在談到其早期創作時，對文學的這一特徵就作過強調：「我是一九二七年開始寫小說的。……我那時寫小說不是個人遠大的計劃，只不過是說明自己的思想，我個人對於不合理的社會現象所做的批評和抗

[17] 丁玲：1948 年 6 月 22 日日記，見《丁玲全集》第 11 卷，第 342 頁。
[18] 丁玲：〈談文學修養〉，《丁玲全集》第 7 卷，第 153 頁。

議；希望有與我同感的人，或者我希望用我的小說去爭取一些人，獲得與我同樣的思想。當然，那時因為時代、年齡和修養所限，我的思想不見得十分成熟，十分正確，但我是忠實於我自己的，而且也希望表現得真實。」[19]所謂「自己的思想」，必須是「自己的」，是自己從對社會生活的獨特體驗中產生的。沒有獨特體驗，沒有獨立思想，而是隨波逐流、人云亦云，那將從根本上喪失文學的思想品格。

從這一認識出發，丁玲於 1950 年 10 月在中央戲劇學院作題為〈創作與生活〉的講話時，對作家體驗的獨特性和思想的獨立性作了特別強調：「在生活中，即使是在極平凡的生活中，作家一定要看見旁人能見到的東西，還要看見旁人看不見的東西。」對於作家來說，看見旁人能見到的東西，這雖然是重要的，但僅僅如此還遠遠不夠；最主要的是要有自己獨到的發現，要能看見他人看不見的東西。創作不是社會生活的實錄。作家沒有自己的獨特感悟和發現，自然狀態的社會生活並不能成為創作；大家都能看見而作家自己沒有獨到發現的材料，不能成為作家書寫的物件。這正如她所指出的，某個材料再好，「可是這個材料還不能成為我的」，它「要成為我的，那只有當我熟悉它，而且從其中發現了真理，這個真理是普遍的真理，卻又是我把它和生活有了聯繫的」。她批評《光明日報》上連載的小說〈韓營半月記〉只是對土改生活的記錄，「作者把什麼都記錄了，但除了與我們一樣的表面情形以外，我找不到作家自己所發現的東西，是我沒發現，是我發現不深的東西；或者因為他的發現啟發了我，使我看見了我過去不曾看見的東西，沒有。……這裏面是找不到所謂詩的東西，文學的東西，找不到創作。」[20]這種作品只

[19] 丁玲：〈在旅大小平島蘇軍療養院的一次講話〉，《丁玲全集》第 7 卷，第 351-352 頁。
[20] 丁玲：〈創作與生活〉，《丁玲全集》第 7 卷，第 219、224 頁。

是對生活表像的記錄，這只能導致創作的失敗。因此，單純的生活素材不能決定創作的成功，沒有作家自己的發現，單靠題材的新鮮至多只能轟動一時，卻無法流傳永久。一部作品要獲得成功，題材是否新鮮其實並不重要，重要的是要有自己對生活的見解。她指出，題材再好，但沒有自己獨特見解的就不要勉強寫——「寫不了的東西不要勉強寫。」[21]她批評「我們現在許多作品基本上是靠題材吸引人的」。當時，許多作家「跑下去瞭解了一點，就趕快跑回來，趕快寫，需要題材很新鮮，能轟動一時」，對此，她深刻指出：「真正的文學作品是要一直流傳下去的，沒有什麼新鮮不新鮮。」[22]

在論及作家創作時，丁玲提出了兩個重要概念：「自然形態」與「創作過程」。在她看來，前者只是生活的原初狀態，是創作的物件基礎，它與後者有著本質的區別。只有作家產生了體驗，並對之進行主觀的提煉加工後，它才能去掉其「自然性」而進入創作過程。她指出：「作者一定要對生活經過醞釀、研究、分析、總結，才能將自然形態的藝術加工、提高，進入到創作過程」[23]。她批評陳登科的〈淮河邊上的兒女〉有不少缺點，如人物沒有立體地顯示出來，人物本身行動少，作者講述多……，其原因就在於他還更多地停留在「自然形態」階段而缺乏真正的創造：「你看見過一些山、一些水，但由於你的修養，這一些山水在你的腦中還不能成為『丘壑』，你還缺少一種天然的創造，也就是說你的創作還有些勉強，還不成熟。」而要對該作進行修改，關鍵還在於要有新的創造：「要看在原來的材料上，在原來的生活上，你有沒有新的感受、新的發現。」[24]在當

21 丁玲：〈在文講所第二期的輔導談話〉，《丁玲全集》第 7 卷，第 377 頁。
22 丁玲：〈怎樣閱讀和怎樣寫作〉，《丁玲全集》第 7 卷，第 389 頁。
23 丁玲：〈創作與生活〉，《丁玲全集》第 7 卷，第 220 頁。
24 丁玲：致陳登科（1954 年 2 月 22 日），《丁玲全集》第 12 卷，第 67、68 頁。

時片面強調「文學是社會生活的反映」而忽視「文學是社會生活在作家頭腦中的反映」（亦即忽視文學反映的能動性）的情況下，丁玲對「自然形態」與「創作過程」這二者所作的區分、對二者關係所作的論述，對於激發作家的主觀能動性、克服機械反映論的弊端，確實具有重大的現實意義。

由上可見，丁玲將作家對生活的獨到發現視為創作是否能夠取得成功（甚至是否是「創作」）的決定性因素，那麼，作家如何才能產生對生活的獨到發現呢？對此，丁玲從主客觀兩個方面作了論述。首先，從作家主體因素來看，作家一定要培養自己獨立思考的能力，要有成為思想家的素質。1956 年在與四川大學中文系師生的一次談話中，她提出了「作家必須是思想家」的命題：「一個人不能光從報紙上、書本上、別人的報告裏去找思想，自己應具有獨立思考的能力。一個作家首先必須是思想家。不能光是接受別人的思想，否則，作品的思想就不會超過社論的水平。……作家對生活一定要有所發掘，要看得深些，透些，作品才有價值。現在有些人往往怕發表獨立見解，要看『行市』，這怎麼行？」[25]比這稍前，她也提出過，作家「不是先有一個科學論斷再反過來取一些生活填入他的論文中的，他應該對生活有無比的敏感，他不屑寫人人都能說得出來的，歸納好了的生活條文」；「生活對於你是理論，你可以做理論家，生活對於你不是詩，缺乏詩，你就絕不能做詩人。」在接近文學時，作家不能首先接受一套「可怕的公式」。[26]丁玲發表的這些言論是極有針對性的，也是切中時弊的。從 50 年代初期到中期，在「文學從屬於政治」的旗號下，文學成了為政治服務乃至為具體政策服務的工具。邵荃麟曾經為《文藝報》作過一篇題目即為〈論文藝創作與

---

[25] 丁玲：〈作家必須是思想家〉，《丁玲全集》第 7 卷，第 443 頁。

[26] 丁玲：致一位青年讀者（1954 年 5 月），《丁玲全集》第 12 卷，第 72-73 頁。

政策和任務相結合〉的專論，認為「一個政策，卻正是現實的最高度的概括」，「文藝創作如果離開這一類的政策，離開了它的指導，它又怎能正確地反映出歷史現實和指導現實」？他還提出，「政策觀點，就是作者去觀察現實，分析現實的立足點，這個立足點如果不穩或是不正確，他所反映出來的東西，也就會不正確不全面。」[27]在這一理論指導下，文藝創作出現了「趕任務」的現象，即用文藝來為當時各項政策和具體政治任務服務。茅盾要求作家們在「思想上應當不以『趕任務』為苦，而要引以為光榮。有任務交給我們趕，這正表示了我們對人民服務有所長，對革命有用」[28]。在這樣宣傳政策的「趕任務」中，文學的工具性被發揮到了極致，而作家的主體性與思考力則喪失殆盡。丁玲提出的創作不能從「可怕的公式」出發，不能從「科學論斷」出發，不能「看『行市』」，不能「光是接受別人的思想」，而應該自主發掘生活、獨立思考生活，既符合文學創作的規律，也切中了「趕任務」所造成的弊端。

其次，從作家創作的外部因素來看，一定要造成一個允許作家個人「獨立生長」的環境。這實際上涉及到了在思想上和組織上改善對作家領導的重大問題。一個作家要能對生活有獨特發現，除了要培養自己的思考習慣和思考能力之外，一定也要有一個允許作家獨立思考的環境，否則，作家的獨立思考和獨特發現就會遭到扼殺。正是出於對這一問題的高度重視，1953 年 9 月，丁玲在第二次文代會上的發言中公開質疑了意在加強對作家思想控制的「創作組」現象（即「集體創作」現象），要求取消「家長制度」而還給作家一個「獨立生長」的環境、一個獨立思考的思想空間。雖然她也表態說她並不反對現有的創作組這一類組織，但她「認為一個創作者時刻

27　邵荃麟：〈論文藝創作與政策和任務相結合〉，《文藝報》第 3 卷第 1 期。
28　茅盾：〈文藝創作問題〉，《人民文學》第 1 卷第 5 期。

也離不開領導是不對的。作家並不像孩子那樣離不開保姆，而要獨立生長。因為創作無論怎樣領導，作品是通過個人來創作的。集體主義並不意味著永遠要集體創作。創作組有很重要的作用，它究竟應該採取什麼工作方式，我不能在這裏多談。但絕不應該是緊緊抓住幾個人。要採取多種多樣的社會方式，而不是採取家長制度。作家並不是某一個人可以培養出來的，作家要在群眾中生長。」[29]在1953年另一個創作會議上的發言中，她一方面號召作家「要能獨立活動」，指出「如果離開了領導，就不敢創作，這是不行的」；另一方面也籲求「我們領導也要放手，讓作家獨立活動」[30]。

丁玲對作家獨特發現的強調與她對自己建國後創作的反思有關。她認識到自己「近年來的作品也並未超過過去，過去雖說不好，可是還有一點點敢於觸到人的靈魂較深的地方，而現在的東西，卻顯得很表面」。為此，她深感不安，並產生了「完全毀了它們麼？不寫了麼？」[31]的困惑。如何在創作中克服表面化的現象而能夠觸及人的靈魂深處，既是一個擺在她面前亟待解決的實踐問題，也是一個共性化的理論問題。在她焦躁的反思與尋覓中，「五四」文學重視「獨立思想」的傳統在她面前又閃爍出迷人的光彩，其在建國前的創作中所積累起來的秉承「五四」個性精神、獨立思想、大膽觸及人的靈魂的經驗，為處在困惑中的她也提供了直接的啟示。在延安文藝座談會以後，丁玲的個性精神遭到了逐漸確立起來的新體制的遮蔽，但它作為丁玲的一條精神線索卻沒有被割斷。在不少私下談話甚至公開講演中，丁玲仍然以個性主義精神表現出思想解放的一面。建國前夕在東北解放區，丁玲與周立波談及陳學昭時，曾經大

29　丁玲：〈到群眾中去落戶〉，《丁玲全集》第 7 卷，第 367 頁。

30　丁玲：〈作家需要培養對群眾的感情〉，《丁玲全集》第 7 卷，第 372 頁。

31　丁玲：致樓適夷（1953 年 8 月 16 日），《丁玲全集》第 12 卷，第 59 頁。

膽地為婦女的「個人奮鬥」聲辯：「有些人責備她狹隘、小氣，那是因為他們不懂得一個女人在現在滿是封建，滿是市儈的社會中如何奮鬥的原因」。周立波說「為什麼是一個人奮鬥呀，現在革命的隊伍這樣大」。她說：「隊伍大，但個人必須走個人的路」[32]。顯然，這是很典型的「五四」個性主義話語。在集體主義取代個性主義、集體含括個人的時代，丁玲對「隊伍」（集體）中的「個人」命運和價值的思考，是極具現實意義的。

建國以後，丁玲也多次伸張個人主義思想，並在情感、生活等方面積極鼓吹思想解放。1950 年 4 月 28 日，她在清華大學向學生公開講演〈青年戀愛問題〉。她認為，戀愛對於一個人是很重要的，「如果一個人把戀愛處理得好，很順利，那他不但感到這個世界很可愛，而且有一個人特別可愛，覺得到處都是光明快樂，生命特別充實起來……」，因此，戀愛問題「到了適當時機可以解決而不解決也是浪費，當本能上有這種要求而又能適當的解決，不會太妨礙學習」。她還就戀愛問題說開去，談到了無產階級也需要「溫情」、「安慰與體貼」，反對把這一切都歸諸小資產階級：「一講到溫情，立即會有人說，嘿，小資產階級！這個問題，我以為我們不是為了生活簡單化而奮鬥，三槍兩刀的作風並不是生活的全部。一個人有時候是需要安慰與體貼，簡簡單單三言兩語不能達到這個目的。如果說到感情就說是小資產階級，那豈不是說無產階級沒有感情嗎？將來的人都是很有風趣，很有修養，很有文化的。」她還就知識份子「和工農戀愛」這一敏感問題，發表了自己的看法：「如果沒有共同的生活和工作，思想上沒有共通點，硬要去找工農談戀愛，這樣的『與工農結合』也不必」[33]。1952 年 8 月 19 日，丁玲在天津學生暑期文

32　丁玲：1949 年 3 月 14 日日記，見《丁玲全集》第 11 卷，第 368 頁。

33　丁玲：〈青年戀愛問題〉，《丁玲全集》第 7 卷，第 167-173 頁。

藝講座上講話，在談到穿著、彈琴等日常生活問題時同樣表現出思想解放的一面。她看到座間穿花洋布衣服的同學很少，雖然百貨商店掛著那麼多的花襯衫，可是她們不敢穿，穿了怕人家批評生活腐化、是資產階級思想。對此，她指出：「生活不是為著貧窮，不是永遠穿得不好，生活不是這個樣子。革命就是為的要生活好，要打扮得漂亮……不只是這個樣子，而且我們每個人要學文化，一個農民也要彈鋼琴。聽說現在因為要反對資產階級思想，誰也不敢買鋼琴了，鋼琴生意不好得很。鋼琴聲音還是好聽的，為什麼我們不能彈呢？一彈鋼琴就叫資產階級思想嗎？」[34]1954 年 1 月，在中央文學講習所向學員作輔導談話時，她批評有些學員過於脆弱：「聽一個人說壞話就抬不起頭來」。她說：「不管它，一萬人說壞也要看看這一萬人是誰」[35]。

從以上列舉的材料中，我們可以看出，丁玲不管是在思想層面還是在日常生活層面，都表現出了對個體本位的尊重，其中蘊涵的是其個性本位的價值觀和其所欲提倡的個性主義堅韌的意志力。這是「五四」個性精神在建國前後激起的反響，這說明在丁玲的心靈裏一直深藏著「五四」個性主義的傳統。一旦她認識到當時創作中表面化的病症所在，就必然會求援於「五四」重視獨立思考的個性主義傳統，以醫治作家獨立思考能力欠缺的痼疾，以恢復文學創作的思想品格。

第二，作家在創作中應該重視情感。文學是審美的意識形態，意味著文學必須是情感的。丁玲非常重視文學的這一審美特徵，認為文學就是作用於人的情感的。1949 年 12 月 21 日，在天津文藝青年集會上作〈蘇聯的文學與藝術〉的講演時，丁玲通過對中蘇文學

34　丁玲：〈談新事物〉，《丁玲全集》第 7 卷，第 315 頁。

35　丁玲：〈在文講所第二期的輔導談話〉，《丁玲全集》第 7 卷，第 378 頁。

的比較，強調文學作品最終是為了提高人們的情感。她指出：「我們今天的文藝工作，是停留在教科書上，總是告訴人家一定要這樣做、這樣做才對。……但在蘇聯看過了一個戲，人家問我怎麼樣，我說很美，可是心裏想這種戲和實際有什麼聯繫呢？但後來又看了兩三個戲，才明瞭人家比我們高一級。蘇聯的藝術是提高你的思想、情感，使你更愛人類，更愛人民一些。因此蘇聯選了很多古典的東西來上演，像《青銅騎士》、《安娜・卡列尼娜》等戲都是提高人民的情感的。」[36]

丁玲對文學作品作用於人的情感的認識，導致了她對作家創作過程中審美情感的高度重視。在她看來，一方面作家只有有所感，才能觸發創作動機，才能真正進入創作過程；另一方面，創作過程實際上就是情感抒寫的過程。關於前者，她指出：「作家看見一朵花，這朵花的美麗使他有所感，他於是設法使這朵花再現出來。」[37]也就是說，作家寫花，並不是機械的攝影。所謂「再現」，也是緣於主觀情感的觸發和驅使。關於後者，她曾以自己的創作體會作了說明。她寫文章時，「如果哪一件事我喜歡它，使我感動，我就想怎樣把我所感到的告訴讀者；寫了以後覺得還不能表達我的感情，我就再寫一段，總要使讀者感到不那樣抽象。直到自己覺得感情都表達得差不多了，意思都寫得差不多了，於是我就結尾了。」[38]這也就是說，她自己的創作完全服務於情感的表達，做到了文隨情動而發、亦隨情訖而止。因為情感作為文學的一種本質特徵，對於文學創作具有如此巨大的作用，所以，它還成了丁玲文學批評的一個重要尺度。她在評價〈青年近衛軍〉時，讚揚作者「法捷耶夫很有感情，懂得

[36] 丁玲：《蘇聯的文學與藝術》，《丁玲全集》第7卷，第135頁。
[37] 丁玲：《文藝學習沒有捷徑可走》，《丁玲全集》第7卷，第398頁。
[38] 丁玲：《怎樣閱讀和怎樣寫作》，《丁玲全集》第7卷，第390-391頁。

高尚的情操，他是帶著多麼豐富的感情來寫這些年輕的人呵！」[39]她批評谷峪的〈蘿北半月〉（載《人民文學》1955 年 9 月號），「很多人物寫得不壞，但是沒有寫出作者自己的思想感情。這篇文章除了給讀者增加些知識以外，沒有在人的心靈上添點什麼東西」[40]。

丁玲強調文學創作的情感性，與她對文學作品首先作用於讀者情感的審美屬性的認識密切相關。在她看來，文學創作是作家情感抒寫和情感評價的過程，而讀者欣賞也是首先從情感出發的。所謂文學的審美屬性，從讀者角度來看，就是要從情緒情感上打動讀者、感染讀者，給讀者帶來美的享受。為此，她反復強調：「搞文學的不要過多注意理智，要過多注意感受」；「看書要滾到生活裏去，書裏的情感，與自己的情感貫穿在一起。太清楚的人，太『理論』的人，往往沒意思」[41]；讀書時，「把理論條文放在一邊，鬆弛一點放任一點感情，……看看有沒有吸引我們的地方，我們對那些人有沒有同情或憎恨的地方」[42]；「有的同志讀書只是為了從書中抓住幾條，結果是把書中的教條抓住了，而把書中的寶貴的東西卻忽略了。我們讀書一定要鑽到書裏去，和書中人物同感情，體會作者的感情才行。」[43]雖然她也看重文學作品對讀者的淨化和讀者對文學作品的領悟，因為這是文學接受活動的最高境界，也是文學作品實現其審美價值的最終階段，但她卻非常注重讀者與文學作品的情感共鳴，因為在她看來，共鳴是淨化和領悟的前提和基礎。她說過，閱讀作品時，應該「首先讓自己感動，陪著書中人一同歡喜，一同哭泣，感覺得有趣味的地方，就多多地去回想，需要加以想象的地方，就多多地去

39　丁玲：致陳明（1955 年 3 月 23 日），《丁玲全集》第 11 卷，第 118 頁。

40　丁玲：〈談談寫人物〉，《丁玲全集》第 7 卷，第 444 頁。

41　丁玲：〈在文講所第二期的輔導談話〉，《丁玲全集》第 7 卷，第 378、374 頁。

42　丁玲：致ｘｘ（1954 年 5 月），《丁玲全集》第 12 卷，第 76 頁。

43　丁玲：〈創作要有雄厚的生活資本〉，《丁玲全集》第 7 卷，第 401 頁。

想象」。她這裏所說的「讓自己感動，陪著書中人一同歡喜，一同哭泣」，實際上指的是讀者與作品的情感共鳴，亦即讀者為作品中的情感所打動而形成的一種強烈的心靈感應狀態。只有產生了情感共鳴，讀者才能在接受活動中進而進入到「淨化」和「領悟」階段——不由自主地「多多地去回想」、「多多地去想像」，從而達到調節精神、排遣情緒、潛思默想、體悟社會人生的境界。從這樣的認識出發，她批評一個熟悉的朋友「為具體的人和生活中的一些平常的事感動得少」「你就總是那樣『政治化』，那樣愛著一切抽象概念，而永遠清醒，不捲進個人感情的漩渦麼？你總是那樣理智地支配著你的感情，覺得應該怎樣才怎樣，不讓他脫一次韁麼？」[44]

文學作品只有通過讀者的閱讀才能產生發揮作用，因此，讀者的期待視野對作者創作是有潛在的制約的。丁玲對讀者閱讀時審美情感作用的強調，從創作論的角度來看，其意是要求作家在創作時從文學的審美屬性出發，順應讀者的情感期待，對文學的情感性予以高度重視。她對文學創作情感性的強調，是從學理出發的，是符合文學的本質規律的，同時又是有感而發的，具有其現實針對性——她力圖克服的是當時創作中的寡情無味的現象。她感到「現在的許多文藝作品沒有感情，我們沒有覺得作品中的那個人可愛得很，非讀下去不可」；而「我們的作家都知道作品沒有感情，枯燥無味，但自己寫，也不願放進感情，怕人批評自己的感情是小資產階級的，或者是資產階級的。這是作家的世故。」因此，她向作家發出了這樣的籲請：「我們應該相信自己的感情，我們所以創作，是因為我愛某種對象。」[45]在那個強調對作家進行思想改造的時代，許多作家惟恐流露出「資產階級」、「小資產階級」感情而授人以柄，而紛紛

[44] 丁玲：致一位青年讀者（1954 年 5 月），《丁玲全集》第 12 卷，第 71-72 頁。

[45] 丁玲：〈作家需要培養對群眾的感情〉，《丁玲全集》第 7 卷，第 372 頁。

以政策、文件的理性、認識去壓抑情感、替代情感，於是，文學創作便顯得「沒有感情，枯燥無味」。在這種情況下，丁玲號召作家要建立自信、去掉「世故」、「相信自己的感情」、在創作中「放進感情」，其意就在於匡正當時創作中重理輕情的流弊，還文學以情感的審美屬性。當然，要真正抒寫出「自己的感情」，是離不開作家對社會人生的獨特體驗和獨特發現的。否則，在社會化的頌歌時代，浮誇的社會性情緒就會替換掉作家「自己的」感情。因此，丁玲對文學創作中作家個體情感性的強調，是與她對作家應有獨特發現的認識密切相關的，是與她對「五四」個性精神的繼承聯繫在一起的。「五四」時代，隨著「人的發現」而來的是人們發出的充滿情感的「醒而且真」的聲音：「我們能夠大叫，是黃鶯便黃鶯般的叫；是鴟鴞便鴟鴞般的叫」；「我們還要叫出沒有愛的悲哀，叫出無所可愛的悲哀」[46]。丁玲對創作過程中作家個體情感性的強調，顯然是與魯迅所提倡的這種「五四」精神一脈相承的。

此外，作家在創作中應該重視形象。文學的審美性質既表現在它是情感的，也表現在它是形象的。黑格爾說過，「在藝術裏，感性的東西是經過心靈化了，而心靈的東西也借感性化而顯現出來了。」[47]文學創作滲透著想象、虛構或情感等精神過程，但它最終要以具體的豐滿的感性形象呈現出來。對於文學創作中的想象等精神過程，丁玲是有清醒的意識的。她說：「寫時除了把你在生活中看到的寫出來以外，再要加上想象——也就是所謂創造——應該怎樣，不應該怎樣。如果沒有想象就不叫創作了。」[48]但所有這些最後都必須物化

---

[46] 魯迅：《熱風·隨感錄·四十》，《魯迅全集》第 1 卷，人民文學出版社 1981 年版，第 322、323 頁。

[47] 黑格爾：《美學》第 1 卷，商務印書館 1979 年版，第 49 頁。

[48] 丁玲：〈怎樣閱讀和怎樣寫作〉，《丁玲全集》第 7 卷，第 394 頁。

為具體的豐滿的感性形象，它成了文學特有的存在方式。丁玲說法捷耶夫在《青年近衛軍》中，沒有把人物寫夠，「說道理的地方也多了些」，「好像差托爾斯泰、肖洛霍夫的那末一點點兒勁」[49]，就是批評他未能把人物刻畫得具體、豐滿，未能把「道理」轉化為形象。她還曾經以寫花為喻，對文學的這種形象特徵作了正面說明。作家是用形象來代替說話的，或者說形象就是作家的說話方式，他的思想並不直接借助於一般的話語來傳達給讀者；「只有剛剛學寫文章的人，深怕讀者不懂得他的意思，他又無法用形象來代替說話，才大套大套把浮淺的一點印象，一點感想，直統統地說出來。」作家把花再現出來後，他的思想、情感等就都蘊涵在花中，而不可能直接傳達出「對於花的觀點」、「對於花的批評和結論」，不可能簡單地告訴關於花的「明確的結論」：「他希望讀者首先是看見這朵花，同他所看見的一樣。他希望你也會同他一樣有所感覺；但他並不先告訴你他的感覺。」[50]

丁玲對文學形象性的論述，不僅僅是為了探討純粹的學理，而主要是為了糾正文學創作中形象抽象、乾癟的流弊，克服形象創造方面的「差不多」現象。在一次創作座談會上，她指出：「現在的問題是，大家的寫作方法太一樣了；文章寫得多，但是差不多，是不是我們的作者都是一個模子出來的呢？」這種「差不多」現象表現在人物形象塑造方面，就是「按照主觀的要求去設想一個人，比如寫一個模範一定是大公無私，飯也忘了吃，覺也不睡地工作。大家都這樣設想，作品就一般化了」，形象就失去了應有的個性和具體性。「生活是複雜的，不像我們腦子裏想的那麼簡單」。生活的豐富性和複雜性決定了人物形象的豐富性和複雜性。為了寫出人物形象

[49] 丁玲：致陳明（1955 年 3 月 23 日），《丁玲全集》第 11 卷，第 118、119 頁。

[50] 丁玲：〈文藝學習沒有捷徑可走〉，《丁玲全集》第 7 卷，第 398 頁。

的豐富性和複雜性，丁玲提出既要寫人物的社會生活，「也要寫人物的私人生活」。「我們有些作品中的人物缺乏普通人的思想感情。比如人對父母和家庭的感情是最深沈、動人的。戀愛是永遠有的，當然也需要寫。人的許多思想、觀點往往通過戀愛和對待家庭表現出來。」[51]在「私人生活」幾乎成為當時題材禁區的情況下，丁玲提出描寫「私人生活」以增加人物形象的厚度和深度，是極具現實針對性的。當時，形象塑造中的「差不多」現象之所以發生，一方面固然緣於作家主觀上對形象的個性和具體性的忽視，另一方面，則緣於客觀上那些通常的理念（即對人物所屬階級的規範屬性的認識）對作家在形象塑造中自主探索的牽掣。而且這種牽掣還漸漸地內化為作家的一種自覺意識，於是，千人一面的現象便發生了。例如，一寫到勞動者，就是「粗魯、硬朗，甚至是歌頌的寫他們的力」，丁玲指出，如果「都這麼簡單，作家也就沒有什麼只應該是作家能幹的事」了。她還提到，托爾斯泰在《安娜‧卡列尼娜》中把列文的那個害著肺病、住在小旅館裏的哥哥寫成一個信仰馬克思主義的革命者，遠沒有那種通常所應有的崇高感。這讓很多人在感情上很難將他作為一個革命者的形象來接受，丁玲認為，這實際上「還是以我們這種看『八路』的標準去衡量人家」[52]。因此，在人物塑造上要真正避免抽象、乾癟，真正做到「一個人一個樣」，還必須從具體的人出發。而要做到這一點，作家就必須繼承「五四」的個性精神，大膽探索，幹「作家能幹的事」。

總之，作家要寫出一本好書，因素是很多的。在丁玲看來，最重要的是作家對生活的獨特發現和對情感性、形象性的高度重視。這三個要素的統一點就是「五四」的個性精神和審美傳統。她曾經

---

[51] 丁玲：〈談談寫人物〉，《丁玲全集》第 7 卷，第 447 頁。

[52] 轉引自周良沛：《丁玲傳》，北京十月文藝出版社 1993 年版，第 490 頁。

說過，「五四」給新文學「開闢了道路」，「只有從這些作品才能懂這一段的文學歷史，才懂得如何有了今天的文學」。而她的這些有關創作論範疇的論述則自覺地把「五四」傳統接到了當代，並在「五四」與當代之間建立起了有機的聯繫，具體地呈示了「五四」傳統在當代文學創作中的意義。

第三節　戰勝教條主義

深受「五四」個性精神和審美傳統影響的丁玲表現出了對美的熱愛。在批判丁、陳反黨小集團的政治風暴襲來的前夕，擔任舞蹈演員的女兒來信說她在排演一個小節目，是表演一個姑娘看見花的欣喜。年輕的女兒受淺薄的功利主義思想的影響，覺得它「也太沒有多大的意思」，因而表示「不太喜歡它」。丁玲在回信中以詩的語言對花和美作了熱情的謳歌：「我就非常之喜歡花，喜歡美。而且我以為人人都喜歡花。……因為花是美麗的，花代表春天，代表最鮮豔的生命，代表無限美好的希望。它最純潔，不染一點塵土，它不怕驕陽，不怕風霜，不管怎樣的壞天氣和壞地質氣候，它都昂頭伸出來，展開它的美麗的花瓣。因此它是又有著很大的鬥爭精神。花是可愛的，最美的人，有著美的心靈的人都愛花，沒有一個藝術家是不愛花的」；同時她還批評那種「以為花只是供有閒的人，公子小姐們的欣賞」的看法「是舊的看法，庸俗的看法，窄狹的看法」，要求女兒「一定要給花，給愛花的人以無限的生命和豐富的感情，你以你愛一切新的美好的感情去愛你所表現的花，你在你表演的花中去看到最高尚與最健康的想象」[53]。

---

[53] 丁玲：致蔣祖慧（1955 年 4 月 5 日），《丁玲全集》第 11 卷，第 123、124 頁。

從這種愛美之心出發，秉承「五四」審美傳統的丁玲對當時文壇上盛行的追求淺薄的政治功利的教條主義展開了猛烈的攻擊。如果說丁玲的「一本書主義」正面弘揚了「五四」審美傳統、對文學創作作出了正面導向的話，那麼，她對教條主義的抨擊則抵制了文學創作中的不良傾向，則從另一個方面捍衛了「五四」文學傳統。這兩個方面的結合，既表明了「五四」傳統對丁玲的影響之深，也顯示了丁玲維護「五四」傳統的態度的堅決。

1942 年延安文藝座談會召開以後至 50 年代初期，文學創作取得了不少成績，但也出現了比較普遍的公式化、概念化的現象。1952 年 5 月在紀念毛澤東〈在延安文藝座談會上的講話〉發表十周年之際，丁玲在肯定延安文藝座談會以來我們的文藝工作取得不少成績的前提下，慎重而又富有膽識地指出「我們的創作總是不能提高，總不能滿足群眾對我們的要求。我們十年來比較能站得住的作品是不多的。我們還很少寫出十分感動讀者的作品」。後來，她又說：「近年來看到的一些書，不是廢話連篇，就是乾巴巴，板著臉孔說教。都是氣不足，都像紙紮的花，其中沒有水份，沒有活氣。」[54]之所以從那以來能「十分感動讀者」的「能站得住」的作品不多，而「乾巴巴，板著臉孔說教」的東西比比皆是，最重要的原因就在於忽視了文學的審美特性，而將「文藝從屬於政治」教條化，將政治功利性絕對化。文學既然成了為政治服務的工具，那麼，政治功利性就必然成為文學創作的終極性追求。而作為上層建築的政治（不管是作為硬體的政治權力還是作為軟體的政治文化）在當時走向一體化的背景下又都成了毋庸置喙的物件，於是，文學最重要的任務就成了對現有政治的闡釋和圖解。這樣，文學創作中的公式化、概念化

54　丁玲：1956 年 9 月 16 日日記，見《丁玲全集》第 11 卷，第 412 頁。

現象的發生也就很難從根本上避免了。文學創作中的公式化、概念化是果，而思想上的教條主義則是因。為了克服公式化、概念化，發展繁榮社會主義文藝，丁玲以高度的責任感「提出我所感到的問題，那些關於我們自己所犯的另一方面的教條主義的缺點」。在她看來，「如果我們不在反對資產階級思想的同時，注意著我們向來就有的公式化、概念化，那我們將很可能發展這種傾向」[55]。

丁玲不但富有膽識地提出了文學創作中所存在的「教條主義」的問題，而且對文學創作中教條主義的表現和公式化、概念化的成因作出了相當深入的挖掘和剖析，切中了問題的要害。首先，從主題和題材上來看。當時，「很多作品就不是從現實生活出發，而是從主觀的教條、口號出發，從作家個人的幻想出發。所以這些作品就顯得空洞、概念、不動人」[56]。這種公式化、概念化現象之所以發生，是因為文學創作不是從生活出發、從作家自己的獨特體驗和發現出發，而是主題先行，從抽象的觀念甚至政策出發，再用觀念和政策的框框去找材料。這是造成公式化、概念化的最重要的原因。丁玲發現，當時作家的創作過程是被顛倒了的：「作家先有了一個抽象的主題，然後到生活的海洋中去找材料，按照作家或領導方面的主觀需要，在他所接近的生活邊緣，抓取一些零星的生活，就憑空構造一個『偉大』主題的作品。」而這樣的「抽象的主題」又往往不是出自作家自己主觀上的真正需要，而是領導的意志或者就是政策。有人認為，思想性就是政策性，要有思想就要寫政策，思想即政策。邵荃麟就曾經說過，「一個政策，卻正是現實的最高度的概括」，「文藝創作如果離開這一類的政策，離開了它的指導，它又怎能正確地反映出歷史現實和指導現實」？他認為，「政策觀點，就是

---

55 丁玲：〈要為人民服務得更好〉，《丁玲全集》第7卷，第303、310頁。

56 丁玲：〈談與創作有關諸問題〉，《丁玲全集》第7卷，第331頁。

作者去觀察現實，分析現實的立足點」[57]。這樣，作家就只能「用框框去找材料」，而「從一個主題框框，到生活中去尋取合乎框框的材料的創作方法，是不容易提高，不容易達到理想的」，「容易有片面性」[58]；作家就只能「拿著中央的指示，生硬地用些個別的故事來解釋，借人物的道白來講演」，這「怎麼能說得清楚呢？作家本企圖達到有完滿的思想性，但結果給人的感覺還是太淺、太低、沒有內容。因為他只做到對指示的一些蹩腳的翻譯」。創作過程的被顛倒只能導致圖解觀念、政策的公式化、概念化現象的發生，只能導致創作的失敗——「如果以為只憑幾個抽象的主題，由此出發，拼湊一些印象和材料，就來進行創作，那是必然要失敗的」[59]

為了糾正公式化、概念化的現象，丁玲在主題範疇內對作家的思想與政策作了區別，強調文學作品的主題必須來自於作家的體驗和感悟。她指出：「思想性是作家的世界觀人生觀在作品中的反映」，思想性不是硬借來的，不是可以套用的，不是可以假裝的，也不是忽然就有了的。作家不能簡單地接受別人綜合起來的一些理論作為自己的思想，更不可能把科學的理論直接地化為形象。作家必須去實踐，到生活中去印證，並且求其更豐富和更深刻。因此，作家絕不能簡單地寫政策。在當時的背景下，她固然也承認文學的政治功利性，認為「作家寫一切生活，一切變革，都應該符合政策，對政策的推行有利」，但她同時又指出，作家創作「絕不是簡單地寫政策。我們讀過不少寫政策的作品，除了枯燥以外，我們還能感受到什麼別的麼？」[60]文學功利性的發揮是建立在「能感動人」的基礎之上

57　邵荃麟：〈論文藝創作與政策和任務相結合〉，《文藝報》第 3 卷第 1 期。

58　丁玲：〈創作與生活〉，《丁玲全集》第 7 卷，第 223 頁。

59　丁玲：〈要為人民服務得更好〉，《丁玲全集》第 7 卷，第 304 頁。

60　丁玲：〈要為人民服務得更好〉，《丁玲全集》第 7 卷，第 308 頁。

的。為了能感動人，作家就必須對生活有自己獨特的感受和體驗；為此，「我們的主題思想不只從理論上決定，還必須要到生活中去重新獲得」[61]。這是因為在文學創作中，主題只有是在生活中重新獲得的，才能激發讀者關注、探究的興趣，才能引導讀者一起去感覺和體會生活——「使讀者能經驗到作家在生活中所經驗的」，「使讀者能同作家一樣去感受生活，和感覺、體會到生活中的問題」，從而發揮「幫助讀者提高、深化、補充他日常所接受的一些理論」[62]的功利作用。否則，讀者還不如直接去讀政策文件。

從寫自己的思想、體驗、感悟的主題學要求出發，丁玲在題材範疇內自然就主張作家寫自己熟悉的和受感動的題材。1954 年 6 月 29 日，她在中央文學講習所作〈創作要有雄厚的生活資本〉的講話。她說，「我們不要為題目而寫文章，先有題目再找生活，這是違反創作規律的，應當在生活中認識了，熟悉了許多人，許多事，必須寫出來，像曹雪芹那樣。」[63]在這裏，她把主題學上的反對「主題先行」延伸到了題材學上的寫熟悉題材。為什麼她會積極提倡「寫你喜歡寫的，什麼使你最感動，最熟悉什麼，你就寫什麼」呢？因為在她看來，「整個文學不是靠一個人撐台的，這是一個隊伍，這個隊伍有打大旗走前面的，有打小旗走後面的，這個隊伍是有目標的，向著這個目標，我們能做什麼就做什麼，不要勉強地做自己所不能做的。」[64]也就是說，在這個隊伍中，每個作家都有自己熟悉的題材領域。如果他們分別去寫各自熟悉的和受感動的題材，那麼，公式化、概念化的現象既能避免，又能造成文學創作的全面繁榮。當

61 丁玲：〈談與創作有關諸問題〉，《丁玲全集》第 7 卷，第 332 頁。

62 丁玲：〈要為人民服務得更好〉，《丁玲全集》第 7 卷，第 304 頁。

63 丁玲：〈創作要有雄厚的生活資本〉，《丁玲全集》第 7 卷，第 405 頁。

64 丁玲：〈談文學修養〉，《丁玲全集》第 7 卷，第 152 頁。

然，作家熟悉的題材範圍並不是恒定的，它也應該得到不斷的拓展。當時拓展題材範圍的最重要的方法就是「深入生活」。所謂「深入生活」，實際上是帶著顯明的主題和題材意向的。如果作家沒有真正深入下去、融入生活並產生獨特體驗，那麼，概念化也將難於避免。緣於此，丁玲向下去體驗生活的作家提出了忠告，生活本身雖然是豐富生動的，但如果「浮在上面」，就會造成新的概念化：「生活裏邊有沒有公式的地方？我想生活本身是生動的、複雜的、充滿了戰鬥精神，而變化很快，是沒有公式化的。但是，現在生活裏邊的確也有公式化的地方。……遇到我們下去體驗生活的人，他本身也是浮在上面，只做一般表面的瞭解，當然就只能看見一些公式化的工作，而他以為下面的生活就是這樣。他根據這些來創作，怎麼能不概念化？」[65]1954 年 7 月 16 日，登黃山並在那裏寫作〈在嚴寒的日子裏〉的丁玲讀完了柯仲平夫人王琳的小說稿〈金灣子〉。小說寫的是「工人生活與工人鬥爭」，題材不可謂不大，而且也是從「體驗生活」中來的，但因為浮在上面，所以寫得概念化，「寫得無趣味，無一點文學味」。她在日記中這樣描述了自己的閱讀感受：「我壓制著自己，到夜晚總算讀完了，已十二點鍾，頭暈心裏作嘔，難受極了」[66]。

其次，從典型人物的塑造來看。在丁玲看來，「典型人物」的創造之所以會公式化、概念化，重要原因在於作家不是從對生活的體驗出發，不是從人物的個性出發，而是從關於人物的定義（概念）出發，從理念上的共性出發。因此，從概念出發，自然只能得到概念化的結果。1952 年，在紀念毛澤東〈在延安文藝座談會上的講話〉發表十周年之際，丁玲對人物塑造上這種教條主義現象的產生及其弊害作出了這樣深入的剖析：「大家先在屋子裏研究人物的典型性、

65　丁玲：〈生活、思想與人物〉，《丁玲全集》第 7 卷，第 427 頁。
66　丁玲：1954 年 7 月 16 日日記，見《丁玲全集》第 11 卷，第 403 頁。

共同性……研究好了他們所應該具備的共同的特點，越概括越好，然後決定在作品中以何者為主，何者為輔。這些人物還沒有寫出來就已經定型化了，臉譜化了。因此，這些人物是從開會中得來的，是從報紙材料中得來的……『典型』得像死人一樣，毫無活人氣息，這些人物都是按主觀的概念而活動的，人物的思想、言行都是最公式化的會議的結果。」[67]稍後，她於同年 8 月在天津學生暑期文藝講座上講話，再次批評人物塑造上的概念化現象：「我們贊成寫新英雄，那很好。但是我們不到生活裏去，老在這裏開會研究英雄是怎麼樣的，英雄有很高的品質，不怕犧牲，英雄為人民服務，老討論道理，就把這道理寫在人身上。於是每一個英雄都像做報告一樣的……結果我們的英雄就成了一個樣子，都動人得很，了不起得很，但就是一個樣子。這個樣子慢慢地忘記了，只有一個抽象的樣子。」[68]在人物的構思上，作家依據的既然是抽象的道理、「主觀的概念」，那麼，在具體創作過程中，人物就必然成了「道理」、「概念」的載體。作家既不可能借人物表現自己對生活的獨特發現和領悟，人物也必然會失去自己的生命，而顯得「毫無活人氣息」。比如說寫一個模範，按照主觀的要求去設想，「一定是大公無私，飯也忘了吃，覺也不睡地工作」[69]。這樣寫出來的人物必然是概念化、臉譜化的，而作家們都按照這樣的思路去構思，寫出來的人物就必然是公式化、定型化的，「成了一個樣子」。除此之外，這樣的人物塑造還帶來了另一個弊端：因為人物是從觀念來的，作家對人物缺乏真正的瞭解和把握，於是，在人物塑造方法上只能以敘述代替對人物的描寫、甚至以作家的說明代替對人物的刻畫。丁玲 1952 年向參加「八

---

67 丁玲：〈要為人民服務得更好〉，《丁玲全集》第 7 卷，第 306 頁。

68 丁玲：〈談新事物〉，《丁玲全集》第 7 卷，第 327-328 頁。

69 丁玲：〈談談寫人物〉，《丁玲全集》第 7 卷，第 447 頁。

一」運動大會的全體文藝工作者發表講話時就指出：「今天我們還不會寫人物，只會寫事情」，「現在很多小說寫人物不是作者在講一套，就是借英雄的嘴演說一番：我為祖國、為人民……然後再喊一聲『沖呀』。在實際生活中，在衝鋒之前，英雄要自己講一套，『我現在一把炒麵一把雪』，『我立功為祖國』，自己給自己描寫一番，那不成為滑稽了嗎？這樣一點味道都沒有了。」[70]

為了克服人物塑造上的公式化、概念化，丁玲正面提出要寫出人物的個性。她指出：「典型性是從個性來的，是要作家在生活中觀察、熟悉各種各樣的人，然後創造一種帶代表性的人物。這個人物卻應有他個人強烈的個性」，「人物要寫得分明，要寫得突出，就是要寫人的個性」。[71]人物是從生活中來的，是作家從對生活的感悟中得來的。「生活是複雜的，不像我們腦子裏想的那麼簡單」，如果人物是真正從複雜的生活來的，就不可能像理念那樣簡單、純粹。有鑒於此，丁玲提出要寫人物的成長過程（包括寫「失敗」、「落後」）和私人生活。1952 年 10 月 26 日，她在旅大療養期間由參觀一個蘇聯軍事博物館引起了關於人物塑造的感興，並就此比較了兩國文學的差異：「博物館東西少，不感覺有趣，但有一點值得我佩服：蘇聯不怕說出自己國家曾有過的過錯，他們拿這些來教育後代。……他們寫書，也是這樣，並不怕寫失敗。我們現在就怕寫落後，就只能寫新人物，寫英雄品質。他們不知道這種品質如何來的，如何經過鬥爭才能成熟，因此一切都是概念化。」[72]她還認為，塑造人物時「也要寫人物的私人生活。……我們要寫各種人在各種場合下的思想感情，不能把人物寫成脫離社會和私人生活，脫離其他的人，成

---

[70] 丁玲：〈談與創作有關諸問題〉，《丁玲全集》第 7 卷，第 338、339-340 頁。

[71] 丁玲：〈要為人民服務得更好〉，《丁玲全集》第 7 卷，第 305 頁。

[72] 丁玲：1952 年 10 月 26 日日記，見《丁玲全集》第 11 卷，第 392 頁。

為抽象的人」[73]。丁玲對寫人物成長過程和私人生活的提倡，其意義不僅僅限於它們本身，而是以此為例，要求在人物塑造上突破概念化的窠臼，從多方面寫出人物的複雜性和強烈的個性。

第三，從文學的作用來看。當時，許多作家在主題和題材上不從生活出發、從自己的獨特體驗和發現出發，而是主題先行，從抽象的觀念甚至政策出發，再用觀念和政策的框框去找材料；在人物塑造上，不從對生活的體驗出發，不從人物的個性出發，而從關於人物的定義（概念）出發，從理念上的共性出發。這是文學創作出現公式化、概念化現象的最重要的原因。而之所以會出現這樣的誤區，最根本的還是源於對文學作用的片面認識。在「文藝從屬於政治」的口號下，文學的工具性和「宣傳教育作用」被無限誇大，甚至成了文學的唯一功能；而文學非功利的審美愉悅作用則遭到了極大的漠視。於是，文學便被等同於宣傳，文學之為文學的審美特性喪失殆盡。這種對文學本質、功能的曲解是導致文學創作中教條主義發生的最根本的因素。為了從根本上消除教條主義對文學創作的影響，丁玲對文學與宣傳作了區別，指出：「文學不等於一般的宣傳，不等於教科書」，「文學同時事宣傳的小冊子究竟不一樣」，「如果作家為了環境的需要，為了任務，他是應該也寫說明書，也寫工作方法，也寫教科書，也寫傳單，這些都可以增長作家的知識和能力，但絕不能把這些就當成文學，以此為滿足」[74]。文學作品也無法直接成為改造客觀世界的路標，承擔起「解釋政策」、「推廣先進的工作方法」的任務：「解釋土地改革的政策，我想是不能依靠寫土地改革的作品的，作品不應該擔負這種任務。作品也不是推廣先進的工作方法的，而且也不可能做到。」文學與宣傳不同，就在於它首先

---

[73] 丁玲：〈談談寫人物〉，《丁玲全集》第 7 卷，第 447-448 頁。

[74] 丁玲：〈要為人民服務得更好〉，《丁玲全集》第 7 卷，第 308、309 頁。

要以情感人，要以形象「感動人」。丁玲對文學的本質和審美功能的強調，對文學與宣傳所作的區分，是直接繼承了「五四」文學傳統的。1928 年，當激進的「革命文學」倡導者否定「五四」文學，將文學與宣傳混為一談的時候，魯迅從文學的審美本質出發，捍衛了「五四」文學傳統。他深刻地指出：「一切文藝固是宣傳，而一切宣傳卻並非全是文藝，這正如一切花皆有色（我將白也算作色），而凡顏色未必都是花一樣。革命之所以於口號，標語，布告，電報，教科書……之外，要用文藝者，就因為它是文藝。」[75]歷史真是驚人的相似。20 多年後，丁玲在批判文學創作中的教條主義傾向時所作的有關文學本質、功能的論述與魯迅的這一論斷也真是何其相似、一致！

對教條主義產生的原因，丁玲除了從作家主體角度作深入剖析、指出作家關於創作的認識誤區外，還別具慧眼地從讀者角度作出了比較深入的探究。作家與讀者的關係是一種特殊的生產者與消費者的關係。作家是為讀者而寫作的，因而讀者的閱讀習慣和閱讀期待對作家創作有著潛在的制約。在這個意義上，可以說什麼樣的作家造就什麼樣的讀者，而什麼樣的讀者也反過來造就什麼樣的作家。一方面，作為文學消費者的讀者之閱讀心理作為一種時代心理必然影響到作為文學生產者的作家，而另一方面作家在成為作家之前也都是讀者，他們在成為作家之後必然會以自己作為讀者時所養成的閱讀習慣和閱讀心理為尺度對讀者的閱讀期待作出忖度，從而對他們的創作產生制約作用。因此，要在源頭上根除教條主義，就必須對讀者的閱讀心理進行改造。1954 年 2 月 16 日在北京師範大學中文系所作的〈怎樣閱讀和怎樣寫作〉的報告中，丁玲首先指出

75　魯迅：〈文藝與革命〉，《魯迅全集》第 4 卷，人民文學出版社 1981 年版，第 84 頁。

了文學創作中教條主義、公式化現象的嚴重性，而這種現象之所以發生，從讀者角度來看則是源於其教條主義式的閱讀心理和閱讀習慣：「在看書以前，我們的思想已經有了一個概念……腦子裏已經有了一套，而要這本書來符合自己的想法……根本沒有而且也不想去體會書裏面講些什麼東西……現在我們許多人對文學的要求，實際上只是幾條很簡單的答案而已」。這種從先在概念出發的閱讀，是一種印證式的閱讀，是一種公式化的接受。這樣，文本對讀者的意義就在於印證或強化其固有的概念，因而文本中的其他資訊必然會遭到忽視或排斥。而讀者閱讀以前思想中已有的概念，類似於創作中先行的主題一樣，也必然不是自己對社會人生的獨特發現、領悟，而是抽象的或政策性的觀念。這種閱讀期待和閱讀過程，反過來也要求作家的創作從這樣的觀念出發。緣此，丁玲提出：「這個問題我們一定要注意，如果現在我們拿著框框條條去學習，那麼將來我們也會拿著框框條條地創作，也會走這樣的路，輾轉循環都是些公式化的東西」[76]。她要求高度重視讀者閱讀心理的改造，以切斷教條主義、公式化的「輾轉循環」之圈，這應該說是較有深度的。

總之，丁玲側重從主題題材、人物形象和文學功用等方面對文學創作中教條主義的表現和公式化、概念化的成因作出了相當深入的挖掘和剖析，切中時弊，表現了「戰勝教條主義」的努力。在文學成為政治工具的時代，教條主義幾乎成了文學創作中的頑症。用文學圖解政治，一方面導致了文學審美屬性的失落，另一方面則在粗製濫造中造成了文學的虛假繁榮——雖然「讀得少，生活得少」卻「寫得多，說得多」。丁玲對教條主義的批判，其意就在克服粗製濫造現象，還文學以文學性，創作出真正的好書來。1951 年 5 月，

---

[76] 丁玲：〈怎樣閱讀和怎樣寫作〉，《丁玲全集》第 7 卷，第 384-385 頁。

丁玲作雜感〈收入與支出〉，批評了「寫得多，說得多而讀得少，生活得少」的虛假繁榮，指出「支出」必須以「收入」為前提，「多寫」必須以「多讀書，多生活，多體驗，多研究」為前提：「我們要為著發十分光去積蓄十分力量。我們要支出，卻更要收入。我們給人的要是『地地道道』的硬貨，卻不是白紙，不是廢票，更不是永不到期的支票」[77]。她要作家拿出「『地地道道』的硬貨」，是她力圖「戰勝教條主義」的終極性目的。

丁玲從正面對「一本書主義」的提倡、從反面對教條主義的抨擊，與 50 年代變幻的文學情勢密切相關。1952-1953 年，在 1951 年批判電影《武訓傳》到 1954 年批判俞平伯《紅樓夢》研究等文藝批判運動的間歇期中，文學觀念、文藝政策有了一些調整。1952 年在紀念毛澤東〈在延安文藝座談會上的講話〉發表十周年之際，文藝工作領導者和文藝工作者對概念化、公式化的創作弊病提出了批評。《人民日報》5 月 23 日發表的紀念講話發表十周年的社論中指出，概念化、公式化創作傾向與資產階級、小資產階級創作傾向，兩者根源及性質都是反現實主義的，二者的問題是同樣的。周揚強調政治不是概念，不是條文，不能像調料一樣可以任意加到任何一個作品中，「公式化、概念化的作者失敗的根源，就在他們的創作總是從抽象的政治概念出發，而不從實際的人民生活出發」[78]。1953 年 9 月召開的第二次文代會的一個主要內容就是對概念化、公式化的批評。為了貫徹過渡時期總路線，總結經驗教訓以期進一步發展，大會嚴肅批評和認真分析了幾年來文藝創作中的概念化、公式化傾向，周揚和茅盾均為此作了報告。丁玲剖析和批評概念化、公式化

[77] 丁玲：〈收入與支出〉，《丁玲全集》第 7 卷，第 242-243 頁。

[78] 周揚：〈毛澤東同志「在延安文藝座談會上的講話」發表十周年〉，《周揚文集》（二），人民文學出版社 1985 年版，第 150 頁。

傾向的重頭之作〈要為人民服務得更好〉就作於紀念講話十周年之際，顯然與這大的文學情勢的變化有關。但是，需要指出的是，丁玲之舉並不是被動地呼應這一大的文學情勢變化的結果，如果沒有「五四」文學個性精神和審美傳統在內心的深厚積澱和對之的自覺繼承，她不可能對文學創作上的教條主義傾向作出如此深入的剖析。對於丁玲來說，外在文學情勢的變化和鬆動只是為她公開弘揚「五四」文學傳統、張揚另一個自我創造了一個環境、提供了一個契機。環境和契機是重要的，如果沒有這一外部條件，丁玲關於文學創作的這些真知灼見很可能連系統地外化出來都無法實現。但是，如果主體對「五四」文學傳統沒有真正的理解和繼承，那麼，即使具備了這些外部條件，也無法以此為理論支點對時弊發表切中要害的批評。對丁玲來說，這一階段外部條件的變化，使她以批評概念化、公式化創作傾向為題相對集中地闡揚了「五四」文學傳統的精義。但是，在此前後，她仍然以「五四」文學的審美傳統為理論支點就文學創作問題發表了許多相當精彩的意見。這說明丁玲對「五四」個性傳統、對文學審美屬性的關注與固守是一貫的。這構成了從建國初期到 50 年代中期丁玲思想和文學活動的一個重要側面。她強調要歷史地對待歷史，其中所貫注的當代意識是以「歷史」為現實的鏡子，在現實中弘揚「五四」文學傳統、使之成為建構當代文學的重要資源；而她對「一本書主義」的提倡、對教條主義創作傾向的抨擊則是力圖以「歷史」為鏡改造現實的具體實踐。在這裏，我們在一個維護新體制的丁玲之外，看到了另一個丁玲的存在——一個信奉並努力實踐「五四」文學傳統的丁玲。1955 年和 1957 年風暴襲來，丁玲橫禍連至。這固然與變幻不定的政治風雲和文壇內部的宗派因素相關，但也與她在思想文化大一統的背景中固守文學的這另一種傳統、另一種屬性相關。

第四章　風暴襲來

被「四人幫」打過的，這些人是好人，大家心裏清楚，有的人雖說被打倒了，可是是香的，因為你不投「四人幫」嘛！你沒有跑到「四人幫」那裏去嘛！你這個人是香的嘛！但五八年被打倒的人呢？是臭的！是被我們自己人劃的，二十多年批倒批臭！二十多年的全國大報小報，雜誌、書籍，千萬篇文章，牽強附會，大批特批，還不臭嗎？[1]

——丁　玲

第一節　風暴初起

1955年夏秋間，在中國思想文化界在批判「胡風反革命集團」的同時和稍後，開始了對「丁玲、陳企霞反黨小集團」的批判。雖然丁玲也有這樣的不祥之兆：「一整胡風，我就預感到有人不會放過我的」[2]，但是這一場政治風暴如此迅疾地向她襲來，她還是毫無思想準備的。這年4-6月，她在無錫療養，繼續著〈在嚴寒的日子裏〉的寫作。讀了5月13日《人民日報》上公佈的〈關於胡風反革命集團的一些材料〉之後，身在南方的她還寫了政治表態文章〈敵人在哪裡〉，稱胡風是一個「披著馬克思主義外衣」的「陰謀野心家」，發表於《人民日報》該月23日二版頭條。7月，回北京後，她參加了人代會第二次會議，並在會上作了發言。但是，與此同時，一場

1　丁玲：〈講一點心裏話〉，《丁玲全集》第8卷，第72頁。

2　轉引自周良沛：《丁玲傳》，第8頁。

有關她的政治冤案卻在暗中構陷著。事情的導火線是「匿名信事件」。那封 4 月間寫給中共中央的匿名信的主要內容包括：「1954 年年底黨對於《文藝報》的錯誤所進行的批評和檢查，是由於文藝界某些領導同志推卸責任，嫁禍《文藝報》，是由於中央『偏聽偏信』的結果。匿名信又污蔑作協的黨組織，污蔑作協堅持原則批評過《文藝報》和陳企霞的黨員同志是『隨波逐流』、『看風使舵』、『趁火打劫』，它為受到處分的陳企霞和受到批評的丁玲叫屈、辯護」（見《中國作家協會黨組關於丁玲、陳企霞反黨小集團活動及對他們的處理意見的報告》）。從這封信的內容中，作協黨組的一些人推斷出該信「極有可能是陳企霞寫的」，而由「和他合作共謀」的人抄寫寄發的。隨後，在討論匿名信和揭發陳企霞反黨活動中，又進一步「揭露了陳企霞與丁玲的不正常關係，和以丁玲為首，並以她和陳企霞為中心的反黨小集團」。就在這層層推測和假設中，一個並不存在的「反黨小集團」開始按設想者的意願浮出水面了。

於是，在組織者的精心策劃下，事件按照政治鬥爭的鐵的規則運演、開展了。首先，是個人具名揭發和組織決定相結合，給被批判者定下罪名，以便師出有名、牢牢掌握鬥爭的主動權。據當時在中宣部理論處工作的黎之回憶：「1955 年 6 月底關於胡風的第三批材料公佈不久，作協一位黨組副書記和黨總支書記共同署名向中央宣傳部寫報告『揭發』丁玲、陳企霞等人的問題，並附了有關丁玲、陳企霞等人的材料」。6 月下旬，中宣部部長陸定一署名向中央寫了〈中共中央宣傳部關於中國作家協會黨組準備對丁玲等人的錯誤思想作風進行批判〉的報告。這個報告指出，「在反對胡風反革命集團的鬥爭中，暴露出文藝界的黨員幹部以至一些負責幹部中嚴重的存在著自由主義、個人主義的思想行為，影響了文藝界的團結，給暗藏反革命分子的活動造成了便利條件，使黨的文藝受到損害。作家協會×××、×××兩同志給中宣部的報告中，反映了這種嚴重的情況。他們根據一些同志所揭發的事實和從胡風反革命集團分子的口供中發現的一部分材料，認為丁玲同志自由主義、個人主義的思想作風是極嚴重的」;「去年檢查《文藝報》的錯誤時，雖然對她進行了批評，但很不徹底，而丁玲同志實際上並不接受批評，相反的，卻表示極大不滿，認為檢查《文藝報》就是整她。」[3]

其次，是組織者發動幹部群眾揭露、批判，為所定罪名尋找證據。為了揭露、解決這個「反黨小集團」問題，從 1955 年 8 月 3 日起至 9 月 6 日止，在中國作協黨組的主持下，共召開了 16 次會議。其中，前 3 次會議批判陳企霞，從 8 月 6 日第 4 次會議開始把矛頭轉向丁玲。據與會者黃秋耘回憶，「批判會的方式很特別，範圍不大，參加的人只限於作協以內十三級以上的中、高層黨員幹部，有時也吸收一些作協以外的文藝界黨員領導幹部參加，一般只有二三十人，最高潮的時候也不過五十人左右，因此幾乎每個人都得發言，進行揭發批判，至少也得表個態」[4]。據中國作家協會黨組上報中央的報告中說參加會議的共約 70 人，在會上發言的有 57 人，包括周揚、劉白羽、林默涵、夏衍、阮章競、嚴文井、張光年、馮雪峰、康濯、李納、楊朔、陳學昭、陳湧、菡子、逯斐、馬烽等。沒有發言的有黃秋耘、陳翔鶴、蔡其矯等。在 10 餘次會議中，形成了厚厚的 10 餘本發言記錄，洋洋數十萬言。

在山雨欲來的時候，在會議籌劃期間，許多人都開始感受到了思想上的壓力，特別是曾經與丁玲有較多交往的人疑懼更多、壓力更大，詩人田間就是其中一個。從 1938 年在西北戰地服務團共事起，他和丁玲就斷斷續續在一起工作。而在丁玲主持中央文學研究

3　黎之：《文壇風雲錄》，河南人民出版社 1999 年版，第 101 頁。

4　黃秋耘：《風雨年華》，人民文學出版社 1988 年版，第 171 頁。

所期間，他擔任秘書長職務，更成了丁玲的主要助手。據說，田間認為自己和胡風的關係容易說清楚，而和丁玲的所謂宗派問題就很難說清楚。出於對可能有的「獨立王國」指責的恐懼，7 月 6 日，他跳什剎海自殺，未遂。在丁玲 1956 年 8 月 6 日寫給中宣部黨委會的信中，對此事的原委有所說明：「他的書面檢討中談到自殺原因，就是因為怕和宗派圈子扯在一起。而且在自殺的頭一兩天，他向劉白羽、嚴文井等同志交待和我的關係時，劉白羽、嚴文井、阮章競等熱情地勸他放下包袱，參加戰鬥。」[5]壓力是巨大的，但他怎能違心地去揭發丁玲的「宗派」問題呢？於是，唯一的選擇就是自殺，他後因此而被處分。

會議在精心籌劃下，終於召開了。因為會前、會初組織者心目中先已有了結論（8 月 3 日第 1 次會議由周揚主持並首先發言，為整個會議明確定下調子：「現在作協有一股暗流，反黨的暗流」；「不管高崗、饒漱石、潘漢年、胡風都要打垮。要求與會同志對這個會，採取信任黨的態度」，於是，會議出現了一邊倒的情況：凡是順著這個結論的，就得到會議主持人的鼓勵；稍有疑懼的，則受到嚴厲批評；略加申辯的，則不加理睬，或被斥為向黨進攻。25 年後，丁玲還痛苦地記得，當時的會上「暴風雨式地給我加了許多罪名」[6]。據徐剛回憶，「有一部分人的發言是給人施加壓力的，如周揚、劉白羽、阮章競等同志」，這些人都是會議的組織者。康濯則在會上積極配合組織者「一再揭發丁玲的反黨暗流問題」，陳學昭「發言揭發的材料最多，也批判得最激烈」[7]。他們得到了會議主持人的支持和鼓勵，被視為「對黨忠誠」。在 9 月 6 日最後一次會議上，中宣部文藝處的

---

5 轉引自周良沛：《丁玲傳》，第 24 頁。

6 丁玲：〈序《白刃小說選》〉，《丁玲全集》第 9 卷，第 135 頁。

7 邢小群：《丁玲與文學研究所的興衰・附錄・徐剛訪談》，第 117、120 頁。

郭小川作了言辭激烈的發言，其發言稿被中宣部部長陸定一看中，認為具有戰鬥力，當即決定由郭擔任作協秘書長。從郭小川的升遷中，我們也可管窺會議導向於一斑。作家馬烽在會上表現比較緊張，他曾協助丁玲參與了中央文學研究所的籌辦工作，文學研究所成立後曾任副秘書長。他起初疑懼很多，板著臉一言不發。當會上批判文學研究所是丁玲的「獨立王國」時，他自然感受到了巨大的壓力，於是，在第 8 次會上才和風細雨地對丁玲提出了批評。但至此他仍然過不了關。有人就在這次會上徑直把矛頭指向他，說他是黨的不堅定分子，遭到嚴厲批評。受這批評的刺激，他在第 11 次會上再次發言。他提高了批判丁玲的調門和嗓門，以示與丁玲劃清界線。另外大多數人在會上採取敷衍塞責的態度，揭發出來的都是些雞毛蒜皮的事情：如說丁玲在家裏把周揚寫的書放在書架的下面；又說丁玲讓這個作家出國訪問，不讓那個作家出國訪問，是否想讓自己出國訪問，等等。但不管怎麼說，這些材料也都成了批判丁玲的口實。

丁玲在會上聽著，記著，也申辯著，但一切都無濟於事。老朋友、老戰友馮雪峰揭露她「離開《文藝報》了，但《文藝報》的許多問題仍與丁玲有關」；曾經追隨過自己的李納也編造出丁玲違反紀律的故事，說丁玲曾告訴她，丁玲提名她出國，但別人反對。如果說面對權謀者的謊言，丁玲只有感到冤屈、憤慨的話，那麼，看著自己熟悉的同志、朋友把罪名強加在自己身上，她的心卻在痛苦地流血了。一個巨大的機器啟動運轉時，任何一個齒輪為了自保而不被碾碎，只有被動地跟著運轉。丁玲對此是應該理解的。4、5 個月前，她作批判胡風的文章，也是這種齒輪效應的結果。但是，在這場批判中，齒輪的被動運轉卻也增加了機器的威力，因此這也不能不進一步造成對丁玲的落井下石式的傷害。周揚在 1955 年 12 月底的傳達報告會上說：「對於丁玲、陳企霞的反黨活動，作協和中宣部的同志是有感覺的，但是和這十六天的揭發的材料比起來差得多，我們沒有估計到情況是這樣嚴重。」[8]這種情況的出現，確實顯示出了齒輪的作用。在被迫無奈中，丁玲在會上先作了第一、二兩次檢討發言，但是，她在第 7 次會議上的檢討被斥為向黨進攻，在第 12 次會上的檢討被斥為虛偽。「她每次檢討後，人們便從她檢討發言中找矛盾再批判，說她態度不老實，檢查得不深刻等。」[9]為了「幫助丁玲同志認識錯誤」，在會議期間，周揚、劉白羽、林默涵、阮章競同她進行了多次談話，「幫助她準備檢討發言稿」。迫於巨大的壓力，也由於主觀上產生了怕開除黨籍的嚴重顧慮，她在最後一次的發言中「開始向黨認錯」，承認了是「反黨聯盟」的錯誤，但還是被指責為「很不深刻、很不徹底」。

會議在組織者的掌握下，根據預先設定的軌道，走到了最後一個階段。9 月 6 日召開黨組擴大會（即第 16 次會議）。這最後一個會議的召開，標誌著運動開始進入最後一個階段：形成結論階段。周揚所作總結中說，丁玲和陳企霞的錯誤已形成「反黨小集團」。劉白羽又一次肯定「會議的進行始終是健康的」。在這次會議的基礎上最終形成了〈中國作家協會黨組關於丁玲、陳企霞反黨小集團活動及對他們的處理意見的報告〉，於 9 月 30 日上報中宣部並轉中央。這個報告和代中央起草的「批語」，據李之璉在〈我參與「丁、陳反黨小集團案」處理經過〉一文中說，「是由周揚主持起草的」。12 月 15 日，中央將這一報告轉發全國（至縣團級黨委）。黨組的報告中指陳丁、陳反黨集團的反黨活動有四個方面：「一、拒絕黨的領導和監督，違抗黨的方針、政策和指示」。論據主要有：丁玲在文學研究所的學員中「散佈對中宣部不滿的話，說中宣部不重視培養青年作

[8] 作協 1955 年 12 月油印會議記錄稿 075 號。

[9] 邢小群：《丁玲與文學研究所的興衰・附錄・徐剛訪談》，第 120 頁。

家」；在主編《文藝報》時，「竟然違反黨的決定，把陳企霞、蕭殷也列為主編」。「二、違反黨的原則，進行感情拉攏，以擴大反黨集團的勢力」。「三、玩弄兩面派手法，挑撥離間，破壞黨的團結」。主要說「丁玲與陳企霞經常散佈流言蜚語，污衊和攻擊小集團以外的人，甚至包括幾位中央負責同志在內」。「四、製造個人崇拜，散播資產階級個人主義思想」。主要說「丁玲假託中央同志的話，說現代中國作家的位置已經排名，是魯迅、郭沫若、茅盾、丁玲」，並將丁玲的照片與魯迅、郭沫若、茅盾的照片並排掛起來；還說「中央文學研究所的一個學員給丁玲寫詩，稱丁玲為『太陽』」。報告中還說，「丁玲同志存在著極端嚴重的資產階級個人主義思想，她的反黨行為是一貫的。在延安的時候，她就和一些壞人搞在一起，與黨對立」；「她和蕭軍有過極不正常的感情關係」；「丁玲從很早起就有強烈的沒落資產階級的個人主義與虛無主義的思想，這種思想很明顯地表現在她早期的一些作品中」；「丁玲同志所犯反黨的錯誤和她歷史上被國民黨逮捕後在南京的一段經歷是有一定聯繫的」，甚至更具體地說「……在南京的一段歷史，她承認了自首的事實」。報告「責成丁玲同志向黨作出深刻的檢討，並根據她對所犯錯誤的認識和檢討的程度，考慮對她所犯錯誤的處理問題。同時對她在南京的一段歷史進行審查作出結論」。

1955 年 12 月 28 日，周揚向全國各地作協分會負責人、文藝工作負責人及有關人員 1100 多人作關於丁玲、陳企霞反黨小集團問題的傳達報告，陸定一到會作「重要講話」。傳達會議未通知丁玲參加。丁、陳反黨小集團便如此定案，並向全國傳達了。

在 9 月 6 日第 16 次會議結束後等待判決的日子裏，在「前途和政治生命已經岌岌可危」的時候，丁玲隻身一人在家寫檢討。檢討寫完了，作為山東選出的人大代表，她要求隨人大代表團去山東視察，也未獲准。如何度過那耿耿白晝和漫漫長夜呢？丁玲想到「還是下鄉去，參加農村辦高級社的運動去，這是旁人無法阻撓的」。她決定到北京西郊海淀區的一個村子裏去體驗生活。就在這四周都是陌生人、她自己心裏充滿不安時，她在鄉下遇到了白刃。這是一個不亂說話的穩重的青年，是一個很會與群眾打成一片的知識份子出身的幹部。正當「丁、陳反黨小集團」傳得滿城風雨的時候，白刃卻默默地擔任了丁玲的嚮導，與她一起工作。可能是出於一種客觀條件形成的拘謹，他們之間沒有交談過一句彼此的經歷。「但我很感謝他。我們相處只有五六天，現在我也忘記了當時我怎麼又回來了，他是否在我走時也離開了村子。總之，我們相處時間不長，對他瞭解不多，但他給我留下了很深的印象。這是在困難之中、在壁壘森嚴、四處都遇到白眼的時候，惟一投過來的以平等相待的同志的溫暖，是不會忘卻的。」[10]

1955 年 12 月，判決結果出來了。陳明參加了上述這個傳達會議，但為了遵守組織紀律，會後他沒有告訴丁玲，只對她說：「聽說中央有一個文件是關於你的。建議你問中宣部黨委會，是否能把這個文件給你看看」。丁玲當時自然沒有能夠看到這個文件，直到 1956 年 8 月寫〈辯正書〉時依據的仍然是作協黨組擴大會議的正式記錄。但風聲應該是隔不斷的。為了稍稍減輕精神痛苦，這年除夕（1956 年 2 月 11 日），丁玲和陳明同到公務員夏更起在河北曲陽的老家，與農民鄉親同過春節。2 月 15 日，陳明因為要寫自己的檢查，先期回京。稍後，丁玲在給陳明的幾封信裏，披露了自己的一腔鬱結和痛苦。16 日的信中說：「我日子過得也就是這樣，不能說好，也不會壞，我是一個沒有了心的人。有時很痛苦，有時也很麻木，沒有

---

[10] 丁玲：〈序《白刃小說選》〉，《丁玲全集》第 9 卷，第 136 頁。

了你，心就更空了。托爾斯泰寫了『活屍』，我就是一具活屍。」[11]20、26 日信中更表露了對自己牽連親人的自責和遠離親人的願望：「我想著你也要寫這樣的文章，我心裏就難過，你有何辜呢？只不過由於我害了你，可是我又有……」，以至於「按我是不想回來」[12]；「若是能離開你，我是願意離開你的，你沒有看見我是很願意不見祖慧的麼？……我對寫文章已失去全部信心，我寫不出來，我沒有一點情緒了！」[13]是的，飛來的橫禍不但使她自己萌生了濃厚的生不如死的「活屍」情結，而且使她對丈夫和女兒有了說不盡的愧疚。在這種情況下，她又怎能產生任何寫文章的情緒呢？但是，與這種灰暗的真實心境相反，當時公開報刊上對她的有關報道卻著意渲染了她喜悅的心情。因為 1955 年對她的批判不是公開進行的，所以報刊上沒有公開披露。而 1956 年 1 月出版的《文藝報》的〈萬象更新圖〉上出現的丁玲，卻是手持「戶口遷移證」，笑容滿面地走向鄉村，以說明她實踐著自己「到群眾中去落戶」的主張。政治不但在無情地改變著一個人的命運，也在根據需要殘酷地裝點著一個人的心情。不知處在「活屍」狀態中的丁玲看到這幅圖片時，心中會湧起怎樣的波瀾？

丁、陳反黨小集團一案，使丁玲在建國後第一次也是平生第一次產生了「峰谷」體驗。她建國後的心理優勢（優越感）很大程度上來自於她是一個從延安過來的黨員作家，她是建國前後新的體制的受益者，她的地位和許多榮譽也大都與新體制有關。她也為新體制的確立勤懇工作，作出了自己的貢獻。但現在她卻被認定是「反黨」分子，這意味著她從此極有可能被排除在體制之外，從「體制

---

[11] 丁玲：致陳明（1956 年 2 月 16 日），《丁玲全集》第 11 卷，第 128 頁。

[12] 丁玲：致陳明（1956 年 2 月 20 日），《丁玲全集》第 11 卷，第 129-130 頁。

[13] 丁玲：致陳明（1956 年 2 月 26 日），《丁玲全集》第 11 卷，第 132-133 頁。

中人」變為「體制外人」——她一下子從山峰跌落到了山谷。於是，她心理優勢的基礎便被連根拔掉，她的優越感也就蕩然無存了。與被揭發出來的那些現實中的「罪名」相比，那段南京被囚的歷史在這次批判中的重新被提出，更成了她一塊去不掉的心病。如果說前者還可以得到澄清的話，那麼，後者卻是一個不容易解決好的問題。從現實到歷史，她無往而不在被動中。所有這些，再加上捲入冤案中的那種委屈、痛苦的通常心態，不能不使這位政治意識相當強烈的作家在自我感覺中一下變成了「一個沒有了心的人」，從而產生「前途和政治生命已經岌岌可危」的恐懼之感。

1955 年對丁玲的批判是左傾思潮膨脹在文藝界的表現，也是文藝界宗派主義作祟的結果。1955 年國內開展了農業合作化、統購統銷、批判資產階級唯心論、肅清反革命等一系列運動，其中都包含著反對「右傾機會主義思潮」和反對「資產階級個人主義」的思想線索。因此，在這樣的大文化背景中，文藝界對政治、經濟、思想文化領域的左傾思潮作出呼應，在批判「胡風反革命集團」以後，進一步擴大戰場和戰果，似乎是有其必然性的。但是，將戰火燒向丁玲，卻是一種必然性中的偶然，是文藝界宗派主義作祟所致。建國後，「那時在文藝界的黨員領導幹部，如果說周揚是一把手，丁玲可以說是二把手了，丁玲的行政級別是七級，與周揚一樣，是副部長級幹部」[14]。丁玲是 30 年代的共產黨員，也是從延安來的作家，曾獲得史達林文藝獎金，在文藝界資歷老、地位高、影響大，且曾擔任過《文藝報》、《人民文學》主編和中央文學研究所所長等實職，在周揚看來，丁玲有「一派」。再加上 3、40 年代的恩恩怨怨，於是，周揚便將鬥爭矛頭指向丁玲，以達到排斥異己、擴大陣地、鞏固自

14　黎辛：〈我所瞭解的丁玲、馮雪峰、陳企霞案件始末（一）〉，《縱橫》1998 年第 9 期。

己在文藝界領導地位的目的，所以，「把丁玲打成反黨集團是周揚的責任」[15]。郭小川在 1967 年寫的一份交待材料亦可作為這一觀點的佐證：「那時，文化部不太聽周揚的，管事的副部長錢俊瑞是鬧獨立性的……原來文化部方面是胡喬木管，後來由陸定一主管，拉來周揚。周揚有文藝界的實權是從 1954 年或 l955 年初開始的。當時周揚手上只有作協。當初只有作協歸中宣部，其他協會歸文化部管」；「周揚要從作協打開缺口，掌握文藝界。1955 年底，康濯寫了一個揭發丁玲的材料，說丁自由主義，攻擊周揚。原來沒有準備搞丁陳的。劉白羽來作協後鬼得很，野心勃勃，對丁陳鬥爭是劉搞的，他一來作協就感到作協有一派勢力，要搞作協。必須把丁玲這一派打下去」；「因為反周揚的人很多，打丁玲是殺雞給猴看，把作協的陣地抓到手上來。」[16]對丁玲的這場鬥爭既關乎個人的政治品德和歷史責任，其本身也顯示出了無情的政治鬥爭的殘酷和傷及人心的破壞力。這正如被周揚從東北調來試圖「抵消丁玲在文講所影響的」詩人、教育家公木在批判「丁、陳反黨集團」後所說：「鎮壓反革命時擴大化，只能傷及我們的皮毛；內部肅反擴大化，便會傷到骨肉甚至心臟。一個人是不是反革命還沒弄清楚，就把她當作靶子，就會傷她和傷一些人的心。」[17]傷丁玲的心自不用說，而丁玲這樣的老黨員作家頃刻之間說倒就倒，那又怎能不使其他作家和文藝工作者產生人人自危的心理呢？

15　唐達成語，見邢小群：《丁玲與文學研究所的興衰》，第 91 頁。

16　《檢討書——詩人郭小川在政治運動中的另類文字》，工人出版社 2001 年版，第 75-76 頁。

17　邢小群：《丁玲與文學研究所的興衰・附錄・徐剛訪談》，第 132 頁。

第二節　辯正與抗爭

1955 年 8-9 月，在揭露、批判丁玲、陳企霞反黨小集團會議期間，丁玲在周揚等人的「幫助」下，作了「向黨認錯」的檢討。在會議結束後的一個多月後的 10 月底，丁玲又寫了一份書面檢討，承認她和陳企霞是反黨聯盟的關係。她違心認錯、「不敢堅持真理」，固然緣於她「怕被開除黨籍，失去政治生命」的軟弱和「承認了可以脫身完事」的天真，但也是當時的客觀形勢使然。來勢兇猛、持久的揭露批判，對她不斷施壓，進而強化了她的軟弱，使她作出了口頭的和書面的違心表態。她當時覺得，「堅持真理和堅持錯誤只一紙之隔」，在她是堅持真理，在他人看來卻是堅持錯誤。因此，她堅持了，「是有被開除黨籍的可能的」。從「我必須爭取留在黨內」、「繼續為黨工作」（亦即留在體制內）的願望出發，她作出了妥協讓步。這是她為留在體制內付出的犧牲真理的代價。

1956 年 3 月，她向中宣部黨委會提出，要求閱讀作協黨組上報中央的有關丁、陳反黨小集團的報告，並表示她不同意黨組的意見，她說她看完後要寫書面意見。看到有關材料後，她從 4 月開始就作協黨組報告中提出的「反黨小集團活動」的四個主要方面和歷史上的「自首」問題，寫了詳細的申訴材料，要求中宣部黨委會調查核實，予以澄清。中宣部接受了丁玲的申訴。

1956 年春夏，中宣部成立專門的審查小組，審查丁玲被捕的這段歷史。這也是作協黨組給中央的報告中提出的一項工作（「同時對她在南京的一段歷史進行審查並作出結論」）。審查組組長由中宣部常務副部長張際春擔任，周揚、中宣部機關黨委書記李之璉等為小組成員，工作人員有幹部處處長張海和作協機關的幾個同志等。審查小組的工作，除了查閱當時國民黨遺留下的檔案、向有關證人調查外，就是聽取丁玲本人的申述。當丁玲向張際春、李之璉、張海陳述她被捕後遭受的折磨和悲苦的心境時，她的熱淚禁不住時斷時續地流了下來。由於當時周恩來有指示，他認為丁玲和周揚之間有很深的成見，如果周揚參加與丁玲的談話，可能引起感情上的對立，效果不好。因此，審查小組每次與丁玲的談話，都沒有通知周揚參加，但每次談話的情況都向他通報。

經過細緻的審查核實，審查組「沒有發現丁玲被捕後有叛變或自首、變節對黨不利的行為」，「而且證人的證言都反映她在那種監視和折磨中表現不錯」。於是，便到了作出審查結論這一步：

> 這次對丁玲歷史審查結論的第一稿，是我主持起草的。我在文字上作了最後修改。對丁玲被捕後的表現方面，有這樣幾句話：丁玲同志被捕後，面對敵人的威脅利誘，作了各種形式的鬥爭，終於在黨的幫助下回到黨的懷抱。這個結論草稿經過張際春同志同意後，提交小組討論。這段文字是對丁玲被捕後政治態度的總的評價，因此小組成員對此都十分認真。爭論的焦點集中在這段文字上。……審查結論前後修改了七稿。以後的修改是由張海執筆的，討論時字斟句酌，爭執不休，那怕是對一個字的取捨。最後一稿達成妥協，改為：丁玲被捕後有變節性行為。
>
> 關於起草丁玲歷史審查的結論，張際春同志當時很慎重，不管怎麼修改，只要周揚不同意，就不作決定。最後一致了，他才簽發報送中央審批。但丁玲自己看到結論後，對排除了自首的說法表示同意，對「變節性行為」的說法表示不能接受，並寫了書面意見，同結論一起報送中央。[18]

[18] 李之璉：〈不該發生的故事〉，《新文學史料》1989 年第 3 期。

這最後一稿定稿於 10 月 24 日，排除了「自首」的事實，承認這次審查「也沒有發現她在歷史上有什麼新的問題」，而說丁玲在南京與已經叛變投敵的丈夫馮達繼續同居和「向敵人寫了申明書」，是「一種變節性行為」，其性質為「在敵人面前犯過政治上的錯誤」。12 月 1 日，丁玲對這個結論表示「基本上同意」。實際上，關於丁玲的「歷史問題」，中組部於 1940 年就作出「自首的傳說不能憑信」、「丁玲同志仍然是一個對黨對革命忠實的共產黨員」的結論。顯然，這次審查組作出的結論與 1940 年中組部的結論已經不同，但丁玲「當時迫於形勢」，在結論上簽了字，但她於 1979 年複出後認為該結論不能成立。丁玲當時迫於形勢，在自己歷史問題的結論上作出讓步，其因恐有二：一是該結論與 1955 年 12 月中央批轉的〈中國作家協會黨組關於丁玲、陳企霞反黨小集團活動及對他們的處理意見的報告〉中提到的「她承認了自首的事實」有了性質上的不同；二是與當時中宣部正在查對「丁、陳反黨小集團」案有關。

在審查丁玲「歷史問題」稍後，中宣部於 6 月 28 日召開部長辦公會議決定重新查對丁、陳問題。在此之前，陳企霞被解除隔離，停止停職反省。他對前一階段的處理不滿，於 5 月下旬也先後向中宣部黨委提出了口頭和書面的申訴。作協黨組把陳企霞的〈陳述書〉和丁玲的情況，向中宣部部務會議作了報告。報告中還提到：「阮章競等同志說，陳企霞反黨問題拿不出很多事實來」；新調來擬任作協總支專職書記的「楊雨民同志反映，現在看，材料站不住腳，並建議要中宣部負責同志出面處理」。在這種情況下，中宣部 6 月 28 日召開部長辦公會議，討論了丁、陳申訴的問題。中宣部部長陸定一主持會議，幾位副部長出席，中宣部的李之璉及幾位處長，作協的劉白羽、楊雨民、阮章競等列席。會上，部長問作協領導：關於丁、陳問題向中央的報告，有沒有不確實之處？回答是：我們工作太忙，沒有查對事實。部長指示：這次一定要查對清楚，不能再被動了。會議最後形成決定，由作協黨組、總支、中宣部黨委和部的一些幹部組成一個小組，由常務副部長張際春負責，將丁、陳問題調查清楚，重新作結論並提出處理意見，再報中央審批。會後，張際春代表中宣部將此事向總書記鄧小平作了口頭報告，並成立了由周揚、李之璉為主要成員的調查組，下設辦公室，開始了調查工作。

作協和中宣部接受丁玲、陳企霞的申訴，決定對半年多前形成結論的丁、陳反黨小集團問題作重新查對。對丁玲來說，新的轉機出現了。與 1955 年把她打成反黨集團一樣，這一轉機的出現自然也與當時大的政治氣候有關。國際上，1956 年 2 月蘇共二十大召開，赫魯雪夫在會上作反史達林的《秘密報告》，在世界範圍內引起巨大震動（在國內，該報告於 4 月下旬向行政十三級以上的幹部作了口頭傳達）；稍後，在社會主義國家匈牙利、波蘭又發生了震動世界的群眾性事件。在國內，大規模的階級鬥爭已基本結束，全國工作的重心開始轉移到經濟建設上來。所有這些，都從正反兩個方面推動中國決策者們在政策上作出調整，以「努力把黨內黨外、國內國外的一切積極因素，直接的、間接的積極因素，全部調動起來」[19]。於是，在思想文化領域，黨中央便開始倡導發揚民主，糾正「左」的錯誤。5 月 2 日，毛澤東在最高國務會議上提出「雙百」方針；5 月 26 日，中宣部部長陸定一向文藝界、科學界人士，作了題為〈百花齊放，百家爭鳴〉的報告，代表中共中央對這一方針作了權威性闡述。可以說，是國內外形勢的變化和「雙百」方針的提出，才給丁玲帶來了轉機、帶來了申訴和「辯正」的可能。1956 年 8 月 9 日，她在給中宣部黨委會的信中說：「去年在作協黨組擴大會上，不少同

---

[19] 毛澤東：〈論十大關係〉，《毛澤東選集》第 5 卷，人民出版社 1997 年版，第 288 頁。

志發言，提出了有關我的一些事實，其中有些事實是完全沒有科學根據，不合乎真實情況的。過去不容我就這部分事實做任何更正，有的即使及時更正了，還不為當時會議的領導人所理睬。」而現在，她對某些重大事實的「辯正」終於有了可能。

在中宣部開始調查之後，丁玲於 8 月 9 日寫成近兩萬字的全面申訴材料〈重大事實的辯正〉（即〈辯正書〉），對作協擴大會議正式記錄中所指控的她「反黨活動」的四個方面和所揭發的「事實」，逐條進行了有理有據的反駁。一年來積壓的怨屈、痛苦，並沒有使她情緒用事，她的申辯始終以事實為依據，對有關情況提出了完全不同的說明，並提供了證人。這顯示出了真實的力量。〈辯正書〉太長，無法完整引用，茲引兩條於下：一是對作協領導劉白羽有關丁、陳勾結的駁斥：

> ……劉白羽說陳企霞到梅山不是走的組織路線，是走的丁玲的路線。
>
> 這件事的始末，在沒有開黨組擴大會以前，我就告訴過白羽同志，這事是這樣的。
>
> 檢查《文藝報》後，我一直也沒有看到陳企霞 1955 年 2 月間我去無錫前，陳企霞聽說我要走了，說想來看看我，我說好，他就來了，談了一些去無錫的事，和我的長篇小說。後來他說組織上要他下去，他不知道去那裏好，底下情況都不熟。我當時因為剛剛接到過一封菡子的信，說已經到了梅山，並且說梅山很好。我也知道陳登科也準備去梅山的。同時我因為知道陳企霞的確許多年不在底下生活，是不熟，我說你去梅山也好，那裏有兩個熟人，他們會對你有些幫助。

他表示可以考慮，但仍有猶豫的樣子，我即說你同白羽商量商量看。跟著我就走了。我到無錫後不久，陳登科忽然同無錫市的文藝處趙源來了。這時我還不知道陳企霞已經決定去梅山，因此也無從告訴陳登科，我和陳登科一直也沒有通過信。這件事怎麼是走的我的路線呢。

二是對康濯所謂「製造分裂」的批駁：

……康濯說：（八次會議）喬木同志要取消「文研所」，便找周揚同志，要周找喬談，是製造分裂。

事情是這樣的：1953 年，我從田間，康濯口裏知道中宣部有取消「文研所」的意思。我不知道內中緣由，覺得取消了很可惜，將來再要搞時，又要重起爐竈。不久我因母病回北京，剛到不久，還未見著喬木同志，在一次會上見到了周揚同志，我問他是怎麼一回事，他的意見如何？他說也覺得取消了是可惜的，後來他又到我家裏談了一會，我曾說如果這事還沒有決定，是否還可以商量，周揚同志當時是說可以商量的，我說，那麼你見著喬木同志時是否可以再談談。他們都是宣傳部長，我覺得這有什麼不可以談呢，我後來見著喬木同志時也把我的意見告訴了他，並且也從沒有說過周揚同志對這事的意見。這怎麼能算製造分裂呢？

丁玲提交了這份事實清楚、證據確鑿的〈辯正書〉後，調查組向 1955 年在黨組擴大會上發言的、以及其他有關同志約 70 人進行調查[20]，得到的答復一般是否定的。調查組還曾就丁、陳「經常散

20　另據曾任作協外委會辦公室副主任、當時抽調到丁陳問題甄別調查組的林紹綱回憶，他們調查了 100 多人：「我們根據 1955 年發言材料，向一百多位作家進

佈流言蜚語，誣衊和攻擊小集團以外的人，甚至包括幾位中央負責同志在內」問題，向胡喬木調查，胡喬木答復說沒有這種事實，他也沒有感到丁玲挑撥他與周揚的關係。有關調查的情況，「特別是胡喬木的答復，在部分聞風的同志中引起了強烈的反響，有的55年批鬥丁玲時發言的人，把領導指示他批判丁玲反黨的條子拿出來，壓在辦公桌的玻璃下，說：『不管領導怎麼樣，我承認我說錯了！』」[21]後來，調查組在中宣部部務會上彙報1955的〈報告〉與事實不符時，主持會議的部長陸定一也感到很尷尬，並對周揚有埋怨情緒。他說：「當時一再說要落實，落實，結果還是這樣！」

在調查的過程中，出現了明顯有利於丁玲的趨勢。這時，中宣部和作協有關領導對丁玲的態度也有所鬆動。丁玲向李之璉提出要發表文章，中宣部研究後告訴作協辦，作協安排她在《人民文學》第10期上發表了長篇小說《在嚴寒的日子裏》前八章。丁玲又提出來要接待蘇聯來訪的作家朋友，經中宣部同意，作協幫助她在家裏宴請。陳明改編川劇《望娘灘》，準備赴川，經中宣部批准，丁玲與之同行。中宣部並通知有關省委安排接待，告訴他們：丁玲的反黨問題正在重新審查，現在她還是作協副主席、共產黨員。9月15日，八大開會的第一天，她登車赴川。初秋的景色是美好的，但她此時卻失去了欣賞的興致。自己的〈辯正書〉已經上交了，但不知結果如何，所以，她的心情依然抑鬱。這可從她兩則赴川日記的片段中略窺一斑：「車中無事可做，無話可談，窗外也無景可看。記得一九五四春天同伯夏去湖南，心情格外晴朗，好像飛鳥歸山那樣的歡躍；

行核實，不少人把原來發言材料中尖銳的上綱上線的詞語抹了。我們把調查的材料列印成冊，堆在桌上成了很高的一疊。」轉引自陳徒手：〈黨組裏的一個和八個〉，《人有病天知否》，人民文學出版社2000年版，第168頁。

21 黎辛：〈我也說說「不應該發生的故事」〉，《新文學史料》1995年第1期。

如今一切都失去了！如今同在一條路上，同樣的車，同樣的風景，同樣的人，而一切都是這樣的不自然。」[22]（請對照兩年多前去湖南時記的一則日記：「離開了安穩平淡生活的多福巷，和陳明兩人作著長途旅行，我們再不被那些會議，那些文藝思想中的問題麻煩著。我讀不到信，見不到常常見到的人，聽不到常常聽見的那些煩人的事，我是多麼的感到輕鬆和愉快呵！我興奮著，整天都沈浸在一種充滿了幸福和歡欣的情感之中。」[23]）在成都，四川省委宣傳部副部長李亞群「同我談到黨內民主、百家爭鳴問題，他有很多意見。但我很難發表意見，我還是一個野天鵝中被魔鬼所害、失去了發言權的人。有些話不好說。特別在黨內民主方面，動不動就給人扣帽子，等等。」[24]

這種抑鬱、痛苦的心境在去四川前後是一貫的、持久的。在北京時，時任作協總支書記的黎辛，作為被周揚指定的作協與丁玲的聯繫人，去聽取丁玲的思想彙報。「有一次，說著說著丁玲竟放聲大哭起來，人不傷心不流淚，丁玲這樣經過戰爭、被捕、整風鍛煉的老黨員老作家，竟然放聲大哭，說『我痛苦哪！我犯了什麼罪呀！』大聲哭，反覆喊。我明白她痛苦，這是壓抑了幾百天的痛苦無處傾吐，今天情不自禁地爆發出來。但我不能說出同情她的委屈的話。我想，哭哭吧，哭哭她會好受點的。我說'『你冷靜點！』過一會又說『你相信組織』。丁玲又哭訴『怎麼那麼難哪！做黨員怎麼那麼難哪！』我說「你相信組織，你要耐心！」我知道她的複查結論對她比較有利，但我不能自由主義說出正在進行的事。」[25]從四川歸

---

[22] 丁玲：1956 年 9 月 15 日日記，見《丁玲全集》第 11 卷，第 411 頁。

[23] 丁玲：1954 年 3 月 2 日日記，見《丁玲全集》第 11 卷，第 394 頁。

[24] 丁玲：1956 年 9 月 28 日日記，見《丁玲全集》第 11 卷，第 416 頁。

[25] 黎辛：〈我所瞭解的丁玲、馮雪峰、陳企霞案件始末（二）〉，《縱横》1998 年第 10 期。

來後，她又向李之璉傾吐了自己悲苦的心情：「一年多以來，我是處在一種如何困苦的境地……過去毛主席同我說過：『看一個人要從幾十年中去看，不是從幾年去看。』……去年曾經很傷心，以為從聽過毛主席這話以後曾經努力了的八年，至少可以贖一點過去的錯誤，誰知卻被完全推翻了，成了相反的歷史。」[26]

這樣持續的痛苦，使丁玲積蓄起了能夠激發抗爭的巨大的心理能量。除了以清明的理性寫下了全面回擊一切強加在她頭上的不實之詞的〈辯正書〉外，她還以一個作家所特有的鮮明的情感態度，給 1955 年批判的組織者以難堪。既然她把自己的「困苦」歸之於個人因素（上引 9 月 28 日日記中所說「被魔鬼所害」、「動不動就給人扣帽子」等都是指向具體的個人的），因此，即使在調查過程中，她也從不願掩飾自己對某些個人的厭惡、憤恨之感。在丁玲那裏，對不公正命運的抗爭進而演變為對造成自己不公正命運之個人的情感上的反抗。應該看到，把一個由多種因素共同作用產生的結果簡單地歸之於具體的個人，而忽略了對產生這些個人的體制因素和文化因素的深入探究，這自然顯示出了丁玲作為政治家的膚淺。而在對她進行調查的關頭，自己卻依著性子，公開表示對某些個人的不滿，自然也無助於事情的解決。這也顯示了丁玲作為政治家的不成熟。但是，如果我們把丁玲看作是一個「根深蒂固的具有文人稟性」的作家的話，那麼，她的如下舉動也就能夠得到順理成章的解釋了：1956 年「夏天的一天，丁玲來作協辦事，在小會議室的沙發上坐著，剛巧副部長（指周揚——引者）從外面進來，看見丁玲，向她走來，伸出手來，說『你好！』丁玲不睬，站起來，轉身走出室外。留在會議室的幾位負責人，說『太不像話！』『豈有此理！』」[27]在這樣

[26] 丁玲：致李之璉（1956 年底日），《丁玲全集》第 12 卷，第 82-83 頁。
[27] 黎辛：〈我也說說「不應該發生的故事」〉，《新文學史料》1995 年第 1 期。

率性而為、不計後果的舉動中，我們又彷彿看到了一個倔強的個性主義者的丁玲，看到了在現實中晃動著的莎菲、貞貞和陸萍的影子。看來，1955 年對她「極端嚴重的資產階級個人主義思想」的批判，並沒有收到預期效果。這真不知叫這場批判的組織者周揚副部長該作何感想？

經過認真細緻的調查、核對發現，所謂「丁、陳反黨小集團」的四個方面的錯誤都是缺乏依據、不能成立的。1956 年 12 月，調查組根據調查的結果，起草了〈關於丁玲同志的錯誤問題查對結果的結論〉（草稿），把「反黨小集團」的結論改為「對黨不滿的獨立王國」，提交由張際春主持的中宣部會議討論，周揚、劉白羽等與會。但會上意見不一，有人指出這個大案子站不住腳，而周揚則認為對丁、陳的錯誤還寫得不夠。張際春最後說，根據會議上的意見，請調查組對結論再作修改。

與此同時與稍後，周揚也曾有過與丁玲互相妥協的想法和舉動。在 1956 年底召開的作協黨組擴大會議上，周揚檢討了他和劉白羽工作中有簡單化的缺點，希望在場的丁玲、馮雪峰把意見談開，一起來做好作協的工作。但丁玲等並不想讓事情就這樣含糊地過去，因此，矛盾並沒有解決。1957 年 4 月《文藝報》改版，編輯部根據周揚的「當前最大的政治是團結」的指示，約請丁玲為《文藝報》寫稿，丁玲未答應。後來總編輯張光年等上門請丁玲談深入生活問題，由編輯寫成一篇訪問記發表在《文藝報》第 7 期上。

結論的修改，也是一波三折。調查組有人提出重寫結論有困難，「工作沒法做」。於是，張際春指示改由作協黨組來重寫。這樣，任務便落到了在批丁、陳問題上當初被認為「具有戰鬥力」、其時已升任作協黨組副書記的郭小川的身上。在實際接觸文藝界的矛盾狀態之後，這位原被稱為「快手」的詩人卻為重寫結論花費了兩三個月的時間。他為此苦不堪言，一再形容自己的寫作為「蝸牛速度」。在他當時的日記中，他一再發洩了自己的牢騷和苦悶：1957 年 1 月 2 日，一天在家看材料，「材料很多，而且一下得不出完整的印象。事情之艱難和複雜真是達到嚴重的程度」；1 月 11 日，「八時起，就為眼前這件事煎熬著，弄得心情非常之壞，似乎感到這文藝界的混亂狀況是沒有希望改變的」；2 月 11 日，「一談到現在的工作，簡直百感交集，非常不愉快，作家協會的事簡直沒有完結的時候……四面八方都把我逼住，真是叫人煩惱，我實在不想幹下去了」；4 月 12 日，「上下午均在家準備寫丁玲問題結論，但一時想不清楚。困難重重，無法執筆」[28]……重寫結論的棘手在於複查時作協很多人對於 1955 年鬥爭丁陳會議上所提供的材料不認帳，中宣部黨委又要求擺出充分的事實。郭小川採取折衷的態度，力求使結論能為多數人同意。結果，周揚、劉白羽、林默涵等看後大為不滿，周揚尤其對向丁陳「賠禮道歉」的提法耿耿於懷，這構成了郭小川 1959 年挨批的罪狀之一（「由搖擺走向右傾」）。郭小川在會上無奈地表示，既然「反黨小集團」的帽子要摘掉，也只能說成是「宗派主義」、「自由主義」之類，別的帽子他想不出來。大家為如何措辭一籌莫展，突然有人想出一個「向黨鬧獨立性的宗派結合」的提法，周揚一聽馬上認可，並決定由郭小川根據新提法繼續修改。稿子他改了有六七遍之多，可是每回到中宣部就通不過，郭小川回來就說：「（稿子）不行，再改。」4 月，〈關於丁玲同志的錯誤問題查對結果的結論〉終於出來了，並開始徵求意見[29]。〈結論〉把「反黨小集團」改為「向黨鬧獨

---

28 《郭小川 1957 年日記》，河南人民出版社 2000 年版，第 3、9、33、78 頁。

29 有人以為該報告由邵荃麟執筆，見黎辛〈我所瞭解的丁玲、馮雪峰、陳企霞案件始末（二）〉，《縱橫》1998 年第 10 期。但該報告的執筆人應是郭小川，材料見郭小川日記：4 月 9 日晚，「荃麟、白羽、默涵和我一起在周揚同志處談丁、陳問題……關於丁玲問題，談了一個輪廓」；4 月 15 日，「我一面開會，一面改

立性的宗派結合」，說他們這種宗派主義性質的錯誤是嚴重的，但還沒有發展到反黨小集團的程度；還說「丁玲同志在文學創作方面和文學界的組織工作方面，都做了不少工作，如她所主持的《文藝報》和文學講習所的工作也是有成績的」。

這個充滿了折衷意味的結論，似乎能為多數人接受。由「反黨小集團」改為「向黨鬧獨立性的宗派結合」，其「錯誤」的性質有了根本的變化，對於丁玲來說，這似乎也能有保留的承受。5 月 11 日，郭小川就丁玲問題徵求意見時，韋君宜認為 1955 年的鬥爭基本上是錯誤的，跟有錯誤就批評不是一回事情；蕭三「似乎也沒有什麼意見了」。作協黨組會討論丁、陳問題查對結論時，沒有一人持異議。問題似乎解決了，丁玲的辯正與抗爭看來也取得了一定的成效，雖然問題的解決還遠談不上圓滿。但是，在稍後變幻莫測的政治風雲中，丁玲的問題卻在此時「進一步」的基礎上，退了兩步甚至萬步。這不但是丁玲所無法想象的，而且也出乎了許多人的意料。

第三節　反右與再批判

1957 年的中國政治風雲變幻。5 月，中共中央發佈關於開展整風運動的決定和〈關於請黨外人士幫助整風的指示〉，請黨外人士「暢所欲言地對工作上缺點錯誤提出意見為妥」。早在 1956 年 11 月，毛澤東在八屆二中全會上已經宣佈明年開展的整風運動，要整頓「三風」:「一整主觀主義，二整宗派主義，三整官僚主義」，重點解決官僚主義，脫離群眾脫離實際，解決問題不妥當等。整風運動開始後，

好丁玲結論，交付列印，發給幾位同志，徵求意見後修改」；4 月 24 日，「六時，改完了丁玲結論」；5 月 22 日，「十時到荃麟處談丁玲問題。共同的意見是先不改，交給大家討論」。

每個機關、單位都要根據整風的精神，反思建國來的各項工作，揭露缺點和錯誤；方法是批評和自我批評，特別是希望領導作表率。在這種背景下，中國作協不得不把對「丁、陳反黨小集團」的批判和處理提到了整風的首要議程。為了在整風運動中爭取主動，5 月初，作協黨組書記邵荃麟在作協全體工作人員大會上作整風動員報告時，奉周揚之命突然宣佈「丁、陳反黨小集團的結論站不住腳」，「丁、陳反黨集團這頂帽子一定去掉」，「這個問題要在整風中解決」。6 月 6 日下午，作協召開黨組擴大會議，討論丁、陳的處理問題。從那以後至 9 月 17 日，重新處理丁陳反黨集團案件的中國作協黨組擴大會議舉行了 27 次。在 6 月 6 日的會議上，「邵、劉、周三人先講話，然後是一些人談感想，然後是一片對周、劉的進攻聲」；「會議十分緊張，空氣逼人」，使郭小川感到「頭都發漲」[30]。周揚、劉白羽等黨組主要成員在講話中，「都主動表示 1955 年對丁玲的批判是不應該的，『反黨小集團』的結論是站不住的，並向丁玲等表示歉意」。7 日、8 日，又接連召開討論丁、陳處理問題的第二、三次會議。在第二次會議上，陳企霞、唐達成、唐因、韋君宜、黃秋耘、李又然、公木等發言，一致認為前年批丁玲、陳企霞的會議是根本錯誤的，有關結論應該撤消。在這兩次會議上，有人還指責周揚搞宗派主義，要求劉白羽「下來」。陳企霞被解除「隔離」後即控訴這是政治迫害，這時言辭更加尖銳、激烈。他甚至嚴厲批評周揚、劉白羽作為高級幹部，卻「作了假報告」。丁玲在前兩天的會上未發一言。第三天的會上，她說話了，開頭是：「我是從墳墓中爬出來的人，是一棍子被打死了的人……」，語極悲愴淒涼，而鋒芒猶在。她以不妥協的精神追問著某些領導人的責任：為什麼會發生這樣的錯誤？

---

30 《郭小川 1957 年日記》，第 117 頁。

領導者們無法解答大家提出的問題，又不願接受大家的批評，會議因此陷入僵局。

作協黨組成員本來想以丁、陳問題的處理在整風運動中爭取主動的，卻沒有料到陷入了極大的被動。但他們又很快獲得了真正的主動權，因為「事情正在起變化」。6月8日，在第三次會議召開的當天，陸定一找劉白羽談話，說：「要有韌性的戰鬥，人家越是要你下去，越不下去！他認為周揚沒有宗派主義，人們太不注意這是一場戰鬥，文藝方向的鬥爭，他認為，丁陳鬥爭要繼續下去，不要怕亂」[31]。陸定一對丁陳問題的指示，與當時突然逆轉的政治形勢有關。就在這一天，《人民日報》發表社論〈這是為什麼？〉，吹響了「反右派鬥爭」的號角。這一連周揚等也沒有完全預料到的戲劇性轉折，使作協領導們走出了困境，重新操起了引領運動發展方向的主動權。而後，作協黨組擴大會議還於6月13日召開過黨組擴大會議，「丁玲發了言，態度尚平和，但內容十分尖銳，極力爭取康濯『起義』，追究責任，想找出一個陰謀來」[32]。對大的政治形勢有失明察的丁玲還像在8日的會議上那樣，去追究他人責任、想為自己討個說法。她哪裡識得透這是某些人在「大鳴大放」中引蛇出洞（即陸定一6月16日所說的「我們的目的，就是把它放出來，然後加以克服」[33]）的計謀呢？在山雨欲來的時候，7月14日，中宣部還讓丁玲參加了在中南海紫光閣召開的座談會，與會的有郭沫若、茅盾、巴金、老舍等文藝界名人。在會上，她見到了周總理，周總理與她微笑著握了手，但她覺察到總理的目光中流露出一絲意外的神情。當反右鬥爭的風暴過去之後，她才讀懂了總理那一閃而逝的意外目

31　《郭小川1957年日記》，第119頁。

32　《郭小川1957年日記》，第122頁。

33　《郭小川1957年日記》，第125頁。

光的含義：「也許他那時已知道中宣部決定進一步開展對我的鬥爭，沒有想到我還會出現在這個座談會上吧！」[34]

中國作協黨組擴大會議休會了一個多月後，至1957年7月25日方才復會。在這期間，全國範圍內的反右派鬥爭已全面展開。作協黨組將原先的整風計劃作了根本性改變，變為反擊右派對黨進攻。周揚等黨組主要領導轉而開始進一步搜集、整理丁玲等人的「反黨活動」的材料，並對「反擊」的步驟作了具體策劃。在此期間，周揚向中宣部主要領導人提出對由張際春簽發的中宣部上報中央的審查丁玲歷史問題的結論不能同意。主要領導人指示李之璉與中組部聯繫，把原結論報告從中央退回來：

> 隨後，在中央宣傳部部務會議上，由主要領導人提出，對丁玲的歷史結論要重新進行修改。在沒有發現任何新事實、新證據、新證人和新理由的情況下，宣佈將原結論改為：丁玲被捕後叛變；從南京回到陝北是敵人有計劃派回來的。主要領導人宣佈後，沒有人表示反對，也沒有表示贊成。根據已有的慣例，既是領導人正式在會上宣佈了，自然就成為部務會的決定。這個決定宣佈後，張際春同周揚之間發生了爭吵，他問周揚：原來結論是你同意後才簽發報中央的，你現在又不同意有什麼根據？你這是什麼意思？原來你不同意就不會向中央報告了，對待這樣嚴肅的問題能願怎麼說就怎麼說嗎？……他倆一面爭吵，大家一面散去。……[35]

討論修改丁玲歷史問題結論的中宣部部長辦公會議是6月24日召開的。在該日的日記中，郭小川對張、周之間的衝突也有類似的記錄：

---

[34] 蔣祖林等：《我的母親丁玲》，遼寧人民出版社2004年版，第116頁。

[35] 李之璉：〈不該發生的故事〉，《新文學史料》1989年第3期。

「周揚講後，引起張際春的激動，他大大批評周、劉是兒戲，因為他們在會上有話不講。周、劉、張也激動起來，爭辯了好一會[兒]，會開得很緊張。」[36]在沒有發現任何新的事實的情況下，某些人利用特殊的政治形勢，根據「鬥爭」的需要和個人的要求，沒有任何依據地改變了對丁玲歷史問題的結論。結論的修改，把丁玲歷史問題的性質變成了敵我問題，這樣不但使丁玲變成了「敵人」，而且使一切同情丁玲的人也處於被批判的地位。這是周揚等人為作協黨組擴大會的復會所作的重要準備之一。

這一結論的重大修改，丁玲當然是不知道的。她能感覺到的是7月25日復會的作協黨組擴大會的氣氛與先前已全然不同。會議移至文聯禮堂舉行，範圍進一步擴大，與會的有中宣部、文化部、文聯和各個協會的領導、代表以及黨員作家和非黨員作家，會議人數由前幾次會議的4、50人擴大到200餘人。周揚在這次會上作了兩小時的講話，特別說明自己與前幾次參加作協黨組擴大會的身份不同：「上次我說明我是以當事人的身份來參加會議的，現在我是以兩種身份參加：一、前年會議的直接主持者，二、代表中宣部。」這顯示出一種「他是代表黨的」咄咄逼人的氣勢。他強調「我們黨內的鬥爭往往是與整個社會上的階級鬥爭分不開的，兩者不可能不互相影響，黨外鬥爭常常反映到黨內來」[37]，看上去是泛泛而談，實際指向卻不言自明。他所說的「黨外鬥爭」在當時主要指社會上「火力很大」的反右鬥爭，因此，他講話中所隱含的邏輯就是與丁、陳的鬥爭是反右鬥爭在黨內的表現。他還明確指出：「前年對丁、陳的鬥爭，包括黨組擴大會，給中央的報告和向全國傳達」，他「認為是

[36] 《郭小川1957年日記》，第130頁。

[37] 〈周揚同志的發言〉，〈對丁、陳反黨集團的批判〉（內部資料），中國作家協會1957年9月，第1頁。

基本上都是正確的」；從歷史上來看，「丁玲在幾個關鍵問題上對黨是不忠誠的」，在南京時「在敵人面前自首變節」，在延安時也犯了嚴重錯誤（在這裏，他實際上表述了提出修改丁玲歷史問題結論的目的）。周揚這一看似從容但火藥味十足的講話與前三次會議的態度全然不同，為會議定下了基調。會議的安排是經過精心準備的，因而很有「戰鬥力」：

> ……會議進行中有一些人憤怒指責，一些人高呼「打倒反黨分子丁玲」的口號。氣氛緊張，聲勢兇猛。在此情況下，把丁玲推到台前作交代。丁玲站在講臺前，面對人們的提問、追究、指責和口號，無以答對。她低著頭，欲哭無淚，要講難言，後來索性將頭伏在講桌上，嗚咽起來……
>
> 會場上一陣混亂。有些人仍斥責丁玲，有些人高聲叫喊，有些人竊竊議論，有些人在沈默不語。會議主持人看到這種僵持局面，讓丁玲退下。[38]

郭小川當日的日記在敘述會議的簡況後，作出了這樣的評價：「會議開得不壞，令人興奮。」

到 8 月上旬，會議連續開了 10 多次，有關「鬥爭」的情況經中央負責人同意也開始公開披諸報端。8 月 7 日，《人民日報》發表以〈文藝界反右鬥爭的重大進展——攻破丁玲陳企霞反黨集團〉為題的長篇報道。8 月 11 日，《文藝報》也發表了與此報道相當一致的文章〈文藝界反右鬥爭深入開展——丁玲陳企霞反黨集團陰謀敗露〉。《人民日報》的報道對會議的轉折作了這樣的敘述：

---

[38] 李之璉：〈不該發生的故事〉，《新文學史料》1989 年第 3 期。

……在第一、二、三次會議上，丁玲、陳企霞利用資產階級右派向黨和政府猖狂進攻的時機，對黨發動了新的進攻。他們企圖推翻中共中央宣傳部和中國文聯、中國作協在 1954 年對《文藝報》資產階級方向的檢查，以及作協黨組在 1955 年對丁玲、陳企霞反黨活動所作的結論。他們否定作協肅反成績，並煽動翻案。他們通過事前的佈置和在會議上的煽動，影響了一部分會議的出席人，向黨猖狂的進攻，並公然叫囂要追究 1955 年開會鬥爭他們的「責任」。

在第三次會議以後，中國作家協會天津分會在反右鬥爭中，批判了與陳企霞有密切關係的柳溪的反黨罪行，柳溪向中共天津市委宣傳部坦白交代了丁、陳反黨集團的一些罪行，使這一反黨陰謀得以進一步暴露。……

在「攻破丁玲陳企霞反黨集團」中，天津女作家柳溪是一個重要的突破口。7 月下旬，為了突破柳溪，劉白羽往返天津兩次[39]。7 月 27 日，劉白羽興奮地向郭小川「談了天津之行的收穫，柳溪確已交代」。在 7 月 30 日的第 7 次會議上，天津的方紀陳述了柳溪所揭發的「許多駭人聽聞的事實」，同時還揭露了丁玲「不解決自己的問題就退出中國作協」的所謂分裂文藝界的陰謀。在 8 月 1 日的第 9 次會議上，柳溪作了長達兩個小時的發言，對陳企霞進行「血淚控訴」[40]。在

39　周良沛《丁玲傳》第 81 頁中說，劉白羽「大約在 7 月 20 號之後，連續幾夜」赴天津，天不亮時即回北京。說明：(1) 劉赴天津的準確時間應為 22 日。郭小川 21 日日記中有：「下午三時到周揚同志處，談了丁、陳問題，談了戈揚問題決定明天白羽去天津，搞材料，第二步再把陳企霞的問題公諸社會」。(2) 也不是「連續幾夜」往返，而是往返兩次，即 22 日往 24 日返，25 日往 26 日返。詳見郭小川此間日記。

40　黎辛在〈我所瞭解的丁玲、馮雪峰、陳企霞案件始末（四）〉中說，柳溪是在 7 月 30 日會上在方紀發言之後揭露陳企霞的，也不確。郭小川 7 月 31 日日記中

巨大的壓力下，陳企霞的心理防線崩潰了。在 8 月 3 日的第 10 次會議上，他不但交代了自己生活方面的錯誤，而且轉過來「參加揭發」，交代了他與丁玲的關係，說：有一天陳明打電話給他，裝成一個小女孩的聲音，叫他陳企霞叔叔，約他晚上到一個公共汽車站見面，統一口徑。對這一聞所未聞的「事實」，丁玲不願接受，但在會上也無法證偽。在極大的被動中，她所能做的只能是檢討。她回家後對兒子說：

> 我已經在會上做了檢討，在這樣的情況下，我只得檢討。但是被斥為「態度不老實」，說我只承認「反黨」，「向黨進攻」，但不承認具體事實，不交待具體事實，仍在頑抗，繼續向黨進攻。還說我的態度是「欺黨太甚」，「欺人太甚」。我是處在被鬥爭的地位，事實上現在是棍棒齊下，責罵、諷刺、挖苦，任何人都可以在這個會上把對我的不滿發洩無餘。[41]

用柳溪搞垮陳企霞，再用陳企霞揭發丁玲，批判的組織者們所期望的多米諾骨效應終於發生了。會前，周揚對陳企霞本有所許諾，他也本想以此舉動得到寬大處理。但事實證明，這只是他的一相情願而已。陳貢懷在《我的父親陳企霞》一書中說：事後，「父親感到他在大會上的交代是受了騙，把自己的問題說得太嚴重了，他自己不但被人出賣了，還使丁玲蒙受了不白之冤」。接著，黨組擴大會還揭露出了馮雪峰、李又然、艾青、羅烽、白朗的「反黨言行」。

9 月 16、17 日，召開總結大會，會場移至首都劇場。除原參加會議的 200 多人以外，又有中央和各省、市、區宣傳部負責人和作

有：「到樓上，談了一下明天的會議，柳溪就要出臺了。」8 月 1 日日記中有：「下午，曹禺第一個發言……然後是柳溪長達兩小時的發言，血淚控訴。」

41 蔣祖林等：《我的母親丁玲》，第 122 頁。

協分會與部分作家、藝術家共1350多人參加。在大會上做重要講話的有中共中央宣傳部部長陸定一、中共中央宣傳部副部長周揚、中國文聯主席郭沫若、中國作家協會主席茅盾、副主席巴金（和靳以聯合發言)、老舍等。會上，邵荃麟代表黨組作了題為《鬥爭必須更深入》的總結發言，把丁玲、陳企霞、馮雪峰「反黨集團」的「罪行」概括為三個方面:「一、反對黨的領導；二、分裂文藝界的團結；三、建立反黨的文藝思想陣地」。關於有關丁玲問題的結論，在經過反復後到此總算「論定」了。

從6月6日到9月17日期間,重新處理丁陳反黨集團案件的中國作協黨組擴大會議共舉行了27次。在7月25日復會後的24次會議中，先後發言的黨內外作家、藝術家、文藝工作者和有關人員共110多人（發言記錄有100多萬字)。主要發言者有：陸定一、郭沫若、茅盾、周揚、邵荃麟、劉白羽、林默涵、郭小川、張天翼、沙汀、茅盾、艾蕪、方紀、曹禺、田間、魏巍、康濯、邢野、嚴辰、逯斐、許廣平、老舍、巴金、錢俊瑞、夏衍、鄭振鐸、何其芳、周立波、趙樹理、王任叔、袁水拍、葛琴、馮至、陳白塵、張光年、臧克家、嚴文井、樓適夷、阮章競、李伯釗、王蒙、草明、李季、徐遲、韋君宜、戈揚、秦兆陽、楊朔、蕭三等。撰文批判過丁玲、其文後被新文藝出版社1957年出版的《為保衛社會主義文藝路線而鬥爭（上冊)》收入的作者有：陸定一、周揚、邵荃麟、錢俊瑞、郭沫若、茅盾、巴金、靳以、老舍、許廣平、何其芳、張天翼、艾蕪、沙汀、張光年、馮至、吳組緗、卞之琳、鄭振鐸、曹禺、陳白塵、鄭伯奇、瑪拉沁夫、侯金鏡、陳笑雨、鄒荻帆、張春橋、阿英、曹靖華、林夢雲、劉白羽、康濯、田間、張金保、谷峪、朱靖華、鮑明路、吳伯簫、羅瓊、董邊、草明、王燎熒、舒霈等。在此期間及稍後，在《人民日報》、《光明日報》、《文藝報》、《人民文學》、《新觀察》、《中國電影》、《文藝學習》等報刊上單篇發表批判文章而未收入此書（或在此書出版後發表文章）的作者還有：臧克家、陳其通、菡子、公木、馬鐵丁、孫謙、蔡楚生、沙鷗、賀蘭、蕭殷、竹可羽、陳登科、劉真、端木蕻良、陸耀東、何家槐、王子野、華夫、朱寨、姚文元、陳則光等等。

在這些批判者中，除了一些純政治人物外，大多是一些作家、文藝工作者。在左傾政治風暴襲來的時候，屈於各種壓力，許多作家、文藝工作者（其中不乏深知丁玲的前輩、同事和學生）都作出了有違於心的表態和有違真實的揭發。有些在前三次會議上為丁玲申辯過的人，在復會以後卻很快改變了態度和聲音。半個世紀以後，當我們回顧這段歷史時，我們除感慨左傾思潮的威力外，也不能不為當時許多人歷史責任感的缺乏和知識份子良知的缺失而深深遺憾。他們為了保住自己，而不惜置真實與良心於不顧。就連被迫害者陳企霞等也是如此。知識份子的道義和良知所代表的往往是社會的公正。歷史是曲折中前行的，歷史也只有在對曲折的總結中才能前行，因此，我們有理由期待曾經失去過尊嚴和獨立思考能力的知識份子作出亡羊補牢式的反省。1979 年，巴金以強烈的歷史責任感，回憶起參加 1957 年 9 月 17 日最後一次大會上臺和靳以所作的那個聯合發言，並作出了深刻的自我解剖：「這天的大會是批判丁玲、馮雪峰、艾青……我們也重復著別人的話，批判了丁玲的『一本書主義』、雪峰的『凌駕在黨之上』……我並不像某些人那樣『一貫正確』，我只是跟在別人後面丟石塊。我相信別人，同時也想保全自己。」[42]1986 年，劉白羽在紀念丁玲時也作出了這樣誠懇的反省：「我心情沈重，思之疼心，因為我作為作家協會黨組成員，在丁玲

[42] 巴金：〈紀念雪峰〉，《隨想錄》，三聯書店 1987 年版，第 157 頁。

所遭受的苦難中，我必須承擔歷史的重責，因而對丁玲永懷深深內疚。」[43]雖然他們的內疚對那段歷史已經無所補救，但這卻閃露出了我們走向未來、走向公正的希望。也正因乎此，我們對事後勇於反思、勇於解剖自己的知識份子表示深深的敬意。

在最後一次大會之後，作協對丁玲、陳企霞等進行組織處理。丁玲被開除黨籍，劃為極右分子。1957 年 12 月 6 日召開總支大會[44]，200 多人與會。各支部和團委的代表們發言怒斥右派反黨集團；舉手表決時，一致同意開除丁玲黨籍。丁玲也舉手贊成，以示與黨保持一致。對於這次會議，作協黨組本沒有要求「一致通過」，卻百分之百的「一致通過」了。丁玲等人的舉動，出乎不少人的意料。黨組領導大喜過望，表揚這次會議「真正做到了嚴肅、隆重」。1958 年初，丁玲在給兒子的信中說，為被開除黨籍，她痛哭了，幾天吃不下飯；她說她將努力，爭取回到黨的隊伍中來。

為了深化現實批判，並為現實批判尋找歷史的「合理性」，1958 年 1 月，《文藝報》第 2 期刊發了〈再批判〉專欄，由毛澤東親自改寫按語，將王實味、丁玲、蕭軍、羅烽、艾青等 15 年前寫的一批在延安時就受過批判的作品當做「大毒草」重新送上祭壇，由林默涵、王子野、張光年、馬鐵丁、嚴文井、馮至等撰寫文章再次批判。丁玲的〈三八節有感〉榜上有名。張光年回憶：「1957 年，批丁玲、艾青等人。次年 1 月《文藝報》發表〈再批判〉。這個特輯是經我手的。周揚找到我、陳笑雨、侯金鏡，說毛主席要發表對丁玲等人的〈再批判〉，需要組織批判文章，按語是我寫的。送毛主席，毛看得

43　劉白羽：〈丁玲在繼續前進〉，《丁玲紀念集》，湖南人民出版社 1987 年版，第 165 頁。

44　有人說開除丁玲黨籍的各支部大會召開時間為 1957 年 10 月 26 日，見陳徒手：〈丁玲的北大荒日子〉，《人有病天知否》，第 119 頁。似不確。應為 12 月 6 日，見郭小川當日日記。

很細，大部分都改了，題目也改了。原來是《……再批判》，毛把前面刪去，只留下《再批判》三個字。這個按語不好寫，我措辭謹慎、拘謹，毛全改了。他批評我們：『政治不足，你們是文人，文也不足。』」[45]毛在按語中寫道：這一批「奇文」，「奇就奇在以革命者的姿態寫反革命的文章」，「謝謝丁玲、王實味等人的勞作，毒草成了肥料，他們成了我國廣大人民的教員。他們確實能教育人民懂得我們的敵人是如何工作的。鼻子塞了的開通起來，天真爛漫、世事不知的青年人或老年人迅速知道了許多世事。」[46]1958 年 6 月，作家出版社出版了《文藝報》編輯部編的《再批判》一書。關於《「三八」節有感》及其「再批判」，丁玲幾十年後做了這樣的敘述，在滄桑的歷史感中還透出了一點驕傲和自豪：「魯迅逝世後，雜文衰落了。後來，在延安也時興了幾天。最早的是大砭溝（文化溝）裏的壁報《輕騎隊》，那上邊有許多雜文，所論的問題比較廣泛。我在那時湊了點熱鬧，寫了一篇《我們需要雜文》，登載在《解決日報》的『文藝』欄上。這篇文章五八年被漏掉了，沒有列入『奇文共欣賞』這一欄。但是，我約羅烽寫的那篇《還是雜文時代》，卻受了株連，登上了『奇文共欣賞』的黑榜。我那時也出了點事，造了點名氣，那就是《「三八」節有感》。這篇文章不過有點雜文味道。」[47]

這一做法，實際上是對 1957 年批判丁玲在延安時期「錯誤」的延伸。1957 年黨組擴大會後期，曾印發了 1942 年國民黨的一家出版社出版的小冊子，提供給會議參加者作為「參考材料」。中國作協黨組加了一段按語，說明了有關背景和翻印目的：「《關於〈野百合花〉及其它》這本小冊子是 1942 年統一出版社編印的。統一出版社

45 李輝：《與張光年談周揚》，《往事蒼老》，花城出版社 2000 年版，第 279 頁。
46 《建國以來毛澤東文稿》，中央文獻出版社 1992 年版，第 21 頁。
47 丁玲：《關於雜文》，《丁玲全集》第 8 卷，第 212 頁。

是國民黨特務機關的一個出版機構。這個小冊子得自胡風的家中，扉頁上書有『陳守梅兒』（按：即阿壠）字樣。現將這本小冊子翻印出來，供大家參考。」這本小冊子以反共的立場，評述了包括〈三八節有感〉在內的文章及對王實味的批判。「編印者顯然是為了證明丁玲等的歷史上的『反黨』活動是如何得到『反動派』的喝彩，證明〈三八節有感〉是對黨進行惡毒攻擊的文章。」[48]而劉白羽在會上的發言，也正是從這一點上進行闡發的。批判者所關注的「歷史」，除了延安時期外，自然還包括丁玲的被捕事件。在沒有發現任何新的材料的情況下，卻改變了對丁玲這段歷史的結論。林默涵在 8 月 6 日的第 12 次會議上，坐實丁玲為「自首變節」，批判她對黨「不忠誠」，並以此為話題對她的「陰暗心理」進行了剖析和描述：「因為她曾經向黨不忠誠，而且後來隱瞞了這種不忠誠，因此，她就可以繼續不忠誠，而且迫不得已要繼續不忠誠，因為她只好用後來的很多不忠誠來掩蓋她過去的不忠誠」。批判者對被批判者歷史的關注，一方面顯示出了被批判者的「錯誤」的一貫，另一方面則顯示了自己「正確」的一貫。這種從歷史尋找現實批判的合理性的做法，無疑加強了批判者真理在握的現實優勢。

綜觀 1955-1958 年對丁玲的批判，除去那些無中生有、移花接木因而用不著較真的罪名外，唯一有些系統、有些論證的是丁玲的「資產階級個人主義」。這也成了這場批判運動的中心。許多文藝界的有影響的人物對她的現實表現和文學創作的批判，都是圍繞著這一中心展開的。茅盾指責丁玲以自我為中心，沈溺於「資產階級的個人主義」之中[49]。老舍也認為丁玲有一種優越感，過於驕傲而看

48　洪子誠：〈歷史的清算〉，《南方文壇》1998 年第 6 期。

49　茅盾：〈明辨大是大非，繼續思想改造〉，《文藝報》1957 年第 25 期。

不起其他作家[50]；他在會上還說：「丁玲以為沒有她不行，現在看來沒有她更好。」[51]在對丁玲本人進行批判的同時，她建國前創作的一些作品也被拉了出來。張天翼稱莎菲是「一個自我中心主義者」，她「身上連一點點五四青年在當時或多或少的那種進步氣都沒有了，有的是末路頹廢的資產階級氣息」。這號人要真去參加革命的話，「她必得脫胎換骨地另做一個人才行。……要是她沒有改或是改而沒有改好，或是雖然改了某些方面而根子沒有動，或只是表面上收斂了一些而骨子裏依然如故，要是這麼著，那她將會怎麼樣？」答曰：「那麼，近來在反對丁陳反黨集團的一連串會議上所揭露的關於丁玲思想言行的那許多材料——當然還遠不完備——可以說是《莎菲女士的日記》的續篇。」[52]陸耀東〈評「我在霞村的時候」〉一文可以代表當時文藝界對丁玲筆下的貞貞的典型看法：「貞貞的個人主義哲學，如『不要任何人對她的可憐，也不可憐任何人』，如認為『有些事也並不必要別人知道』等等，這些地道資產階級個人主義的論調，散發丁玲本人的氣味。」[53]而同時貞貞這個孤獨的個體與丁玲其他作品中的莎菲、陸萍一起被指認為與集體主義和社會主義相對抗的極端的個人主義者，並進一步把它轉化為丁玲本人的性格。這種傾向在張光年的〈莎菲女士在延安——談丁玲的小說「在醫院中」〉一文中表述得更為明確：「丁玲、莎菲、陸萍，其實是一個有著殘酷天性的女人的三個不同的名字。她們共同的特點，是把自己極端個人主義的靈魂拼命地加以美化。她仇恨的不是延安的某些事物，仇恨的是延安的一切。她不是同某些人鬥爭，而是同延安

[50] 老舍：〈個人與集體——斥丁玲的反黨罪行〉，《人民日報》1957年8月27日。
[51] 《郭小川1957年日記》，第164頁。
[52] 張天翼：〈關於莎菲女士〉，《人民日報》1957年10月15日。
[53] 陸耀東：〈評「我在霞村的時候」〉，《文藝報》1957年第38期。

的『所有人』鬥爭。她否定的不是某些工農兵，否定的是工農兵的整體。」[54]

周揚 1958 年 2 月署名發表的〈文藝戰線上的一場大辯論〉，是對這場運動的一個總結，也是對上述批判丁玲「個人主義」思想的一個總結。他指責丁玲、馮雪峰屬於這一類人：「他們始終丟不掉個人主義的包袱，糾纏於個人得失，個人恩怨，即使碰了壁，摔了跤，包袱也還是不肯丟，反而越背越重。他們不肯按照集體主義的精神改造自己，卻總想按照個人主義的面貌改造黨，改造我們的革命事業。他們一切以自我為中心，和集體格格不入，同黨不是一條心。他們稍有成就，就居功自滿；而當他們犯了錯誤，受到了批評的時候，就怨氣沖天，他們經不起任何嚴重的考驗。到了重要關頭，他們不惜背叛工人階級。」丁玲「是一個徹頭徹尾的個人主義者，一個一貫對黨不忠的人」；她的〈我在霞村的時候〉和〈在醫院中〉表現的是她的「極端個人主義思想」；她 1933 年在南京「自首」是個人主義「脆弱性的表現」；建國後，她的個人主義「更加發展」，「利用黨和人民所交托的崗位，極力培植自己的小圈子，企圖實現她的稱霸文壇的野心」；她的「一本書主義」是把文學事業「當作個人獵取名利的手段」，是「用資產階級個人主義思想去培養青年作家」[55]。當然，他把丁玲的一切「錯誤」都與「個人主義」聯繫在一起，也顯得相當牽強附會。如他所說她「自首」也是「個人主義」所致，顯然缺乏說服力。

不管怎麼說，批判者們所指認的「個人主義」思想，作為事實判斷，在丁玲那裏是存在的（雖然有時冠以這頂帽子的未必就是）。

---

[54] 張光年：〈莎菲女士在延安——談丁玲的小說「在醫院中」〉，《文藝報》1958 年第 2 期。

[55] 周揚：〈文藝戰線上的一場大辯論〉，《文藝報》1958 年第 5 期。

從價值觀上來說，批判者們則簡單地將個人主義看作是集體主義的對立物，從而把「個人主義」（個性主義）一骨腦兒地扔給了資產階級。而事實上，集體是由個體組成的，它不是一個抽象的存在。如果沒有個體創造性的發揮，集體的力量也無從展現。因此，從根本的意義上來說，集體和個體在本質上是統一的。無產階級革命雖然強調集體的力量，但從來沒有（也不應該）排斥個體的自由解放和發展要求。馬克思主義創始人曾強調指出：「每個人的自由發展是一切人的自由發展的條件」；[56]毛澤東也指出：「民族壓迫和封建壓迫殘酷地束縛著中國人民的個性發展」，「我們主張的新民主主義制度的任務，則正是解除這些束縛和停止這種破壞，保障廣大人民能夠自由發展其在共同生活中的個性」。[57]無產階級革命的最終目的不是消滅個性，而恰恰是要實現人的個性的徹底解放。無產階級進行革命的最終目的既然是要實現人的自由發展和徹底解放，那也就意味著要消滅在集體與個體關係上那種集體外在於個體、淩駕於個體之上的異化現象。因此，在這個意義上，我們應該肯定丁玲為維護個體的尊嚴和自由所作出的努力。當有人在這場大批判中以集體的名義對她施以政治迫害時，丁玲在孤立中的「辯正」、丁玲面對批判的組織者的倔強傲然、丁玲在批判會上面對如潮湧來的指責而作的「辯解」和「抵賴」，便閃耀出了燦爛的個性光輝。這是她努力維護自己的個性尊嚴和自由的表現，是她在特殊時期發揚「五四」文學傳統和思想傳統的表現。可以設想，如果在這場批判中，參加者們也能有這種個性意識而不隨風轉、不跟在他人後面丟石塊的話，那麼，

---

[56] 馬克思、恩格斯：〈共產黨宣言〉，《馬克思恩格斯選集》第 1 卷，人民出版社 1972 年版，第 273 頁。

[57] 毛澤東：〈論聯合政府〉，《毛澤東選集》合訂本，人民出版社 1964 年版，第 1058-1059 頁。

結果也許會有所不同——這會真正有利於整個集體。雖然丁玲這一切努力的出發點恐還在「留在體制」中，但這一努力的過程卻充分體現了現代個性主義的思想原則。

但是，也應該看到，丁玲作為一個受迫害者，在不少時候卻也表現出與批判者相當一致的思維模式。她也常常不敢堅持自己的個性，她「自認從未反黨，心裏不願，但嘴上不得不承認『反黨』，因為不能『頑抗到底』」[58]。從她那些違心的檢討中，特別是從她自己舉手同意開除自己黨籍的行為中，我們看到的是她為了追隨「集體」而放棄自我的脆弱。多少年後，她對此也作過這樣的反省：「人可以煩悶，可以憂鬱，可以憤怒，可以反抗，可以嚶嚶啜泣，可以長歌代哭，……就是不能言不由衷！不能像一隻癩蛤蟆似地咕咕地叫著自己不願意聽的虛偽的聲音。安徒生寫過一篇童話，說一個公主被妖法制住了，變成一個癩蛤蟆，整天咕咕地叫，只有到夜晚，才能恢復她原來真實的樣子，一個美麗的公主。我不是美麗的公主，但我是人，是一個有尊嚴的人，是一個認真的共產黨人，我怎麼能掛著一張癩蛤蟆的皮，日夜咕咕地叫，說著不是我自己心裏的話？」[59]不但如此，她還在風雲多變的環境中積累起了琢磨領導心思、討領導高興的「經驗」，並向自己女兒作了傳授。就在她寫完〈辯正書〉的當月，得知女兒在北京留蘇預備部入黨，她讓女兒「最好給舞蹈團和舞蹈學校的負責人寫封信，告訴他們你已經被批准入黨，並且向他們感謝培養你教育你，並且說你一定不辜負他們。……你的信會使他們高興和滿意的，他們正希望你這樣。」[60]當然，對於經過

---

[58] 蔣祖林等：《我的母親丁玲》，第 125 頁。

[59] 丁玲：《風雪人間・寂居》，《丁玲全集》第 10 卷，第 117 頁。

[60] 丁玲：致蔣祖慧（1956 年 8 月 29 日），《丁玲全集》第 11 卷，第 133 頁。

多年思想改造、接受過另一種傳統影響的丁玲來說，這也是一種無奈中的必然。

丁玲被打倒了，作為革命的「敵人」被甩出了「體制」。受她牽連的有近 60 人，他們或被劃為右派或受到黨紀處分，其中許多人歷經磨難，處境唯艱。那些與丁玲有過較多交往的人、那些實事求是地為丁玲說過好話的人，許多都受到檢查處理，或定為右派，或定為反黨分子，或被視為犯有嚴重錯誤。徐光耀 1956 年 12 月收到作協黨組的有關丁玲問題的調查信後，按條據實寫了覆信。1957 年在反右派運動中，他被列名丁玲的「十二門徒」之內，劃為右派，罪名主要是「給丁玲翻案」[61]。淳樸細心、謙虛溫文的谷峪是丁玲 1954 年指導的文學講習所的學生，也受到了牽連。1958 年以後當農民，勞動了十幾年，妻子也是農民，兒女成行，兩個人的工分養不活一家，一直是半饑半飽拖了下來。後來，兒女長大了，也能勞動了，但因為政治條件、經濟條件都不好，找不到伴侶。粉碎「四人幫」後第二年，谷峪在河北文聯當臨時工，幫助審稿，一天有兩元錢工資，交給生產大隊作為大隊的副業收入，他自己按大隊的工分數每天可以得五角錢、八角錢、或一元錢。多少年以後，丁玲「聽到他的遭遇，真像一塊石頭壓在心上。這其中的原因，我是不理解的，也是不可想像的。」[62]甚至連奉命處理丁玲問題的人，事後也被處理。1958 年，中宣部當年參與過丁、陳事件處理的李之璉、黎辛、張海、崔毅被打成「反黨集團」，其中前二人被定為右派分子，開除黨籍，後二人被定為反黨分子，留黨察看。

丁玲沈寂了。過去下車走進作協辦公大院時前呼後擁的盛況不再，多福巷寓所門可羅雀，沒有人敢來看她了。那時，只有一個人

61　徐光耀：〈「丁玲事件」之我經我見〉，《新文學史料》1991 年第 3 期。
62　丁玲：〈序《蘿北半月》〉，見《丁玲全集》第 9 卷，第 122 頁。

來看過她，他就是「當兵出身，打過好些仗」而又曾就讀於文學研究所的李湧。李湧平時不穿軍服，那天卻穿上軍服來看老師了。他說：「我怕什麼，我從小就參軍、打仗，我在部隊裏也是三起三落，我怕什麼。人家說丁玲反黨，文學研究所是獨立王國，我在那裏念過書，我就沒看出是王國。」丁玲勸他：「傻瓜，你走吧！你不要到這裏來了，你到我這裏來後果你知道不知道？」[63]丁玲對李湧的「義舉」心存感激，但她不願再牽連其他人了（不過，李湧後來還是吃了虧）。主客觀多種因素的作用，使丁玲異常孤寂痛苦。1958 年，丁玲已 54 歲了。如果她還有選擇權利的話，她對自己未來的人生道路該作出怎樣的選擇呢？

63　丁玲：〈談寫作〉，《丁玲全集》第 8 卷，第 262-263 頁。

第五章　風雪人間

在逆境中，在被看成是人民的敵人，在成了過街老鼠，人人喊打的時候，一個黨員要在同志和群眾中，在自己的監獄裏，長期經受各種考驗是嚴峻的，這種內在的自我鬥爭的複雜和痛苦，沒有身受過的人是很難想象的。[1]

——丁　玲

第一節　到北大荒去及其前後

丁玲被開除黨籍、打成極右分子以後，她的去留成了全國關注、作協急需處理的一個問題。情況當然對丁玲非常不利。早在 1957 年 10 月 26 日，作協黨組就致函北京市委，希望能佔用北京市一百人左右的下放幹部的名額，安排作協機關一部分有思想傾向問題的幹部參加勞動或到基層工作。其中一條理由就是：「作家協會是知識份子成了堆的地方，而且由於丁陳反黨集團在這裏活動多年，散佈了極其不良的影響。現在這個集團剛被粉碎，機關正氣方在抬頭，急需抓緊這個時機整頓一下。」在討論開除丁玲黨籍的作協各支部會上，都認為丁玲罪孽深重：「丁玲的言行滲透了剝削階級的意識，而且黨不止一次挽救她，這次就必須嚴肅處理。」有的支部建議，要把丁玲放到最艱苦的地方去改造，有人甚至提出要將她送農墾部

---

[1] 丁玲：〈總結歷史教訓，加強文藝隊伍團結〉，《丁玲全集》第 9 卷，第 415 頁。

王震將軍處管理。而作協黨組在上報中宣部的處理決定中，也提出「擬讓丁玲等人深入基層生活，改造思想，繼續寫作」。

1957 年 12 月 16 日，亦即在丁玲被開除黨籍 10 天以後，劉白羽代表作協黨組找延安時期他的老上級丁玲談話，談對她的處理問題。丁玲主動提出：「我很想老老實實地到下邊去做點工作，做個普通農民」；又說：「我想搞一搞林業，去伊春搞林業」，並願意與陳明分開下去。劉同意她下去：「一段時期把創作放一下，到實際中去鍛煉改造有必要」，「如果能聯繫群眾，完全會煥然一新」；但又說「到哪里去，要實事求是」，「原來我們考慮過你的身體，不要太勉強」，「到黑龍江不搞林業，也不搞農業」。[2]

已經 50 多歲且身體不佳的丁玲為什麼會主動提出到條件艱苦的邊遠地區去工作，甚至連劉白羽也一下子無法理解？這固然與當時作協處理右派分子的上述環境有關，與 50 年代「哪裡艱苦，就到哪裡去」的改造自我的時代性思路有關，更與丁玲當時的主觀心態有關。1958 年 4 月 11 日，在陳明作為文化部系統的右派分子到北大荒監督勞動以後，處在極度孤寂痛苦之中的丁玲致函邵荃麟等作協領導，信中對她自己的這種心態作了披露：

> 去年 10 月間我就曾經向白羽同志披露過我的感情，說我就怕一個人在家裏。我一直都在竭力讀書，寫文章，但都壓不住我要衝到人裏面去的渴望。離開了人，一個人就不須（需）要什麼生活了。一個人失去了政治生命，就等於沒有了生命。這幾月，快一年來，我的心所走過的道路的確不是一下能說的清楚的。我錯了，過去全錯了，我望著我的腐亂的屍體，

2　劉白羽與丁玲的談話內容，轉引自陳徒手：〈丁玲的北大荒日子〉，《人有病天知否》，第 120-121 頁。

> 是非常非常的難過的，而且我在這裏變得非常敏感，很容易只要一點點都可以觸到我的痛處。我抬不起頭來，不是因為我的面子，而是因為我的心。但我努力掙扎，我要經受得住，我也經受了。這是因為我有希望，也有勇氣去贖回這一切，而且相信也有機會，也有可能。我決心什麼都不要，全部拿出我所有的全部生命，為人們服務，胼手胝足，以求補過，以求得我的心安。

為了求得心安，她時刻想著到人裏面去，「不管做什麼，我可以做任何工作，也可以參加重勞動，搬磚頭，挑土，都行」。從信中可以看出，丁玲在當時的情況下，承認了自己的「錯誤」:「我錯了，過去全錯了」。她把過去的自己比作是「腐亂的屍體」，以誇張的語言對自己的過去作了全部的否定。此時的丁玲已把「政治生命」看作是全部生命，因而政治生命的失去對她來說自然也就意味著整個生命的失去。在這種政治思維的作用下，她 1956 年寫〈辯正書〉時的倔強、面對批判組織者的率性而為的傲然、1957 年在批判會上面對如潮湧來的指責而作「辯解」和「抵賴」的勇敢，在此時已經看不到了。嚴酷的政治鬥爭壓碎了她脆弱的自我，其被甩出體制的恐懼化成了順應體制的努力。她所能感覺到的只是：留在北京，隨處都能觸到她的痛處；她無法在人前抬起頭來。於是，她所能做的只能是以贖罪之心，順著體制規定的要求和做法（這些在她原本就不陌生），到邊遠的（同時也是艱苦的）地方中去參加勞動改造，以「獲得一個重新做人、改過自新的起點」。丁玲為了追隨「集體」、為了順應體制再一次顯示出了放棄自我的脆弱。而多少年以後，丁玲對她這一選擇的動機卻作出了這樣的敘述和闡釋:「不要留戀這死寂的庭院了。到暴風雨中去，到人群裏面去，到火熱的勞動中去，到建設的最前線去。共產黨人是無所畏懼的，衝鋒在前，把一切煩惱遠遠地拋在後邊，把那些不值一顧的魔影全部清除掃光」[3]；「我並不是接受處分而去北大荒的。那時有人曾勸我不要下去，說：『你可以住在北京，坐在家裏寫文章嘛。』我心裏想，我是一個作家，不能離開社會，不能孤獨地把自己關在屋子裏寫作，那樣我精神上會感到苦悶。我必須重新到群眾裏面去。」[4]前者把她這一舉動的性質描述成了「無所畏懼」的「衝鋒在前」，而後者則把它說成是為了深入社會、深入群眾。顯然，作為當事人的丁玲事後對這段歷史作出了重釋。

從 1957 年 12 月 16 日劉白羽與丁玲談話，到 1958 年 6 月 12 日丁玲登上北去北大荒的列車，中間過去了將近半年。1958 年春節，許多部門都傳達了上級指示，讓右派分子在家過好一個春節。北京城鞭炮齊鳴、熱鬧非凡，但丁玲多福巷 16 號寓所內卻冷冷清清。幾個月前，在批判會開得熱鬧的時候，跟隨丁玲六七年的公務員夏更起就奉命調回機關，一對兒女又遠在異國他鄉，此時伴著她和陳明的只有一個保姆。「沒有客人來，沒有酒，沒有花」，她在寂寞和淒涼中過了一個春節。春節剛過幾天，陳明突然接到單位的判決，作為文化部系統的右派分子下放到黑龍江密山農場監督勞動。這意味著患難中的夫婦將要分開。雖然她在與劉白羽談話時表示過可以和陳明分開下去，但一旦這種情況真的出現，她卻又缺乏應有的思想準備：「現在怎能把我們分開呢？而且是在這種情況下的生離呢？我們一時都呆了，不知道該怎麼辦。」[5]陳明想到她「不能沒有我，不能一個人留在這裏」，要找作協反映丁玲將一人留京的情況、

---

3 丁玲：《風雪人間・何去何從》，《丁玲全集》第 10 卷，第 125 頁。

4 丁玲：《解答三個問題》，《丁玲全集》第 8 卷，第 54 頁。

5 丁玲：《風雪人間・意外的判決》，《丁玲全集》第 10 卷，第 114 頁。

看他們如何安排。丁玲冷漠地說：「沒有什麼用，不求人家憐憫。」他們相約，陳明先去北大荒，看看那裏的環境是否適合於丁玲，然後再作決斷。

1958 年 3 月，陳明去了北大荒。與外界相隔絕的丁玲整天埋頭於外國文學作品中，她日夜與一些非洲人、印第安人、開發美洲的白種人相處，讓異域奇異的故事、陌生的風俗和迥異的倫理道德觀念充塞著她搖搖欲墜的靈魂。事後，她說，她是要藉此「在寂寞中，孤獨中，恥辱中熬煉，熬煉出一副鋼鐵的意志，和一顆對自己也要殘酷無情的鐵石心腸」[6]。而此舉與其說是為了磨練自己的鋼鐵意志，倒還不如說是為了在寂寞中打發時光、慰藉自己心靈的孤獨。此時，對她還有吸引力的是長篇小說〈在嚴寒的日子裏〉的創作。該作的創作對她來說成了可以治療心靈創傷的「一絲陽光」、「一縷清新空氣」，因此，她要有心壓制眼前的一切煩惱，打掃心情，理出思路，把那些在腦子裏翱翔的人物塑造出來。但是，寂寞、愁苦、恥辱，使她的心靈萎縮、激情窒息了。在萬里長空濛濛迷霧中，她焦急地等待著對自己的最後處理。在這種焦躁的心境中，她無力征服創作的災難性障礙了。

與此同時，她多次寫信催問組織對她的處理意見。她雖然知道組織上有了決定會通知她，她應該靜靜地等候，但她仍然難以克制地要「問一問關於組織上對我的處理，以及我什麼時候可以下去勞動」，甚至表示「不管怎樣重的處理我都是高興的」。當然，組織上也沒有忘記對她的處理。周揚曾指示，要把右派安排好，說丁玲年紀大了，可以不離開北京，在安置時要考慮到以後創作。作協黨組書記邵荃麟也告訴她：「對你的處分是按右派分子的第六類處理。馮

6　丁玲：《風雪人間・悲傷》，《丁玲全集》第 10 卷，第 118 頁。

雪峰也是按右派分子第六類處理，這是在政治協商會議小組會上討論過的。你可以不下去勞動，分配工作，也可以留在北京，從事研究或寫作」。丁玲是全國政協常委、著名作家，是「頭面人物」，按右派六類處理，工資和職務只降一級，並可不送去勞動。周揚、邵荃麟和與她談話的劉白羽在這一點上均是按當時的政策處理的。但是，在丁玲的要求下，他們也答應將再作考慮。在等待處理結果的日子裏，陳明來信了。他用感動的心情為她描述了他們與王震將軍的一次會見：王震冒著春寒到寶清縣八五三農場看望他們，並發表了激動人心的講話：「共產黨准許人犯錯誤，人總是會犯錯誤的；錯了就改，改了就好了」；「一個人有時右了，有什麼了不起呢？右了還能左的嘛。我替你們這個新建點取個名字，叫做『向左村』」。王震還向陳明問起丁玲的情況，並歡迎丁玲到北大荒去。這更堅定了她去北大荒的的決心。而與此同時，作協黨組也以組織的名義為她去北大荒作了聯繫。去北大荒一事就這麼定了。6 月 1 日，丁玲致信邵荃麟，表示了自己的決心：「我決心好好的去開始新的生活和工作，我必須謹慎的、謙虛的、無我的去從事勞動和改造，希望能為建設社會主義出一份力。」行前，邵荃麟善意地勸她：「你名氣太大，下去是不是改個名字方便一些？」丁玲果斷地謝絕了：「我行不改名，坐不改姓，我丁玲就是丁玲。」在「臉上刺得有字，頭上戴有帽子」、自己成了一個「走不出大門，見不得人的人」的時候，丁玲此舉既顯示了自己的倔強和傲慢，也顯示了自己「重新做人」的決心和自信。臨走時，她又給邵荃麟、劉白羽等作協黨組領導寫信，問還有什麼指示，但沒有得到任何回覆。

6 月下旬的一天，在專人的陪同下，丁玲帶著簡單的行李和一大箱書、懷揣著一封以中宣部名義開出的介紹信登上了北上黑龍江哈爾濱的列車。介紹信上寫著：「撤消職務，取消級別，保留作協理事名義。下去體驗生活，從事創作；如從事創作，就不給工資。如參加工作，可以重新評級評薪……」這一決定，是丁玲事前所不知道的。她起初對這一做法憤怒過，但想到自己「反正得離開北京，反正要到下面去」，就「什麼都不說，不問」，帶著這張特殊的「通行證」下去了。她「不相信，北京我是不可能再回來的，天下決不會就由少數這幾個人長此主宰擺弄」[7]。她心裏滿懷著一個希望：離開北京（這在她是被甩出體制的一個象徵），是暫時的；重回北京（亦即回歸體制），是必然的。

第二天，丁玲到了哈爾濱，住進了馬迪爾旅社一間朝南的頭等房間。丁玲在這座俄羅斯風格的建築中，百感交集。這正是她1948年作為參加世界和平大會的代表，路過哈爾濱時住過的旅館；而她現在所住的房間，也正是9年前住過的房間。馬迪爾旅社依舊華麗，但丁玲的處境卻今非昔比了。舊地重臨，只能勾起她無限感傷。休息兩天之後，為了「在世界上重新占著一席之地，從零開始」[8]，丁玲乘火車到了密山，到北大荒去尋找新的生活。

凌晨，車抵密山，丁玲漫步從車站走出來。在熙熙攘攘的人流中，她不免有點擔心：「該不會有人認出我來吧？」人來人往，沒有人認識她，也沒有人想追究她是誰，她又感到：「怎麼？是不是我臉上的『金印』淡下去了？是不是我的高帽子矮了？」極左路線給她的心靈造成了極大的傷害，使她產生了被人認出的恐懼。但也正是在這裏，她離京前向邵荃麟表白「行不改名，坐不改姓」的倔強和傲慢，似乎又「淡下去了」了。她剛到密山農墾局招待所住下，中宣部一封急電就追來，讓她寫出她所知參加過丁、陳問題查對工作的中宣部機關黨委書記李之璉的材料。在擁擠的招待所裏，她一面

7　丁玲：《風雪人間・介紹信》，《丁玲全集》第10卷，第128頁。
8　丁玲：《風雪人間・馬迪爾旅社》，《丁玲全集》第10卷，第136頁。

寫材料，一面意識到：又有人因為受她牽連而罹禍，自己儘管到了北大荒還是離不開湍急的政治旋渦。

在密山，鐵道兵司令兼國家農墾部部長王震接見了她。會面時，王震臉上的笑容消失了。在一時沈寂之後，他對丁玲說：「思想問題嘛！我以為你下來幾年，埋頭工作，默默無聞，對你是有好處的。」丁玲沒有答話，他接著又說：「你這個人我看還是很開朗、很不在乎的。過兩年摘了帽子，給你條件，你願意寫什麼就寫什麼，你願意去哪裡就可以去哪裡。這裏的天下很大，我們在這裏搞共產主義啊！」本想什麼也不說的丁玲大概是從王震話中提到的寫作受到了觸動，她突然開口，說出了與當時她的身份和環境極不協調的話來：「契訶夫只活得四十年，他還當醫生，身體也不好，看來他寫作的時間是有限的，最多是二十年。我今年五十四歲，再活二十年大約是可以的，現在我就把自己看成是三十歲，以前什麼都不算……」大概感覺到此時不談勞動改造而扯起契訶夫的不合適，丁玲剎住了話頭。她看看王震，王震表情漠然。回到正題，王震指示丁玲去湯原農場，那裏在鐵道線旁，交通便利，離佳木斯近，住處條件也好些；並決定把陳明從八五三農場調來，與她同去。他給農墾部副部長兼佳木斯合江農墾局局長張林池修書一封，交給丁玲，最後說了一句：「安心等陳明，他一兩天就要到了。」對王震的安排，丁玲心懷感激。多少年後，她還深情地寫道：「他是個好同志，在這種時候，對我們這種人，肯伸出手來，即便是共產黨員也是很少的，是極難得的。他真是一個有魄力、有勇氣的同志，我感謝他，將永遠感謝他。」[9]

---

[9] 丁玲：《風雪人間・見司令員》，《丁玲全集》第10卷，第141頁。

果然，兩天以後的 7 月 1 日，她與分開三個多月的陳明在密山重逢了。陳明的手變得又粗又硬，心情似乎也變得樂觀起來。他重提他們在多福巷寓所說過的話：「今後要努力改變自己的社會存在，改變自己和社會的聯繫，改變自己的成分」，表示要「白手起家，從零做起，從負數做起，我們要在這裏共同走出一條路來」。丁玲知道，這是他在撫慰她，希望她振奮起來。但這些話又何嘗不是此時丁玲內心的聲音呢？這正如丁玲自己所說：「正因為他太懂得我，所以才這樣的。」[10]

帶著這種「改變自己」的不失樂觀的信念（「我們前面的路程可能是很好的吧」），丁玲第二天和陳明去了佳木斯。三天後，又從佳木斯到了湯原農場，住進了一間 20 多平方米的沾有雞糞的房子。在湯原農場，她養過雞，剁過菜，當過文化教員。1964 年 12 月，她又轉至蘿北縣寶泉嶺農場，在工會文化宮工作，負責組織職工家屬的學習。「文革」開始後，她被批鬥、毆打，並被關進過「牛棚」。直到 1970 年 3 月為止，丁玲在北大荒度過了 12 年的改造生涯。

1970 年 4 月，北京軍管會派人到寶泉嶺農場將丁玲和陳明「逮捕歸案」，分別關進北京秦城監獄單人牢房。在 4 月初那個寒冷的半夜裏，因打鼾被造反女將趕出集體宿舍而臨時睡在 21 隊隊部會計室的丁玲驚醒過來，只見屋裏電燈亮了，床頭圍著一群穿軍裝的人。看見一張北京市軍管會簽發的逮捕證，她什麼都明白了。她鎮靜地穿好衣服，站下地，兩個女兵給她戴上了手銬。這一剎那，她想：「啊，是救命的來了！」在「文革」的亂世中，像丁玲這樣的「黑五類分子」，任何時候都可能在批鬥、毆打中死於非命。而所謂「歸案」，則意味著有可能按照法律程式來解決她的問題。她在逮捕證簽名

10　丁玲：《風雪人間・相會》，《丁玲全集》第 10 卷，第 142 頁。

後，便被人群擁上了汽車。汽車開進了火車站站臺，把她塞進了一節空車廂中。傍晚，火車到哈爾濱後，她和陳明又被分別塞進一趟到北京的客車裏的兩個和普通旅客隔離著的軟臥包房。12 年前，丁玲在特殊情況下，為了「改造自己」，自願來到了北大荒。而 12 年後，她卻這樣被扣上手銬離開了北大荒。

第二天晚上，車到北京。站臺上橫列著一群軍人，停著一輛黑色小轎車。丁玲上了小車，被押解到秦城監獄，關進了一間單人囚室。管理員要求她：「睡覺要臉朝外，不准朝裏，更不准蒙頭。」丁玲清楚地意識到，自己一生中第二次囚居生活開始了。這一年，丁玲 66 歲。

1975 年 5 月 18 日，領導找丁玲談話，說：「經組織上的審核，你的歷史已經作了結論，沒有發現新的問題。……考慮你年紀也不小了，身體也不算好，也難以長期從事體力勞動，中央決定釋放」；並告訴她釋放後將她安置到山西長治，每月發給 80 元的生活費。丁玲的囚居生活結束了。5 月 20 日晚，她離開了監獄。

在周密的安排下，丁玲於第二天下午到了長治，到老頂山公社嶂頭村定居。是年，丁玲 71 歲。對於從北京到長治的經過及生活情況，丁玲到長治後不久在給女兒的信中作了這樣的描述：「我們一九七〇年來北京，住在郊區。環境極好，綠樹參天，十分幽靜。生活待遇，亦極豐厚。書籍很多，盡我瀏覽與攻讀。我幾乎全部通讀了馬、恩、列、斯原著，大有裨益，深悔過去未能專心讀此。儘管我們來北京，係接受嚴格審查，但我們都很樂觀，真正做到無私、無懼、無慮。因此幾年來，從各方面說都是健康的。今春（指 1975 年 5 月中旬——引者）組織上給我們作了結論：沒有新問題，不作新處理，一切仍舊。姑爺的級別工資仍然依照文化大革命前降低的待遇，文藝八級，每月 129 元，分配在長治市郊區老頂山公社工作……目前實際上不能做什麼工作，所以未分配我工作，每月給我八十元生活費。組織上還決定要把從大翔鳳胡同拿去的東西，一件不少歸還我。」[11]在長治，她經歷了「反擊右傾翻案風」的運動，也迎來了粉碎「四人幫」的勝利。1979 年 1 月，經中組部批准，75 歲的丁玲以治病的原因回到北京。她由此結束了長達 21 年的流放生涯。21 年前，她「不相信，北京我是不可能再回來的」的希望，在政治環境發生根本變化之後終於實現了。

第二節　苦難的歷程

從 1958 年到 1979 年，丁玲作為「臉上刺字的流囚」經受了長期的磨難。12 年北大荒風雪、5 年被囚經歷、4 年山西農村生活，使丁玲飽受靈肉之苦，她也因此成了一位受左的錯誤的迫害時間較長、創傷很深的作家。

1958 年 7 月 6 日，剛到湯原農場，她主動要求參加固定的勞動。她被分配到孵化組，任務是揀蛋，把好的、能孵化的挑選出來，放在一邊。這看上去是比較簡單的輕勞動，但半個鐘頭下來，患有脊椎骨質增生痼疾的丁玲腰疼了，手指發僵了，開始坐不住了。她感到剛參加勞動就撂下回家不妥，於是，命令自己再堅持半個小時。但過了一陣，她眼花頭暈，就要倒下去了。對於這裏的工作條件和勞動強度，她在稍後發出的給侄兒、侄女們的信中有這樣的描述：「這裏這幾天很熱，室內也有三十多度，孵化室總在 36-37 度之間，比孵化櫃稍微低一點，悶熱極了，我雖只工作幾天，每天都早下班，但我的腰已經支不住了。」[12]

---

[11] 丁玲：致蔣祖慧（1975 年 6 月 27 日），《丁玲全集》第 11 卷，第 143-144 頁。
[12] 丁玲：致蔣祖劍等（1958 年 7 月 13 日），《丁玲全集》第 11 卷，第 138 頁。

1959 年 4 月 12 日，在丁玲奉命向作協黨組寄來的一份思想彙報裏，述說了她 10 個月來參加勞動的實情：

> 去年 7 月初到達農場，分配在畜牧隊雞場孵化室工作，主要工作是參加檢蛋、上蛋、倒盤、出雞、清除櫃子等等，並學習一些孵化技術。8 月初孵化工作結束前，便轉到畜雛室幫助一個飼養員飼養小雞，日常工作是喂料，洗水罐，洗飼料布，打掃雞舍等。
>
> ……到畜牧隊後，領導上根據我的體力條件，勞動上沒有規定固定指標，在畜雛室、飼料室，勞動時間可以自由一些，單獨飼養一部分雞群時，為數都很少，去年剛到場，我的勞動量很少，經過一個時間的鍛煉，對勞動比較習慣，我有意識地逐漸加重了勞動量，但比起其他同志，仍是很少。春節以後，由子我左臂膜疼痛，只餵養幾十隻雞，勞動量更少。……
>
> ……開始勞動的時候，工作雖是輕勞動，而且勞動時間不多，但大半都須（需）要彎腰，腰痛病曾犯過，我有所顧慮，怕腰垮臺，像過去那樣。不過我克制自己，注意休息，多做腰部活動，努力適應勞動的須（需）要。我幫助打掃雞舍，每次勞動只一兩小時，但比較吃力，經常是汗流浹背，直到腰不能支持時才回宿舍。但我這時都感到愉快，覺得終於我能夠做一些比較重的工作了，只有使盡了力量以後的休息，才是真的休息。
>
> 原來我是不能挑水，挑煤，挑糞的，但當我單獨負責一個雞舍時，雞少，量子不大，我覺得還須（需）要另外找人幫我做重勞動，那是不好的，也不應該，這樣就個人設法，半筐

> 半筐地拉出去拉回來。在飼料室切菜，因為菜都凍硬了，須（需）要用大切菜刀砍，手臂很吃力，同時老是站著，我的腰也很累，每天晚上混（渾）身疼，兩手攥不攏拳頭，也伸不直，睡不著覺。我這時沒有以為苦，只以為恥，不願向人說。我每天在滿天星辰朔風刺臉的時候，比上班早一個鐘頭，去飼料室升爐子（爐子常在夜晚滅了，早點升爐子，把火燒得旺，菜好切些）。
>
> ……在畜雛室洗飼料布，覺得上邊儘是雞糞，要拿手去搓洗它，太髒……又感到飼料布如果洗得不勤，不淨，對畜雛不利。這樣，在飼養第二代雜交小雞時，全由我自己去洗，打掃雞舍時，開始覺得雞舍味道很大，特別是早晨，雞糞既多，使人無處站腳，鏟起來又很費力……把雞舍打掃得很乾淨後，心裏舒服，從此也不覺得雞舍的髒臭了……

丁玲勞動之繁重，出乎了很多人的意料。5 月 30 日，周揚閱讀了此信心有所動，在原信上作了批示：「荃麟同志一閱。建議作協派同志去看一看這一些人，丁身體如不好，可設法另外安置，她年（歲）已高，不要勉強勞動。」劉白羽閱後也寫道：「丁玲劃在第五類——原來並沒決定她必須下去，下去是她自己要求的。另外，她去時，我同她談話，可不參加勞動，如無工作，爭取作一部分工作。從材料看來，她做這類勞動是不適宜的。」根據周揚的指示和作協的指派，中國作協副秘書長張僖於 7 月專程赴北大荒瞭解丁玲、艾青的改造情況。40 年過去後，張僖對丁玲的生活條件尤其是她在雞舍剁菜的情形仍然記憶猶新：

> 丁玲穿著兩排扣子藍布解放服，站在一個案板前，剁菜很用力氣，速度很快。程書記說她一天要幹八小時，我對程書記說，這樣不行，將來要垮的，能否用她的長處來教文化課？丁玲給我看她浮腫的腿，我一摁就是一個坑。她還說，我挺得住。當時我心裏很難過，一個老作家怎麼弄成這樣？
>
> ……
>
> 丁玲的住處很簡單，十三四米小房間緊挨雞舍，一張桌子上擺著刊物，有一個小櫃子和兩張凳子。籃子裏裝著土，種了兩筐土豆。丁玲說，你在北京也可以種，當花來種。
>
> 當地氣候不好，蚊子咬人厲害，我看見丁玲在屋裏用草薰。[13]

回北京後，張僖在會上彙報了丁玲情況。講到丁玲剁菜一天站八個小時，腿都站腫了時，周揚說，這不好吧。也有人說，老太太在下面搞得這麼苦。1960 年 6 月 30 日，湯原農場畜牧場一分場黨總支在給中國作協黨總支的彙報中，也提到了丁玲初到農場的勞動情況：「丁調我場勞動改造了有兩年之久，當時由於年紀較大，體質不夠好，初分配到畜牧隊工作，雖是以勞動為主，但身體情況所限，只能作一般的輕微的體力勞動，如在 58 年夏秋兩季幫助孵化室工作，冬季由於氣候關係，她的氣管炎復發，在飼料室幫助切青菜。59 年的初春，領導上分配她單獨育雛了一批小雞，從勞動看來，態度還是老實的。」而這裏所說的體力勞動「輕微」云云，顯然是就一般農工而言的。

[13] 張僖 1999 年 2 月 5 日口述，轉引自陳徒手：〈丁玲的北大荒日子〉，《人有病天知否》第 128 頁。

在王震的關心和直接干預下，農場給丁玲重新安排了工作。從1959 年夏季以後開始至 1964 年下半年，丁玲在湯原農場擔任畜牧隊專職文化教員。1964 年 12 月至「文革」爆發前，她又轉至寶泉嶺農場負責組織職工家屬的學習。這些文化工作使她得以從力不能支的繁重體力勞動中得到解脫。但是，「文革」開始後，她又經受了更為殘酷的肉體折磨。

「文革」剛開始，丁玲和陳明就被紅衛兵趕出招待所，住進了八委一間只有七平方米的土牆茅屋。從那以後，已經 60 多歲的丁玲經受了無數次的批鬥、毆打。紅衛兵打派仗後氣還未消，就把氣撒到丁玲頭上來了。他們罰丁玲背毛主席語錄，在一群人圍著要打她的時候，她原先能背的，這時她卻緊張得背不出來了，一背就背差了，於是，他們的拳頭、皮鞭便像雨點一樣落到了她的身上。1968 年夏天至 1969 年 5 月，她被關進了「牛棚」。1968 年 8、9 月間，一群從北京來的「革命小將」又不分緣由地給了「牛棚」中的丁玲一頓暴打。丁玲後來在《「牛棚」小品》中對這殘酷恐怖的一幕作了這樣的追述：那天，她正坐在炕上看一張舊報紙，「房門忽然砰的一聲推開了，進來一群年輕人，我不敢抬頭看她們，（如果我抬頭看看，她們就會嚷嚷，『看，她那仇恨的眼光！』）習慣地低著頭無聲地坐著，就聽到好幾個人齊聲咆哮道：『你是什麼東西！還坐在那裏不動彈。』接著更多的聲音亂嚷道：『還不快站起！跪下跪下！』而且有人撲近來，有人拉，有人推，有的動拳頭，有人用腳踢。我就跪在炕邊了。我來不及理會到底發生了什麼事。接著拳腳像暴風雨般地落到我的身上。我聽見有人斥罵：『大右派！大特務！反革命！打死她！打死一個少一個！……』我實在又緊張、又麻木，一下醒悟不過來，不明白我又犯了什麼大罪，該挨如此這般的暴打，我只得任她們打罵，任她們發泄」[14]。

從「牛棚」中放出來之後，她到 21 隊在群眾管制下勞動。在這種情況下，「勞動」已經失去了創造的詩意，而變成了對她的變相懲罰。麥收季節，她遵命下大田割麥。因患腰椎骨質增生，她整天彎腰出力，疼得都站不起來。但因為有病，又缺少訓練，她割得慢，又因此受到了斥罵。夏秋之間下大雨，地下水位高，隊裏的公用廁所每天上聚下滲，人人都以去廁所為苦。糞坑足有十一二米長，三米多闊，兩米深，最滿時糞水離坑面只剩不到一尺。她被勒令天天去打掃廁所，不特要把板架上面打掃乾淨，灑上石灰；把去廁所的路面墊上渣土，修得平平整整；更重要的是把茅坑裏的糞水掏乾。她每天站在廁所後面的坑邊上，用修理班工人替她焊制的鐵瓢舀糞水。她從坑邊挖了一條溝，順著坡勢，把舀出來的糞水順溝流到附近的一塊韭菜地裏去。糞坑的容積大，她舀得很慢，一天從早到晚，舀五六千瓢，糞水才下去一尺多。但地下水滲得很快，過一夜又會漲起來四五寸。對此，她「不由得想到了希臘神話裏被處罰的那個人，他每天從井裏淘水，白天把水淘乾了，一夜又漲滿了。好像我也將永世這樣幹下去一樣」。

比起這些有形的強度勞動和肉體折磨來，無形的心靈痛苦是丁玲更難承受的。這種心靈痛苦主要來自人們對被打成異類的她的冷漠性歧視和在特殊環境下產生的精神威壓。作為作家，丁玲本有著一顆敏感的心靈，而在被開除黨籍、劃為右派（亦即變成他人眼裏的「異類」）之後，這顆心靈就變得更其敏感了，甚至敏感到了柔弱的程度。她在 80 年代所寫的〈遠方來信〉中對她兒女的心理作了這

14　丁玲：《「牛棚」小品》，《丁玲全集》第 10 卷，第 166 頁。

樣的分析：「他們臉上好像打有金印，是誰的兒子。他們不敢見媽媽的熟人，也不敢見自己的熟人，他們變成最敏感的人，最柔弱的人，怕人家的惡臉，也怕人家的好臉；怕刺激，也怕同情。什麼都是不幸……」[15]這段心理分析顯然是以自己的切身體驗為基礎的，也可以說是丁玲有關自我心理的夫子自道。從峰頂跌落到山谷的巨變，使她自己往往由現實生活中的某一具體場景或事情，觸發起今昔對比的思路，從而沈浸在深深的精神痛苦中。初到密山，正逢「七一」。招待所的黨員開會去了，她和陳明淒然地走在大街上，想到過去，想到延安，想到那年在文協山頭上召開的「七一」紀念會；而現在他們卻是被無辜地開除黨籍，離開了母親的懷抱，離開了戰友、同志，無親無故，兩個人行影相對，在這不毛之地，沈吟徘徊。以後，不管「哪年『七一』，周圍的同志們都興高采烈，簇擁著去開會，慶祝黨的誕辰。每當這時，我就獨自徘徊在僻巷樹蔭，回想那過去戰鬥的幸福歲月，把眼淚撒在長空，滴入黑土。」[16]

處在逆境中的孤獨痛苦的心靈是最需要溫暖和撫慰的。但是，在當時的環境下，正常的人情和人際關係卻被左的政治異化了，被打成右派的丁玲受到了人們冷漠的歧視。丁玲是一位著名作家，曾經也是一名黨的高級幹部，但現在卻失去了與人平等交流的生存環境和情感空間。離開北京到農場來，她本以為可以悄悄地勞動，但哪知卻「又掉進了那些比針還尖，比冰還冷的鄙夷的憤怒的目光中」，成了「展覽」和「示眾」的材料。剛到湯原，她和陳明進食堂時，食堂裏的人一層一層地端著飯碗，好像排著隊在那裏，還有許多人擁到門口來看大右派了，兩邊房子裏也擁出人來站在門口傻望。他們到了食堂裏面，圍繞著他們的人牆還跟著移動，只在他們

15　丁玲：《風雪人間・遠方來信》，《丁玲全集》第10卷，第160頁。

16　丁玲：〈「七一」有感〉，《丁玲全集》第8卷，第16頁。

的四周留出一點距離。看客的圍觀使丁玲感覺到自己好像一個「在行刑前插著木標遊街示眾」的犯人，她的「心比一片片被人絞殺著更難過的那樣戰慄著」[17]。1959 年春節，農場不少人來到丁玲的住所。後來有人為此貼出大字報，反對向右派分子拜年。這使丁玲感到莫大的委屈：「這才冤枉，是他們來參觀我，結果倒說成是給我拜年。」有一次開現場會，與會人員結隊前來，名曰參觀丁玲的雞舍。人走後，丁玲哭著說：「這不是看雞，是看人來了。雞早就瘟死了，報告早就打上去了，為什麼還要叫人來看？」

到農場以後，丁玲雖然變成了一名「農業工人」，但多少年來形成的生活習慣一下子是很難改變的。這也因此成了她受人指責的原因。在雞場上班時，她帶了個收音機，通過收聽公開的報道，隨時關注著國內外瞬息萬變的形勢。上山時，她提了個照相機拍照，畜牧隊一個文化水平較高的青年跟在後面提包。炎日高照時出門，她打著把小洋傘。所有這些因為與眾不同，就被一些人斥為「官氣架子」、「地主習氣」，是她對自己要求不嚴格的表現。而給她提包的青年也遭到了諷刺：「你這個勤務員當得很好。」

在雞場工作一段時間後，有些姑娘漸漸與丁玲接近。她走路疲憊時，有人就幫她提水、提包。對此，農場領導在會上作了公開批評：「有人勞動觀念不強，有些女孩子幫她提水、拿手提包」。對這種批評及其方式，丁玲缺少思想準備、不能接受，回家後哭了一場，說：有問題可以找我談，在大會上這樣講，夠嗆。她想去找場領導談一談，走到半路，她冷靜下來後又折了回去。但在此以後，很長時間沒有人敢給她幫忙了，她被人群疏離了。

---

17 丁玲：《風雪人間・展覽》，《丁玲全集》第 10 卷，第 150 頁。

疏離她的人群中，除了農場工人外，還有她的兒子。1958 年 8、9 月間，遠在蘇聯列寧格勒學習潛艇設計專業的兒子來信說：近幾個月來，受到一些同學的批評，也得到一些同學的同情。他經過仔細思考，決定在一個時期裏不同她有任何聯繫和關係。這封信對丁玲又構成了一次致命打擊。她雖然理解兒子的處境，知道這樣做是為了爭取保住自己學習的專業，但此時更需要愛和溫暖的她卻被兒子的冷靜凍僵了：「兒子啊！你也許不會想到從此你媽媽將被送上絞架，送到天國、送到地獄、送到永遠的黑暗中去。」[18]親人的疏離、親情的失落，使丁玲產生了沈深的痛苦。這種「親離」的痛苦，在某種意義上是更甚於「眾叛」的。

初到農場的丁玲受到了歧視和疏離，而 1960 年到北京參加全國第三次文代會，也使她深深地感到世態的炎涼。丁玲作為戴帽右派的代表人物參加第三次文代會，是經過毛澤東同意的。7 月，農墾局轉來了中國作家協會的通知，開會通知中說，作為理事的丁玲，可以出席，也可以不去。丁玲與陳明商量後決定與會，並寫了書面發言。到北京後，丁玲在文代會上見到了許多熟人，但沒有什麼人敢理她，而是疏離了她。據老作家林斤瀾回憶，作協在文代會期間曾開了一個小型座談會，丁玲來到會場時沒人搭理，劉白羽鐵板著臉說話。休息時只有老舍一點都不怕，走近丁玲，大聲問道：「身體好嗎？」丁玲趕緊笑著站起來應答[19]。當然，老舍的「不怕」是有歷史依據的。1957 年他批判丁、陳的激烈言論，使人感覺到他早與丁玲劃清了界線。因此，他完全具有「不怕」的理由。但這是否真的能說明他是想理她？在拍合影時，田間剛好站在她前邊，丁玲拍了他一下肩膀，田間不敢打招呼，躲到另外一邊去了。丁玲回來後

18　丁玲：《風雪人間．遠方來信》，《丁玲全集》第 10 卷，第 163 頁。

19　轉引自陳徒手：〈丁玲的北大荒日子〉，《人有病天知否》第 138 頁。

對陳明說，田間膽子小。在會議期間，能與（當然也敢與）丁玲作較多接觸的是周揚。陳明告訴筆者：「丁玲回來後介紹，開會中周揚帶著女兒周密，在眾人面前很親熱地握著丁玲的手。個別談話時，丁玲無意中說：『我這個人不善於鬥爭。』周揚說：『你還不善於鬥爭？你 56 年、57 年鬥得多厲害……』」。她在大會發言後特意問周揚意見如何，周揚說：「有兩種意見，有說好的，也有說不好的。」會後，周揚還單獨約見了丁玲，交談了兩個小時。但在 1955-1958 年那場鬥爭的勝利者和失敗者之間，又能有多少共同語言呢，又有多少語言是發自肺腑的呢？

事後，每當回憶起參加這次文代會的情景，丁玲心裏都充滿了痛楚。她說：「提起那個日子，味道真不好受」，在這次會議上，「那是多少老朋友啊，眼睛不敢望我，我從他們的眼睛裏學到很多東西，少數人嫌棄你，多數人是怕沾著你，是可憐你」[20]。「老朋友」的「嫌棄」和「可憐」使她又不由得想起了既往，並在今昔對比中湧動起了巨大的歷史創痛：「從前我走到哪裡，有人跟著跑，鼓掌歡迎；後來我到哪裡，人都不敢理我，怕沾我，用不屑的眼光看我。第一次文代會大家歡迎我，第三次文代會就沒有人敢理我了，旁人說說笑笑，我天天坐冷板凳。有人對我說『你是不是該發個言檢討檢討呀』；在小組會上討論『到工農兵裏面去』，就有人說不一定要去，丁玲不是鼓吹要到群眾中去落戶嗎？她自己不是也到工農兵裏去過嗎？可是她還是反黨反革命嘛！」[21]1983 年 3 月在雲南個舊演講時，她還提到了在那次文代會上「在黑暗、痛苦、絕望當中看到」的希望和感受到的溫暖：會上，「很多同志都不理我。但是，李喬理我了。他跟我點頭，說：『你來了，還好嗎？』很少有呀！儘管有人指責他，

---

[20] 丁玲：〈讀生活這本大書〉，《丁玲全集》第 8 卷，第 469-470 頁。
[21] 丁玲：〈我這二十多年是怎麼過來的〉，《丁玲全集》第 8 卷，第 95 頁。

為什麼跟丁玲講話？但他還是理我了。在那個時候，這就是給我的一捧土，就是鼓勵我活下來」；他的「這一句話，比千斤還重啊！」[22]從李喬的這一舉動中，她看到了知識份子的「正直」。但是，在偌大的文代會上，丁玲所能提及的「希望」、「溫暖」的個案卻僅於此，可以想見，在她自己的感覺中，她對群體性的冷漠、歧視，對世態的炎涼的體驗該有何等強烈了。

丁玲在「風雪人間」的心靈痛苦，首先就來自於這種基於人格不平等的有形的歧視。「圍觀」也好，「疏離」也好，表面上看一是走近、一是遠離，行為恰好相反，但性質卻完全一致：行動主體都是以自己的政治優勢和心理優勢，表現出了對他人的一種居高臨下的審視、玩弄、嫌棄至少是可憐。而哪怕是「可憐」，就表明雙方已經是不平等的了。丁玲是一位經歷過「五四」文學傳統和思想傳統浸潤的作家，強調人格尊嚴、平等的個性主義思想在她腦海中已經根深蒂固（50 年代對她的批判也主要集中在她的所謂「個人主義」思想上），因此，一旦她被甩出體制、成為孤單的個體以後，作為一種價值觀和行為準則的個性主義思想必然會浮出水面。因而，對她的任何不平等的歧視，必然會引起她極大的心靈痛苦。

其次，她的心靈痛苦還來自於特殊環境下無形的精神威壓。與有形的歧視相比，這更令她產生了一種恐怖之感。前者因為是具體的，所以也是特定的；而後者卻因為是一種背景、一種心境，所以就更帶彌散性。在「文革」風暴初起的疾風苦雨裏，造反派經常夜裏三五成群，輪流到她那間七平方米的茅草屋裏去抄家。於是，丁玲害了黑夜恐懼症：「天天快黑時，就等著吧，今天不知道哪一個來。」她和陳明就不睡覺而坐等著，夜裏有時是 10 點、有時是 11 點、有

22　丁玲：〈根〉，《丁玲全集》第 8 卷，第 346 頁。

時是 12 點，狗叫著，人來了。最初，他們還扣著門，後來，他們就乾脆開著門，索性讓來人省事些。在揪鬥、抄家風頭正熾、晚上又要來人時，為了睡上一覺，在無奈之下，她被陳明送到醫院裏去避難。果然這一夜，家裏又來人了，沒有找到丁玲，他們只得悻悻而去。

1969 年 5 月，剛從「牛棚」裏釋放出來，她被打發到 21 隊監督勞動。21 隊，是一個在多次武鬥中出名兇狠的老虎隊。其中有人打過她、侮辱過她，半夜裏抄過她的家。到 21 隊去，她不敢從大道走，因為過去常常在大道上碰見一群群小孩，他們在幾個大一點的學生的唆使慫恿下，跟在她後面起哄，邊跑邊喊：「打倒丁玲！打倒大右派！」有時還向她扔小石頭，以此取樂。但她更怕從小道走，她惟恐遇到壞人，在沒有行人時向她耍盡威風，他們或者用拳，或者用棍，或者用手中的鐮刀、鋤頭向她砍來。想到這裏，「我真怕，我得拼命地跑，有時得挨一兩下，有時便狠狠地被飽打一頓」[23]。這樣，在丁玲的腳下，在丁玲的心裏，幾乎就沒有可走的路了。

到了 21 隊，她無法回那間已經被人佔用的小茅草屋，而住進了集體宿舍，同屋住著的是十多個年輕的精神抖擻的「革命女將」。她們不准她在屋內吸煙，不准她睡午覺（理由是她不配）。這些她都做到了：不准在屋內吸煙，她就躲到其他地方偷偷地抽，後來乾脆就戒了；不准睡午覺，她就在她們睡午覺的時候走到屋外去。但是，她們還禁止她晚上睡覺時打鼾，卻使她為難了、恐懼了。晚上，「革命女將」精力旺盛地舉行娛樂晚會時，而她卻坐著發出了鼾聲：

> 這很自然地要惹怒那群天之驕子似的姑娘們。這時總有人跑到我床邊用力搖撼我的木床，或者啪的一聲，拿起順手抓著的一件任何東西，一把掃帚，或者是一個小缸子等等，扔到

---

[23] 丁玲：《風雪人間．希望在陽光下》，《丁玲全集》第 10 卷，第 169 頁。

> 我床上。我猛地一下被驚醒了，我張惶四顧，發現了我的疏忽，我怎會睡著了呢，而且還發出鼾聲，我使勁地大睜著眼，故意讓自己想一點事。但是不行，常常很快又睡著了；於是又被驚嚇醒。就是等她們大家都安靜地躺下來了，我去熄了燈，我放心也躺了下來，以為沒事了，可我還是會很快入睡，等不到她們都睡著，我又先發出了鼾聲。別人討厭我睡覺打呼，我更討厭自己打呼。以後，她們勒令我寫一張保證不打鼾的誓言貼在床頭。我實在沒法，只得跑到那個好心的醫生那裏求救，請他能給我一點不打鼾的藥。他說我胡鬧，說這是生理現象，是無藥可治的。[24]

睡覺打鼾是一種生理現象，是無法自己克服的，也是無藥可治的，除非自己不睡。當丁玲奉命寫出那張保證不打鼾的誓言時，她心裏承受的精神威壓真是不可言喻的了。

1970 年 4 月她被關進秦城監獄的單人牢房，每天除了能見到偶一露面的專事送飯、遞報刊的管理員外，她幾乎與整個人間都隔絕了。大牆內，她有了一點可憐的安全感，但卻使她陷入了空前的孤寂之中。為了排遣無邊的寂寞，閱讀之餘，她將舊報紙捏成紙球向牆上擲去，紙球從牆上反彈過來，她接住再擲出去……與人沒有語言交流，時間久了，就會漸漸喪失語言能力。在沒有明確期限的囚居中，她為了訓練和保持自己的語言能力，對著大牆背誦起了孩提時代母親教給她的那些流傳千古的唐詩宋詞，哼唱起了《八路軍軍歌》、《黃河大合唱》等伴了她近半個世紀的歌曲。這裏，我們固然可以看出丁玲的堅韌，但也可以看出她的無奈，一種在巨大精神威壓下的無奈。可以想見，同是唱著《八路軍軍歌》，此時此地丁玲的

---

[24] 丁玲：《風雪人間 · 醫治我的不治之症》，《丁玲全集》第 10 卷，第 184 頁。

心境與當年領導西北戰地服務團活躍抗戰前線時該有著多麼大的不同啊！

總之，肉體折磨和心靈痛苦的交織，為丁玲築出了一段漫漫的苦難歷程。在這段歷程將要走到盡頭的時候，古稀之年的丁玲年老體弱，頭髮花白，並患上了多種病症。這是 1977 年 1 月到太行探母時兒子眼中的丁玲：「我仔細端詳著媽媽，她老多了，也清瘦了些，頭髮稀疏了，前額上的頭髮大都變白了，臉上堆滿了皺紋……我凝視著她這在腥風血雨的歲月裏，飽受風刀霜劍摧殘而過早蒼老了的臉龐，不禁黯然神傷，已止住的眼淚又潸然而下。」[25]殘酷的身心折磨使她飽受靈肉之苦，浩劫過後給她留下來的印記，不但是她蒼老的容顏、病弱的身體、蹣跚的步履，而且更有那顆破碎後結了繭子的心靈。為了承受加在她身體上的壓力，她的手、她的肩磨練出了一塊塊厚厚的繭子；而為了「承擔無限重的精神上的痛苦」，她在幾十年的風雪人間中「把心也磨出一塊厚厚的繭子」[26]。那麼，她到底是憑藉什麼在自己的肉體和心靈上磨出繭子，去走過那段苦難歷程的呢？

第三節　個性・信念・情感

從峰頂瞬間跌落到山谷的巨變使丁玲走上了一條漫長的痛苦之路。在極其困難的時候，曾有好心人勸過她：「你死了算了，像你這個日子我一天也活不了。」實際上，丁玲自己也曾經思考過「生存還是毀滅」這一有關生命的極其沈重的命題：「在一九五七年的那場風暴中，我從報紙上，從文藝界一些領導人的言論上，從事態的發

---

[25] 蔣祖林等：《我的母親丁玲》，第 209 頁。

[26] 丁玲：《風雪人間・把心磨煉出厚厚的繭子》，《丁玲全集》第 10 卷，第 183 頁。

展上，自己感到可能是無可挽回了。我無能為力，什麼權利也沒有了。……我那時候的那種心情，那種苦惱，不是簡單地能夠說得出來的。比方說，當時不管碰到什麼事情，無論是好的，是壞的；是明朗，是陰暗的；是笑呢，還是哭呢？笑不出來，欲哭無淚。人哪，千萬不能到這一步……想到這些，我真不曉得應該怎麼講下去了，一句話，當時好像已經絕無希望了。一個人在絕無希望的時候，為什麼還要活著呢？又怎麼活呢？在這種情況下，根本談不上個人前途，只感覺到自己是在死亡線上掙扎——為什麼還要活下去？活下去，幹什麼？活不出來，怎麼辦？遇到冤枉，怎麼辦？遇到奇恥大辱，怎麼辦？遇到不被世人所理解，沒有一個人能理解你，又該怎麼辦？真的，我現在真不知道那時候是怎麼過來的，經過一些什麼樣的鬥爭鬥過來的。」[27]丁玲堅持活下來、「走過來」的勇氣，既來自於對真理的信念和對人間（特別是民間）真情的汲取，更來自於對人的尊嚴的堅守。從這個意義上說，對她起更大超拔作用、她也受惠更多的是「五四」的思想傳統，而情感的滋養顯然也與借審美超越苦難的藝術旨趣相通。殘酷的現實和左的政治的危害把她更多地推向了另一種傳統。

「人的發現」（即個性主義）是「五四」思想傳統的重要內容之一。個性主義作為從來自西方的一種價值觀，包含了四個方面的內容，就是人的尊嚴、自主性、隱私（指個人不受或不應該受到別人的干涉，能夠做和想他所中意的任何事情）和自我發展[28]。而所有這一切，都是以對個體生命的珍愛、對生命價值的尊重為基礎和前提的。從 20 年代末至 40 年代初期，丁玲在創作中始終或隱或現地

27　丁玲：〈黨給了我新的生命〉，《丁玲全集》第 6 卷，第 283-284 頁。

28　參見史蒂文・盧克斯《個人主義：分析和批判》，中國廣播電視出版社 1993 年版，第 47-77 頁。

貫穿著一條思想的線索，這就是在個體生命與環境的對峙中展現個體生命的困境及其價值。這是她所秉承的「五四」個性主義思想傳統在創作中的表現。令丁玲始料未及的是，到這一時期，她本人被甩出體制、當了右派，而「當右派是很孤立的。在社會上最臭了，報上登了那麼多次名字，社會輿論很臭」[29]。她與環境處在悲劇性的整體對峙的處境，使她在40年代中後期開始的創作中一度淡出的個性主義主題又得以在她的現實生活中回歸。為了尋求生命的支撐，「五四」個性主義思想傳統在她眼前再次閃爍出迷人的光輝。於是，我們可以看到，不管是在實際生活中，還是在虛擬的審美空間裏，呵護生命、珍愛生命、肯定生命的價值和意義又成了此時丁玲的生活態度和審美想象。

初到農場後不久，丁玲在孵化組還養過雞。此時養雞在她與其說是一種工作，倒不如說是與另一類生命的交流。出於對弱小生命的敬重，她看著那些剛孵出的小雞軟綿綿、毛絨絨的，竟不敢用手去碰它們。養著養著，她對那些小生命產生了感情，怕它們生病、怕它們相互擠壓死了。為此，她經常打掃雞舍，並將雞分格飼養以防相互擠壓，表現出了對幼小生命的關愛。饒有意味的是，她還特別喜歡餵養「弱雛」。據原湯原農場養雞排排長張振輝回憶：「她在孵化室養小雞，專挑剩下不要的『弱雛』來餵養。自己花錢托人買魚肝油來餵這些『弱雛』。早先雞場都把挑剩下的『弱雛』一鍋煮了當肥料，老丁來後，她放在熱炕上精心飼養，成活率還挺高。」[30]她五天一批、五天一批地連續養了七批弱雛，結果把自己累垮了，趴在炕上爬都爬不起來。對於這一行為的動機，丁玲後來解釋說是為了不造成「浪費」。但除此之外，是不是還有此時作為人世間的「弱

---

[29] 丁玲：〈與美籍華裔女作家於梨華的談話〉，《丁玲全集》第8卷，第31頁。

[30] 轉引自鄭笑楓：《丁玲在北大荒》，湖北人民出版社1989年版，第23頁。

者」的她對動物界「弱者」的同病相憐式的愛憐？是不是還有她對生命的大愛？正是有了這種對生命的大愛，才有了她為了不讓雞子挨餓而差點誤車的舉動。有一次，農場派她和一個飼養員到牡丹江購買良種雞，卻忘了買飼料。雞餓得咕咕直叫，她擔心雞會餓死，等火車在一個小站停靠時，便跳下車去，買了一抱白菜就往回跑。但這時車已開動，她拼命跑著，抓住了最後一節車廂的把手，在列車員的幫助下才上了車。

有了這種珍愛生命態度的人，才可能在自然界中敏感地發現生命的力量。於是，我們在她 1965 年始作、1977 年重作的《杜晚香》中讀到了這樣一段飽含生命質素的文字：

> 春天來了，春風帶著黃沙，在原上飛馳；乾燥的空氣把僅有的一點水蒸氣吸幹了，地上裂開了縫，人們望著老天歎氣。可是草卻不聲不響地從這個縫隙、那個縫隙鑽了出來，一小片一小片的染綠了大地。樹芽也慢慢伸長，灰色的、土色的山溝溝裏，不斷地傳出汩汩的流水聲音，一條細細的溪水寂寞地低低吟誦。那條間或走過一小群一小群牛羊的陡峭的山路，迤迤邐邐，高高低低。從路邊亂石壘的短牆裏，伸出一枝盛開的耀眼的紅杏，惹得溝這邊，溝那邊，上坡下溝的人們，投過欣喜的眼光。呵！這就是春天，壓不住，凍不垮，幹不死的春天。萬物總是這樣倔強地迎著陽光抬起頭來，挺起身軀，顯示出它們生命的力量。

在這幅很有意境的春天萬物圖中，不管「草」、「樹」、「流水」、「紅杏」，都處在黃沙飛馳、水氣吸幹的嚴酷環境中。但是，春天和春天裏的萬物也恰恰在這嚴酷環境中顯示出了它們生命的力量。丁玲在歌唱春天，也是在歌唱「壓不住，凍不垮，幹不死」的生命。這是她的一種審美想象，也是她倔強的生命態度的流露。對於這種生命態度，她在另一處用更加直白的文字作了這樣的表達：「『文革』動亂中在那些屈辱的日子裏，我看到一些人輕生，我心裏同情他們，但又覺得不理解。為什麼只能夠做『人上人』才能生活呢？為什麼只能做『光彩』的人才能生活呢？為什麼只能過舒適的日子才能生活呢？為什麼把古語『士可殺，不可侮』看得那麼神聖呢？在我看來，你殺我，我可以不在乎；你侮辱我，我一樣也可以不在乎。……我腦子裏只有一個想法，就是要熬過去，要有一股韌性，不管你對我怎麼樣，我得活著！當時那些造反派給我取了一個諢名，叫『老不死』。當他們說這些的時候，我心裏想，對！就是『老不死』，就是老而不死，就是要老而不死。只有不死，才有活路。」[31]在她看來，死是容易的，活是困難的，死是比較安穩的，而活是很艱難的；活著比死更需要勇氣。因此，她的求生，不是苟活，而是一種富有韌性的倔強，是一種在珍愛生命基礎上的對實現生命價值的期待。

珍愛生命，必然會導致對人的尊嚴的捍衛。將她下放北大荒進行「勞動改造」，本來是要用主流話語來改造她的立場和思想，使之規規矩矩地與「體制」保持一致、成為「體制」的馴服工具。而在這種背景下，丁玲仍然要維護個體的尊嚴（雖然很有限），這就必然要她再次付出不能摘帽的代價。關於丁玲的摘帽問題，王震一直很關心。「王部長多次想為丁玲的『不幸』解決問題，他曾於 1960、1961、1962 連續三年指示合江農墾局轉告湯原農場寫申請為丁玲、陳明摘帽。」[32]其間，並於 1961 年 1 月，以尋找一幅長征地圖為由將丁玲、陳明召到北京，絲毫沒提地圖一事，只說「幫你們解決問題」。但是，儘管有王震這樣的高級幹部關心，丁玲的摘帽問題在那

---

[31] 丁玲：〈黨給了我新的生命〉，《丁玲全集》第 6 卷，第 285 頁。

[32] 張靖宇：〈1958-1964 丁玲在北大荒〉，《新文學史料》2000 年第 4 期。

時卻始終沒有解決。個中原因是多方面的，就丁玲主觀因素而言，她堅守自我的尊嚴和自主性是其中重要原因之一。丁玲到北大荒經歷過一段時間的「展覽」後，養雞場姑娘逐漸與丁玲接近，但卻遭到了農場領導的批評。此後，她們就不敢跟她說話了，工作時各幹各的，互不理會。丁玲找到支部書記，問道：「黨對右派分子的政策是否改變呢？為什麼大家不理我？」1959 年 4 月，丁玲到佳木斯時，特地又向地委書記張林池提出同樣的問題。這一維護生命尊嚴的「提問」給農場領導留下了惡劣的印象，他們將此上升到立場的高度，後來竟成了不能給她摘帽的重要理由。1959 年 7 月，受周揚和中國作協的指派，作協副秘書長張僖專程赴北大荒瞭解丁玲等人的改造情況。他在回京後給作協黨組的正式報告中也反映了農場領導對丁玲的這一看法：丁玲「這個人表面上看來是叫幹啥幹啥，……但此人並不簡單。她原來的那一套還是原封不動，指望她的思想、立場有根本改造是比較困難的。」[33]據此，作協黨組把丁玲列為「對被劃右派基本不服或完全不服」的第三類中的最後一名，在 1959 年 9 月 17 日給中宣部的彙報中說：丁玲「在黑龍江合江農墾局湯原農場養雞場勞動，最初尚盡力參加勞動。後來由於她有拉攏人的企圖，許多同志不理她，她就情緒消沈，質問農場書記，黨對右派分子的政策是否變了？說明她的老毛病還沒有變」。1959 年，丁玲為了這一「提問」失去了摘帽的機會。此後，丁玲在許多方面依然故我，我行我素，甚至還多了點「情緒」。1960 年 11 月 22 日，農場黨委組織部致函作協，稱：丁玲參加文代會回來「工作積極性不如以前，上班遲下班早，情緒消沈，對摘帽子有考慮」。因此，1961 年時給一批右派摘帽子時，丁玲還是沒有摘去。農場書記找她談話，她又

33　張僖 1959 年 8 月 20 日〈給作協黨組的報告〉，轉引自陳徒手：《人有病天知否》第 130 頁。

問：「沒摘帽子是什麼理由？有沒有文件？」這樣，丁玲似乎陷入了一個迴圈的怪圈：為了維護自我的尊嚴和權利，她不能不質問有關剝奪其尊嚴和權利的當事人；而一旦提出質問，卻又成了她不能摘帽（摘帽在她也是一種權利，涉及到她的尊嚴）的原因。也就是說，堅守自己的尊嚴和權利，最終卻又造成了對她尊嚴和權利的損害。這在丁玲是極富有悲劇性的。但在這個悲劇中，我們也多少能夠體會到悲劇主人公個性的悲壯和崇高。可以說，在與環境悲劇性的整體對峙中，這種悲壯、崇高的個性主義精神為她提供了「惟有鼓起餘勇，竭力掙扎」[34]的動力，使她得以最終在困境中「熬了過來」。直到 1978 年 12 月，她還在張揚一種個性主義的「抗壓」精神：「我們長時期受壓迫，但要有一種抗壓的味兒，我們是直的、硬的，不是曲的、軟的。」[35]

當然，在中國 50-70 年代的文化語境中，特別是像丁玲這樣的相當政治化的人物，是很難將個性主義作為終極性、自足性的東西來獨立持守的。在西方文化語境中，個性主義是「一種真正的哲學」。他們認為，在個人與國家、社會的關係上，「個人才是目的，社會不過是一種手段」，國家只有作為一種手段才能有價值可言[36]。但是，在丁玲當時所處的時代裏，國家、社會卻不可能僅僅是「作為一種手段」而存在。因此，當殘酷的現實將她推向「五四」個性主義思想傳統時，她卻不能不時時返顧現實政治，並從中汲取終極性的信念以作為維護尊嚴和維持生存的支撐。自然，以西方眼光來看，這樣的個性主義是不徹底的。但是，經過對個性主義這樣的改造、融合，丁玲卻從中獲得了一種比西方本色的個性主義哲學具有更為堅

[34] 丁玲：1978 年 9 月 16 日日記，《丁玲全集》第 11 卷，第 440 頁。
[35] 丁玲：致陳明（1978 年 12 月 1 日），《丁玲全集》第 11 卷，第 273 頁。
[36] 麥克塔格特語，轉引自史蒂文．盧克斯《個人主義：分析和批判》，第 54 頁。

實的現實基礎的信念。這一信念就是丁玲在當時及以後反覆提及的「相信黨」:「一個大的運動，一個大革命的進程中，總會有某些人吃了一點點苦頭，某些人沾了一點便宜，但事物總是變的。一切情況不能把它看死，只要對整個革命有好處，相信黨，相信人民，個人就是吃了一點苦頭，有什麼可以耿耿於懷呢！我也勇敢地生活著」[37]（1975 年 11 月 12 日）;「現在很多讀者寫信問我：你是怎麼熬過來的？……我回答說，很簡單，因為我有信念，我相信黨，儘管現在黨裏還混有壞人，但我們黨的性質沒有變！我相信黨，相信群眾，相信時間，相信歷史。就是這個信念，支持我鬥爭，支持我戰勝一切困難」[38]（1979 年 11 月 8 日）;「很多同志和朋友問我，這二十多年你身處逆境，為什麼能活過來，而且活得好呢？」因為「我堅信社會主義優於資本主義，堅信經歷了半個世紀複雜鬥爭的中國共產黨的核心力量始終是健康可靠的」[39]（1980 年 6 月）;「我是一直跟黨走的，是黨教育我向前走，是黨培育我、相信我。如果不是黨教育我，使我理解黨、相信黨，我是活不下來的，很可能在哪一個運動裏面倒下去的。為什麼不倒下去呢？為什麼還高高興興地活著？就是因為黨一直是我心中的希望和信仰」[40]（1981 年 7 月 5 日）……

應該說，丁玲對中國共產黨的信念是真誠的，也是堅定不移的。共產黨是她年輕時經歷了很多挫折才找到的，她自己的丈夫胡也頻也是為了共產主義理想而英勇獻身的。儘管她受了委屈、經歷了坎坷，但她無論如何不能把她年輕時的理想再動搖了。這是她的精神依託，是她安身立命的信仰。因而，她複出以後的這類公開表白既

37　丁玲：致蔣祖林（1975 年 11 月 12 日），《丁玲全集》第 11 卷，第 166 頁。

38　丁玲：〈講一點心裏話〉，《丁玲全集》第 8 卷，第 67 頁。

39　丁玲：〈我這二十多年是怎麼過來的〉，《丁玲全集》第 8 卷，第 94 頁。

40　丁玲：〈我的命運是跟黨聯在一起的〉，《丁玲全集》第 8 卷，第 201-202 頁。

是她的「外交辭令」，也是她原本就有的真實感情的流露；既「有給人聽的一面」，「也有她性格裏很頑固堅守的一面」[41]。為了給自己的信仰尋找依據，她把「黨」與黨內的「一些人」區別了開來。這樣，在她的邏輯裏，製造了她的苦難的，只是黨內的「一些人」。1980年12月12日，當外國駐京記者問「共產黨執政以來你老挨整受苦，你為什麼還相信共產黨」時，她就是這樣回答的：「不是共產黨錯了，是一些人錯了，一些思想錯了。」[42]在她看來，這些人在給她製造苦難時，也在給黨製造苦難。她所說的「我受難，黨也在受難」，所包含的也正是這樣的意思。這樣，苦難不但沒有疏遠她與黨的關係，反而強化了她與黨患難與共的感覺。這種感覺自然增加了她對未來的樂觀：因為黨代表著真理，它必然戰勝錯誤而取得勝利。在剛粉碎「四人幫」以後不久給兒媳的一封信裏，她就是從這一角度來發抒議論和感慨的：「既然馬克思主義是真理，那麼真理總是要勝利的，因為真理總會為多數人擁護。所以我們也總是很樂觀。最近的事態，正也說明馬克思主義、毛澤東思想的勝利。搞修正主義，脫離群眾，壓迫群眾，個人野心，陰謀鬼（詭）計，遲早要失敗的！歷史總會作出結論來的！」[43]雖然這樣的邏輯在一定程度上妨礙了她對某些問題的深入思考，但也確實為她在困境中尋找到了「樂觀」的依據，使她產生了「活過來」的勇氣。

丁玲在對現實政治的返顧中所汲取的終極性的信念，是社會上的一種共識性的信念，並沒有多少個性色彩。但是，從目的上來說，她卻是以此作為維護自我尊嚴和維持自我生存的精神支撐的。她將

41 張鳳珠語，轉引自邢小群：《丁玲與文學研究所的興衰・張鳳珠訪談》，第152頁。
42 丁玲：〈答外國駐京記者問〉，《丁玲全集》第8卷，第146頁。
43 丁玲：致李靈源（1976年10月30日），《丁玲全集》第11卷，第182頁。

共識性的信念和個體生存的需要相互結合起來，使她在失去個性主義純粹性的同時，也獲得了現實基礎更為堅實的信念。

如果說，丁玲對黨的信念為她的生存提供的是「理」的話，那麼，在困難處境中，群眾向她伸出來的一雙雙熱切的手，則為她的生存更多地提供了「情」的滋潤。處在困境中的丁玲雖然時時表現出個性中堅硬的一面，但她在堅硬的外殼下卻也無法沒有其善感、脆弱的一面。作為一名情感充沛的作家，丁玲每受到現實生活的刺激，總會激起情感的波瀾。而在逆境中，這種善感則往往偏於脆弱、感傷。1957 年秋天，在作協批鬥她的會未完全結束時，又命令她到全國婦女代表大會去「示眾」，她接到命令後攥著陳明的手哭著說：「我不敢去呀！我怕，我怕呵！」脆弱、感傷的情感是需要通過撫慰、潤澤來調適的，否則感情的堤壩一旦沖決，就能淹沒一切（包括丁玲自己）。正是在這一意義上，丁玲對給她以情感滋潤和撫慰的人們永懷感戴。1979 年「七一」前夕，她寫道：「二十一年了，我失去了政治地位，但我更親近了勞動人民。勞動人民給我以溫暖，以他們的純樸、勤勞、無私來啟發我，使我相信人類，使我更愛人民」[44]。1981 年 7 月 20 日，丁玲在重返北大荒時動情地說：「人民群眾哺育了我，給了我很多東西，加煤添火，使我有力量，更堅強，更懂得生命的意義……在我最困難的時候，你們向我伸出了手，給了我力量，給了我溫暖，一句關切的話，一個關切的眼神，我怎麼忘記得了呢？我怎麼能忘記你們呢？！」[45]

在流落民間的 10 多年裏，丁玲作為一個被打入另冊的流囚在與人們的最初交往中，也不能不受到時代政治氛圍的影響，人們最初也是以通常的政治目光來打量她、圍觀她的。在評價人物的標準上，

44　丁玲：〈「七一」有感〉，《丁玲全集》第 8 卷，第 16 頁。

45　丁玲：〈人民哺育了我〉，《丁玲全集》第 9 卷，第 394-395 頁。

官方會對民間產生影響，但民間與官方畢竟也有不同。它更重直觀、更重實際，而較少考慮政治上的利害得失。這正如丁玲所說：「他們就是從他們簡單的直觀來評判一個人的好壞。是好人就對你好，是壞人就遠遠離開你」；他們「既不為權勢，又不為名利」，「既不因我戴了帽子而歧視，也不為摘了帽子而放心」[46]。

不管是在北大荒農場，還是在山西嶂頭村，在經過最初一段時間的接觸後，人們漸漸與丁玲建立了感情。從丁玲當時的通信和事後的追述來看，最使她感動的是人們把她當作一個平等的人，在平時給予她以關愛，在動亂時世給予她保護。到湯原農場後，闖進丁玲生活的第一個朋友是畜牧獸醫技術員、青年詩人汪金寶。他本來也是在食堂裏圍觀丁玲和陳明的人群中的一個，但他們不卑不亢、談笑自若的神情打動了他，給他留下了美好的印象，於是，便隨他們一道到了他們剛安的家裏。他徑直表達了他的好感，並向他們拜師：「我喜歡寫詩，找不到方法，真想找一個老師，希望你們以後不要客氣，常常指導我。有什麼事，我可以幫助你們做的，告訴我好了。」萍水相逢，他們還戴著高帽子，有的人惟恐躲之不及，他卻把他們當作平等的人以心相見，坦率無間。這使丁玲備感溫暖：「我覺得他是我們在漂流中向我們漂過來的一根木頭。他自然不能援救我們，但他給我們一絲希望，人世中還有好人。」[47]稍後的幾天裏，也常有青年人來探望他們，丁玲當時以興奮的心情在給侄兒的信中作了這樣的記述：「晚上還常常有些人到我們這裏來玩，這些青年人都很熱情，我們也樂意接待，這樣也就睡得不很早」[48]。可以想見，已經習慣於沒有朋友、習慣不同人聊天的丁玲在與這些熱情青年的

46　丁玲：致洛蘭等（1979 年 9 月 28 日），《丁玲全集》第 12 卷，第 102 頁。

47　丁玲：《風雪人間・青年詩人》，《丁玲全集》第 10 卷，第 153 頁。

48　丁玲：致蔣祖劍等（1958 年 7 月 13 日），《丁玲全集》第 11 卷，第 136 頁。

交流、互動中，該獲得了多大的做人的樂趣啊！在那裏，人們不但關心她的物質生活（家裏沒有椅子，馬上有人想辦法搬來了一把），更關心她的精神需求、撫慰她的精神痛苦。兒子的那封暫時斷絕聯繫的來信給她以致命的打擊，她欲哭無淚，呆呆地坐在椅子上一動也不動。這時，畜牧隊那個打夜班的老王頭悄悄地出現在了她的身邊。他茫然地望著她，過了半天，他才說：「出什麼事了？我一直看見你屋裏燈光不滅，唉，陳明不在家，要多照顧自己呵！」他看見她仍然不能動也不能說，只是呆呆的，就給她倒了一杯水，又向爐子裏添了柴、加了煤塊。最後，他把她扶到床上，為她關了電燈，退了出去。

1963 年冬天，中宣部曾批准丁玲調回原單位。但她為北大荒火紅的事業和火熱的人情所吸引，於 1964 年夏寫了報告，申請暫時緩調，想繼續堅持兩三年。8 月間收到回信，同意她繼續留在下邊。對此，她感到很高興：「這實在對我太好了，我一直就希望能不回到北京去，底下生活的幅度，廣闊多了，我終日完全和勞動人民一起，也十分覺得愉快。今年春天回農場時，不得不作搬家準備，現在又可以作長期安居的打算了。我真滿懷著希望生活下去。我們是喜歡這裏的。」[49]1964 年底，丁玲要去寶泉嶺農場了，臨行前，她對湯原農場善良的人們表達了深深的留戀：「離開湯原農場，我們感情上十分難舍。因為在那裏住了六年半，同許多職工建立了感情，是在一同勞動、一同工作、一同生活中建立的。」[50]

「文革」後期，從監獄裏釋放出來的丁玲、陳明到了山西長治嶂頭村。長治系老根據地，老人、老幹部、軍烈屬很多，群眾也樸實、敦厚、熱情，他們與丁玲一見如故。在長治所住的小小的向陽

---

[49] 丁玲：致蔣祖劍（1964 年 9 月 8 日），《丁玲全集》第 11 卷，第 139-140 頁。

[50] 丁玲：致蔣祖劍等（1964 年 12 月 11 日），《丁玲全集》第 11 卷，第 141 頁。

院裏，同院的另兩家有時做點好吃的，總要拿一碗給他們。過端午節，她們吃一年一度的黃米糯米飯，裏面放了紅棗、白糖，也都盛一碗給他們分享。那幾天，他們就盡吃黃米飯了。隊裏分了西葫蘆，或者從自留地裏摘了幾斤豆角時，她們也總忘不掉他們。最使丁玲感到精神愉悅的是院裏孩子們給他們帶來的快樂和老奶奶與她的嘮嗑。丁玲剛到時，成了孩子們最歡迎的人。他們幾乎成天都要跑到她的房裏，爭著為她介紹這裏的環境，並唱各種各樣的歌、快板給她聽。後來，丁玲早晨帶他們做廣播操，晚上教他們唱歌。他們「喜歡新來的爺爺、奶奶；爺爺、奶奶也喜歡他們。我們互教、互學。院裏生氣勃勃，融融洽洽，歡樂非常」[51]。同院還住著一位比丁玲小四歲的老奶奶，她熱情地向丁玲介紹當地的一種好吃的名叫「調和」的食物，還講了許多她認為有趣的一些舊習慣給她聽。雖然她講的全是些愚昧落後、荒唐透頂的事，但丁玲還是從中體味到了普通民眾與她毫無芥蒂的純潔、善良的心。在嶂頭村，丁玲的右臂一度抬不起來、沒法寫作，看了好幾位醫生，也都說沒有辦法。這時，一位熱心的同志出現在了丁玲的面前。他是搞農業技術的大學畢業生，在業餘時間鑽研扎針，經常給老鄉治病。他從朋友那裏知道丁玲的病情後，主動趕來為她扎針。他家離丁玲的住處有二十里，來回一次就是四十裏。夏天，他趕路趕得滿頭大汗，紮完針，丁玲也只能請他吃碗麵條。他是黨員，也知道這時他為丁玲治病要冒很大的風險，但他卻說：「你們說她是右派，我不相信。我自己有眼睛、有思想，我讀過她的作品，我認為她不是右派。現在她右手有病，不能寫作，別人不管，我來試試。」所有這些，都使她產生了「回到老家的感覺，很興奮」[52]。

---

[51] 丁玲：致蔣祖林等（1975 年 8 月 20 日），《丁玲全集》第 11 卷，第 165 頁。

[52] 丁玲：致蔣祖慧（1975 年 6 月 27 日），《丁玲全集》第 11 卷，第 144 頁。

「文革」風暴初起的動亂年代，丁玲是在寶泉嶺農場度過的。在失去理智的瘋狂時世裏，丁玲卻得到了民間溫情的浸潤，得到了許多善良農工的同情和保護。文化大革命初期，丁玲被轟出招待所的住家，趕到一個房屋比較差的家屬區，而此時陳明因公燙傷，不能行動。這時，在工會做女工工作的鄧晚榮（即《杜晚香》中同名主人公的原型）卻不顧一切，親自到擬要他們搬去的新屋察看，叫房管所派人，替他們修炕，她自己則守著，修好了，她又找了很多廢木把炕燒幹。丁玲搬過去後，她還要她的小姑子在倉庫找了幾個裝化肥的厚紙袋，由她公公送來，讓她在窗戶外邊做一個卷簾，夜晚放下來，以禦寒氣。鄧晚榮自然知道她是一個沒有摘帽子的右派分子，但她仍然把她作為一個人來尊重、照顧。在抄家、批鬥的高潮中，許多連丁玲都記不住姓名的人都以獨特的方式保護過她。有一天，一派人來抄家，在折騰得正厲害的時候，一個鄰居過來告訴他們，另一派的人馬上就要到了，趕快走吧，要吃虧的。那時派仗打得正兇，這一派人懼怕另一派的威勢轉身而去。鄰居就這樣把他們騙走了。在一次陪鬥時，丁玲被勒令彎腰跪下，弄得腰上有宿疾的丁玲痛不堪言。這時，另兩個人主動要求替換上來看她。她們剛上來就大喝一聲:「丁玲！站起來！把腦袋抬起來！讓大家看看！看看你這個老右派！你這個大右派！」丁玲站起來，昂起頭，伸直腰，感到了莫大的快慰。丁玲被關進「牛棚」後的當中一個月，又進來了一個女的。她的罪名是「抗日聯軍中的叛徒」、「八女投江一案的告密者」，實際上，八女投江案發生時，她才只有十二三歲。作為難友，每當家裏送來白糖、蘋果等好吃的來時，她都非強迫丁玲吃不可。她們雖然不敢講話，怕被人聽見，但她卻用行動表達了涸轍之鮒、相濡以沫的感情。一個月後，她被放了出去。可以回家過年了，丁玲向她表示祝賀，便幫她整理行李。可是，她卻嗚嗚地哭開了。

丁玲很納悶：「讓你回家，這是好事，哭什麼呀？」她說：「還有你哪！」原來她是因為丁玲還沒有放出去而哭的！這時，丁玲的心中不由得湧起了一股暖流：「『還有你』，雖然只有三個字，可是這種感情是人類最寶貴、最美好的，而我卻得到了它。因為這樣的人太多了，所以也就把我挨罵、挨打、下跪等等都抵消了。」[53]人間最寶貴、最美好的感情使她在精神上超越了苦難，這對具有借審美（情感）超越現實之藝術天性的丁玲來說，是很自然的。

總之，普通民眾給丁玲的關愛和保護給了她以生的勇氣和希望。在逆境中，丁玲敏感、脆弱的心靈在重情義輕名利的民間情感的潤澤下得到了撫慰和調適，這使她變得樂觀、變得堅強。1979 年 2 月，回到北京不久的丁玲，在給朋友的信中總結剛剛結束的 21 年流落生涯時也對此作了強調:「我離開文藝界幾乎有一個世紀的四分之一的時間，而且臭名遠揚。在這些時間裏，除蟄居北京（1955-1958 年）兩年多；文革中關牛棚一年，坐牢五年；其餘時間都在北大荒農場勞動，做點基層工作；出牢後發配山西農村，當老百姓。生活的確不易。不過現在回想起來倒覺得實在有許多好處。可以說比較懂得了一些農民。確實在農村中落戶，在廣大的勞動人民中，的確有好人，有許多好人。同這些人做朋友，總是使人愉快的，覺得人類有希望，祖國有希望，我個人也是有希望的。正因為我多年在下邊當農工，當農民，我才得以不死，我才得以有今天」[54]。對真理的信念和對民間真情的汲取，使丁玲從「理」和「情」兩個層面強化了她對人的尊嚴的堅守，從而使她有勇氣走過那段漫長的苦難歷程。

---

[53] 丁玲：〈解答三個問題〉，《丁玲全集》第 8 卷，第 58 頁，

[54] 丁玲：致趙清閣（1979 年 2 月 26 日），《丁玲全集》第 12 卷，第 110 頁。

第四節　逆境中的慣性

在流落生涯開始前的 1958 年 4 月，丁玲說過：「一個人失去了政治生命，就等於沒有了生命。」而在 21 年漫長的痛苦歷程快要走到盡頭時的 1977 年 8、9 月間，丁玲在給女兒的信中仍然說道：「工作條件是從政治條件的好壞為主的」，她在東北十餘年盡心竭力地努力工作，「但欲獲得更好的工作條件卻不容易。我們的慘痛經驗是足以為戒的」[55]。這兩段話相隔近 20 年，但其中看重政治、熱衷政治的思路仍然相同。可以說，這條一以貫之的思路也同樣伴隨著她走過了那段困境。在殘酷的現實和左的政治的危害把她更多地推向「五四」的思想傳統的同時，自 30 年代以來經歷過數十年意識形態的熏染、相當政治化的丁玲也並沒有因為左的政治的迫害而湮滅對政治本身的熱情，那種熱衷政治的思維模式作為一種慣性也仍然在逆境中頑強地顯現出來。這樣，尊重自我與追隨政治，堅守人的尊嚴與順應體制要求，就成了丁玲思想中解不開的矛盾，二者的相互纏繞造成了丁玲的複雜性。

在丁玲的流落生涯中，依循著這一慣性的她孜孜以求的是以自己的努力工作、努力改造來獲得更好的工作條件和「政治條件」。而「政治條件的好壞」，則顯然不能脫離大的政治環境和時代公認的價值標準來自我爭取和自我判斷。因此，她要「獲得更好的工作條件」，就意味著必然要放棄對自我尊嚴的堅守、放棄自我的獨立判斷，而在靠攏、順應中與當時的體制、政治取得一致。在她事後看來，她的「慘痛」主要不在於自我的放棄，而在於她放棄了自我、順應了體制，卻仍然沒有獲得更好的「政治條件」。但結果有時是很難說明

55　丁玲：致蔣祖慧等（1977 年 8、9 月間），《丁玲全集》第 11 卷，第 195 頁。

動機和過程的。當初，丁玲對體制的順應和皈依，是顯得相當自覺、也相當虔誠的。她依據著時代政治的共同思路和公認標準，按照通常的程式，使用著通行的主流話語，在順應和皈依中表現出了突出個人困境的努力。作為一名作家，她在北大荒幾乎沒有寫過什麼作品，而寫得最多的是彙報和檢討。[56]在她所寫的大量彙報和檢討中，我們可以看出她順應和皈依體制的努力。

1958 年 7 月 12 日，丁玲從湯原農場向作協黨組發出第一封信，在彙報自己初到農場的生活和勞動情況後，著重談了自己的思想認識：「我個人對新的環境和新的生活都感到很愉快。我在這裏覺得自己是一個普通的人，又什麼都需要學習和不如旁人，這樣我生活得很自如，而且不得不謙虛（也是很自然的），覺得誰對我都有幫助，都是我的先生。……儘管我勞動得很少，可以說還只開始了一點點，我也覺得勞動的愉快。住在這裏，在這樣的氣氛的周圍，人怎麼也不能放著雙手不動彈，否則真不好意思拿起反（飯）碗來的。」信中表示：「我要極力在這生活的熔爐裏，徹底地改變自己，我相信我可以在這裏得到改造。」如第二節所述，丁玲剛到農場時因「圍觀」、「示眾」，心情並不愉快，但彙報中為了顯示領導安排的正確和自我改造決心的堅決，卻重新打造了自己的心情。而「在這生活的熔爐裏，徹底地改變自己」云云，則是很典型的主流話語。

1959 年 4 月 12 日，丁玲又奉命向作協黨組寄來一份思想彙報。在彙報勞動的一般情況後，談了對「改造自己」的認識。她寫道：

> 我參加勞動是為了改造自己，這是黨所指示給我的唯一正確的道路，同時既然在勞動崗位上，就一定把能完成勞動任務

[56] 這些彙報和檢查在《丁玲全集》中基本未收。下文所引，除注明出處者外，均引自陳徒手：〈丁玲的北大荒日子〉，見《人有病天知否》。

> 當著最高的愉快，我希望自己工作得盡可能好些，讓群眾認識到我雖然犯了錯誤，是一個右派分子，但因為曾經多年受到黨的教育，因此在改正錯誤時，能像一個老黨員那樣受得住考驗……我要求自己能夠真正把勞動當著天經地義，當著自自然然，當著一種愉快。因為我是一個犯了罪的人，經常對人民對黨有一種贖罪的要求，也就愈願意更多地拿出力量。

在信尾，丁玲特意從個人與黨的關係中檢討了自己「個人主義」的錯誤：「針對我過去犯錯誤的根本原因，是個人同黨的關係位置擺得不對，因此在經過黨的教育以後，我對這個問題特別警惕，我反復反省自己一生的錯誤，嘴（咀）嚼黨屢次給我的教育」。為了領會黨的路線、方針，「我比較經常閱讀黨報、《紅旗》等雜誌，和一些領導同志的文章，學習黨的政策，從思想上盡力與黨靠攏，一致。我看到整風反右以後，全國工農業、文化教育大躍進的偉大成就，我深深感到黨的宏偉事業與個人的渺小，共產主義的崇高理想、奇蹟般的創造，和資產階級思想作風的卑鄙醜惡。我體會到個人離開了黨，離開了集體是無能為力的。只有聽黨的話，依靠著黨，才能進步，能為人民做事。只要離開了黨，就一事無成，終不免於墮落、毀滅。」這份思想彙報不但承認自己「犯了罪」，並且還順應著當年批判者的思路深挖了「犯錯誤」的原因，是「個人與黨的關係位置擺得不對」。藉此，她表明了「贖罪」的決心和回到黨內、歸依集體的願望。丁玲的這一決心和願望也曾向有關領導和黑龍江省委表露過。1960 年 6 月 19 日，她致信農場黨委書記程遠哲，在談及學習「中國革命史講義」的心情和體會時說：「一邊讀黨史，一邊回溯自己幾十年來的歷程。心裏很難過，但也增加許多力量，要為黨多做些事。」[57]她在這裏所說的「心裏很難過」，顯然是因自己在「自己幾十年來的歷程」犯了錯誤。11 天以後，湯原農場畜牧場一分場黨總支在給中國作協黨總支的信中也說：丁玲「曾給省委寫過些反省材料」;「丁有時反映時說，我對黨和領袖始終是擁護和熱愛的，自以為自己最嚴重的問題是自由主義和驕傲自滿。至於立場、觀點談得較少。自從中央對部分右派分子特赦以後，丁對自己的問題有所考慮。丁曾有這樣的反映，我願意很好改造自己，使自己能從（重）回到黨和人民的懷抱，為黨和人民多作些有益的事，多貢獻出一份力量。從這些反映中分析，丁對本人的問題，想徵求領導對她的看法。」1960 年秋，農墾部副部長蕭克上將來湯原農場視察工作時，丁玲講到自己的問題，也承認：「自己走錯了道路。」

1962 年知道自己再次無法摘帽，為了表態，丁玲於 3 月 3 日致信劉白羽：「關於我的問題，和你對我的意見，陳明也轉告我了……我沒有任何意見，雖然有過一些難過，但一想到個人的進步，離黨對我的希望還很遠，成績與罪過也不可能相比。如果因為許多人都解決了問題，脫了帽子，而自己就自卑自棄，這是違反黨和同志們的希望的。我既然已下定決心，又下來了三四年，在生活上、在思想上都努過力，怎麼能再經不起這一點考驗呢？請你們放心！我非常感謝你們對我的關心！並且希望常得到你們的指導！」信中不但沒有任何怨氣，反而苛以「離黨對我的希望還很遠」的自責。為了能夠摘帽，一向不願把自己的問題暴露給基層組織而相信「我的問題，是中央解決」的丁玲也開始主動向基層組織彙報思想。11 月 28 日，中宣部委派作協黨委辦公室王翔雲、高錚到農場調查，著重瞭解「丁玲是否真正認識錯誤，口服心服，確實悔改」。在座談會上，

---

57 見張靖宇：〈1958-1964 丁玲在北大荒〉「附件 2」，《新文學史料》2000 年第 4 期。

農場場長薛楓介紹說：丁玲近一年來，「肯對組織談思想問題了，比如南京自首問題、55 年情況、反右派時的情況、自己是個人主義野心家等等」。可見，丁玲彙報時所涉及的問題及觀點與當年批判者相當一致。對自己的「錯誤」，她不但承認，而且自願當起「反面教員」，以此來勸告他人以免重蹈覆轍。就在這個座談會上，薛楓還提到：「畜牧隊中有些職工資格很老，但思想落後，有鬧工資問題等，她就講她因為主觀主義、個人主義、驕傲自滿犯錯誤的例子來勸戒他們。」這是可以看出她認識「錯誤」的主動性和深刻性的。

1963 年 2 月 20 日，丁玲給作協黨組書記邵荃麟寫了封長達五六千字的信函。這是她在那一階段中頗具代表性的思想彙報。在這封信中，她首先表達了自己回歸隊伍、回歸體制的熱切願望和對把她甩出體制的「你們」的親近感情：「在感情上，我總是靠攏你們的，總願多給你們寫信。我想，這種感情你們是容易理解的：一個離開了家的兒子，一個離開了隊伍的戰士，他對家的懷念，對隊伍的懷念，想重新回到家，重新回到隊伍的感情。這種對家裏人的想望，就是我對你們的感情和想望。我曾經對文井同志說過：過去在一塊，有一致，有矛盾，有好感，有壞感，一致慢慢變得少了，矛盾變得大了，並且變質了。但現在沒有矛盾了，對立面去了，就只剩一致了，就只剩好感了。特別過去咎在我，是我對不起黨。那末，自然我現在對黨的傾向就更多，我越想靠緊黨，越認識到過去自己的錯誤，那末就很自然要想到你們，想念你們，想和你們談心，關心你們的身體，關心你們的工作。」接著，她談了自己對所犯錯誤的認識和改造自己的決心：「我是一個犯了錯誤的人，心裏清楚自己犯得有罪，我是下來改造，既然是改造，就要放下包袱，重新做人，但這不等於往事已成過去，可以輕鬆。所以既要勇氣，一切從頭來，當一個普通勞動者，向勞動人民學習。人家怎麼生活，我就怎麼生活。人家怎麼工作，我就怎麼工作。而且要發現他們的好品質，向他們學習。同時要記住錯誤，時時警惕，改變思想，改變作風，吸取新的經驗，提高認識，更深刻的批判過去。」

在這份彙報中，最值得注意的有二：一是體制話語已經轉化成了她的一種潛意識。她承認「另外有一個埋在我心底裏的聲音，偶然當我想到什麼，或說到什麼的時候，它會忽然跳出來，悄悄地向我說：『你不配這樣想，你不配這樣說，你是一個壞人，你不只做過壞事，而且品質很壞。』」在這種潛意識的作用下，她以誇張的語言對昨天的自我作出了自虐性的全盤否定，這樣，為了心安，她所能做的只有「贖罪」：「我是徹底的認識了自己的，是錯了，是不好，是醜，是壞。至於面子，更沒有，那面子已同我沒有什麼相干了。那是死了的丁玲的面子，我早已看見那具屍身漂過去了，我對那具死屍也是無情的，而且高興它漂得遠遠的……我懂得，這須（需）要我更刻苦，更努力，只有更多的贖罪，把罪贖完了，才能得到安寧。」

二是她將「飛蛾撲火，至死方休」的寓指由「追求真理」改為「放棄自我」。她指認自己 1955 年以前一段時期的一些行為「驕傲到極點，放肆到極點」：「目中無人，心中無黨，一切只有『我』，這個『我』已經大到無以復加了。聽不得一句不順耳的話，見不得一點不順心的事。黨為了照顧團結，儘量優容我，教育我，周揚同志，你，還有別的同志，累次三番來找我，和我談話，難道我不理解嗎？但總是不滿意，要鬧意見，要標新立異，要獨樹一幟，要唱對臺戲。」其實質就是「要同黨較量，要黨批准我，要黨跟我走，要黨讓位給我」。在對「錯誤」的性質作這樣的拔高後，她改變了瞿秋白贈言「冰之是飛蛾撲火，非死不已」的含義：「真所謂飛蛾撲火，至死方休，不放棄『我』就不能有所覺悟，階級鬥爭的規律，就是這樣殘酷和無情的！」殘酷無情的鬥爭使丁玲作出了順應體制、放棄自我的抉擇。這固然是丁玲在險惡的政治環境中生存的需要，但其本身卻也顯示出了放棄自我的脆弱。

這份具有典型性的思想彙報中的思路和話語在以後的信函中還一再出現過。1963 年 6 月 22 日，一邊在等待北京調令、一邊在農場參觀的丁玲情緒昂揚地談了自己的感興。她稱農場是「一個革命洪爐，是改造思想、興無滅資的好園地」，而她「吃苦還沒吃透」，「改造得不夠，在湯原六年，儘管我對過去的錯誤有批判，也的確勤懇的勞動過，謹慎的工作過，虛心的學習過。可是同現實，同社會的發展，同黨對我的要求，距離都還很遠」，並表示：「我有決心，有勇氣，繼續從頭再來」——「再生活，再學習，再工作，再改造」。信中還提出，北京房子不好找，可「讓我們再留在墾區一兩年」。就是這封順應體制要求的言辭慷慨的信，直接導致了她和陳明無法回京。同年 9 月 4 日，丁玲再次致信周揚、邵荃麟，誠懇地希望能夠摘掉右派帽子，以便「在消除我和人民之間的敵我界限之後，我能更無閡地接近人，接近幹部，接近領導，接近革命」。信中寫道：「我的這頂右派帽子同人民之間有一道鴻溝，我跳不過去。這時我不能不痛苦，恨自己的改造不夠，又迷茫於不知道今後還該如何改造。」信後附有一份思想彙報，主要批判蘇聯上層統治集團的叛徒性質。在說到赫魯雪夫時，聯繫到自己的反黨罪行，把自己的錯誤又作了拔高：「我現在對自己的錯誤，真正是徹頭徹尾明白了。正因為我認識了自己的錯誤，我就在思想上、感情上，熱烈地擁護黨的反右鬥爭和歡呼這個鬥爭的勝利……黨批判我，揭露我，處分我，我從心裏歡迎，我對黨的領導、黨的組織、黨員同志，都絲毫沒有惡感，報著感激的心情，沒有二心，也永遠不會有……我向黨保證：決不重犯錯誤，我一定全心全意，一心一意，老老實實聽黨的話，服從領導，做黨的馴服工具，為革命，為無產階級埋頭工作，奮鬥到底。」

她在信中還流露出幾句表示感情親近的話語：「最近，在報紙上見到你們行動的消息，知道你們都在北京，身體健康，感到很安慰。不知白羽同志病好些了沒有？我常常想你們，很想見到你們，希望同你們談心，傾聽你們對我的意見。這種想見到你們的心情，我想你們一定很理解。」

1964 年 9 月 10 日，她在致邵荃麟、嚴文井的信中是這樣表達對領導批准她留在北大荒的感激之情和繼續改造的決心的：「領導批准我繼續留在下邊，實在太好了。每當我感到黨對我仍然抱有希望時，我就增加信心和力量。儘管我能力不及，心有餘力不足，但我一定竭盡餘力，好好學習，繼續改造，努力工作，以不辜負黨對自己的希望和你們的幫助」；「我深深認識到，改造對於我是長期的，永遠須（需）要的。我也認識到，改造的目的，在於能自覺的克服個人主義、清除資產階級思想，使自己的工作，能合乎黨的須（需）要，合乎黨的利益，合乎當前的革命形勢。我會在各級黨組織的幫助下，繼續朝這方面努力的。」同年 12 月 29 日，丁玲致信邵荃麟、劉白羽、嚴文井，在再次提出摘帽要求時，又突出了自己所犯錯誤的嚴重和自我改造的決心：「我過去犯的錯誤是嚴重的，時間愈久，學習愈多，愈能認識清楚。黨對我的處分，我一直心甘情願。我只希望今後能給黨和人民多做一點有利的工作。這種心情在以前的檢查中或彙報中都提到過。目前階級鬥爭日益激烈，社會主義教育運動正在全國逐步展開深入。階級鬥爭的教育，形勢的教育、學習、工作、改造的須（需）要，都迫使自己不能不再一次提出：請求黨根據我幾年來的決心、態度、思想和工作表現，考慮給我摘掉右派帽子，批准我回到人民的隊伍裏來。使我能更無間地（客觀存在）參與工作、接近群眾，能更好地改造，為黨工作。（人民群眾與右派的階級界限，是個客觀存在，不是主觀願望能取消的。）自信我決不會再辜負黨對自己的希望和同志們對我的幫助。」信中強調在當時國際、國內階級鬥爭內容複雜、形勢尖銳的時候，「我特別感到學習、勞動、工作中繼續改造是我的首要任務，我將利用時間，聯繫實際，學習主席著作，努力自我改造」；並說為了突出這一首要任務，她「現在沒有創作計劃或打算」。

「文革」開始後的 1966 年 10 月，她在寫給農場黨委的檢查報告中，彙報了學習毛澤東「老三篇」的體會和對「一貫的英明正確」的毛澤東的認識：「我學習毛主席著作覺得每篇都是大文章、好文章，認識到毛主席幾十年領導中國革命和建設，一貫的英明正確。也認識到毛澤東思想是反對『左』、右傾機會主義，貫徹在中國革命的全過程的一條勝利的紅線。……『老三篇』首先成了我的一面嚴酷的鏡子。毛主席的每一句話對我都成為一條鞭子，我每講一次，就是鞭打我自己一次。」她還同時檢討了自己在輔導家屬學習毛主席著作時對家屬「管得少，說得更少」，指出原因在於自己有「私心雜念」。而之所以「我產生這些私心雜念，一方面由於自我改造不夠，沒有摘去右派帽子。但主要原因還是自己沒有經常狠狠向自『我』作鬥爭，沒有做到堅決相信黨，相信群眾，沒有『捨得一身剮，敢把皇帝拉下馬』的革命精神，也就是沒有真正樹立起完全、徹底為人民服務的世界觀。」[58]她對家屬管得少、說得更少，主要原因當在其客觀處境。但她在檢討中卻執意上綱上線，把原因歸結為「自我改造不夠」、向自我鬥爭不狠。確實，經過多年的改造，丁玲已習慣於運用通行的政治話語，依循著時代性的共同思路來思考問題了。

在以上所舉的大量彙報和檢討中，我們可以看到丁玲為了「獲得更好的政治條件」而作出的順應和皈依體制的努力。她對左的政

[58] 丁玲：〈在寶泉嶺農場〉，《丁玲全集》第 10 卷，第 317、320-321 頁。

治的靠攏、順應，不僅僅是一種策略、一種手段、一種姿態，而實際上成了她的一種深藏於其內心的潛意識。「臉上刺字的流囚」不但是她的客觀處境的寫照，而且也成了她對自我身份的主觀認同——她自認自己有罪，是一個「敗家子」、一個「不肖之子」。毛澤東逝世以後，在表達悼念之情時，她還對自己作了這樣的責備和檢討：「主席逝世，給我很大的打擊。我不能不想到主席給我的教育和培養，而我卻辜負了他，我對不起他。我曾經希望有一天因為我改造得較好，能博得主席對我的原諒。主席會說我過去儘管愚蠢，現在總算改過來了，……我好像就是為主席的一句話而努力。我總希望我能像一個敗家子而能回到主席面前。我總希望能在主席生前了結我這惟一的心願，主席逝世了，我永遠聽不到他對我的寬恕了！我不能不責備我自己，不能不深自痛苦。感到這無可挽回的遺憾！不管怎樣沈痛，而希望終歸是破滅。我什麼都不能想，也不能做。但究竟該怎樣呢，我也只能聽黨的指示應該化悲痛為力量。國慶後我才又恢復起來，我仍要努力改造，做點事。」[59]周總理和毛主席的逝世使她特別感到「永遠的遺憾」的是，她永遠失去了在他們生前有一個好的彙報的機會：「我常常想到他們過去對我的教育、鼓勵和希望，我也曾經深深體味過我為主席去寫作的幸福心情，可是一切願與望違，我卻成為一個不肖之子，我是多麼痛苦過，只希望有那末一天，我能使他們對我點一點頭，我才可以瞑目歸去，誰知一切都無可挽回，我也曾想如果我能代他們死去，那是多麼好的事，可是我卻只能與悲慟一同生活下去……」[60]值得注意的是，以上兩段文字並非出自給組織的思想彙報或檢討，而是出自給自己侄兒的信

---

[59] 丁玲：致蔣祖劍（1976 年 10 月 9 日），《丁玲全集》第 11 卷，第 203 頁。

[60] 丁玲：致蔣祖劍等（1977 年 10 月 9 日），《丁玲全集》第 11 卷，第 179 頁。

中。因而它們不僅僅是她的表態，而是此時她的心聲的真實流露。[61] 為了與當時的體制、政治取得一致而作的靠攏、順應必然逼使她放棄自己的自由思想和獨立判斷，從而使她付出犧牲自我的沈重代價。她將「飛蛾撲火，至死方休」的寓指由「追求真理」改為「放棄自我」，就極富悲劇性地說明了這一點。這樣，她就只能依據時代政治的共同思路和公認標準，按照通常的程式，使用通行的主流話語，人云亦云，在對自我的自虐性的全盤否定中去不斷地認罪、贖罪。她當時既不敢去正視（更不用說爭取）自己應有的權利，也就很難發出經過自己獨立思索的聲音。1960 年 10 月，參加全國文代會回到農場後，丁玲在向總場領導彙報時說，這次會議對她教育很大、感觸很深，覺得自己是個有罪的人，黨還這樣關懷她。可見，在她的意識深處，她認為自己是「有罪」的，是不配參加這樣的會的；而她沒有想到，雖然作協副主席的職務被解除了，但她仍然是作協理事，是有權利參加的。

思想意識上對自我的否定和對體制的皈依，使丁玲在行動上一改潑辣粗獷的工作作風和率真爽快的為人風格，而顯得謹慎遲疑，惟恐因越出雷池半步而罹禍。在當文化教員時，她每次對職工講時事之前，怕出毛病，都要事先把內容向支部作出彙報。隊裏開會，談到某某人工作不好時，丁玲也提了一些意見。事後說：「有時我又

---

[61] 有一位學者在一本丁玲傳記中寫過這麼一段文字：在周總理、毛澤東逝世以後，丁玲和陳明說：「老陳，自從我被劃成右派那天，我就相信會有一天能澄清事實。我的案子，當然是文藝界的一些人捏造出來的，但不經上邊，也就是毛主席的『禦筆』，他們打不倒我。我尊敬毛主席，但我知道，他老人家這件事是錯了。我總相信，他老人家會有一天覺察到這錯誤，還有中央那麼多老同志，還有周總理。我們的黨會糾正自己的錯誤。」（宗誠：《風雨人生——丁玲傳》，中國文聯出版公司 1998 年版，第 264 頁）這可能是用丁玲後來的認識代替了她當時的認識。當時，她還不可能認識到毛澤東在「這件事上是錯了」，而只是認為自己錯了，她所希望自己的是努力改造、「浪子回頭」。

想說，又不想說，因為地位不同。」有一回，讓她講《實踐論》、《矛盾論》，她不敢講，特意找到畜牧隊隊長說：「我就是在這方面犯錯誤的，有些問題不敢發揮，怕說錯了。」在與文人的交往中，丁玲也顯得小心謹慎、心有餘悸。在當時的政治環境下，許多作家不願搭理她，個別有歷史或現實「問題」的作家想與她交流，而她又不敢甚至不願。據陳明回憶，他和丁玲在農場時，延安時期的老熟人、同是作協右派分子的李又然給他們寫過一封信，向他們要錢。丁玲和陳明沒有敢給他回信，因為在他們看來，他真是不知道利害關係，不合時宜，互相會惹禍。在 1960 年第三次文代會期間，丁玲備受冷落。有一次散會後在去公共汽車站的路上，沈從文看到丁玲，便追上去要跟她說話。忠厚仗義的沈從文之舉當是他「在她因內部矛盾受排擠時，都是充滿同情」[62]的表現，但是，丁玲卻有意回避，不願交談。早在 1948 年，沈從文就被郭沫若在〈斥反動文藝〉中點名批判，他被斥為「一直是有意識地作為反動派而活動著」；建國以後，他遭到排斥，被擠出文壇，「不聲不響在博物館不折不扣作了整十年『說明員』」。丁玲不願與沈從文接談，大概不會與沈從文此時作為「體制外人」的身份無關。

作為作家，丁玲這一時期創作很少。她在北大荒農場續寫的〈在嚴寒的日子裏〉五萬字手稿在「文革」中也已經散佚，無法推見其原貌。但是，從 1976 年 3 月開始重寫這部小說的過程中，我們也可以看出丁玲思想上的自我否定對其創作產生的負面影響。1950 年，她在《大眾文藝》星期講演會上說，作家在創作時「要有見解，不要人云亦云」。[63]1953 年，她在一個創作會議的發言中又再次強調作家創作要有自主性：「還有些作家，如果離開了領導，就不敢創作，這

[62] 沈從文：〈致徐遲〉，《長江文藝》1989 年第 1 期。
[63] 丁玲：〈談文學修養〉，《丁玲全集》第 7 卷，第 153 頁。

是不行的。我們要能獨立活動。領導也要放手，讓作家獨立活動。」[64]但此時，她卻放棄了自己的見解，放棄了自主性，於是，創作活動就不再是她的「獨立活動」，而成了在領導直接干預下的有組織的活動：「這次創作（指續寫〈在嚴寒的日子裏〉——引者），我在北京時，已向當時組織領導說明，山西省委、市委、公社、大隊負責與我聯繫的人都知道，他們替我去東北取原稿（稿已遺失），我現在的情況，大隊支書也清清楚楚知道（未向其他人說）。」[65]在自願接受組織領導（包括大隊支書）的監督下，她考慮的首先是而且當然是「怎樣把黨寫好，怎樣把黨的路線寫」[66]。這樣，她就很難避免「主題先行」所導致的公式化、概念化現象的發生。她過去所反對過的創作現象（「作家先有了一個抽象的主題，然後到生活的海洋中去找材料，按照作家或領導方面的主觀需要，在他所接近的生活邊緣，抓取一些零星的生活，就憑空構造一個『偉大』主題的作品」[67]），在她這裏又出現了。正因為她有了這樣的思維定勢和創作傾向，所以她與「革命樣板戲」才能產生共鳴，才能從中吸取到「經驗」：「革命樣板戲是好的，如果沒有樣板戲佔領舞臺，那麼舞臺仍然還是由帝王將相，才子佳人去佔領。沒有新的、好的、革命的，就趕不走舊的、壞的、反動的。樣板戲也的確給我許多啟示和激勵。我從那些作品中也吸收了許多經驗。」[68]在從「革命樣板戲」獲得啟示和激勵的同時，她還對自己以往的創作作出了反省和檢討。1976 年春節期間，也即她動筆重寫〈在嚴寒的日子裏〉之前不久，她「讀了許多抗日戰爭、解放戰爭時期的長篇著作，也讀了目前的一些作品。

---

[64] 丁玲：〈作家需要培養對群眾的感情〉，《丁玲全集》第 7 卷，第 372 頁。

[65] 丁玲：致蔣祖林等（1976 年 4 月 23 日），《丁玲全集》第 11 卷，第 172 頁。

[66] 丁玲：致蔣祖慧等（1977 年 4 月 20 日），《丁玲全集》第 11 卷，第 187-188 頁。

[67] 丁玲：〈要為人民服務得更好〉，《丁玲全集》第 7 卷，第 304 頁。

[68] 丁玲：致蔣祖林等（1975 年 7 月 17 日），《丁玲全集》第 11 卷，第 152 頁。

對於我過去的作品，也作了許多檢查。的確感到文藝創作上的許多問題。一定要批判過去的那種自然主義的寫法……我有我生活的局限，也有寫作上的弱點，還有思想的境界仍然是不高的」[69]。在 50 年代中前期，儘管丁玲立志要「做好一名小號兵」，但她也沒有輕易否定《莎菲女士的日記》、〈我在霞村的時候〉等對生活有獨到發現的作品，而此時她卻把這些「過去的作品」以「自然主義的寫法」和「思想境界不高」的原因給否定了。為了在創作中追求「高的思想境界」，她順應主流話語，而放逐了自我，放棄了對生活的自主發現和獨到領悟。這應該是作為作家的丁玲最大的悲劇所在。

丁玲思想上、行動上和文學創作上的以上種種表現說明，在這一「風雪」時期裏，丁玲為了獲得更好的「政治條件」，在順應和皈依體制的努力中，付出了放棄自我的代價。應該承認，任何人都生活於特定的時代，誰也無法沒有時代的局限。特別是對於像丁玲這樣長時期飽受靈肉之苦的作家，我們既然能夠理解她處境的艱難，就應該理解她順應主流話語、突出重圍之用心的良苦。但是，從更高的要求來看，人不是環境的被動產物，人的價值也不可能在順應環境中得到真正的實現；人之所以為人，還在於在與環境的對峙中人的主體性、自主性的張揚。從這個角度來看，丁玲這種在逆境中所表現出來的熱衷並順應政治的思維慣性確實顯示不出悲壯、崇高的精神質素，這是後人為之所深深惋惜的。同時，丁玲此期所表現出的這種思維慣性還與她此期所接受的「五四」傳統處在了極其尖銳的矛盾和對立中。追隨主流政治與尊重自我，順應體制要求與堅守人的尊嚴，在此期丁玲思想中成了一組解不開的矛盾，二者的相互糾結造成了丁玲此期思想的分裂和全部的複雜性。我們幾乎隨時

69　丁玲：致蔣祖林等（1976 年 2 月），《丁玲全集》第 11 卷，第 170 頁。

都能夠看到兩個丁玲：一個是一再表白「飛蛾撲火，至死方休，不放棄『我』就不能有所覺悟」的丁玲，另一個則是「迎著陽光抬起頭來，挺起身軀」的丁玲；隨時都能夠聽到操著不同話語的兩個丁玲的對話和爭論。這是那個時代的一場正劇，更是丁玲的一場悲劇。

第六章　自由的呼喚

我現在想到的，是要爭取多活幾年，多寫文章，敢寫文章，多做事情，敢做事情。我應該無所顧忌地去做。那些人還能指責我什麼呢？……我要趁我還活著的時候，還能工作的時候，無所畏懼地工作下去。[1]

——丁　玲

第一節　平反之路

1976 年 10 月粉碎「四人幫」的歷史性勝利，使蟄居在山西長治農村的丁玲在痛苦和絕望中看到了光明和希望。作為一個被損害者，丁玲極盼徹底推倒強加在自己頭上的冤案。但是，歷史的冰凍非一日之積，因而要真正把冰凍消融亦非一日之功。滿懷著憧憬，也滿含著艱辛，丁玲踏上了並非平坦的平反之路。在這途路中，丁玲以自己執著的努力和抗爭，顯示出了自己堅韌不拔的意志和捍衛自我尊嚴、反抗不公正命運的強悍的個性精神。

丁玲的平反之路大體經歷了三個階段：一是摘掉右派之帽。1978 年 4 月 20 日，傳達了中共中央（1978）11 號文件，決定全部摘掉右派分子帽子。是月，丁玲向中共中央組織部呈交了要求平反冤案的申訴材料。社會主義新時期的初春來到了，但歷史的冰凍尚未消融，因而對丁玲來說還有乍暖還寒的時候。這一年，在《人民文學》

1　丁玲：〈黨給了我新的生命〉，《丁玲全集》第 6 卷，第 287 頁。

第 5 期上刊發了林默涵的〈解放後十七年文藝戰線上的思想鬥爭〉，這是他於 1977 年 12 月 29 日在《人民文學》編輯部召開的文學工作者揭批「文藝黑線專政」論座談會上的發言。文章指陳「丁、陳小集團和胡風小集團是兩個長期隱藏在革命隊伍中的反黨和反革命集團。一個隱藏在革命根據地延安，一個隱藏在國統區。他們之間是遙相呼應的。」丁玲於 6 月「讀了林副部長的發言全文，覺得他很有氣魄，很有權威，帽子比二十年前更大了」[2]。對於這樣的「歷史判決」，丁玲不能不感到寒從中來。在陰鬱的心境中，令她感到稍許欣慰的是接到了給她摘掉右派帽子的決定。7 月 18 日，在公社辦公室為她舉行摘帽子的會議，會議由公社黨委主持，宣佈摘掉丁玲的右派帽子，丁玲在會上發了言。為右派摘帽，是黨的政策。這是大勢所趨，誰也無法阻攔的。這回摘帽，同農村的地主、富農摘帽一樣，對於垂暮之年的丁玲來說，已經很難說有什麼特別的意義。但是，這畢竟標誌著從她頭上卸下了套了 21 年的緊箍咒，畢竟標誌著她從此回到了人民的隊伍。更為重要的是，丁玲從這裏看到了「在粉碎『四人幫』以後，黨中央反覆倡導，大力恢復和發揚毛主席教導的實事求是、調查研究、群眾路線、發揚社會主義民主等黨的優良作風」[3]，因而建國以後由高層領導鑄成的「鐵案」並非不可改變，徹底改正自己的錯案並非沒有希望。

二是恢復黨員生活。如果說摘掉右派之帽是黨的統一規定，因而丁玲在這一問題上沒有遇到意外阻力的話，那麼，在其後邁向徹底平反之最終目標的每一步中，她幾乎都因阻力重重而顯得舉步維艱。但也正因為如此，倒也更顯出丁玲抗爭的堅決和意志的堅韌。在摘掉右派帽子之後，丁玲的注意點和興奮點幾乎全都集中到自己

2　丁玲：致蔣祖林等（1978 年 6 月 24 日），《丁玲全集》第 11 卷，第 232 頁。

3　丁玲：〈在右派摘帽會上的發言〉，《丁玲全集》第 8 卷，第 2 頁。

徹底平反問題上來。她聽到有人說起老舍的自我懺悔，對此，她在日記中慎重而興奮地記下了一筆：「下午，謝老師來。談到老舍……我不覺心潮起伏。……說老舍曾談過他後悔過去因為盲從，而損害了一些人。在被損害的人中，曾經提到我的名字。」[4]她大概不會忘記，在 1957 年批判自己的會議上，老舍曾嚴厲地面斥她道：「丁玲以為沒有她不行，現在看來沒有她更好。」[5]如今，老舍本人早已在專制的淫威下成為屈死之魂，當丁玲聽到老舍生前的自我懺悔，她怎能不「心潮起伏」？她從老舍的懺悔中不但體悟到了老舍軟弱而善良的靈魂，更看到了歷史的良知與公正。這無疑更增添了她爭取徹底平反的信心和希望。

但是，丁玲也深深知道，信心是信心，希望是希望，而要把它們化為現實，則必須靠自己的不懈努力。1978 年 9 月 12 日，在向中共中央組織部呈交要求平反冤案的申訴材料(也在摘去右派帽子）的 5 個月後，丁玲又抄出兩份補充材料，27 日由陳明進城寄出。這一時期，在政治風雲中歷經磨練的丁玲對來自上層的有關平反冤假錯案的資訊十分關注。此時她雖身在山西鄉下，但時刻心繫北京。9 月 14 日，她收到陳明之妹來信，信中抄來一段鄧副主席講話，意為：文聯各協會要搞起來，調動各方面的積極性，文人相輕是個老問題、老傳統了。三十年代的文藝路線總的是對的，也還有錯的。老賬新賬都要實事求是的對待。還說到錯案，不管誰批的，都可以推翻。9 月 26 日，她又接到北京來信，信中說：「八月中，聽說葉帥說過這樣的話：功是功，過是過，是是是，非是非，無論什麼時候，哪個朝代的問題，都要實事求是的解決。」[6]高層領導在平反冤假錯案上

4　丁玲：1978 年 9 月 24 日日記，《丁玲全集》第 11 卷，第 442 頁。

5　《郭小川 1957 年日記》，第 164 頁。

6　丁玲：1978 年 9 月 26 日日記，《丁玲全集》第 11 卷，第 444 頁。

的堅決態度，使她對自己問題的解決顯得相當樂觀、自信。當他人說起在其平反問題上「『人家』現在還是有權有勢，阻力太大」時，她笑笑：「相信黨，相信群眾，相信歷史，相信實踐，吾有何畏哉！」[7]

丁玲對徹底平反的執著，首先在於對自己政治權利的維護。政治權利雖然不是人的權利的全部，但是卻是其中一個重要部分。特別是在當時中國政治化的語境中，政治權利在人的所有權利中更佔有著突出的地位，它在一定意義上甚至決定了其他權利的實現和滿足的程度。在這裏，需要指出的是，政治化的「新體制」與個人的政治權利並不是兩個等同的概念。前者雖然可以在一定程度上凸顯出後者在人的所有權利中的地位，但是，從意義指向上來看，前者所指畢竟是在集體與制度，而後者所指則在個體化的人權。丁玲對自己政治權利的爭取，其出發點顯然不在對制度的維護，而在對個人權利的守護。因此，丁玲在這一時期對自己政治權利的爭取、守護，實際上可以看作是對「五四」個性主義精神傳統的繼承與弘揚。正因為她對個體權利如此看重，看重得如同命脈所系，所以，她才會把她「政治問題」的解決提到這樣的高度來認識：1978 年 10 月 25 日，「洛蘭告知祖慧問中組部的回音，據說我們去京可住祖慧家。洛蘭、祖慧都是極簡單的好人，她們哪裡會想到如我的政治問題不解決，我是無法住在祖慧那間小屋子的。我將愁死。」[8]

其次，她對平反問題的關注，還在於對他人政治權利的爭取。當年因丁、陳反黨集團一案受牽連而受到處理的將近 60 人，他們在 20 多年的歲月中飽受坎坷、屈辱與歧視；後在文革中受牽連而遭到批判的則更多。1978 年 12 月初，當年文學研究所的學員馬烽與劉

---

7 丁玲：1978 年 11 月 26 日日記，《丁玲全集》第 11 卷，第 460 頁。

8 丁玲：1978 年 10 月 25 日日記，《丁玲全集》第 11 卷，第 452-453 頁。著重號為引者所加。

真相繼來訪，使丁玲在強烈地感受到師生之間真情的同時，也使她產生了深深的愧疚——是她作為反黨集團的頭目連累了那些無辜的人們。12 月 1 日，丁玲早飯後正在看報。久違的馬烽參加社教組到晉東南地區工作，便驅車至嶂頭村自報其名地來看望她。丁玲錯愕、吃驚，當年年輕壯實的負責文學研究所支部工作的馬烽如今老得連丁玲也認不出來了。在 1955 年開始的那場運動中，馬烽為了過關，在巨大的壓力下，對丁玲提出了嚴厲批評，以示與丁玲劃清界線。但是，十年動亂中，他仍然作為「丁玲反黨集團的重要成員」被打倒。造反派對他白天鬥夜裏審，逼他交代與丁玲共同反黨的罪行，並為此打落了他的一顆牙齒。如今，二十年過去了，歲月的滄桑無情地刻在他們的額頭上，刻在他們的心靈中。丁玲緊緊握住馬烽的手，不住地發顫，眼裏噙滿了淚水。此刻，她不但原諒了馬烽當年在無奈中對她的揭批，而且對自己在文革中連累馬烽深感歉意。兩天後，平靜的小村莊又來了一位客人，這就是劉真。當年初到文學講習所報到時的小女兵，如今也已經變得令丁玲不敢相認了。劉真借要為彭德懷寫文章而採訪丁玲為由，來看望丁玲，在丁玲那裏呆了整整七個小時。她盡其所知，向丁玲介紹了文學研究所和文學講習所許多老熟人的情況。丁玲在當天的日記中寫道：

> ……聽到谷峪、李湧等都被劃為右派，在黃泛區勞改，妻子無能，兒子又多，生活狼狽淒慘，我心中實在難安。那些兩面人，心毒手狠，害了多少人，把一群曾經受過黨多年教育，有才華的年輕人都毀了！現在好不容易留得一條命，但也同我一樣，大好的時光都在折磨中消蝕了。使黨的文藝工作傷了元氣，受了大損失！這群人到現在還繼續為惡，我真痛心。[9]

9　丁玲：1978 年 12 月 3 日日記，《丁玲全集》第 11 卷，第 464 頁。

丁玲清醒地意識到自己的問題不僅僅是個人的問題，它還關係到其他很多人的命運。為了改變這些受牽連者的命運，她也必須徹底推翻強加在自己頭上的冤假錯案。

如丁玲所期望的，事情也開始出現轉機。丁玲的申訴和陳明在北京的奔走，有了初步的結果。1979 年新年伊始，中共中央批准丁玲回北京治病，並指示由國家文化部接待。讓丁玲以治病的名義回北京，透露出了中央可能為她進一步解決問題、落實政策的資訊。就要告別嶂頭村了，就要結束 20 多年的流落生涯了，丁玲既心情激動又依戀不舍。對於那些在逆境中給她以民間情感潤澤和滋養的善良百姓，丁玲充滿感戴依戀之情。臨行前幾天，丁玲和陳明走訪、辭別嶂頭村村民和長治市的有關人員，並邀請鄰居和當地幹部來家聚別。1 月 8 日，長治市政府派專人和醫生護送丁玲到省城太原。山西省委有關領導和丁玲的友好段杏綿、胡正、西戎、孫謙等人，對她進行了熱情的接待。在回京以前，丁玲把輔導長治青年業餘作者的任務慎重託付給了西戎，請西戎一定要負責到底。為了青年業餘作者的健康成長，丁玲還特地給李保平寫了一封信，具體提出了六條意見，託西戎轉交。信末說：「過去有一個外國作家對我說過，鞋子要一百雙差不多的，不要只有一雙好的；而作品相反，不要一百篇差不多的，只有一篇好的也行。我認為這是對的（這並不是『一本書主義』）。」西戎看了此信，聯想到在文學研究所學習期間與丁玲同在一個黨小組過組織生活時所受之教益，便對丁玲表示了自己的敬意和謝意。丁玲卻嚴肅地說：「你不要把我看得太高了，我也是黨員，不能沒有缺點，我也要不斷學習，才有進步。」[10]丁玲此時以共產黨員的身份和標準要求自己，但她哪里知道為了真正恢復作

---

[10] 西戎：〈憶良師丁玲〉，《山西文學》1986 年第 5 期。

為黨員的組織生活，自己又要費盡多少周折呢？丁玲託西戎轉交的這封信，以〈致一位青年業餘作者〉為題，於 1979 年 3 月 15 日發表在山西文聯的機關刊物《汾水》第 3 期上。這是丁玲在文壇上塵埋了 20 多年以後公開發表的第一篇文章。丁玲 1980 年編《丁玲近作》時「懷著異常的感謝之情」，將此信收入。在後記中，她特地對編輯部的同志表示了感謝：「當時他們發表這封短信，不能不說是冒了一點小的風險，衝了一下禁區的。」[11]

1979 年 1 月 12 日淩晨，丁玲乘車抵達北京。這距她從秦城監獄釋放離開北京，只有短短的不到四年的時間。到北京後，她住進文化部和平里招待所，親朋好友絡繹不絕地前來探望。作協工作人員楊子敏也攜夫人來看望了她，他告訴丁玲，關於平反問題，還需要向過去的幾位原領導做思想工作。2 月 12 日下午，丁玲住進友誼醫院作檢查和治療。經檢查，除原有的糖尿病外，還發現她可能患上了乳腺癌。為了創作，為了不至於一回到北京就把時間消磨在病床上，丁玲說服醫生對之作保守治療，一年後再考慮做手術。4 月初，丁玲從醫院裏出來，被安排在友誼賓館東北區二單元一套普通的客房裏。剛剛安頓下來，她便去拜訪恩師葉聖陶和茅盾。葉老於無比興奮之中填〈六麼令〉詞一首，並書贈丁玲。詞曰：

> 啟關狂喜，難記何年別。相看舊時容態，執手無言說。塞北山西久旅，所患惟消渴。不須愁絕，兔豪在握，賡續前書尚心熱。……回想時越半紀，一語彌深切。那日文字因緣，注定今生轍。更憶錢塘午夜，共賞潮頭雪。景雲投轄，當時兒女，今亦盈顛見華髮。

[11] 丁玲：〈《丁玲近作》跋〉，《丁玲全集》第 9 卷，第 129 頁。

師長的關切和鼓勵，使丁玲倍感溫暖。

但此時令丁玲深感痛苦的是，她的恢復組織生活的要求卻如石沉大海，沒有訊息。5 月 3 日，中國作協複查辦公室作出了〈關於丁玲同志右派問題的複查結論〉。結論中雖然撤消了 1958 年中共中國作家協會總支「關於開除右派分子丁玲黨籍的決議」，恢復丁玲同志的黨籍，但此後對丁玲參加組織生活沒有作出任何具體安排。從那以後，丁玲曾三次致函中國作協黨組，要求根據黨的政策、根據改正的結論，請求恢復黨的組織生活。但是，她卻沒有收到任何答復。她忿忿地對他人說：「你說怪不怪嘛，我送去申請這麼久，一句話都不吭，再不怎麼樣，我送去個東西，還總該給我一張收條的嘛，連個收條也不給，更不給你任何回話，解決任何問題，共產黨的機關，有這樣辦事的嗎？不知道他們又在弄什麼名堂！」[12]為此，她心情煩悶。她在給周良沛的信中以憤激的言辭寫道：「最近一個時期，心情就夠悶的。……我們成天看見這些鬼域（蜮）伎倆，真真生氣，有時真有點不想活在這個人世間。唉！我們就是這樣活著……我們並不爭那些狗屁不值的虛假的東西，可是有些狗人們卻勾心鬥角，鬼鬼祟祟，耍兩面派。總是想整人、打人、壓人、害人，……別人總是想把你壓得出不了氣，翻不了身。網大著咧。我們又還想寫點文章，我們原來就是打倒了的，人家是一大山頭，是一大幫，我們原來就是單個。又無靠山，又不願拜老頭子，又不願學別人，那就只好心甘情願躺著挨打算了。」[13]這樣的怨氣，丁玲在一篇公開發表的文章中通過對錯劃右派的同志的心態分析，也作出了夫子自道般的宣泄：「這些人哪，即使經受了這樣嚴峻的考驗，絕大部分還是站到黨的裏面來的。在任何時候，即使以後還要改朝換代，即

[12] 轉引自周良沛：《丁玲傳》，第 723 頁。

[13] 丁玲 1979 年 9 月 26 日致周良沛，轉引自周良沛：《丁玲傳》，第 725 頁。

使還要有人『造反』，這些人還是站在黨這一邊的。同時，看來二十多年的冤屈，他再對黨忠誠，也難免有點怨氣，你不要以為他一點怨氣都沒有。一點怨氣都沒有，這不可能。因為他有這麼一點怨氣，他就比較容易同情別人；受了批評，他比較敏感，認為棒子又來了，因為他身受的痛苦太多了。」[14]對於丁玲這樣健在的同志而言，不恢復其組織生活，所謂「恢復丁玲同志的黨籍」就無法落到實處。因此，丁玲有「那麼一點怨氣」，實際上是為了爭取和維護自己的政治權利。

但是，與此同時，轉機也在悄悄出現。是月，《人民日報》上刊登了補選政協委員名單，丁玲被增補為政協委員。20 多年來，丁玲被視為敵人，被排斥在黨和國家政治生活之外。現在，她不但回歸了人民的行列，而且有了直接參政議政的機會和權利。這自然不能不使她感到格外的興奮。更令她感到喜悅的是，那天下午政協會議進行分組討論，她在找自己的小組時走到了黨員小組，連忙掉頭說：「對不起，走錯了門」。周而復卻大聲說：「不錯，不錯，你就是我們這個組。」周而復的召喚意味著自己回到了黨的懷抱，可以參加黨的組織生活了。在極度興奮中，她都不知道自己是怎麼坐了下去。此時此刻，她不能不想起在 1957 年 12 月 6 日召開的作協總支大會上被開除黨籍的情景，也不能不想起是後多少年中每逢黨的生日時自己無法參加慶祝的痛苦與無奈。懷著孤兒回到母親懷抱般的激動心情，她於黨的生日前夕寫成〈「七一」有感〉，並於 7 月 1 日刊登在《北京日報》上。文章在簡要回顧被迫離開黨的辛酸之後，盡情抒發了回到黨的懷抱的喜悅之情：

14　丁玲：〈談談文藝創作〉，《丁玲全集》第 8 卷，第 119 頁。著重號為引者所加。

> 二十一年了，我被攆出了黨，我離開了母親，我成了一個孤兒！但，我不是孤兒，四處有黨的聲音，黨的光輝，我可以聽到，看到，體會到。我就這樣點點滴滴默默地吮吸著黨的奶汁，我仍然受到黨的哺養，黨的教導，我更親近了黨，我沒有殞歿，我還在生長。二十一年了，我失去了政治地位，但我更親近了勞動人民。勞動人民給我以溫暖，以他們的純樸、勤勞、無私來啟發我，使我相信人類，使我更愛人民，使我全心全意，以能為他們服務為幸福。今天，我再生了，我新生了。我充滿喜悅的心情回到黨的懷抱，我飽含戰鬥的激情，回到黨的行列，「黨啊！母親，我回來了！」[15]

可是，丁玲的組織關係在中國作協。當年開除她黨籍的是中國作協，要恢復她的黨員身份和組織生活，自然也只有依靠作協。雖然在政協會議上丁玲被安排在文化界的黨員小組，丁玲也因此而自認「回到黨的行列」，但作協作為一級組織卻沒有對她如何參加組織生活作出任何反應。她的戶籍仍在山西長治老頂山公社，每月 80 元的生活費仍由長治寄來，她的組織生活的恢復自然無從談起。〈「七一」有感〉的公開發表，一方面引起了許多同志的讚賞，認為她受了那麼多委屈，卻沒有改變自己的信仰，沒有絲毫流露出不滿情緒，但另一方面卻招來了物議，說她是以此向作協黨組施加壓力。9 月 20 日，丁玲再次致信中國作協黨組，要求早日落實政策，恢復她的黨的組織生活，使她以黨員身份參加第四次文代會：如果「我只是由『大右派』進而為『摘帽右派』、『改正右派』，以這樣的身份，以類似得到寬大處理的戰俘身份去參與文代會，除了證明落實黨的政策受到了阻礙，糾正歷史的錯誤不徹底，不及時，不得力外，對黨，對文

---

15 丁玲：〈「七一」有感〉，《丁玲全集》第 8 卷，第 16-17 頁。

代會議，對工作能有什麼益處，能起什麼積極作用呢？」[16]三天以後，她又直接致信中宣部部長胡耀邦，要求明確她參加文代會的政治身份，指出：「既然作協的複查結論確認一九五五年的反黨集團的結論是錯誤的，一九五七年的右派是錯劃，並決定恢復我的黨籍、行政級別，那末我便應該像最早的兩次文代會時那樣，以共產黨員的身份參與這次文代會，這是自然的。」[17]在丁玲的多次爭取下，她參加黨的組織生活問題在經歷了一波三折之後終於有了一個圓滿的結果。在第四次文代會召開前夕的 10 月 22 日，中央組織部宣教局通知第四次文代會籌備組轉告第四次文代會領導小組，自即日起恢復丁玲的黨籍，恢復組織生活。

三是澄清歷史問題。「歷史問題」一直是壓在丁玲心頭的一塊沈重的巨石。1978 年 4 月，還在山西長治嶂頭村的丁玲在對其被劃為右派問題提出申訴時，就要求對她的歷史問題進行複查。1979 年 1 月中旬，剛回到北京的丁玲又再次為自己的問題進行申訴。17 日，「發給魏伯、張僖（二人時任中國文聯副秘書長——引者）信，要四份當年批我的材料」；19 日，陳明寫信給時任中組部部長的胡耀邦。在等待中國作協作出結論的日子裏，也有令丁玲興奮的好消息傳來：3 月 23 日，「下午吳同和來，吳說，聽邁克爾（即黎雪同志——引者）說，說是胡（耀邦同志——引者）說的：丁玲的歷史結論，應照 1940 年的」；3 月 25 日，「黎雪來，說胡（耀邦同志）說的：『堅持要一九四〇年結論，至於其他（如對周等……）可以不管它。』還說『我可以去看他』。我仍覺得可以等等。」[18]在丁玲提出複查申訴一年多後，1979 年 5 月 3 日，中國作家協會複查辦公室作

16　丁玲：致張僖並轉作協黨組（1979 年 9 月 20 日），《丁玲全集》第 12 卷，第 127 頁。
17　丁玲：致廖井丹、胡耀邦（1979 年 9 月 23 日），《丁玲全集》第 12 卷，第 128 頁。
18　丁玲：1979 年 3 月 23 日、25 日日記，《丁玲全集》第 11 卷，第 492-493、493 頁。

出了〈關於丁玲同志右派問題的複查結論〉。關於丁玲 1933 年被國民黨逮捕後在南京的一段歷史問題，複查結論中寫道：「經複查，丁玲同志一九三三年被捕問題，中央宣傳部曾在一九五六年十月二十四日作過審查結論，屬於在敵人面前犯過政治上的錯誤。一九七五年五月十九日中央專案審查小組辦公室又重新作了結論，定為叛徒。但這個結論所依據的事實未超過一九五六年作結論時的根據。因此，我們認為，應維持中央宣傳部一九五六年十月二十四日〈關於丁玲同志歷史問題的審查結論〉，撤銷一九七五年五月十九日中央專案審查小組辦公室〈對叛徒丁玲的審查結論〉。」胡耀邦同志在中國作協寫這個結論之前，已經說過丁玲同志的歷史結論按 1940 年的辦，但最終在丁玲歷史問題上還是形成了這樣一個結論。丁玲很快見到了這個結論，並就其中的「歷史部分」於 6 月 8 日明確提出保留意見：「對於第一項歷史部分說『應維持中央宣傳部一九五六年十月二十四日〈關於丁玲同志歷史問題的審查結論〉』，我不能同意」。她還陳述了自己不能同意的理由：「（1）對於 1956 年的這個結論，當時迫於形勢，我在這個結論上簽了字，但同時聲明，『結論中引用的我的交代與事實有不夠確切符合之處』，作了三項帶根本性的保留。在 1957 年夏天，作家協會黨組擴大會議第四次會議上，會議主席、作協黨組書記邵荃麟同志當眾宣佈而為眾所周知：這一結論，中央組織部不予接受，退回。這就是說，這一結論沒有最後成立」；「（2）1940 年在延安，中央組織部陳雲同志親自主持，任弼時同志親自審查了我的這段歷史，作了書面結論，認為沒有問題，結論經過毛主席審批。1943 年我在黨校補充交代的一點事實，沒有推翻我過去交代的事實，也不曾改變事情的性質；沒有根據，也沒有理由以這一補充交代來否定或修改 1940 年中央組織部的正確結論」。丁玲要求「確認 1956 年 10 月 24 日中央宣傳部〈關於丁玲同志歷史問題的審查結論〉不能成立」，「確認1940年中央組織部所作的結論是正確的，應該維持這個結論」[19]。丁玲的意見送達後，中國作協複查辦公室於6月9日迅速作出了〈關於丁玲同志一九三三年被捕問題的複查報告〉，堅持認為「1956年10月24日中央宣傳部〈關於丁玲同志歷史問題的審查結論〉是實事求是的，應維持中央宣傳部於1956年10月24日《關於丁玲同志歷史問題的審查結論》」。雙方的意見截然對立，丁玲沒有在這個複查報告中簽字。事情陷入了僵局：丁玲不在這個結論上簽字、不承認自己「在敵人面前犯過政治上的錯誤」，也就意味著自己的黨籍和組織生活不能恢復——歷史問題與現實問題在丁玲那裏就這樣互相纏繞著、糾結著。

這期間，第四次文代會正在緊張的籌備之中。丁玲為了明確自己與會的政治身份，於6月21日、24日兩次致信作協黨組，並未得到回音。出於無奈，丁玲於9月23日直接致信中宣部部長，要求把歷史問題與現實問題分開解決：「難道因為我對歷史結論有不同的保留意見，就能拖延黨籍等問題的解決嗎？萬一我認為歷史結論不合事實被迫作長期保留（這是黨章允許的），是不是這些問題就一直不予解決呢？我想這是不應該的。」大概是丁玲的這封信起了作用，秋初，在一次文代會籌備小組會議上，中組部宣教幹部局副局長郝逸民在會上轉達了中組部關於丁玲問題的兩個意見。其一是，丁玲的複查結論作出來了，她本人還沒有同意，但「右派」結論肯定要改正的，她是全國政協委員，政協開會時她已經參加了政協的中共黨員會議。因此中組部建議讓她參加文代會的黨員會議。在周揚等人的要求下，中組部宣教局於10月22日送來公函，同意丁玲參加文代會的黨員會議。

[19] 轉印自徐慶全：〈丁玲歷史問題結論的一波三折〉，《百年潮》2000年第7期。

參加文代會的政治身份明確了，但丁玲黨籍和組織生活的真正恢復卻是她在經中央批准的中國作協的複查結論上簽字以後。關於丁玲在這一結論上簽字的時間與原因，黎辛回憶說，「1980 年元月丁玲才在複查結論上簽字。丁玲終於承認歷史上犯『政治上的錯誤』，這樣 50 年代批判她是事出有因了。大約三年以後，我問她：『你不同意，為什麼簽字呢？這時候早已不鬥人了，你怕什麼呢？』丁玲說：『我要生活呀，同志！』說著她笑了，『我一個月八十元生活費，要交房租、水、電、煤氣費都不一定夠，我還要吃飯的，我不簽字，作協就是不恢復我原來的生活待遇。我住的房子是我找中央辦公廳主任馮文彬要的。作協什麼事都不管我，我的沙發，是從人民文學出版社借的兩千元稿費買的。』」[20]為了「生活」，丁玲在複查結論上簽了字，這意味著自己對犯「政治上的錯誤」作了認可，但她內心深處仍然向往著 1940 年中組部的結論。1983 年 8 月，丁玲繞過中國作協直接向中組部提出申訴，「對歷史上的被捕問題，希望仍維持 1940 年中央組織部做的結論」。1984 年 3 月，中組部在查閱有關檔案資料、聽取丁玲本人意見、並徵求 50 年代處理丁玲一案的負責人李之璉同志的意見後，作出了〈關於對丁玲同志申訴的復議報告〉，後附〈關於為丁玲同志恢復名譽的通知〉，上報中央書記處。報告明確提出結論性意見，對丁玲 1933 年被捕問題，「仍維持 1940 年中組部的結論」，並「以此結論意見為准」。這個報告也曾經中宣部部務會議討論，一致表示同意，只對其中的一句話作了修改。3 月 22 日，時任中宣部部長的鄧力群附上意見，「建議中組部找陸定一、周揚、林默涵、張光年、劉白羽等同志，聽聽他們的意見，向他們做些解釋」。3 月 24 日，中組部副部長陳野蘋作出批示，同

---

20 黎辛：〈文藝界改正冤假錯案的我經我見〉，《縱橫》1999 年第 8 期。

意鄧力群的意見：「複印分送，如有意見，請告鄭伯克同志。此件已經胡喬木同志同意。」中組部將這個帶有鄧力群、陳野蘋意見的報告，分送有關同志。林默涵、劉白羽在這份報告上簽了字，對報告表示同意。周揚看了，未作表態，而臉色一沉地說，「我雖然不管事了，但這麼大的事兒，為什麼事前不跟我打招呼？」張光年則將報告壓了一個月，既不給中組部退回去，也不提意見。而在此期間，他派人跟香港聯繫，找來了原國民黨特務頭子徐恩曾寫的回憶錄。在中組部的催促下，他最後把徐的回憶錄和報告一起退回中組部。這次徵求意見，是經過胡喬木同志批准的。他交待，如果這幾個同志有不同的意見，可以保留，但不論他們有什麼意見，都必須執行。至此，丁玲所期待的歷史結論在衝破重重阻力之後即將最後形成。5月，中組部派人到丁玲家裏就〈關於為丁玲同志恢復名譽的通知〉徵求意見稿徵求丁玲意見，丁玲很自然地流露出一句話來——「我可以死了」。她以此表示「我的歷史澄清了，沒有問題了，沒有尾巴了，我心情好多了，我是可以死的人了」，因為在她看來「現在再沒有我擔心的事情了，我輕鬆了。我死了以後，不再會有什麼東西留在那裏，壓在我的身上，壓在我的兒女身上，壓在我的親人，壓在我的熟人我的朋友身上」[21]。

兩個月以後的7月14日，中組部將經中央書記處批復同意的〈關於為丁玲同志恢復名譽的通知〉最後定稿，8月1日，作為九號文件發至各省、自治區、直轄市黨委，中央各部委，國家機關各部委黨組，各人民團體黨組，解放軍總政治部，為丁玲同志「消除影響」、恢復名譽。丁玲的歷史問題經過如此的一波三折終於塵埃落定。1984年8月，丁玲看到中央組織部下發的九號文件時，抑制不住內心的

21　丁玲：〈黨給了我新的生命〉，《丁玲全集》第6卷，第286頁。

激動，給黨中央寫了感謝信。寫文章已經近六十年的丁玲第一次感到「我的文字是不夠用的，我從腦子裏找不到最合適的字眼來準確地充分地表達我現在的感情。這種感情如風馳雲湧，如果不講、不叫，我就無法平定我這種深沈而又激蕩的心情」。信中以激情四溢的語言表達了自己對黨中央的無限感激之情：「目前，中央組織部通知我：〈為丁玲同志恢復名譽的通知〉已經中央書記處批准，即將下達。這真如一輪紅日，從濃霧中升起，陽光普照大地。我沐浴在明媚的春光中，對黨的感謝之情如熱泉噴湧，我兩手高舉，仰望雲天，滿含熱淚，高呼：『黨啊！母親！你真偉大！』」並熱情歌頌了三中全會以來黨的路線、方針，表達了自己努力為黨工作的決心：

> 三中全會以後，黨中央大力恢復實事求是的革命傳統，為許多人平反了冤假錯案，也為我恢復了黨籍。我有權寫文章了，能為黨大膽工作了，我的心情就很愉快了。儘管偶爾也還有一絲薄薄的網絡籠罩著我，有些陰影不時像幽魂似的遊蕩在我周圍，也有些閒言閒語，不可能不傳到我耳裏，即使我努力保持樂觀、豁達，也難免不對我的精神情緒不發生絲毫影響；而且總會覺得這是一點缺憾。但現在卻什麼都澄清了。黨內的一些同志，以及黨外的一些人士，也會為此感到欣慰。我還有什麼要說的呢？沒有了。我只有向黨盟誓：丁玲永遠是屬於中國共產黨的，是黨的一個普通的忠實戰士。我年事不小，有點宿疾，但身體還可以，精力也算充沛，腦子還不糊塗。今後我更要鼓起勇氣，為黨的文藝事業的發展，貢獻餘生。[22]

---

[22] 丁玲：致中央組織部並轉黨中央（1984 年 8 月），《丁玲全集》第 12 卷，第 242、243 頁。

與此同時或稍前，她還口授了一篇文章，除了表達與該信相同的情思內容外，還特別闡述了政治名譽對於一個共產黨員的重要性：「對一個共產黨員來說，誣衊她的名譽、在敵人那裏有過叛變行為，這對一個真正的共產黨員是不能接受的。現在呢，組織上給我作了結論，黨給我恢復了名譽，我還有什麼要求呢？我什麼都不需要了。一個共產黨員的名譽比生命還寶貴，這等於是給了我一個新的生命啊！正如〈通知〉上所說的：我『是一個對黨對革命忠實的共產黨員』，那麼，我是一個純粹的共產黨員，這符合歷史，符合現實，我沒有任何其他的要求。」[23]一塊壓在她心頭的巨石終於被搬掉，她的政治名譽終於得到恢復，已經 80 高壽的她感到了由衷的輕鬆和釋然。

從摘掉右派帽子到恢復組織生活再到澄清歷史問題，丁玲問題的平反從 1978 年 7 月起，至 1984 年 8 月止，前後持續了 6 年多時間。在丁玲漫長而坎坷的平反之路上，固然可見新時期我國政治生活中撥亂反正的深入，但也可見在社會轉型時期「左」的阻力之大。特別是在丁玲歷史問題上波折的出現，很清楚，「主要是因為『左』的東西」，在於「政治上的極『左』路線和文藝界的宗派主義」[24]。面對著重重阻力，為了維護自己的政治權利，丁玲以自己執著的努力和堅韌的意志，進行了持久的抗爭，顯示出了捍衛自我尊嚴、反抗不公正命運的精神。「五四」個性精神之火在丁玲對自我政治權利的爭取和維護中又一次閃耀出了璀璨的光芒。

23　丁玲：〈黨給了我新的生命〉，《丁玲全集》第 6 卷，第 287 頁。

24　鄭伯農、陳漱渝語，見〈撥亂反正的歷史結論必須堅持——中國丁玲研究會針對《百年潮》雜誌發表「丁玲歷史問題結論的一波三折」一文召開的專題座談會記錄（摘要）〉，楊桂欣編：《觀察丁玲》，大眾文藝出版社 2001 年版，第 390、388 頁。

第二節　韋護精神

1979 年末，第四次文代會期間，畫家高莽為丁玲畫了一幅像。丁玲看後很高興，認為畫得形神兼備。高莽請她題詞，她不假思索地寫上了「依然故我」四個大字。站在旁邊的丁玲的原任秘書張鳳珠深深感到，「雖然只有四個字，卻擁有她個人心靈上太豐富的內涵。我想這是她在宣告：這就是丁玲，她的心，她的感情，她的靈魂是沒有什麼力量能夠改變的！」[25]丁玲從 20 年代就確立的「五四」個性精神和自由品格在經歷過無情的政治風暴的襲擊和洗禮之後，仍舊「依然故我」，這確實是沒有什麼力量可以把它徹底改變的。

「五四」個性精神和自由品格是在中國社會進入到徹底反封建時代時、在反封建的啟蒙運動中才得以形成和確立的。它以「人」的發現為前提，積極鼓吹在尊重個體權利基礎之上的獨立思索與獨立行動，其內涵既包括對個體的人生關懷，也包括對個體生存環境的關懷(即社會關懷)，其目的則在於使人生與社會趨於合理、美好。在「五四」時期創刊的《語絲》的〈發刊辭〉中，周作人說，「我們只覺得現在的中國的生活太是枯燥，思想界太是沈悶，感到一種不愉快，想說幾句話，所以創刊這張小報，作自由發表的地方」；「我們這個周刊的主張是提倡自由思想，獨立判斷，和美的生活」。該刊終刊後，魯迅對其思想文化特色也作出了這樣的概括：「任意而談，無所顧忌，要催促新的產生，對於有害於新的舊物，則竭力加以排擊」[26]。周作人和魯迅對《語絲》創刊目的和刊物特色的說明，正是對「五四」個性精神和獨立品格的一個形象注解。自稱「吃魯迅

---

[25] 張鳳珠：〈我感到評論界對她不夠公正〉，《黄河》2001 年第 2 期。

[26] 魯迅：〈我和《語絲》的始終〉，《魯迅全集》第 4 卷，第 167 頁。

的奶長大」[27]（也是吃「五四」的乳汁長大）的丁玲自覺繼承了「五四」傳統，在最初走上文壇時就以《莎菲女士的日記》等作品表現出了對人生的關懷，後來雖然走向「革命」，但她仍然以〈我在霞村的時候〉、〈在醫院中時〉、〈「三八」節有感〉等表現了社會關懷，以自己的獨立思索弘揚了反封建的主題。建國以後，在她以一名「小號兵」的身份積極為新體制、新規範的建立和鞏固搖旗吶喊時，以及在後來遭遇「風雪人間」的苦難時，她仍然忘懷不了並時時反顧「五四」個性傳統。在進入社會主義新時期以後，她發現不管是在社會上還是在文藝界，人們所面臨的一個共同的時代課題仍然是反封建。她指出：「總結幾十年來的革命經驗，特別是十年大動亂的教訓，使我們痛定思痛，大家越來越看得清楚，在我們的國家裏，甚至在我們黨內，封建主義的殘餘影響還非常嚴重」[28]：在農村，「封建思想大大回潮」；在文藝界，作為封建思想之具體表現的宗派主義，還在繼續著。

為了消除封建主義的殘餘影響，丁玲在這一時期更多強調的是一種社會關懷。她繼承「五四」社會批評和文明批評的傳統，以「五四」式的個性精神和自由品格積極提倡「講真話」，號召人們要發揚直面現實、干預現實的「韋護精神」。韋護是佛教裏韋陀菩薩的名字。其塑像手持寶劍，被置放在第一殿佛像的背後，背對塵世，面對著正殿（第二殿），只看佛面。瞿秋白同志生前對韋陀「一發現塵世的罪惡，就要抱打不平，就要拔劍相助，就要伸手管事」的精神十分推崇，喜歡把自己比作韋陀，並用「屈（與『瞿』諧音——引者）韋陀」作筆名發表過文章；而丁玲於 1929 年創作的以瞿秋白為主人公原型、描寫其革命與戀愛相衝突的長篇小說也曾以〈韋護〉為題。

27　丁玲：〈我便是吃魯迅的奶長大的〉，《丁玲全集》第 8 卷，第 204 頁。

28　丁玲：〈生活・創作・時代靈魂〉，《丁玲全集》第 8 卷，第 105 頁。

半個世紀過去了，丁玲又想起了韋護，並於 1980 年 6 月以〈韋護精神〉為題，積極提倡「伸手管事」、疾惡如仇的韋護精神，強調「我們就是應該效法韋陀菩薩，我們要有更多的韋陀菩薩，人人關心國家大事，大膽干預生活」。丁玲此時倡導韋護精神，主要為了召喚人們去鬥爭，「為了掃除新長征中的障礙，振興國家，造福人民」。當時，社會正處在轉型期，前途光明，但問題不少、任務艱巨：「對我們社會裏的封建殘餘以及資本主義的新垃圾，我們不應熟視無睹，和平共處，也不能合十打坐……林彪、『四人幫』為禍十年，我們民族受難，人民遭殃。現在他們雖然得到了應有的下場，但他們的流毒還遠未肅清。封建主義的枷鎖也應進一步破除。」[29]所有這些問題，都必須靠人們發揚韋護精神去解決。

丁玲提倡以韋護精神大膽干預生活，在內容上繼承了「五四」社會批評的傳統，在精神上則繼承了「五四」「任意而談，無所顧忌」的個性主義傳統。在政治風暴襲來的時候，在「風雪人間」的歲月裏，丁玲曾經也於無奈之中湮滅過自己的個性，作過違心的檢討和認罪。因此，此期她對「五四」個性精神和「無所顧忌」的「說真話」傳統的繼承，也必然伴隨著對自己曾經迷失個性的反思。1980 年在中國作協文學講習所對青年作家發表講話時，丁玲承認：「過去對我們這個社會，特別是對於我們黨受到的社會的舊影響，認識是不深刻的。我挨了打還說好，說應該。檢討寫了那麼厚。檢討的時候我腦子裏只想：『什麼時候我才可以不寫檢討？千萬不要再寫這樣的檢討了』。」[30]1982 年 9 月 3 日，丁玲在列席中國共產黨第十二次全國代表大會時，在中直機關第二組小組會上的發言中對自己的過去曾作出了這樣的反思：「長時期內，為什麼我們共產黨卻鼓勵人、

[29] 丁玲：〈韋護精神〉，《丁玲全集》第 8 卷，第 91、92 頁。

[30] 丁玲：〈生活・創作・時代靈魂〉，《丁玲全集》第 8 卷，第 103 頁。

強迫人說假話？而我自己也抵制不住，先是為保留黨籍（開除黨籍就切斷了我和人民的聯繫），後是為保留人籍（如果失了人籍，黨籍就將永遠失去），我不斷地認罪，寫檢討，按手印。我永遠慚愧，我沒有像有些同志那樣，做到『不怕開除黨籍、不怕坐牢，不怕殺頭……』的教言。」[31]在她一再所作的這種真誠而沉痛的反思中，我們看到的是丁玲個性的回歸和她對個性的堅守。1982 年在故鄉臨澧發表講話時，她是這樣說的：「我想講什麼，我都可以講。講錯了，我不怕丟臉。如果因為我是什麼『長』，又是個什麼『家』，總得像個『長』的樣子，像個『家』的樣子，拉不下臉來，我就會不自在。……」[32]「我想講什麼，我都可以講」，這簡直就是活脫脫的「五四」話語。

丁玲是這麼表白的，也是這麼做的。她以「伸手管事」、疾惡如仇的韋護精神大膽干預生活，常常「無所顧忌」地講，其中講得較多的是社會問題和文藝界問題。一場政治風暴過後，丁玲被打入民間，與普通民眾在一起生活了近二十年，對農村、農民的情況相當熟悉，因而她對社會問題的關注常常是從農村談起的。如 1979 年 6 月她在中國人民政治協商會議第五屆二次會議小組會上的發言中，她向大家彙報的都是「近三年多我在農村聽到、看到、體會到的一些東西，從鄉下帶來的點滴生活」。她談到了農民生活的貧困：糧食嚴重不足，吃菜很少，甚至沒有錢買鹽；談到了農村封建思想的回潮：農村中有陰婚，姑娘死了，還要出嫁，還收彩禮；求神拜佛成風，沒有廟，即以一棵樹、一口井代替；變相的買賣婚姻更不用說了。但她前後談得最多的卻是農村中的幹部特權問題和緊張的幹群關係問題。1979 年在政協小組會上的發言中，她指出：「老百姓說，

---

31 丁玲：〈總結歷史教訓，加強文藝隊伍團結〉，《丁玲全集》第 9 卷，第 415 頁。

32 轉引自丁玲致楊桂欣（1984 年 6 月），《丁玲全集》第 12 卷，第 235-236 頁。著重號為引者所加。

現在一個幹部『翻身』只要五六年，當了五六年幹部，就房子有了，寫字臺有了，立櫃有了。我們農民餵雞，賣雞蛋，賣豬肉。可是縫紉機、自行車全到那些不賣雞蛋不賣肉的幹部那裏去了。過去一個地主發家得兩輩三輩，現在只要能當上幹部，就用不了幾年。……這是為什麼，人人心裏都清楚。」[33]1980 年 7 月，在接受《文匯增刊》記者採訪時，她不但承認確實存在幹部特殊化的問題，而且把搞特權的幹部與舊時代中的地主相比，指出前者較之後者甚至到了有過之而無不及的地步：「事實上，我們的某些特權，有時比舊社會的官僚、地主特權要高。過去，地主只有財政，只有土地權，他不直接管政權；而現在我們只要有權力，就什麼都有了，什麼都管了。農村一個大隊書記就了不起，簡直就成土皇帝了。過去地主剝削我，我還可以不租你的地；我可以另外找一個……現在，你待在這個大隊，你就屬這個大隊書記管，大隊書記說怎麼樣，就怎麼樣。……現在有些情況比過去還厲害。過去秦始皇修阿房宮，只在長安修，沒有在全國修。可是有一陣子不是北京、上海、杭州……不少地方都有修而不用的『行宮』嗎？不是比封建皇帝還厲害嗎？」[34]少數幹部搞封建特權大大降低了黨的威望，嚴重損害了幹群關係。這也是為丁玲所痛心的。在政協會議的那個發言中，丁玲痛心地指出：「黨的威信在群眾中降低了。他們就不相信我們的領導幹部艱苦樸素，不要特權，他們總把黨的領導人的生活看得不知如何榮華富貴……抗戰時的那種軍民關係沒有了，對上邊來的人，少數是阿諛奉承，大多數是敬而遠之。」[35]1982 年 9 月 3 日，在列席中國共產黨第十

[33] 丁玲：〈在中國人民政治協商會議第五屆二次會議小組會上的發言〉，《丁玲全集》第 9 卷，第 391 頁。

[34] 丁玲：〈談談文藝創作〉，《丁玲全集》第 8 卷，第 115 頁。

[35] 丁玲：〈在中國人民政治協商會議第五屆二次會議小組會上的發言〉，《丁玲全集》第 9 卷，第 392 頁。

二次全國代表大會期間，她在中直機關第二組小組會上發言時也說：「二十多年來，三中全會以前，我在下面極痛心地看到我們黨在人民群眾心目中的形象，一天比一天壞。……戰爭時期，在下面，老百姓看見幹部來了，都熱情歡迎；現在的幹部來了，老百姓都溜邊，不得已時，便假臉歡迎，不說真話。」[36]

丁玲對這些社會問題（尤其是幹部特權問題）的關切，表現出了一個正直的知識份子的良知和社會道義感，表現出了她對「五四」時代所界定的文學家的社會角色的認同，表現出了對「五四」個性精神的堅持和傳承。在幾乎舉世歡歌十一屆三中全會以來出現的新局面的情況下，丁玲卻敢於以如此尖銳的語言說真話。這確實做到了她所聲稱的「我想講什麼，我都可以講」。當然，她以巨大的勇氣指出這些問題，最終目的還在於引起大家的注意，一起來解決這些問題。這正如她在指出「現在我們這個國家有病，我們很多人有病」時所說的，「有病不能諱疾忌醫。拖只有讓病更厲害，不是長久辦法，該動手術就得動手術」[37]。

丁玲對具體社會問題的關注和批評，表現出了其「任意而談」、思想解放的一面。她的這一思想質素同時還表現在對當時僵化的思想風氣的衝擊和批評中。1979 年，在改革開放後不久，不少得時代風氣之先的年輕人在價值觀和行為方式上迅速發生變化。他們開始撇下虛幻的理想，以務實的心態重視並追求實利，同時在行為模式上重在標新立異、展示自己的個性。這招致當時許多思想保守者的批評，認為這是他們「表現不好」的表現。11 月 8 日，丁玲在中國作家協會第三次會員代表大會上發表講話，公開為這些勇於創新的年輕人張目：

[36] 丁玲：〈總結歷史教訓，加強文藝隊伍團結〉，《丁玲全集》第 9 卷，第 415 頁。
[37] 丁玲：〈生活・創作・時代靈魂〉，《丁玲全集》第 8 卷，第 103-104 頁。

……儘管有人批評我們現在一些年輕人，說他們總想搞間好房子，想做個沙發，想搞個什麼……我的看法不一樣。那天在小組會上我講了：穿喇叭褲有什麼要緊，他們覺得穿喇叭褲好看，好看就穿嘛！你不習慣！你要習慣了也會覺得喇叭褲好看。我們都穿一個顏色，不是藍的就是黑的，再不就是灰的，是不好看！穿個紅的穿個綠的，好看嘛，年輕人嘛，穿衣服有他們的個性，願意穿裙子就穿裙子，對這我覺得無所謂，因為這些就說我們青年表現不好，大概不確切。[38]

後來有一次，她在給青年作家講話時，也是語出驚人。她說：「什麼思想解放？我們那個時候，誰和誰相好，搬到一起住就是，哪裡像現在這樣麻煩！」[39]丁玲發表的這些言論，其意義不僅僅在這些問題的本身，更在於她要借此來衝擊當時僵化的思想觀念。關於言行舉止、穿著打扮、婚姻習俗等等，看上去好像是生活中的小事，但實際上它們是文化的載體、思想觀念的載體。歷史真是驚人的相似。「五四」時期，關於女子剪辮、放腳，在新文化陣營與封建保守派之間也曾經展開過激烈的論辯，這實際上關乎新舊兩種不同文化觀念的衝突。而丁玲此時對青年穿喇叭褲、穿裙子的聲辯，實際上也是要用「新」來衝擊「舊」，用「新」來衝擊在封閉的環境中形成的僵化的思維模式。

在關注社會問題的同時，作為一位作家，作為文藝界「左」的錯誤的受害者，丁玲理所當然地還關注著文藝界的問題。建國以來，由於文藝本身所具有的意識形態性質，也由於高層領導對文藝的高度重視，在很長時間內，文藝界矛盾盤根錯節、鬥爭層出不窮，文

---

[38] 丁玲：〈講一點心裏話〉，《丁玲全集》第 8 卷，第 70 頁。

[39] 轉引自王蒙：〈我心目中的丁玲〉，《讀書》1997 年第 2 期。

藝界的動向甚至成了國內政治氣候的晴雨錶。到了社會主義新時期，如何清除文藝界的「左」的錯誤，如何在政策上為文藝界營造出一個寬鬆自由的整體環境，一直是丁玲思考和言說的重點。她以大無畏的韋護精神，著重從以下正反兩個方面「無所顧忌」地發表了自己的意見：

一是根除文藝界的宗派主義和不正之風。丁玲是文藝界的宗派主義和不正之風的直接受害者，對此，她有著切膚之痛。1979 年 11 月 8 日，丁玲在中國作家協會第三次會員代表大會上講話時，對宗派主義的批判也是從總結歷史教訓開始的。她指出：「我們是吃了虧。文藝界吃的虧，大得很吶！」她「總想搞清楚，我們這個虧是吃在什麼地方」。經過深入思考，她發現，「我們文藝界有一個封建的東西，這個封建的東西要是打不倒」，後果不堪設想。於是，丁玲這位從 15 歲（1919 年）起就開始反封建的戰士大聲疾呼：「我們現在還要反封建，反什麼呀？就是要反文藝界的宗派主義（熱烈的掌聲）。我們要不把這個東西反掉，管你談什麼百花齊放，百家爭鳴，團結起來向前看，講的很多很多，但是，只要這個東西還在就危險」[40]。三年以後的 1982 年 9 月，她在列席中共十二大期間的一個小組會上，又再次強調：「封建思想在文藝界的具體表現就是宗派主義，衷心希望今後宗派主義這類事，再不要繼續、重演了」；並且提出質問：「文藝界有沒有『一言堂』？有沒有終身總統制？有沒有任人唯親？有沒有沿著錯誤的老路繼續踏步？有沒有臺上握手、台下踢腳和其他的不正之風？」[41]為了從體制上徹底剷除宗派主義產生的基礎，丁玲還提出文藝界的領導要經過民主選舉產生。她說：「我是贊成選舉的，選到誰，誰就當。哪怕選錯了，也沒關係，當兩年，下臺，

40　丁玲：〈講一點心裏話〉，《丁玲全集》第 8 卷，第 73 頁。

41　丁玲：〈總結歷史教訓，加強文藝隊伍團結〉，《丁玲全集》第 9 卷，第 417 頁。

再選，再當兩年，下臺」；領導文藝界「要靠『百花齊放，百家爭鳴』，靠把大家的意見集中起來領導」。她甚至還提出要取消文藝界的有關領導組織，因為在她看來，文學是靠黨領導的，而不能由一兩個人來領導。因此，「能夠把這個衙門取消，真的做到『百家爭鳴』，那我覺得還有希望。要不然，老是把自己陷到小圈子裏，陷到你呀，我呀；你們哪，我們哪；老哇，少哇；左哇，右哇；解放呀，保守呀；……老陷在這裏面，花費很多精力，不會有成績」[42]。從建國初年為建立文學新體制搖旗吶喊、並任職於有關領導組織，到現在提出取消領導文藝界的「衙門」，就此而言，丁玲在「思想解放」的潮流中走得實在夠遠的了。

二是提倡藝術民主和創作自由。藝術民主和創作自由，關乎黨的文藝政策，也關乎文藝界整體氛圍的營造。歷史的教訓值得注意。在第一次文代會上，在周揚所作的〈新的人民的文藝〉報告中，就將批評視為「實現對文藝工作的思想領導的重要方法」而予以強調；丁玲自己在報告中也把批評的作用界定為「對文藝工作、對作品指出方向，明辨是非，評定高低」。這樣，文藝批評往往成了一種判決，對作家取得了生殺予奪的無上地位，作家因此常常喪失了反批評的民主權利。經過多年實踐，到新時期丁玲終於發現：「由於多年來我們缺乏民主，有的人習慣於把評論當成打人的棍棒，當作法庭的終審判決，所以至今有的同志談虎色變，一聽到批評就緊張」[43]。為了糾正這種傾向，充分發揮藝術民主以繁榮文藝事業，1980 年 7 月，丁玲在接受《文匯增刊》記者採訪時公開提出要「改善和加強黨對文藝工作的領導」，並將「文藝批評的民主化」視為其中的重要方面：

---

42 丁玲：〈談寫作〉，《丁玲全集》第 8 卷，第 276 頁。

43 丁玲：〈生活・創作・時代靈魂〉，《丁玲全集》第 8 卷，第 106 頁。

> 我以為作家發表作品，評論家發表批評文章，一般地都不要禁止發表，應該允許發表，作品即使有錯誤，評論文章即使與領導上的意見不相同，不一致，也應該允許發表，要讓群眾來檢查、鑒定，大家寫文章。領導有意見，當然可以而且應該參加批評，但是不搞家長制，一言堂，也是一家之言。領導同志也有評論的自由。作家不同意，也可以反批評。[44]

類似這樣的意見，丁玲在此前後也曾反復表述過。稍前（1980 年 6 月），在中國作協文學講習所向青年作家發表講話時，她說：「某篇作品真的有什麼錯誤，我如果以個人名義寫文章，我與作者是平等的，我是評論家，你是作家，我批評你，我把話講在當面，文章寫在紙上……那沒有什麼嘛！那很光明正大嘛！」[45]稍後（1980 年 12 月），她更撰寫了〈我所希望於文藝批評的〉一文，提出：「作家反對專橫，蔑視棍子」；批評工作是「民主運動的一部分」，批評工作要大膽，思想要解放，要獨立思考，秉公執言，不隨風倒，不察言觀色，不仰承長官旨意；「作家反對官僚，反對一言堂，反對迷信，反對造神」[46]。所有這些意見，都是丁玲在總結我國幾十年文藝批評的歷史教訓的基礎上提出來的。它們既具有厚重的歷史感，對新時期文藝批評的民主和文藝創作的繁榮也有著切迫的時代感和現實性。丁玲自己是這麼說的，在很多情況下也是這麼做的。甚至為了保護作家的創作積極性並為作家營造出寬鬆的環境，她有時還審時度勢，棄置了自己批評的機會。據張鳳珠回憶，「大約是在 80 年代，劉賓雁寫了一篇小說，題目好像叫〈警告〉，丁玲不喜歡這篇小說，說他怎麼把環境和色彩都寫的那樣陰森呢？我向老太太說：你可別

---

[44] 丁玲：〈談談文藝創作〉，《丁玲全集》第 8 卷，第 118 頁。

[45] 丁玲：〈生活・創作・時代靈魂〉，《丁玲全集》第 8 卷，第 106-107 頁。

[46] 丁玲：〈我所希望於文藝批評的〉，《丁玲全集》第 8 卷，第 142-144 頁。

去寫文章批他。老太太說：我怎麼會去批他，他現在寫得很艱苦，又總被點名，我不會去批他。」[47]雖然丁玲的這種做法未必值得提倡，但她由此表現出來的為作家營造一個寬鬆環境的拳拳之心還是令人感動的。

在丁玲看來，要營造出文藝界寬鬆和諧的氛圍以解放文藝生產力，除了要改變以往將批評當作打人棍棒的現象，還要在政策上還作家以創作自由。1985 年 2 月，胡啟立同志代表黨中央在作協第四次代表大會上所作祝辭中說：「文學創作是一種精神勞動，這種勞動的成果，具有顯著的作家個人的特色，必須極大地發揮個人的創造力、洞察力和想象力，必須有對生活的深刻理解和獨到見解，必須有獨特的藝術技巧。因此創作必須是自由的。」丁玲在聽取這個祝辭後表示熱烈歡迎，並以抑制不住的喜悅之情寫下了極富情感色彩的〈多麼美好，中國的春天！〉。她把「創作自由」政策的出臺比作是美好春天的到來：「春天充滿生機，春天預示著希望，春天召喚著勞動」。雖然她也看到要在文藝界清除為害幾十年的「左」的影響，真正實現創作自由，還需要做許多艱苦的工作，但她在新春之際仍然殷切寄語文藝界的新老朋友：「珍惜創作自由，正確運用創作自由，為實現中國文藝的大繁榮，努力工作」[48]。丁玲對黨中央「創作自由」政策的擁護是由衷的，因為這也是她多年以來熱烈向往、孜孜以求的。在她看來，要真正獲得創作自由，作家自己首先就要解放思想，並以自己的努力和勇氣去爭取自由。早在 1982 年 3 月，在 1981 年全國優秀短篇小說發獎大會上，她就強調：「作家的思想還是要解放，創作要自由，要從各種桎梏中解放出來，不能『怕』字當頭，一定要從不自由中獲得自由。作家總會從社會生活中得到

---

[47] 張鳳珠：〈我感到評論界對她不夠公正〉，《黃河》2001 年第 2 期。

[48] 丁玲：〈多麼美好，中國的春天！〉，《丁玲全集》第 6 卷，第 304 頁。

感應，總會有意見要發表。作家在創作的時候，只能寫自己的感受，不能有這樣那樣的框框。這幾年有許多同志寫文章表示要說真話，提倡說真話，這是對的。……我贊成作家應該說自己的話，應該說真話。」[49]1985 年 4 月在中國作協陝西分會座談會上的講話中，在論述創作自由時，她又進而提出了反對行政干涉的命題。她指出：

> ……我們現在講的創作自由，不是講的作家的精神狀態、感情的自由，而是講的行政干涉太多。行政干涉，可能有的地方、有的時候做得過了頭，如發了篇有點什麼問題的文章，把刊物查禁了，就過頭了。批判一下，檢討一下就是了，要停刊，那必須這刊物的方針、路線都是反對社會主義的。只是格調低些就停刊，是不好的，這一類問題就是行政干涉太多。還有號召問題，我認為，號召是可以的，但不能強迫，號召也不是強迫，不是命令……不能說因為黨號召了就不自由了，寫不寫由作家自己嘛！……號召是需要的，但不能強迫，干涉太多了，不自由，沒好處。[50]

總之，一方面，作家本人要解放思想、要有勇氣；另一方面，在創作上要反對過多的行政干涉。這就是丁玲在如何實現真正的「創作自由」問題上的主要思考。

綜上，丁玲在復出後的近十年中，以「依然故我」的個性姿態和直視現實、干預現實的「韋護精神」，對社會問題和文藝界問題「無所顧忌」地發表了許多精闢而尖銳的意見，表現出了對「五四」個性精神的堅持和傳承。在這些意見中，貫穿了一條精神的總綱——這就是「反封建」：「總結幾十年來的革命經驗，特別是十年大動亂

---

49 丁玲：〈如何能獲得創作的自由〉，《丁玲全集》第 8 卷，第 152 頁。

50 丁玲：〈紮根在人民的土地上〉，《丁玲全集》第 8 卷，第 479 頁。

的教訓，使我們痛定思痛，大家越來越看得清楚，在我們的國家裏，甚至在我們黨內，封建主義的殘餘影響還非常嚴重。……建國以來，我們吃的封建主義的苦頭還少嗎？一言堂、終身制、家長制，這種玩意兒不少呢。要發表一篇文章，如果稍稍不合某些領導人的口味，或者與某位領導同志的意見相左，就不准發表，發表了的刊物就會有停止發行的危險。」她曾經提出：「我們不只是要竭盡全力，從體制上，作風上，領導上清除封建主義在生活中的殘餘影響，也不要忘記用我們的筆，在我們的作品裏，塑造反封建鬥爭的戰士和不朽的英雄，這是我們創作的一個重要方面。」[51]而她則以自己的反封建的實踐在現實生活中塑造出了一個「反封建鬥爭的戰士」形象。這構成了新時期丁玲思想的一個重要方面。

第三節　《「牛棚」小品》與其他

丁玲復出以後繼承「五四」個性精神，在以「伸手管事」的「韋護精神」直接干預現實、進行反封建鬥爭的同時，還以散文創作和文藝評論表現出了對自由和個性的審美追求。在這一方面，首先要提及的是她的《「牛棚」小品》以及對之作擴大和深化的《風雪人間》[52]。《「牛棚」小品》是她在得知患了乳腺癌之後，在醫院中以巨大的毅力寫出來的。對這篇在死神的威脅下用生命的血淚和餘熱寫就的作品，丁玲十分珍視，並在發表之前多次向家人和朋友徵求意見。丁玲在她的日記中記述道：1979 年 3 月 11 日起寫，寫完其中一章後即讀給陳明聽，陳「頗感興趣」；「給鳳珠看了，她說，這種東西會

---

[51] 丁玲：〈生活・創作・時代靈魂〉，《丁玲全集》第 8 卷，第 105 頁。

[52] 《風雪人間》共有上、下兩卷，在下卷中收入了《「牛棚」小品》（三章），編為其中的第（二）、（三）、（四）章。

有讀者的。未說好壞。」3月20日，「李納、朝蘭來，讀《「牛棚」小品》，說很感動」[53]。3月24日，在寫完《「牛棚」小品》後，她因「近日為周『文』（指趙浩生的長篇訪問記〈周揚笑談歷史功過〉一文——引者）所苦。決先寫《風雪十二年》。」[54]該書後更名為《風雪人間》，直至1985年上半年寫完，前後共有六年之久。

《「牛棚」小品》是在「傷痕文學」的高潮中誕生的。關於它的創作背景和創作動機，丁玲事後有過這樣的說明：「《「牛棚」小品》是一九七九年四月（應為三月——引者）我住在友誼醫院時寫的。我原無心寫我自己，只是在讀了別的同志寫的『牛棚』生活、夫妻愛情、生離死別的散文以後，心有所感，才提筆試一為文的。我想要寫出這種傷心，但不要使人灰心，使人憐憫，不要傾瀉無餘，而要留幾縷情思，令人回想。」[55]確實，在《「牛棚」小品》（以及《風雪人間》）中，作者積極順應「傷痕文學」的思想潮流，秉筆直書地寫出了「這種傷心」。她以如椽之史筆描畫了人間凜冽的風雪，揭露了在特殊歷史時期中人妖顛倒的現實怪像，控訴了左傾錯誤對人性的扭曲和剝奪。這是作品表現出來的最重要的思想意義之一。作品中一再寫到她被監督勞動時，那些被極左路線扭曲了人性的造反派們對她大施淫威的情景：中午收工時，她拖著疲憊的身軀回到集體宿舍，想躺一躺，舒展一下幾乎要散架的筋骨。但是耳邊立即傳來了「你還配睡午覺」的吆喝：「她怎麼也敢睡覺？！她怎麼能和我們一樣？我們是革命派，她是反革命，我們休息，她也休息，那怎麼成呢？」於是，她被轟了出去。她想抽口劣質香煙，也立即遭到干涉和謾罵：「什麼東西！不准抽煙！」麥收時節，她被勒令下大田，

53　丁玲：1979年3月11、20、24日日記，《丁玲全集》第11卷，第489、492頁。

54　丁玲：1979年3月11、20、24日日記，《丁玲全集》第11卷，第493頁。

55　丁玲：〈《「牛棚」小品》刊出的故事〉，《丁玲全集》第9卷，第298頁。

手拿鐮刀參加重體力勞動。因為她平素缺乏勞動鍛煉，手腳笨，割得慢，於是，「常常遭受女將們的斥罵」。這些造反派們在極左路線的毒害下扭曲了人性，而異化成了非人。聽到那個女將對她抽煙的斥罵時，她禁不住產生了可憐之情：「我冷冷地看著她，看著她那一副傻相，想罵她幾句，但不知為什麼，一股可憐的心情壓過了一切憎惡的感情，『唉！她怎麼會變得這樣蠢，真像一隻野貓。』」[56]她們變得「傻」、變得「蠢」，變成了「野貓」，這正是極左路線的傑作。從這個意義上說，她們這些為虎作倀的施虐者也是極左路線的犧牲品。這也正是丁玲對她們表示「可憐」的原因。

極左路線為害之甚，不但扭曲、異化了那些為虎作倀的施虐者的人性，而且更直接、更強烈地造成了對被損害者的巨大傷害——它從物質到精神全面剝奪了他們的人權。在〈立竿見影的勞動〉中，丁玲以巨大的義憤揭露了極左路線對自己殘酷的肉體折磨。有一年夏秋之間，幾乎天天下雨。廁所上聚下滲，人人都以去廁所為苦。這時，丁玲卻被勒令去打掃廁所，並把茅坑裏的糞水掏乾。糞坑的面積很大，她舀得很慢，一天從早到晚，舀了五六千瓢，糞水才下去一尺多。但地下水滲得很快，過一夜又會上漲半尺。她不由得「想到希臘神話裏那個被神處罰的那個人，他每天從井裏淘水，每天把水淘幹了，一夜又漲滿了。好像我也將永世這樣幹下去一樣」。比起這些有形的強度勞動和肉體折磨來，使丁玲更難承受的是無形的心靈摧殘。在當時的環境下，正常的人際關係卻被極左政治污染、異化了，被打成右派的丁玲甚至到了眾叛親離的地步。她離開北京到農場來，本以為可以悄悄地勞動，但哪知卻「又掉進了那些比針還尖，比冰還冷的鄙夷的憤怒的目光中」，作為「展覽」和「示眾」的

56 丁玲：《風雪人間·「你還配睡午覺」》，《丁玲全集》第10卷，第174頁。著重號為引者所加。

材料，受到人們冷漠的歧視。剛到湯原，她和陳明進食堂時，食堂裏的人一層一層地端著飯碗，好像排著隊在那裏，還有許多人擁到門口來看大右派了，兩邊房子裏也擁出人來站在門口傻望。他們到了食堂裏面，圍繞著他們的人牆還跟著移動，只在他們的四周留出一點距離。看客的圍觀使丁玲感覺到自己好像一個「在行刑前插著木標遊街示眾」的犯人，她的「心比一片片被人絞殺著更難過的那樣戰慄著」[57]。在疏離她的人群中，除了農場工人外，還有她的兒子。在寫成於 1985 年 1 月、初發於《人民文學》1985 年第 3 期上的〈遠方來信〉中，她痛苦地記述了 1958 年 8、9 月間在蘇聯留學學習潛艇設計專業的兒子的斷絕聯繫的來信給她的致命打擊。她雖然理解兒子的處境，知道這樣做是為了爭取保住自己學習的專業，但此時更需要愛和溫暖的她卻被兒子的冷靜凍僵了:「兒子啊！你也許不會想到從此你媽媽將被送上絞架，送到天國、送到地獄、送到永遠的黑暗中去。」[58]親人的疏離、親情的失落，使丁玲產生了沈深的痛苦。在去世前一年，已經 81 歲高齡的丁玲還寫下這篇泣血之作，可見這一由極左政治所導演的「親離」事件給她造成的心靈傷痕該有多深！她固然也知道兒子是無辜的，兒子的這一舉動也是出於無奈，但也正因為如此，她從中更體悟到了極左政治的高壓和淫威，更體悟到極左政治剝奪人情人性的殘忍。

作品在揭露極左政治對人性的扭曲和剝奪的同時，還挖掘和謳歌了在極左政治的高壓下潛伏在人們心靈深處的美好情愫，在苦難的生活中展示了令人感奮的人情美和人性美。丁玲所說的「要留幾縷情思，令人回想」，主要就表現在這裏。這是作品中所蘊涵的重要思想意義的又一方面。1982 年，丁玲在談《「牛棚」小品》的創作

57　丁玲：《風雪人間・展覽》，《丁玲全集》第 10 卷，第 150 頁。
58　丁玲：《風雪人間・遠方來信》，《丁玲全集》第 10 卷，第 163 頁。

時說：「粉碎『四人幫』之後，我看了一些抒寫生死離別、哭哭啼啼的作品，我不十分滿足，我便也寫了一篇。我的經歷可以使人哭哭啼啼，但我不哭哭啼啼。」[59]應該看到，她對極左政治錯誤的揭露確是滿含血淚的，她所展示的嚴峻的生活內容也確有令人歌哭之處，但她同時又致力於挖掘人的美好而純潔的內心世界——這便是她所說的「我不哭哭啼啼」的由來。在作品中，她滿含溫情地敘述了「人世中還有的好人」：其中有養雞場可愛純真的姑娘，有沒有把她當作敵人的李主任，有對她信任無間的青年詩人，有關心她的姜支書，有在她絕望時勸她「多照顧自己」的老王頭，有為了使她免受攻擊而讓她從小道走的「解差」……寫出了他們的善良、純潔，他們的樂於助人，他們的衝破了極左政治桎梏的大愛。

當然，受主體對被描寫物件熟悉程度的影響，也受敘述視角的制約，在丁玲對人物美好心靈的挖掘中，寫得更為深入、更為感人的是還是她的《「牛棚」小品》三章。它通過對「牛棚」生活中「窗後」、「書簡」和「別離」等三個片段的生動描寫，寫出了她和老伴在相互隔絕的情況下在感情上互相繫念、在精神上相互鼓勵的相濡以沫、患難與共的真情，寫出了他們在身處逆境時在精神上對自由的渴望和對愛的追求，借此，她進而寫出了在苦難人生的泥淖中不滅的人性之光。〈窗後〉中寫到她和老伴被分關在兩個「牛棚」裏，不能見面。環境是如此地死寂，沒有陽光，沒有文字，只有一個女造反派嚴厲地看守著她。人是有追求自由和幸福的天性的，越是在逆境中，這種天性便越是執著、越是頑強。在看守去打飯的瞬間，她猛然一躍，跳到炕上，從窗櫺的窄窄縫隙中，去搜尋在廣場上掃地的老伴的身影。她的眼神找到了他，他也如有感應一般地發現了

---

[59] 丁玲：〈和北京語言學院留學生的一次談話〉，《丁玲全集》第8卷，第292頁。

她。他昂著頭，注視著窗裏熟識的面孔，一邊掃著塵土，一邊大步直奔過來。她享受著這「縷縷無聲的話語，無限深情的眼波」，雖然一天中只有幾次，一次只有幾秒種，但是，「這些微的享受，卻是怎樣支持了我度過最艱難的歲月，和這歲月中的多少心煩意亂的白天和不眠的長夜，是多麼大地鼓舞了我的生的意志啊！」

〈書簡〉寫自己接到老伴扔過來的書簡（小紙團）以後的興奮和因看守在旁不能展讀的焦躁，令人想到了其戀情遭到家長反對的純情少女初接情書時的情景：「我那時的心啊，真像火燒一樣，那個小紙團就在我的身底下烙著我，烤著我，表面的安寧，並不能掩飾我心中的興奮和淩亂。」「啊呀！你怎麼會想到，知道我這一時期的心情？你真大膽！你知不知道這是犯法的啊！我真高興，我歡迎你大膽！什麼狗屁王法，我們就要違反！我們只能這樣，我們應該這樣……」。在這段似嬌似嗔、如癡如醉的內心獨白中，我們仿佛看到了丁玲被愛火燒烤著的不能自控的情態和她所葆有的青春少女的情懷。這也正如張鳳珠所說：「記得她剛剛寫完《「牛棚」小品》後拿給我看，我一邊看，一邊心裏又驚異又讚歎：丁玲又寫這樣的作品了，就像過去她寫的〈不算情書〉，人世間能有這樣真摯的情感，是多麼感動人啊！丁玲和陳明之間的親昵我看過很多，我曾說，他們的愛情是書本上才有的古典愛情。現在《「牛棚」小品》裏把這種愛情細膩的，綿綿如絮地描繪出來了，這就是丁玲。這就是寫出《莎菲女士的日記》的丁玲，才能在過了古稀之年，仍葆有青春少女的情懷，實在可圈可點。」[60]

60　張鳳珠：〈我感到評論界對她不夠公正〉，《黃河》2001 年第 2 期。

〈別離〉寫走出「牛棚」時的分別，與〈書簡〉相比，更多了一些深沈，更多了一些滄桑，但感情的執著依然如故。剛是相聚，旋為別離。這是為她所無法想象和接受的：

> 我咽住了。我最想說的話，強忍住了。他最想說的話，我也只能從他的眼睛裏看到。我們的手，緊緊攥著；我們的眼睛，盯得牢牢的，誰也不能離開。我們馬上就要分別了。我們原也沒有團聚，可是又要別離了。這別離是生離呢，還是死別呢？這又有誰知道呢？

在丁玲這樣的感情凝重而繪聲繪色的描寫裏，確實，「我們看到了兩個活生生的人，看到了他們之間高尚的感情的閃光；我們也感到了他們不可遏止的感情交流，精神上相互有力的支持」[61]。

丁玲自己說過，「我寫的『牛棚』小品不是當作傷痕，而只是抒寫當時環境下個人的感情，我把這當做有趣的東西來寫。」[62]確實，《「牛棚」小品》著重抒寫了她身處逆境時的個人情感，抒寫了她對「愛」、對「溫暖」、對「自由」的渴求，展示了令人感奮的人情美和人性美；由於她把這一切的表現都置於「文革」的背景中，所以事實上也具有了寫「傷痕」的意義。惟其「傷痕」是如此深重，所以在其中迸發出的人性之光也就顯得格外璀璨、格外奪目、格外令人感奮！這正是鼓舞人在逆境中頑強生存、毅然前行的「希望」之所在。1985 年 7 月，當她得知一位美國作家翻譯了《「牛棚」小品》並且紐約某雜誌準備發表時，她也是這樣說的：「希望國外的讀者能夠理解，在那最困難的日子裏，我們這樣的中國人是怎樣滿懷著希

[61] 牟豪戎：〈丁玲散文近作漫議〉，《西北師院學報》1983 年第 3 期。

[62] 丁玲：〈解答三個問題〉，《丁玲全集》第 8 卷，第 60 頁。

望生存過來的。……能夠幫助外國人瞭解我們中國人，那就是給我的報酬。」[63]

總之，《「牛棚」小品》（以及《風雪人間》）既控訴了左傾錯誤對人性的扭曲和剝奪，又在苦難的生活中展示了令人感奮的人情美和人性美。這雙重思想內涵的建構，說明丁玲在創作精神上堅持和傳承的仍然是「五四」個性傳統和「人的文學」傳統。對封建性的「非人」生活的揭露，對「人」的尊嚴的維護和對美好人性的呼喚，本來就是「五四」新文化運動和新文學運動的核心主題。進入新時期以後，當丁玲反顧那段令人「傷心」的歷史時，她痛苦地發現「五四」時期提出的反封建的任務並未完成。因此，她自覺繼承「五四」反封建的個性傳統，在以「伸手管事」的韋護精神積極干預現實的同時，又以文學創作的方式反觀歷史，既寫出了人性的被扭曲，又挖掘出了在艱難時世中尚未泯滅的人性之光。這就是作品在丁玲思想發展道路上所呈現出的思想史的價值。

在創作《「牛棚」小品》等作品的同時，丁玲作為新文學發展史上一名資深的文藝工作者還就新文學的歷史與現狀發表了許多意見。因為身處「政治」與「文學」的張力場中，也因為受兩種文學傳統的影響，她所發表的意見自然是駁雜的，甚至是相互抵牾的。[64]這裏所要述說的是她傳承「五四」個性傳統、「自由」精神的一面。關於她自己建國前的創作，這是她這一時期談論新文學歷史時涉及得較多的話題。這不但關涉到個人在新文學史上的聲譽和地位，更牽涉到如何評價「五四」文學傳統的大問題。與50年代一樣，她對自己繼承「五四」文學傳統的作品仍然採取的是「歷史地對待歷史」

63　丁玲：致嚴嗚晨（1985年7月15日），《丁玲全集》第12卷，第296頁。著重號為引者所加。

64　參見第七章第二節「《杜晚香》與其他」。

的態度。但是，相比較而言，她的這種態度此時顯得更加堅決、評價更加直截，所肯定的作品的範圍也更加擴大。50 年代初，她在編選《丁玲選集》時選入了《莎菲女士的日記》、〈我在霞村的時候〉等曾受到指責和批評的作品。在簡短的「自序」中，她把既往的創作視為後來創作的起點，對個人創作歷史的連續性作了這樣的強調：「從這本集子裏面大約可以看出一點點我的創作的道路。是長長的路，也是短短的路」。但自 70 年代後期復出後，丁玲不但在重刊、重版時保留了上述兩篇小說，而且選入了在發表之初即引起爭議、到 50 年代後期更遭到猛烈批判的〈在醫院中〉、〈「三八」節有感〉、〈我們需要雜文〉等作品。1979 年 6 月 23 日，她在致兒子的信中說：「且有一雜誌，要在最近登《在醫院中》，下期登〈「三八」節有感〉。我自己也在考慮把《在醫院中》選入小說集，〈「三八」節有感〉選入散文集，〈我們還須要雜文〉（應為〈我們需要雜文〉——引者）選入文藝論文集。……〈莎菲〉、〈在霞村〉無疑自然是選入小說選，也將在前言中對批評者們有所駁斥。」[65]1979 年 8 月 11 日，她在為《丁玲短篇小說選》所作後記中果然對批判者們作出了駁斥：「當我已多少年沒有再寫小說的時候，我的舊作《莎菲女士的日記》、〈我在霞村的時候〉、〈在醫院中〉，還有我的長篇小說，散文，卻都被當成毒草，遭到狂風暴雨般的指責，禁印禁讀。原來曾寫信給我說他讀完〈我在霞村的時候〉流過眼淚的人，這時也表現出對這篇小說的深惡痛絕。原來寫文章說我如何有才能的人，這時竟同擅於投左傾之機的人一個腔調罵起我來了。作品是不怕批評的，但這種出自同一個人的反反復複的意見，的確使我糊塗起來。因此，我把《莎

---

[65] 丁玲：致蔣祖林（1979 年 6 月 23 日），《丁玲全集》第 11 卷，第 291 頁。

菲女士的日記》、〈我在霞村的時候〉這兩篇所謂『毒草』、『反黨文章』都不做改動，收集在這本集子裏，以求得到廣大讀者的再批評。」[66]

復出後的丁玲在各種選集中把自己在建國前創作的、在建國後被打成「毒草」的作品幾乎全部收入，與 50 年代初相比，範圍大大擴展了。不但如此，她還對自己的這些作品（尤其是《莎菲女士的日記》）進行了反駁式、辯誣式的直截評價。她之所以如此關注《莎菲女士的日記》，是因為其中的「莎菲」形象不但與她的前期創作及其聲譽聯繫在一起，而且在以往的批判中幾乎成了否定丁玲其人其作的一個共名——「多少年來，的確我也常常聽到有人要貶低我的文章的時候，總是說這個人（指書中的）還是莎菲型的，那個人還是莎菲型的，甚至在批評我個人時，也要說我還像莎菲。」[67]她指出，以往對這篇小說和莎菲的否定，動機不在搞文藝批評，而是在罵倒作者本人：「罵『莎菲』的不止姚文元，是那些曾經說過丁玲好話的理論家和一同戰鬥過的作家，和假充的理論家。他們罵我惟恐我不倒臺，不傷心，想盡了惡毒語言……」[68]。為了在莎菲形象的評價問題上撥亂反正，為了洗去那些「假充的理論家」潑在主人公身上的污水，丁玲從正面就莎菲形象的特質作了反覆的申述：1979 年在答記者問時說，莎菲「想尋找光明，但她看不到一個真正理想的東西，一個真正理想的人。她的全部不滿足是對著這個社會而發的」[69]；同年 11 月，在給幾位研究者的信中，首先對「性愛說」作了澄清，說「自從『莎菲』惹起麻煩之後，即使連雪峰（好像是的），也要引到什麼『性愛』。我自己幾十年也不懂得這是為什麼？莎菲有

---

[66] 丁玲：〈《丁玲短篇小說選》後記〉，《丁玲全集》第 9 卷，第 110-111 頁。

[67] 丁玲：致葉孝慎等（1979 年 7 月 7 日），《丁玲全集》第 12 卷，第 118 頁。

[68] 丁玲：致林偉民等（1979 年 11 月 25 日），《丁玲全集》第 12 卷，第 132 頁。

[69] 丁玲：〈答《開卷》記者問〉，《丁玲全集》第 8 卷，第 9 頁。

什麼『性愛』呢？如果有的話，她早該有愛人了」，接著正面指出：「你們見到的這一點：求的是知己，是朋友，是能一同戰鬥一同前進的朋友。這一點我認為是突出的，是對的，是創見」[70]；1985 年 4 月，在致函他人時又稱莎菲有著「在那個黑暗社會背負著時代重載的那顆熱烈頑強、毫不屈服、向往光明的知識少女的心」，「以莎菲對黑暗社會的徹底叛逆的性格和對光明希望的執著追求，我想，莎菲不會『悄悄的死去』。她不僅沒有死去，而且從彷徨中走出了黑暗，找到了光明」[71]。她以自己當年創作該作時的客觀背景和主觀動機為據，對莎菲作出了與茅盾在〈女作家丁玲〉所作出的經典評價相當一致的評價，肯定莎菲是一個舊社會的叛逆者、是一個光明的追求者，是一個「五四」以後出現的積極的個性主義者。

丁玲對莎菲作出辯護式的評價，所要維護的是這部作品及其主人公所賴以安身立命的「五四」個性傳統和「自由」精神，而不是為了穿鑿般地來證明「丁玲就是莎菲」或「莎菲就是丁玲自己」，並借此來抬高自己。相反，她對「丁玲就是莎菲」說幾乎抱著一種本能的反感。因此，當 1984 年 4 月老友徐霞村來信說，他將在廈門大學舉辦的全國第一次丁玲創作討論會就莎菲原型問題發言、闡述「莎菲決不是丁玲」時[72]，她的感激之情是那樣地溢於言表：「現在你這個老朋友要說話了。我是歡迎的，雖然我們那時聚首的時間不長，但那時我們這群年青人，還是肝膽相照的。你不難理解我在那種情

70 丁玲：致林偉民等（1979 年 11 月 25 日），《丁玲全集》第 12 卷，第 132 頁。

71 丁玲：致趙大民等（1985 年 4 月 27 日），《丁玲全集》第 12 卷，第 283 頁。

72 徐霞村在會上作了題為〈關於莎菲原型〉的發言，中心論點為：莎菲決不是丁玲。理由一，根據自己在青年時代與丁玲的交往中，對她的性格和氣質的瞭解，丁玲與莎菲的性格迥然不同；理由二，他知道莎菲自有其原型，至少可說是原型之一，為丁玲的女友楊沒累。關於這個問題，徐霞村又發表了一篇題為〈丁玲與莎菲——寫在廈門丁玲創作討論會之後〉的文章，載《文學報》1984 年 10 月。

況中的心情和寫作的動機。」[73]這也可從一個側面看出，丁玲重評《莎菲女士的日記》的動機決不在把作者與主人公等同起來。此外，丁玲還對自己建國前創作的其他受批判的作品作出了辯誣式的評價。1979 年，有記者問她對早年的一些作品（如〈我在霞村的時候〉、〈「三八」節有感〉等）現在有什麼看法時，她回答說：「這幾篇曾被認為是毒草文章。但我相信廣大讀者的鑒別能力」；關於〈「三八」節有感〉，「那時主要批評它攻擊了領導，污蔑了邊區。其實我說的只是一個婦女問題，只不過是離婚再結婚嘛，那有什麼了不起，現在很多問題比那時可嚴重多了」[74]。

對歷史的態度實際上就是對現實的態度。丁玲對自己這些在歷史上曾經受到過狂風暴雨般批判的作品的重刊和重評，其意義顯然不僅僅限於這幾篇作品本身，不僅僅在於要還它們的歷史本真和應有的文學史地位，更在於通過對歷史的回顧和梳理來肯定和弘揚這些作品中所包孕的「五四」個性傳統和文學傳統，來宣示「五四」文學傳統的歷史價值和在當代的意義，從而在歷史與現實之間建立起有機的聯繫。為了張揚「五四」文學傳統，丁玲除了重刊、重評自己的作品外，還對新文學史上的其他重大事件和重要作品重新作出了評論。這裏特別要提到的是她對蕭軍的重新評價。在 1942 年 5 月延安文藝座談會召開之前，丁玲和蕭軍均被看作是「暴露黑暗」的「文抗」派。但在經過「講話」的洗禮之後，自認已經「革面洗心」、「脫胎換骨」的丁玲卻很快與蕭軍分道揚鑣，為了維護講話所確立的新「規範」，而在思想上站到了他的對立面。從 1942 年 6 月開始到 1949 年 3 月，丁玲曾經在批判蕭軍大會上三次當主席，對蕭軍的「個人主義」思想作出了非常嚴厲的批判。整整 35 年過去了，

[73] 丁玲：致徐霞村（1984 年 4 月 15 日），《丁玲全集》第 12 卷，第 229 頁。
[74] 丁玲：〈答《開卷》記者問〉，《丁玲全集》第 8 卷，第 8、9 頁。

又是一個春天。1984 年 3 月 6 日下午，度盡劫波的丁玲與蕭軍又在一個會議上相見了。但這不再是批判會了，而是「慶祝蕭軍從事文學創作五十年」的慶祝會。到會的「左聯」老人還有周揚、胡風、聶紺弩等。雷加請她講話，在沒有準備的情況下，她在蕭軍的要求下，把上午在「文學講習所」講的有關蕭軍的話移過來又講了一遍。她說：「《八月的鄉村》，是個不朽的作品，打不倒的！」她聯繫 1934 年左翼文壇沈寂、蕭條的狀況和某些「左聯」作家「左而不作」的現象，指出它是「這個時候最需要的作品」：「在那樣的時代，《八月的鄉村》這部稿子拿出來，怎麼能夠不令有心的人、有感情的人、對革命忠實的人高興呢？！」[75]她講話時，蕭軍等不時插話，氣氛熱烈融洽。在這個慶祝會上，丁玲雖然沒有對以往批判蕭軍問題作出直接的反思和檢討，但是，從她應蕭軍之邀發言與發言時蕭軍不時插話中，是否意味著他們已經冰釋前嫌？從她對《八月的鄉村》是「打不倒的」斷言中，是否也隱含了蕭軍是「打不倒的」，他所繼承的「五四」個性精神也是「打不倒的」？

丁玲在通過對歷史的重新評價闡揚「五四」個性傳統和「自由」精神的同時，還從這種傳統與精神出發，就新時期的文學創作發表了許多精闢意見。首先，她強調文學創作應該干預現實，表現出作家的社會關懷。社會關懷是「五四」文學的戰鬥傳統，體現了執守自由、獨立精神的現代知識份子對於時代、民族、大眾的道德承諾。對於作家的這一社會責任，丁玲有非常自覺的意識。她認為：「作家應該是一個時代的聲音，他要把這個時代的要求、時代的光彩、時代的東西在他的作品裏面充分地表達出來」；她希望作家「走在時代

---

75 丁玲：〈在「慶祝蕭軍從事文學創作五十年」慶祝會上的講話〉，《丁玲全集》第 8 卷，第 403、404、405 頁。

的前列，代表人民的要求」[76]，使文學創作「不只是要表現生活，而且同時是戰鬥的武器」[77]。「文革」結束以後，知識份子的主體精神空前高揚，「五四」文學批判社會弊病的戰鬥傳統在文學創作中迅速回歸，並凝聚成了「傷痕文學」的大潮。丁玲不但以《「牛棚」小品》的創作對這一文學大潮及時作出呼應，而且發表了許多評論，對這股社會關懷思潮起到了推波助瀾的作用。在「傷痕文學」勃興後不久的 1979 年初，丁玲在答記者問時就對「傷痕文學」產生的必然性和合法性作了證明，指出「想不寫傷痕是不行的」：「……『傷痕』小說，有的人贊成，有的人不贊成，這有什麼贊成不贊成呢？社會裏有那個事你就可以寫嘛」；並肯定那些寫「傷痕文學」的新作家們「敏感，有感受，思想解放，敢於提出問題、回答問題」，甚至說「他們是我們文藝的方向」[78]。同年 9 月，在北京語言學院講演時，她進一步強調「傷痕文學」的現實價值：「現在有『傷痕』小說，我看過一部分，這是在文藝上繼續深入揭批『四人幫』的罪惡，是很有現實意義的。」[79]

在宏觀上為「傷痕文學」的合法性和現實意義作出正名後，丁玲還從微觀上對「傷痕文學」作品作了具體的肯定性評論。1980 年 6 月，她為黃蓓佳的短篇小說集《小船，小船》作序，稱讚其中的〈阿兔〉「令人深思」：它「反映了『四人幫』橫行時代給予我們年

---

76 丁玲：〈答《開卷》記者問〉，《丁玲全集》第 8 卷，第 10、11 頁。

77 丁玲：〈和北京語言學院留學生的一次談話〉，《丁玲全集》第 8 卷，第 286 頁。

78 丁玲：〈答《開卷》記者問〉，《丁玲全集》第 8 卷，第 11、10、11-12 頁。對寫「傷痕文學」的新作家，丁玲後來也作出過與此相似的評價。1980 年 6 月 21 日，在中國作家協會文學講習所對青年作家講話時說：「對你們我是這樣認識的，你們寫文章的起點比我那時要高。你們一開始就著眼現今社會的時弊，敢於大膽批評指責，這是好的」；「你們的文章」「反映了社會的廣度，能夠切中時弊」。丁玲：〈生活・創作・時代靈魂〉，《丁玲全集》第 8 卷，第 98、101 頁。

79 丁玲：〈解答三個問題〉，《丁玲全集》第 8 卷，第 60 頁。

輕一代的創傷。作品沒有怒斥，沒有正面控訴，只是使人慢慢回味，好像罩在一片悲傷的霧靄中，就覺著在心上壓了一塊石頭。這條創作的路，是應該堅持的。」[80]同年 12 月 4 日，讀完〈一個冬天的童話〉，認為「較有深度」[81]。1981 年春，她評價〈人到中年〉和〈李順大造屋〉說，前者「提出了一個很現實的普遍存在著的社會問題」；後者「刻劃的農民形象，反映的農村生活，都是真實生動的」[82]。1981 年 11 月 23 日，她在加拿大麥錫爾大學就中國當代文學創作發表演講，回國後於 1982 年 1 月整理成文，題為〈五代同堂振興中華〉。在介紹到第五代作家創作情況時，她特別提到了〈班主任〉、〈於無聲處〉、〈傷痕〉、〈人到中年〉、〈將軍吟〉、〈芙蓉鎮〉等「傷痕文學」的代表性作品。她說：「『四人幫』橫行的時候，他們深感抑鬱；打倒『四人幫』以後，面對祖國的滿目創痍，更是痛心疾首。他們感時憂世，敢想敢說，以衝鋒陷陣的姿態，為揭露『四人幫』的罪惡，掃除『四人幫』的餘毒，寫了許多好作品。他們是最有希望的一代，是可以信賴的接班人。」[83]1982 年 4 月，在愛不釋手地反復閱讀《洗禮》以後，她寫了長篇書評，稱讚作品對「在史無前例的浩劫中，我們民族遭受磨難和痛苦的一段歷史」作了「大膽而深刻」的描述，寫出了「以王輝凡為代表的共產黨人痛定思痛，從眼淚和血泊中艱難地站起來」[84]的過程。

丁玲對「傷痕文學」的推波助瀾，表現出了她對文學「社會關懷」功能的高度重視。與此同時，為了同樣的目的，她還積極倡導雜文的寫作。早在延安時期，丁玲就在〈我們需要雜文〉中強調「文

---

80 丁玲：〈序《小船，小船》〉，《丁玲全集》第 9 卷，第 127 頁。

81 丁玲：1980 年 12 月 4 日日記，《丁玲全集》第 11 卷，第 496 頁。

82 丁玲：〈答《當代文學》問〉，《丁玲全集》第 8 卷，第 159、160 頁。

83 丁玲：〈五代同堂振興中華〉，《丁玲全集》第 9 卷，第 404 頁。

84 丁玲：〈我讀《洗禮》〉，《丁玲全集》第 9 卷，第 288 頁。

章不是為著榮譽，而是為著真理」，號召作家學習魯迅「從醫治人類的心靈下手」，像魯迅那樣「堅定的永遠的面向真理；為真理而敢說，不怕一切。我們這時代還需要雜文，我們不要放棄這一武器。舉起它，雜文是不會死的」。整整 40 年以後，丁玲舊話重提。在 1981 年 8 月吉林省暨長春市紀念魯迅誕辰一百周年學術討論會閉幕式上講話時，她「歡迎有識之士針砭時弊」，號召大家「學習魯迅的戰鬥精神」，「學習發展魯迅雜文的文風，更多種多樣，比魯迅寫得更明確、更明朗些，更痛快些，更直接些」。她還分析了當時「雜文不能往深裏寫」的原因：「有的人怕批評，文章還沒有說到他，他自己就對號入座；有的人自己怕闖禍，分明看出問題了，也有很好的意見，但前車有鑒，因文取禍，最好還是少管閒事。魯迅則不然。」[85]她希望大家以魯迅般的勇氣和社會責任感去創作出「揭發問題，針砭時弊」的雜文來。丁玲自己當然不會忘記，當年在延安寫出的那篇雜文〈「三八」節有感〉以及提倡雜文的〈我們需要雜文〉後來曾經給她帶來多大的災難，但是，她似乎並沒有從中汲取教訓，而仍依然如故地倡導著雜文的寫作。從這裏，我們可以看出丁玲堅守獨立、自由精神的勇氣，可以看出丁玲的強烈的社會關懷意識。丁玲就是這樣，通過對歷史資源的挖掘和對歷史的重新評價，通過對干預現實的社會關懷意識的弘揚，以「五四」個性精神和「自由」精神為思想紅線，在歷史與現實之間建立起了有機的聯繫，從而表現出了她濃重的「五四」情結。

其次，她還積極鼓吹文學創作應該實現多元化。丁玲認為文學作品「是一種特殊產品，是精神食糧」，因而「它生產的每一件產品都不是一個模式的」，這種產品的「品種要多樣，不能重複，不能只

---

[85] 丁玲：〈關於雜文〉，《丁玲全集》第 8 卷，第 213、214 頁。

是一個模子」[86]，總之，必須多元化。文學創作作為一種精神勞動，從本質上說是作家將自己以獨立、自由精神對社會、人生所作的思考進行形式化的過程，因而每個作家的獨到見解和獨特藝術技巧必然會使文學創作呈現出多元化的特徵。丁玲對文學創作多元化特徵的認識，是深深切合文學創作的這一規律的，也是她自己繼承「五四」個性傳統和「自由」精神的結果。在她看來，文學創作的多元化至少應該包括以下三個方面的內容：一是文學表現物件的多元化。她從「作家應當寫自己熟悉的生活、熟悉的人物」的命題出發，指出文學創作「不僅僅寫工農兵，還要寫知識份子、專家，寫上層政治家」[87]。也就是說，文學表現的物件完全應該由作家根據自己對生活某個方面的熟悉程度來抉擇，而作家又往往有自己獨特的生活積累，因此，這必然導致文學表現物件的多元化。在這一問題上，丁玲最具有思想鋒芒的是對「號召」表現「主流題材」的思考。她認為，在表現「主流題材」方面，「號召是可以的，但不能強迫，號召也不是強迫，不是命令……不能說因為黨號召了就不自由了，寫不寫由作家自己嘛」，旗幟鮮明地反對在文學表現物件問題上作過多干涉——「干涉太多了，不自由，沒好處」[88]。丁玲對文學表現物件的多元化的思考是與她對讀者多元化的閱讀要求聯繫在一起的。她在給陳學昭的信中明確提出了「讀者群」的概念，指出：

> ……文學作品可以有各種各樣的主題和表現方法，也會有各種各樣的讀者群。只要能引人向上，能給讀者以美的享受的，就應該得到支持和鼓勵。一本書，可能工人農民不喜歡，而知識份子讀了卻能引人人勝。一本書也許老革命家欣賞，而

---

[86] 丁玲：〈文學創作的準備〉，《丁玲全集》第 8 卷，第 172 頁。

[87] 丁玲：〈答《開卷》記者問〉，《丁玲全集》第 8 卷，第 11 頁。

[88] 丁玲：〈紮根在人民的土地上〉，《丁玲全集》第 8 卷，第 479 頁。

> 工人農民卻一時不能領會，這有什麼重要呢？我們不能要求每本書都寫得像聖經，也不能要求每本書都能雅俗共賞。《工作著是美麗的》（這是陳學昭寫於50年代的一部小說——引者）一般知識份子都能欣賞，而且能從中得到教益。[89]

這就從受眾角度為文學表現物件多元化提供了極有力的理論支撐。

二是文學主題的多元化。如果每個作家都能寫出自己對生活的獨特感受和理解，那麼，從整體上看，文學創作必然會出現「主題的多元化」。因而從這個意義上說，作家對生活的獨特感受和理解是文學主題多元化的前提，而文學主題的多元化則是作家獨特感受和理解生活的結果。丁玲非常重視作家的主體性，強調「作品就是作家抒發自己對人生、對世界、對各種事物的認識、感覺和評論」[90]。其實，丁玲從「寫自己熟悉的生活、熟悉的人物」這一前提出發積極提倡文學表現物件的多元化，已經內含了作家見解的獨特性（以及由此而形成的文學主題的多元化）；因為所謂「熟悉」，不僅僅是一種對生活的淺層次的「瞭解」，還應該包括作家對生活的深層次的獨特「感受」和「理解」。但是，長期以來，由於「趕任務」、「寫政策」創作程式的桎梏，許多作家帶著先定的政策性主題「深入生活」、「熟悉生活」，因而，他們對生活的「熟悉」實際上僅僅是一種「瞭解」、一種削足適履式的「瞭解」，他們對生活的表現也就成了對先定政策的一種圖解。這種現象到「文革」中更是發展到了登峰造極的地步。丁玲在粉碎「四人幫」以後對在「文革」中影響極大的浩然的《金光大道》的批評就是從這個角度出發的。她指出作者「過去長期在農村，對農村生活較熟」，但儘管如此，小說仍然出現了重

---

[89] 丁玲：致陳學昭（1983年12月8日），《丁玲全集》第12卷，第219頁。

[90] 丁玲：〈談自己的創作〉，《丁玲全集》第8卷，第86頁。

大失誤，其關鍵就在於：「它的藝術性被政策性完全強佔了」；為了讓「讀者懂得」政策，作者甚至在小說中「不惜講解」[91]。她借此從反面顯示了作家對生活的獨特「感受」和「理解」對於文學創作成功的重要性。

丁玲這種見解還表現在對新時期發表的作品的正面評價中。徐遲的《哥德巴赫猜想》，是新時期報告文學創作中的報春之燕。1978年3月初，還在山西長治的丁玲仔細讀了這篇作品後，盛讚徐遲「寫得非常好」，「比許多小說好，比他自己的詩也好」。在丁玲看來，它的成功主要在於作者「有熱情」、「有感受」，「否則他不會理解這位科學家這樣深」[92]。張揚的小說《第二次握手》在歷經坎坷後終於正式出版。丁玲用一周時間一口氣讀完了這本書，並以「滿懷喜悅、興奮」的心情向讀者作了熱情的推薦。在「四人幫」極左路線禍害時，知識份子是被「輕視、歧視、排斥、打擊」的物件。在那時的不少作品中，「常常把這些人描寫為資產階級右派分子，把工程師、廠長、技術人員安排為黨委書記『正確路線』的對立面，都是些保守派、教條主義者，頑固不化的僵屍」。作者的可貴之處就在於他以自己對生活的獨特感受和理解，「正確描寫了知識份子，一群使人尊敬的、可愛的人」，使他們「以嶄新的正面形象站在我們面前」；在刻畫這群知識份子時，「《第二次握手》寫了愛情，不僅是要解決終身大事，而且還抒寫了比生活上的結合更深、更屬於精神領域的感情方面」，這對過去「有人把這種愛情一概看作是小資產階級的玩意，一概排斥否定」的「簡單化、模式化」[93]現象也是一種反撥。

91　丁玲：致蔣祖林等（1977年7月），《丁玲全集》第11卷，第190、191頁。

92　丁玲：致蔣祖林等（1978年3月4日），《丁玲全集》第11卷，第218頁。著重號為引者所加。

93　丁玲：〈一朵新花——我讀《第二次握手》〉，《丁玲全集》第9卷，第256、257、260頁。

總之，徐遲和張揚的成功，說到底就在於他們有自己對生活的獨特見解。這使他們的創作克服了圖解先定概念和政策的「簡單化、模式化」傾向，積極推進了「文學主題的多元化」。

三是文學形式的多元化。在文學形式上，丁玲也非常強調通過創新實現多元化。她指出：隨著時代的前進和人們文化水平的提高，文學從內涵到形式都必須有所變化、有所創新：「我們文學的內涵、形式如果不能隨著時代的發展而前進，那就是停滯、保守、落後」，「如果我們只保持著延安文藝的水平，創作方法、內容、形式都沒有新的突破，那也是不行的」[94]。在她看來，由於時代的變化，生活的發展，現實的更加複雜，文學創作不能僅僅停留在莫泊桑、托爾斯泰和《紅樓夢》時代了，其形式還需要發展，還「需要用一些更為宏偉的章法來寫了」[95]。為了實現形式的創新和多元化，丁玲號召「作家要努力學習，提高自己」，「要能夠吸收新東西」、「突破自己的舊框框」；「要思想解放，要能像吸水的海綿那樣，到處都能吸收東西，都能感受新東西」[96]。對於王蒙形式新異的「意識流」小說，丁玲雖然有保留之處，但仍然認為王蒙「是有意要突破中國傳統的藝術手法，追求和探索一條新的道路，這當然是可以的」[97]。這與其說是一種寬容，倒不如說是對文學形式多元化的一種期待。

丁玲關於文學形式多元化的主張，在她主編的大型文學刊物《中國》上得到了貫徹和落實。1985 年 1 月創刊的《中國》（初為雙月刊，1986 年 1 月起改為月刊）是丁玲晚年嘔心瀝血辦起來的。為了

---

[94] 丁玲：〈淺談「土」與「洋」——《延安文藝叢書》總序〉，《丁玲全集》第 9 卷，第 172-173 頁。

[95] 丁玲：〈談自己的創作〉，《丁玲全集》第 8 卷，第 90 頁。

[96] 丁玲：〈關於文學創作〉，《丁玲全集》第 8 卷，第 284-285 頁。

[97] 丁玲：〈和北京語言學院留學生的一次談話〉，《丁玲全集》第 8 卷，第 288 頁。

這個刊物，她在各種複雜的矛盾中慘澹經營[98]，為各種瑣事（如稿件、經費、編制乃至用車）忙碌奔波，付出了許多心血。關於刊物的性質，她在創刊號上的「編者的話」中說：「我們的刊物不是同人刊物，不是少數人的刊物。刊物的撰稿人將包括五湖四海、老中青。」[99]後來，她對此更作出了具體的說明：

> ……我們辦的文學雙月刊《中國》認真貫徹百家爭鳴的方針，不搞宗派門戶，不排斥任何人。老作家、老詩人、現代派的作品，我們都發表。有些人自稱現代派，其實他不一定是真正的現代派，他寫的也不一定是真正的現代派作品。他們往往只朦朦朧朧知道點現代派的皮毛，就樹起什麼旗號來。我們可以讓他們實驗一下，給他們創造接受群眾檢驗的條件。我相信他們在探索中會不斷有所前進。[100]

從辦刊情況來看，丁玲主編的《中國》確實做到了「五湖四海」、兼收並蓄。它打破宗派門戶，容納多種藝術風格，既發表了蕭乾、孫犁、路翎、蘇金傘、綠原、鄒荻帆、駱賓基、鄭敏、陳敬容、王蒙等著名作家的作品，又「一向重視對年輕人的扶植和發現新作者」[101]，推出了許多新人新作。其中，許多作品都相當前衛，極富探索精神

[98] 丁玲於 1985 年 6 月 21 日致周良沛的信中說：「《中國》編得太費勁，也不理想。內憂外患太多，我不想告訴你，不願你為我擔心。我並不樂觀，只是不能不辦下去，總想盡最後一點力！」見《丁玲全集》第 12 卷，第 289 頁。

[99] 丁玲：〈《中國》文學創刊號編者的話〉，《丁玲全集》第 9 卷，第 221 頁。

[100] 丁玲：〈創作自由及其他〉，《丁玲全集》第 8 卷，第 486 頁。

[101] 牛漢語，見孫曉婭：〈訪牛漢先生談《中國》〉，《新文學史料》2002 年第 1 期。丁玲在〈《中國》文學創刊周年編者的話〉中也說：「它是老中青作家的陣地，尤其是青年作家和要成為作家的青年成長的土壤，《中國》願意盡自己的力量，扶植嚴肅地對待社會人生、在任何艱苦環境都不放棄誠摯的藝術追求的青年作家和文學青年」。見《丁玲全集》第 9 卷，第 238 頁。

和現代色彩，包括北島、舒婷、江河、楊煉等朦朧詩人、「新生代」詩人的詩歌，以及殘雪的〈蒼老的浮雲〉、劉恒的〈狗日的糧食〉、格非的處女作〈追憶烏攸先生〉等小說。同時，它還發表了李何林、唐弢、王富仁、劉曉波等知名學者的論文，其中不少充滿個性和鋒芒。有人曾經指出，丁玲「是以發表革命老作家的作品的理由來創辦新刊物的，但是她主辦的《中國》，實際上以發表遇羅錦、劉曉波、北島的作品而引人注目」[102]。倘從刊物所發生的影響來看，此說不無道理。但是，倘從刊物發文的實際情況來看，丁玲卻也不是在暗渡陳倉——《中國》同時也確實刊發了許多傳統意義上的革命現實主義作品。此外，《中國》幾乎每期都刊登外國文學作品，以及港臺作家和海外華裔作家的作品，配發了一些外國文學作品的評論。確實做到了丁玲在創刊號上〈編者的話〉中所說的：要在繼承和發揚「五四」以來革命新文學的優良傳統的同時，「有選擇地介紹其他各種現代形式和藝術流派，只要它們確有藝術特色，不但無害於讀者，還能豐富我們的精神生活」[103]。所有這些，都表現出了《中國》及其主編丁玲對多種風格的容納和對文學形式多元化的追求。

綜上所述，複出後的丁玲不管是在為平反所作的持久抗爭中，還是在以韋護精神對生活所作的大膽干預中；也不管是在《「牛棚」小品》等作品的創作中，還是在對新文學歷史的反思性回顧以及對新時期文學創作的引導式評論中，都表現出了她在思想上堅守「五四」個性傳統和「自由」精神的一面。但這只是問題的一個方面。對於一個同時具有濃郁政治情結的丁玲來說，政治又如同「夢魘」一般困惑著她、糾纏著她。從 30 年代初期走向「革命」之後一直在

[102] 王蒙：〈我心目中的丁玲〉，《讀書》1997 年第 2 期。
[103] 丁玲：〈《中國》文學創刊號編者的話〉，《丁玲全集》第 9 卷，第 221-222 頁。

她心靈深處存在著的「革命」與「自由」的矛盾，在她的晚年還在繼續著，甚至在某種程度上還得到了進一步的展開。

第七章　政治的夢魘

靜坐院中，看樹影東移，夜涼如水，憶幾十年大好年華，悄然消失，前途茫茫，而又白髮蒼蒼，心高命薄，不覺愴然。惟有鼓起餘勇，竭力掙扎。難圖伸腰昂首於生前，望得清白於死後，庶幾使後輩兒孫少受折磨，有發揮能力的機會，為國為民效勞而已。[1]

——丁　玲

第一節　固著的政治情結

因為兩種傳統的影響，在丁玲的心靈深處從 30 年代開始漸次形成了追求「革命」與向往「自由」的矛盾。這一矛盾到她的晚年並未消泯，在某種程度上甚至還得到了進一步的展開。這使她在以韋護精神伸張個性、呼喚「自由」的同時，不能不對「政治」抱有特殊的敏感和熱情，從而表現出了固著的政治情結。有學者指出：「半個世紀的特殊生活經歷，使丁玲養成了善於從政治角度思考問題的思維定勢。」[2]需要補充說明的是，特別是 20 餘年的流囚生涯以及由此而生的切膚之痛，更使丁玲進一步意識到了在政治面前個人的渺小以及政治對於個體生命的決定性意義——這無疑進一步強化了她對政治的敬畏之感。從消極自我保護的需要出發，這種敬畏之感又反過來進一步激發了她對政治的關注，並成了她與政治合流、同

1　丁玲：1978 年 9 月 16 日日記，《丁玲全集》第 11 卷，第 440 頁。

2　張永泉：〈走不出的怪圈——丁玲晚年心態探析〉，《個性主義的悲劇——解讀丁玲》，中國社會科學出版社 2005 年版，第 274-275 頁。

謀的心理動力。可以說，這種心理動力之強勁在丁玲那裏是前所未有的，也正緣於此，丁玲晚年的政治意識發展到了空前的程度，丁玲的分裂（「兩個丁玲」的現象）也發展到了空前的程度。

無庸諱言，對於極左政治的危害，丁玲不但有著切膚之痛，而且是心有餘悸的。20 餘年的肉體摧殘和精神折磨，在她心中刻下了永遠也無法抹去的痛苦記憶。她深深知道，這種痛苦和不幸不僅僅屬於她本人，還波及到了包括她的子女、朋友、學生在內的更多的無辜者。直到她去世前一年，她還寫出了《風雪人間》中之一節〈遠方來信〉，以飽含血淚的筆觸記述了自己的右派冤案對兒子的牽連和兒子為了爭取保住自己學習的專業而忍痛與自己斷絕聯繫的無奈。由此可見，這種記憶對她來說顯得多麼持久、多麼深刻、多麼慘痛！在她複出前後，她對這種痛苦的記憶和體認在她那些純個人化的文本（日記、書信）中得到了反覆的宣示。茲摘錄於下：1978 年 9 月 16 日夜，尚在山西長治林場公社嶂頭大隊的丁玲，「靜坐院中，看樹影東移，夜涼如水，憶幾十年大好年華，悄然消失，前途茫茫，而又白髮蒼蒼，心高命薄，不覺愴然。惟有鼓起餘勇，竭力掙扎。難圖伸腰昂首於生前，望得清白於死後，庶幾使後輩兒孫少受折磨，有發揮能力的機會，為國為民效勞而已。」稍後在給朋友的信中，她還較具體地說到了她的兒女們的遭遇和不幸，說到了自己的擔心：「兒女雖被株連，受害，受壓，但也總算過來了。他們也很快要接近老年了，除了勉勵他們要繼續埋頭，沒沒（默默）無聞為黨盡力以外也沒有什麼別的希望了。好在新的一代又出來了……惟一希望他們有所成就。不要因為祖母而浪費一生」[3]。1979 年初以治病之由回到北京後，她在向友人報告近況時寫道：「我現在一家八口，

---

[3] 丁玲：致洛蘭等（1978 年 9 月 28 日），《丁玲全集》第 12 卷，第 103 頁。

今年春節總算在北京都見到了。自然他們都因我而逃不掉不受株連，給他們帶來了許多不幸」；她還看到，在極左政治的禍害下，她的冤案所株連的還遠不止「九族」：「其實因我而受株連的人，在我上邊的，在我下邊的，亦不知有多少。最近見到其中的一些，也都由青年而幾乎進到中年，由中年進到老年，不是白髮蒼蒼，也是失去了健康，或者還有一付可以對付的身體，但精神所受的摧殘卻無法掩蓋。使人常常為這些人不安，為文藝工作而不能坦然。真是多災多難，不斷的經受如此狂風暴雨的我和我這一代的文藝工作者們呵！」[4]在另一封信中，她還寫到了自己對兒子的株連以及自己的愧疚：兒子「是學潛艇製造的，因為我的問題，使他失去資格發揮他的所學，他現在上海，仍在搞民用船舶設計」[5]；兒子為了保住自己的專業而跟母親斷絕過聯繫，但最終專業仍然沒有保住。

對於一個真正強悍的個性主義者來說，對極左政治禍害的痛恨更能激發反抗的熱情，對無辜被株連者窘境的「不安」也更能積聚反抗的力量。但是，丁玲此時想得更多的卻是不能重起禍端，不能「自找麻煩，遺禍後代」。這不可避免地使前者變成了對後者的消解力量。為了消極地保護自己，她也從反面消極地汲取了「教訓」：對極左政治禍害的痛恨轉而變成了對它的「畏懼」；惟恐牽連他人的負責心理也反而成了她的一個精神包袱，使她在很大程度上消泯了反抗的銳氣和勇氣。在自己那些個人化文本中，她披露了這一心理演變的軌跡：1978 年 10 月 8 日，她「午睡時構思一短文，以一中學教員回鄉務農，從他的生活中反映農村所受『四人幫』毒害之深為題材，用日記形式，仿〈狂人日記〉。真是數年不見，農村的面目全非，令人痛恨。但一覺醒來之後，又有些畏懼了。文章要寫得深刻

4　丁玲：致趙清閣（1979 年 2 月 26 日），《丁玲全集》第 12 卷，第 110 頁。

5　丁玲：致葉孝慎等（1979 年 7 月 7 日），《丁玲全集》第 12 卷，第 119 頁。

點，生活化些，就將得罪一批人。中國實在還未能有此自由。〈三八節有感〉使我受幾十年的苦楚。舊的傷痕還在，豈能又自找麻煩，遺禍後代！」[6]她所想寫的應該是很有思想鋒芒的「傷痕文學」、「反思文學」類的作品，但是，歷史上曾有過的並且還存在著的傷痛卻使她對之望而卻步了。她所希冀的是自己不要因文字而罹禍、並「使後輩兒孫少受折磨」。當她寫這篇日記時，以真理標準問題討論為標誌的思想解放運動已經蓬勃興起，文學界的「傷痕文學」的創作也已經蔚為壯潮。即使她寫出這樣的作品，也不會「犯忌」，也不會「自找麻煩，遺禍後代」，但她卻因「畏懼」、因恐授人以柄而喪失了勇氣。她小心謹慎地戴上面具，而變得乖巧起來。這種借回避（乃至躲避）以遠禍的心態，她在 1981 年 6 月 4 日向友人傾吐內心苦衷的信中幾乎和盤托出，從而使之得到了更加集中、充分的呈現：

> 我現在雖然在北京，既不參加高級會議，又很少見高級人物。文壇事實與我無緣。你不要看見我在這個刊物有點短文，那個刊物有點小消息，或者又偶在電視中晃一晃，實際不過是晃一晃人物，自然，也很難不見外國人，這種時候，我大半很謹慎，怕授人、授自己人以柄，為再來挨一頓棍棒做口實。但願這只是我的「餘悸」。兩年多來，盡寫些不得已的小文章，實在不過只是自己在讀者中平平反，亮亮相。好在現已發誓除實在不得已而外，不寫短文。人家打人家的仗，我寫我自己的文章。我對於內戰是不想參加的。你不要看旗幟，所謂解放，實際在某些問題上，對某些人上，實在一絲一毫也不願、不肯解放的。左的左得可愛，右的右得美麗。我們付出了二十多年的時間，我們吃了許多苦，無非有黨的政策，現

6　丁玲：1978 年 10 月 8 日日記，《丁玲全集》第 11 卷，第 447 頁。

> 在才得以有幾點小地方，可以擠進去發表點小文章。我們是應該感謝黨的。可是不管現在左的也好，右的也好，究竟對我們如何看法，如何對待，是大可尋思的。我明確的告訴你，假如《苦戀》是我寫的，你可以想見那些左的右的都會彙成一股洪流來圍剿的。難道二十多年還不能得點經驗教訓？不學一點乖嗎？文藝事大不可為，希望在五十年後，在我，在我們死後許久，或可有有勇氣的（也許那時不須要勇氣），真正無私的，有真知灼見的人們。不過首先得把封建權勢掃除乾淨。我們還須要雜文，只是比魯迅時代要艱難得多。甚至比你當年（一九五七年）還有困難。現在只就文藝來說局勢複雜的迷人，簡直叫人摸不清。因此，只有不管它，自己按自己的認識寫文章。我就堅持不入夥，免得學別人倒來倒去，演笑劇。

信末，她還提醒收信人：「我的意見，只是一管之見，望勿擴散。……全國都有耳，小報告四處飛。我惹不起人。」[7]

在這封信裏，她特別提到如果《苦戀》是她寫的，「那些左的右的都會彙成一股洪流來圍剿」，其事態的嚴重性會變得較白樺更甚。這裏，丁玲透露出了一個重要的資訊，這既關乎丁玲對自己處境的體認，也關乎她借回避（乃至躲避）以遠禍之心態的形成原因。白樺的《苦戀》問世以後，受到了某些方面人士的嚴肅批評。這些批評者在思想傾向上事實上只能是丁玲所指稱的「左的右的」中的一種。而丁玲在這個假設中所假定的對她的「圍剿」者卻是二者的合流。這是因為在丁玲自己看來，她既是曾經被打入另冊的人、又是在現實中仍然引起爭議的人，所以，客觀處境較之白樺更加不堪。

---

[7] 丁玲：致宋謀瑒（1981 年 6 月 4 日），《丁玲全集》第 12 卷，第 176、177 頁。

雖然此時組織生活在歷經曲折後終於得到恢復，但歷史問題尚未澄清，她的平反還留有尾巴。這成了她心中一個解不開的結、一塊掀不掉的石頭。「這壓在心上的沈重石塊，不能不影響到她晚年的心境和處事」。[8]1984 年夏中組部為她恢復名譽後，她在談及前幾年的心情時曾說過：「誰看到我都認為我精神很好，認為我心情很好……可是，有誰知道在我心底裏還壓著這樣一塊沈重的石頭？我能向誰訴說呢？我只能這樣活下去，別無選擇。」[9]因此，為了有助於自己歷史問題的最後解決，為了推翻那塊壓在心上的沈重的石頭，她幾乎是「別無選擇」地選擇了「謹慎」、「學乖」，而絕對不能再授人以柄。她的疲憊的心靈再也經不住新的打擊，她所需要的是「平靜」。對此，她在給友人的信中說得分明：「我是一個適合於住在鄉村的人了，一切關係簡單。我的年齡也不准許我負擔任何工作和問題。身體可以勞累，心靈再也受不住打擊了。躲在鼓浪嶼，世外桃源，還是能心情平靜的。」[10]從這種心理出發，為了避免不諳政治而遭受新的心靈打擊，她不得不關注政治，不得不關注他人對自己的評價，不得不去斟酌、去「尋思」「左的也好，右的也好，究竟對我們如何看法，如何對待」。從這一意義上說，丁玲對政治的敏感和熱情又是一種被動的選擇。這瞻前顧後的「尋思」，其結果自然只能導致她的「畏懼」。

總之，為了消極地保護自己，為了避免在自己徹底平反問題上再起禍端，為了避免遭受新的心靈打擊，複出後的丁玲開始與政治合流、共謀，在許多政治問題上開始不僅自覺地「順著說」，而且還常常說得過分、誇大，失去了應有的分寸感。這固然可以看出她的

---

[8] 張鳳珠：《我感到評論界對她不夠公正》，《黃河》2001 年第 2 期。

[9] 丁玲：《黨給了我新的生命》，《丁玲全集》第 6 卷，第 286 頁。

[10] 丁玲：致李納（1981 年 2 月 21 日），《丁玲全集》第 12 卷，第 160 頁。著重號為引者所加。

政治策略與智慧，但也可以見出她的無奈和意志的脆弱。她也不得不為此而付出代價，因為她的如此選擇所造成的對自我個性的壓抑和自由精神的褫奪顯然不言而喻。對政治的「敬畏」、關注與對「自由」的向往、呼喚，二者的並存與矛盾使丁玲處在了矛盾與分裂的狀態之中，它使我們看到了與高揚韋護精神、熱情呼喚「自由」的丁玲相對的另一個政治化的充滿說教的丁玲的存在。因為這一矛盾的存在，她所想的與所做的、私下說的與公開說的常常形成了尖銳的對立，甚至給人判若兩人的感覺。因此，運用政治術語簡單說她是「左」還是「右」，雖然真實，卻並不全面。事實上，丁玲既有思想解放的一面，也有保守正統的一面。我們不能因為她思想中有保守正統的一面而否定其思想解放的一面，同樣，我們也不能因為其有思想解放的一面而對其保守正統的一面視而不見。在丁玲生前，她就被不少人看成是「正統派」，是打人的「棍子」。這也是為她所風聞的。1984 年夏天她到福州，「有人告訴我說，這裏聽到北京有人說，你們是四條棍子（指的是我與艾青、臧克家和歐陽山）。我想來想去，不就是在清理精神污染時新華社記者採訪了我們這幾個人，說了那麼幾句話嗎？這怎麼竟成了棍子！」[11]在 1984 年 12 月-1985 年初召開的第四次作家代表大會上，甚至被在底下的人喊作「紅衣主教」。這不僅是因為她平時愛穿紅毛衣，而是一語雙關地說她「左」。對諸如此類的指責和批評，丁玲也有所辯白：「這幾年我已經被人說成『正統派』了。還有人說我『左』，真可笑，真是『左』、『右』都由人說，『左』、『右』都由人罵，好在我是罵不倒的，也打不倒。我以前是怎麼的，現在還是怎麼。只是實在是有人『左』時，他說你『右』，他『右』時，又說你『左』。」[12]但她這種辯白是無

[11] 丁玲：〈在中宣部一次文藝座談會上的發言〉，《丁玲全集》第 8 卷，第 439-440 頁。
[12] 丁玲：致聶華苓（1984 年 2 月 20 日），《丁玲全集》第 12 卷，第 221 頁。

力的，也是不實事求是的。「左」與「右」當然是相對立而存在的，批評她「左」的人，當然所取的思想立場與她不同。但是，在思想解放的新時期，並不是所有批評她的人都是在「左」「右」之間搖擺，然後根據個人需要隨心所欲地派定她「右」或「左」——「左」的判斷畢竟不是一貼膏藥想怎麼貼就怎麼貼的。她之所以給人以「左」的印象，是有她的許多言論和文字作證的：

比如在如何總結歷史教訓問題上，她多次說過這樣的話：「黨在奮鬥的時候，我們跟著黨奮鬥；黨在倒楣的時候，我們也倒楣嘛！肉體的傷，心靈的傷，你的傷，我的傷，哪裡能比得過黨的傷？過去的就過去了嘛，個人受一點苦，有什麼了不起！」[13]話看上去說得很漂亮、很豁達，但是，總給人一種正統說教的感覺。如果所有個人的肉體和精神上的「傷」都「沒有什麼了不起」、都真的不值得一提的話，那麼，「黨的傷」又何從談起？如果「過去的就過去了」，那麼，歷史的教訓又何從反思、總結？如果對歷史的教訓沒有應有的反思、總結，那麼，「過去的」就真的能夠成為過去？又比如在文學創作方面，她認為「應該堅持寫《杜晚香》，而不是寫《『牛棚』小品》」（詳見本章第二節）；在文藝思想和文藝批評中，她固執地堅持「文藝為政治服務」的口號，認為「作家是政治化了的人」，並對「傷痕文學」和現代派文藝作出了相當嚴苛的批評（詳見本章第三節）；在對待西方現代文明的態度上，她充滿了一種與改革開放潮流相左的國粹派式的民族自大情緒（詳見本章第四節）；甚至在與周揚、沈從文的糾葛中，她也表現出了相當左的政治偏見（詳見本章第五節）。當然，關於丁玲的「左」，人們印象最強烈的還在於她在

---

[13] 丁玲：〈我的命運是跟黨聯在一起的〉，《丁玲全集》第 8 卷，第 202 頁。

清除精神污染中的表現。有些人「認為她的晚年糟得很，主要認為她『清汙』前後的表現太左」[14]。

1983 年 10 月，中國共產黨召開十二屆二中全會，作出關於整黨的決定。鄧小平在全會作了題為〈黨在組織戰線和思想戰線上的迫切任務〉的講話，旗幟鮮明地指出：思想戰線不能搞精神污染；精神污染的危害很大，足以禍國殃民。根據這次全會精神，在全國範圍內開展了反對精神污染，即反對資產階級自由化的鬥爭。丁玲對此迅速作出反映，她因此也成了在這場思想鬥爭中較早公開表態的作家。10 月下旬，她接受新華社記者郭玲春採訪，表示「由衷地擁護黨中央防止和清除精神污染的決策」。她強調：「社會主義的文藝，容不得任何污穢的東西，社會主義的作家、藝術家更不能以低劣的精神產品去污染社會。」她說，「近年來，我們很重視文藝創作的繁榮，往往忽略了文藝思想的混亂」。她還例舉了「文藝思想混亂」的表現：「一個時期來，有人提出黨最好少管或不管文藝，有人向往資產階級自由化，有的青年作家以為創作可以不要生活，也不要政治。翻開某些文學刊物，很少能讀到鼓舞人向上的作品」，「但一些有嚴重錯誤的作品卻在俘虜、欺騙天真的、沒有社會經驗的青年」；「還有其他一些跡象，如劇場裏傳出靡靡之音，會博得一片喝采，聽嚴肅的歌曲，掌聲寥寥，甚至唱『沒有共產黨就沒有新中國』，竟有人發出笑聲。某些戲劇電影的改編，借古喻今。為什麼我們歷史上那麼多的孤臣逆子、忠義之士不寫，偏去寫些含沙射影的故事和人物？還有種怪事，三十年代某些作家的一些遠離人民生活的作品，只要國外有人捧，我們就也有人跟著叫好」。

14　轉引自王增如：《無奈的涅槃——丁玲最後的日子》，上海書店出版社 2003 年版，第 122 頁。

丁玲在例舉這些表現後還進一步指出：「這些都只是現象，是在一種思潮下產生的」[15]。她沒有說明這「一種思潮」的蘊指，但聯繫整個語境來看，顯然是指資產階級自由化思潮。應該承認，丁玲「作為一名黨員作家，對黨中央發動的這一場思想鬥爭表明自己的立場態度完全是正常的，更何況是記者主動訪問，要她表態」[16]，但是，她在羅列「思想混亂」的表現時卻未免失之過寬，對所例舉的現象缺乏應有的甄別和分析，因而也缺乏應有的說服力。例如，人們的審美趣味是多樣化的，有人喜愛嚴肅歌曲，也有人喜愛抒寫個體情懷的輕鬆歌曲（她在這裏把它貶指為「靡靡之音」）。對此，至多只能說有審美趣味的不同甚至高低，但顯然與這「一種思潮」無甚關涉。又如在歷史題材的創作上，人們不禁也要問，為什麼就非寫「孤臣逆子、忠義之士」不可呢？難道不寫這些人物，就是「精神污染」了嗎？「精神污染」本是一個嚴格的政治概念，是指散佈形形色色的資產階級和其他剝削階級腐朽沒落的思想，散佈對於社會主義、共產主義事業和對於共產黨領導的不信任情緒。而丁玲把上述有關現象都歸之於「精神污染」，卻顯然將清除精神污染問題擴大化了。

這篇眉題為「丁玲認為：『社會主義文藝容不得任何污穢』」的記者專訪刊於《人民日報》10 月 31 日，比中國作協黨組在新僑飯店召開的擁護黨中央決策的座談會還早了五天。11 月 4 日，作協領導及作家代表張光年、馮牧、楊沫、李瑛、草明等先後在座談會上發言。丁玲參加了這次會議，沒有講話。但是，兩天後，丁玲作為作家協會的副主席與創作委員會主任委員，就清除精神污染問題應

15 〈不能以低劣的精神產品去污染社會〉，《人民日報》1983 年 10 月 31 日。

16 張永泉：〈走不出的怪圈——丁玲晚年心態探析〉，《個性主義的悲劇——解讀丁玲》，第 270 頁。

邀在中央人民廣播電臺舉辦的星期演講會上發表了題為〈認真學習、開展批評、整頓文壇、繁榮創作〉的講話。這個講話雖然對那篇記者訪談中的某些絕對化的缺乏事實依據的說法（如「翻開某些文學刊物，很少能讀到鼓舞人向上的作品」）作了一定程度的匡正，肯定「我們的文學主流是健康的」，但是，在列舉文壇上還存在的「散發著臭氣，污染社會，毒害青少年」之支流的種種表現時，將「宣揚文藝作品應該遠離政治」、鼓吹「表現『自我』」、在文學表現手法上向外國現代派學習、寫「烏七八糟令人看不懂的東西」[17]等一些可以探索的命題和技術層面的問題都視作精神污染的表現，仍然有失之過寬的擴大化的嫌疑。

在短短的一周時間左右，丁玲兩次就清除精神污染問題在權威媒體上發表講話，迅速表態，非常引人注目。但這對丁玲來說是有其較為深厚的思想基礎的。早在 1982 年 4 月 5 日給一位文學青年的信中，她就以非常嚴重的口吻指出：「近年來，社會上出現了一小股盲目崇拜西方資本主義腐朽生活方式的思潮，這種思潮的實質就是極端的個人主義，爾虞我詐，盡情享受，是與社會主義、集體主義相抵觸的。」有些作家腳跟不穩，跟著這種歪風跑，一方面是迎合讀者，一方面多少也是心有同好。有的地方為這些作品大開綠燈。這對於正在全力建設中的社會主義精神文明是嚴重的障礙和危害。她要求文學藝術工作者在黨的領導下，去「反對、掃除這種有毒的思潮」[18]。在兩個月以後所作的一篇文章中，她對思想界和文學界的「邪氣」進行了的公開的批判：「近幾年我國全面調整各項政策，在引進一些國外先進科學技術、機械設備的同時，一些資產階級的

17　丁玲：〈認真學習、開展批評、整頓文壇、繁榮創作〉，《丁玲全集》第 8 卷，第 378、379 頁。

18　丁玲：致一位文學青年（1982 年 4 月 5 日），《丁玲全集》第 12 卷，第 189 頁。

『自由』、『民主』思想也趁虛而入。社會上出現了崇洋的歪風，共產主義、社會主義在這部分人眼裏只是一些失敗的、痛苦的經驗。反映在少數作品裏，由針砭發展為詛咒，由對於某些個人的指責而發展到對整個社會的控訴。自我無限膨脹了，好像中國大地，十億人民，除我或幾個氣味相投的朋友以外就無一好人。」[19]1983 年 3 月在雲南個舊又說：「這幾年，我覺得我們的文藝作品很繁榮，但文藝思想是比較混亂的。青年人裏面有混亂，中年人裏面也有，老年人裏面也有，領導上有時也有人不夠清醒，隨便說話」，「該說不說，該管不管」，「有害於我們的文學事業，有損於我們的國家，對我們人民沒有好處」[20]。1983 年 9 月，她在為《殷夫集》作序時指出：「真正妨礙我們前進，阻止我們前進的正是少數人對革命傳統的背離，對民族遺產的虛無、輕視，某些人的崇洋媚外，拜物、拜金主義思想，幾千年來殘留的封建惡習，和至今正為人們揭露的資產階級自由化。」[21]

丁玲不但在清除精神污染問題上較早表態，而且對之表現出了持續關注的熱情。1984 年 9 月，她在中宣部一次文藝座談會上的發言中說：「大家都說精神污染煞住了，好多了。應該承認，的確是好多了。但是我看新的不健康的風又漸漸吹出來了」，「有些文章的作者，醉翁之意不在酒，他們文章中的矛頭，卻只是針對共產黨的領導，使人看起來不舒服」。但她所舉之例卻只是 9 月 9 日《人民日報》上刊載的一篇寫農民花兩千元請客的文章。她認為這篇文章的這一傾向性「說得如此明白」。對此，她進行了嚴厲的批評：「但甚至說提倡什麼勤儉節約、艱苦樸素都不合新時期的道德觀念。還說『用

[19] 丁玲：〈增強黨性去掉邪氣〉，《丁玲全集》第 9 卷，第 410 頁。
[20] 詳見丁玲：〈根〉，《丁玲全集》第 8 卷，第 343 頁。
[21] 丁玲：〈《殷夫集》再序〉，《丁玲全集》第 9 卷，第 176 頁。

少數先進人物……甚至革命烈士的楷模律之於全民』也要受到責備，並且斷言不會收到實效。這種觀點是否太偏了？」[22]實際上，丁玲批評的這篇文章所討論的是新時期的道德觀念的變化以及道德的特殊性與普適性的關係問題，即使它的觀點有片面性，有值得商榷之處，但無論如何也上升不到攻擊「共產黨的領導」、「瞧不起共產黨」、「怨恨共產黨」的政治高度。人們不由得也要疑惑：她的這種觀點是否也太偏了、太激了呢？三個月以後，在丁玲和舒群共同建議下，中國作協作家支部舉行慶祝毛澤東同志誕辰九十周年座談會。在暢談延安文藝座談會對自己的影響前，與會的丁玲又再次提出黨員作家在清除精神污染鬥爭中的政治態度問題：「黨中央做出了英明的決定：要整黨，每一個黨員，每一個黨員作家應該採取什麼態度，應不應該反對那些非無產階級思想的精神污染？應不應該清理一下在新的歷史時期裏資產階級、封建思想對自己的影響、浸蝕呢？」她批評一些同志在這場鬥爭中抱著「何必得罪人」和「何必碰得頭破血流」的心理和「得過且過的苟安思想」，「只是搖晃小旗，按兵不動」；並稱「我是不大考慮退路的。因為我後邊的路可（應為『不』——引者）長了，也沒有什麼更可怕的。但我也有自由主義。我的自由主義表現在我對徹底改變某些壞現象信心不足」[23]。在「清汙」鬥爭高潮早已過去以後，丁玲還不斷地表示在這一鬥爭中自己「不考慮退路」的戰鬥精神和不怕「碰得頭破血流」的勇敢姿態，而她開展戰鬥的物件卻又往往不是真正政治意義上的精神污染。這也會不會給人造成丁玲「左」的印象呢？

22　丁玲：〈在中宣部一次文藝座談會上的發言〉，《丁玲全集》第 8 卷，第 440、441 頁。

23　丁玲：〈在中國作協作家支部慶祝毛澤東同志誕辰九十周年座談會上的發言〉，《丁玲全集》第 9 卷，第 424 頁。

總之，丁玲在「清污」先後所發表的許多言論確實有不少誇大、偏激之處，這主要緣於其對「精神污染」這一政治概念的內涵和外延沒有作出嚴格的準確的把握，因而不能不給許多人留下「左」的印象。再加上「清污」開始後文壇上盛傳一時的丁玲等老作家「寫誣告信」、上書告狀的傳言，更加劇了人們的這一印象。1983 年 9 月，中國作協作家支部舉行了兩次學習《鄧小平文選》的座談會，會後根據發言記錄整理成一份簡報，上報作協黨委並轉鄧小平。10 月，鄧小平閱後，批示印發政治局和書記處各位同志。於是，「作家支部怎麼那麼『左』」、「丁玲等人誣告周揚、誣告作協」、甚至「丁玲因為沒告倒周揚自殺了」等有影沒影的傳言就出來了。作家支部的老作家們早就要求對此給予澄清，但丁玲至死也未能擺脫傳言的陰影，致使許多朋友對她都敬而遠之。1985 年 9 月 16 日，重病之中的丁玲對秘書王增如說：「你感覺到沒有，許多原來常來的朋友也不來了，他們害怕。」[24]這種委屈、這種淒涼，她在 1985 年 6 月底給友人的信中作了盡情的宣洩：

> 你自然還是會知道我的情況的，我又有一點落在一九五七年的情況之中了。不過帽子是換了一頂，右的還沒有完全摘掉，左的又來了。過去是大張旗鼓，現在改變了手法，是竊竊私語，謠言滿天飛；過去是明令禁止，現在是暗暗封鎖破壞，最近有一個老左聯的人寫了一首詩，詩寫到我，投稿某大報，該報復信云，詩很好，唯所提到的人，左，故把稿子退了！那些真左的人，一貫左的人，始終是要設法打死人的。明槍

[24] 轉引自王增如：《無奈的涅槃——丁玲最後的日子》，上海書店出版社 2003 年版，第 137 頁。

暗箭都來，明槍時有暗謀；暗箭中又組織隊伍明壓。有這些人，正派人是難過的。難活下去的。

我現在日子很不好過……[25]

在所謂「誣告信」事件中，丁玲確實是受委屈的。在簡報所摘錄的發言內容中，她說到了思想教育的重要性，說到了自己得罪了「管事的人」，也帶點影射地說到了「一貫正確」的問題，但她並沒有去誣告他人。關於反對資產階級自由化的問題，丁玲當時在發言中甚至還相當低調：「現在旌旗招展，不知什麼顏色的旗子。說我是正統派，就是僵化。他們原來打的是解放派的旗子，現在又打出『反對資產階級自由化』的旗子。你們當權的最好講清楚，我們也好明白。」但是，傳言之所以能夠出來，且有人相信或半信半疑，從丁玲自身原因來看，則應與她自己公開發表的有關「清污」的文章有關。這為少數人製造傳言和不明真相的人相信傳言提供了基礎。

當然，傳言不足為信，而且必須澄清。但她在「清污」鬥爭中確實有擴大化和「打棍子」的左的嫌疑，這有她發表的文章為證。1985 年 5 月，丁玲訪澳歸來經香港返京前，在香港三聯書局舉行的茶話會上與香港作家座談。在談到自己批評精神污染問題時，她說：「我戴了二十多年的帽子，剛剛才被摘下，正要戴上正統帽子的時候，現在又有人要給我再戴帽子，說我左，說我打棍子，因為我批評這些文章，我就等看這棍子打得對不對。」[26]現在，又一個「二十多年」過去了。回首再看丁玲當時的許多言論，不但確實有「打棍子」之嫌，而且她也確實打得並不對。從她臨去世前接受香港作

[25] 丁玲：致陳登科（1985 年 6 月 30 日），《丁玲全集》第 12 卷，第 295 頁。

[26] [新加坡]劉培芳：〈「我要活下去，幹下去！」——我心深處的丁玲〉，《丁玲紀念集》，湖南人民出版社 1987 年版，第 502 頁。

家林湄訪問時所說的話中，可以看出她對反精神污染鬥爭也曾經作出過反思：「開始時我是支持去掉這些污點，後來覺得過分了，也不贊成。但我還是認為黨不能控制人的思想，不能用行政手段加以『判決』」[27]。雖然去世前她也積極鼓吹過作家的創作自由和思想解放、反對對作家創作作過多的行政干涉，但她並沒有直接對自己「清汙」鬥爭的言論作出見諸文字的反省。這對丁玲來說成了一個永遠無法彌補的遺憾。

第二節 《杜晚香》內外

一般來說，文學創作是作家一種無法抑制的情感燃燒，是一種鬱積於心底的心理能量的釋放。丁玲以《莎菲女士的日記》為代表的最初創作正是這樣，它們完全源於她自己內心情感的強烈衝動，是「非寫不可」的結果。但是，新時期復出以後，飽經滄桑的晚年丁玲在創作中更多考慮（乃至首先考慮）的卻是政治效應。在很多情況下，其創作出發點不再是內心的真實感受，而是為了追求政治功利；而她對政治功利的追求又往往訴諸於道德視角，以道德訴求的方式表現出了對政治功利的關注。政治功利與道德訴求這二者的聚合是晚年丁玲創作的顯著特色——這在《杜晚香》中有著突出的表現。

《杜晚香》始作於「文革」前的 1965 年，丁玲當時「記錄了一些她（指主人公杜晚香——引者）幼年的生活」。「文革」結束後，還在山西農村的丁玲對它進行了重寫，並於 1978 年 9 月寫就。對於《杜晚香》，丁玲所寄託的期望是遠過於作品本身的。那時，她已經

---

[27] [香港]林湄：〈最後一次的訪問——醫院中訪名作家丁玲〉，《丁玲紀念集》，第 493 頁。

摘掉右派帽子，對自己復出文壇充滿信心。她在 1978 年 12 月 10 日給陳明的信中說，「既然帽子已摘，（作品）就可以發表，沒有人敢不開綠燈」。她是把這部作品作為自己政治上的「亮相」和獻給讀者的政治上的見面禮的。

作品寫完的當月，她曾經「給四個人看過，反映都不很好。……這只能說我的文章已落後了，已不能抓住人心，叫人為我拍案了。我曾有過的那種與讀者心心相印，成為莫逆之交的時代不易恢復了」[28]。雖然如此，她仍然覺得「不一定等問題全部解決後再發表，無妨先發表。……群眾只問這個的名字在報上出現沒有，哪裡管其它問題，見報後對解決問題也有好處」[29]；又說「你若有文章見報，人家不管你寫得好不好，只注意你是『出』來了」[30]。這樣，一篇文章的發表就被她賦予了超出「文章」之外的政治功利。

雖然朋友們的反映「都不很好」，而丁玲卻仍然執意將《杜晚香》作為「亮相」之作發表。這是丁玲在政治上煞費苦心、反復權衡的結果。據陳明回憶，到底以什麼作品作為給讀者的見面禮，丁玲「曾左思右想了很久，最後認定不論將來政局發生什麼變化，《杜晚香》這樣的主題精神是不會遭到非難的，所以她將它作為復出文壇的首篇作品與讀者見面」[31]。惟恐政局有變「遭到非難」，而有意去尋找符合上級精神的「永遠正確」的題材和主題，這是晚年丁玲在政治上「順著說」的思路在文學創作上的延伸和展開。這不能不造成作為作家的丁玲的平庸。對一個真正的作家而言，文學創作的目的是要表現自己對生活、對人生的真知灼見，而並不是以之為工具作一

28　丁玲：致蔣祖林等（1978 年 9 月 28 日），《丁玲全集》第 11 卷，第 261 頁。

29　丁玲：致陳明（1978 年 12 月 10 日），《丁玲全集》第 11 卷，第 272-273 頁。

30　丁玲：致陳明（1978 年 12 月 16 日），《丁玲全集》第 11 卷，第 276 頁。

31　劉慧英：《走出男權傳統的藩籬》，三聯書店 1996 年版，第 55 頁。

般的政治表態。因此，政治上的表態再好、再正確，也代替不了自己對生活的獨到發現。如果對現實生活缺乏獨立思考和勇敢探索精神，就必然會落伍於時代。這在思想解放時期更是如此。

這篇被丁玲賦予政治功利的作品，其發表過程頗為曲折。在這過程中，也頗見丁玲對政治功利的考慮。她最初將此稿投寄《中國婦女》，為了使作品早日問世，還於 1978 年 12 月致函鄧穎超。[32]她最初選擇這個非文藝性刊物作為自己複出的陣地，顯然更多出於政治性而非文藝性的考慮。她在 12 月 17 日給陳明的信中饒有深意地寫道：「我願意在這個刊物上發表。其理由你也可以想到。」但最後沒有能夠如願。

1979 年初回北京後，她又託人把稿件轉給了《人民日報》。編輯部建議她加以刪改，原因是文章太長，不宜在報紙上刊用，或者可以留在那裏，等將來辦刊物時再用。但她是經不起如此等待的。她索回原稿，託人轉交《人民文學》。該刊準備刊用，同時建議作者對結尾處有重複的地方作些刪改。但丁玲對「根深葉茂」這最後一節中記述杜晚香的學習心得和直白地抒發對黨的深情的文字（如「黨呵！英明而偉大的黨呵！你給人世間的是光明！是希望！是溫暖！是幸福！我們將永遠為你、為共產主義事業戰鬥，我們是屬於你的！」等），難於割捨，「不願刪削」。因為如果刪削，那麼，作為「亮相」的政治效應就要大打折扣。於是，她只得把稿子要回、放進箱子，等待時機。

5 月 16 日，劉心武代表《十月》編輯部來向她約稿、索稿，態度極其誠懇，她抱著試試看的想法把稿子給了他們。當天夜裏，劉心武即寫成一信（幾天後寄出），說後面杜晚香的那段講話寫得「真

32 《杜晚香》後在《人民文學》1979 年第 7 期刊出，丁玲於 8 月 1 日還特地將此刊寄奉鄧穎超。

切感人，想必是她之所言，也是您之心聲」，因而「對塑造杜晚香的形象，真有『一錘定音』之效」；5 天後，劉心武又寫信告知編輯部雖有不同意見，但決定採用——「《杜晚香》畢竟是香的」[33]。6 月的一天，《人民文學》副主編劉劍青派編輯吳芝蘭又去要回這篇稿子。經過協調，丁玲當即決定將稿子從《十月》撤回，而給了《人民文學》，後於 7 月出版的第 7 期刊出；作為補償，她把自己本不想「急於發表」的《「牛棚」小品》給了《十月》，於第 2 期刊出。她置劉心武的「知音」之語於不顧，而把《杜晚香》交《人民文學》發表，這應該是她更多地考慮稿子發表後的影響（同時也是她政治上「亮相」的影響）問題所致。因為《人民文學》是一個老牌的全國性的大刊物，而《十月》則是 1978 年 8 月才創刊的地方性刊物。事實上，《人民文學》之所以要回稿子，也有政治上的考慮：「中央有關方面已向編輯部打過招呼，丁玲同志落實政策的第一篇作品最好是在《人民文學》上發表」[34]。因此，《杜晚香》之最終在《人民文學》上發表，應該是雙方均考慮政治影響的結果，也即雙方在政治上合謀的結果。

由於發表過程中的周折，也由於考慮作品發表的影響面，這篇作為其「亮相」之作的《杜晚香》卻陰錯陽差地晚出於《「牛棚」小品》。為了彌補這一遺憾，也為了詮釋自己「亮相」的姿態和「亮相」後的追求，丁玲事後多次說明《「牛棚」小品》只是偶爾為之，而寫《杜晚香》式的作品才是自己努力的方向，明顯表現出了揚此抑彼的情感傾向。1982 年 3 月，《「牛棚」小品》獲《十月》文學獎，為了表明自己的心志，她在授獎大會上發表了與整個會議氣氛相當不

33　見〈劉心武等致丁玲的信〉，《中國現代文學研究叢刊》2004 年第 4 期。

34　《人民文學》副主編劉劍青語。見吳芝蘭：〈難以忘卻的記憶——記《杜晚香》發表及其他〉，《新文學史料》2004 年第 3 期。

協調的即席講話。她說自己的這篇作品是在看了他人同類作品後「心有所感，才提筆試一為文的」。雖然這篇作品發表後，反應不錯：「有人寫信給我，說喜歡這篇散文，現在《十月》還給了獎」，但她卻決然表示：「難道真的我個人不瞭解我自己的作品嗎？……昨天，今天，我反覆思量，我以為我還是應該堅持寫《杜晚香》，而不是寫《『牛棚』小品》。」[35]同年次月，在和北京語言學院留學生的談話中，她又說：「我自己今後走的道路不是《『牛棚』小品》，我只是偶一為之。粉碎『四人幫』之後，我看了一些抒寫生死離別、哭哭啼啼的作品，我不十分滿足，我便也寫了一篇。我的經歷可以使人哭哭啼啼，但我不哭哭啼啼。這樣的作品可以偶然寫一篇，但不想多寫。我還是要努力寫《杜晚香》式的作品，儘管有些人不喜歡。」[36]

總之，從丁玲對《杜晚香》作為政治「亮相」之作的權衡、《杜晚香》發表過程的周折到發表後丁玲對《杜晚香》的詮釋，都可以看出丁玲對作品之外的政治效應的精心考慮和對政治功利的潛心追求。如果說《杜晚香》也是一首「詩」的話，那麼，丁玲更看重的顯然是它的「詩外」之旨；在這一過程中，她所展示的更多的顯然也是她自己的「詩外功夫」。

這篇被丁玲在政治上異常看重並被她視為代表著自己努力方向的作品，到底是懷著一個什麼樣的動機創作的，所採用的到底是一個什麼樣的視角，所寓托的又到底是一個什麼樣的主題精神呢？對此，丁玲自己曾作出過如下說明：

> 一九七八年，我在山西農村，正在寫長篇小說《在嚴寒的日子裏》。那時國內政治形勢已越來越好，黨的「十一大」會議

---

[35] 丁玲：〈《「牛棚」小品》刊出的故事〉，《丁玲全集》第 9 卷，第 298-299 頁。

[36] 丁玲：〈和北京語言學院留學生的一次談話〉，《丁玲全集》第 8 卷，第 292 頁。

> 開過以後，全國開展了實踐是檢驗真理的惟一標準的討論，報紙上出現了越來越多的老同志重新出來工作的消息。我感到自己的問題也可能有解決的希望，我很興奮。我想自己離開文壇二十多年，與讀者隔離了二十多年，許多青年人不瞭解我，許多老熟人還在關心我。我將拿什麼新的作品給讀者作為見面的禮物呢？我想，我可以寫對一些領導同志的回憶，也可以摘錄正在寫作的長篇小說中的幾段。但都覺得不合適。想來想去，認為重寫過的《杜晚香》比較合適。杜晚香是東北墾區的標兵，給我的印象很深，她的確是共產主義思想和社會主義制度培育出來的新人。現在我們的國家百業待舉，百廢待興，要實現四個現代化，在發揚民主，加強法制的同時，需要大批具有這種社會主義道德品質的人。我把她介紹給讀者，希望有更多像她這樣的標兵，帶動我們大隊人馬一齊上陣。……我想，中央領導同志在「十一大」的報告中提到，文藝作品應少宣傳個人，要多寫普通勞動者，那麼《杜晚香》不正符合中央的精神嗎？像杜晚香這樣扎實、樸素的人物是值得提倡的。[37]

她還說過：「杜晚香有很多地方我還沒把它寫出來，但有時候是把我的話、我的思想感情放到她身上去了」[38]；「我寫了杜晚香對北大荒的無限深情，也同時抒發了我對北大荒、對黨的事業的熱愛。……我寫杜晚香對北大荒的感情，實際也是我自己的感情」[39]。總之，歌頌具有社會主義道德品質的新人，從中寓託自己「對黨的事業的

37　丁玲：〈《「牛棚」小品》刊出的故事〉，《丁玲全集》第 9 卷，第 296-297 頁。

38　丁玲：〈關於文學創作〉，《丁玲全集》第 8 卷，第 283 頁。

39　丁玲：〈關於《杜晚香》〉，《丁玲全集》第 9 卷，第 267 頁。

熱愛」、並間接地對自己作出政治上的說明，這是她寫作這篇作品的動機和主題追求。

這種在更深層次上對自己政治態度作出說明的目的，在事後果然實現了。有一位青年讀者給她來了一封「使我感動」的信，信中寫道：「《人民文學》登了你的《杜晚香》，我好奇，心想，右派究竟寫些什麼玩意兒呵？為了考證，看看吧！我看了一遍，兩遍，三遍，這時，我反覆地考慮，這樣愛人民，這樣愛祖國，這是右派寫的麼？……我腦子裏，這時才徹底地替你平了反。」[40]她在中國作家協會第三次會員代表大會上還特地講到了這一來信，可見這封來信中的觀點對她實現自己預期的政治目的該有何等重要！這也同時說明信中這樣的觀點實際上就是她在政治上所預期產生的。有論者事後確也如此認為：《杜晚香》的重寫，「這本身就是一件十分動人的事情。它說明我們的作家抱有何等堅強的信念，也說明我們的作家對黨、對人民、對偉大的社會主義事業懷有多麼深厚的愛、熾熱的激情」[41]。

但是，從如此動機出發創作的、寓託如此主題追求的《杜晚香》，顯然落後於時代、偏離了時代主題，因而顯得相當地不合時宜。1978年5月以真理標準問題的討論為標誌，思想解放運動已經轟轟烈烈地在全國展開，文學創作界的「傷痕文學」亦已蔚為壯潮。《杜晚香》顯然與此大相徑庭。就連她的幾個朋友也一致認為它「不是時鮮貨，靠它亮相，怕是不行」，因為當時時代的中心任務是要反思和清算極左路線的錯誤。鑒於丁玲受左的錯誤的迫害時間較長、創傷很深這一特殊的歷史遭遇，人們完全有理由期待她在思想解放的大潮中拿出揭露和反思極左路線錯誤的扛鼎之作來。但是，為了避免「自找

40　轉引自丁玲：〈講一點心裏話〉，《丁玲全集》第8卷，第71-72頁。

41　張炯、王淑秧：《樸素・真誠・美》，人民文學出版社1988年版，第31頁。

麻煩，遺禍後代」，她卻自覺壓抑了自己對極左路線進行控訴、反思的願望。極左政治迫害了她，也改造了她，馴化了她。張鳳珠曾說：「還是 80 年代（應是 70 年代末——引者），她從山西回來，正在寫《牛棚小品》，我到她那兒時，她拿其中一段給我看。看過以後，我覺得這才是《莎菲女士的日記》的傳統。後來她又拿《杜晚香》讓我看，我覺得這是她另一類創作……是被改造過的丁玲寫的東西」；前者寫的是「作家刻骨銘心的感受」，「那裏面有她自己的血淚」；而後者是丁玲在她所宣稱的「作家是政治化的人」的觀念下寫出的[42]。張鳳珠的這一番話是很能代表許多讀者對她及這個作品的評價的。

當然，《杜晚香》的落伍，不僅僅表現在其落後於時代，還表現在其視角的陳舊和觀念的落後上。在這裏，丁玲將自己對政治功利的追求與道德訴求相聚合，以道德訴求的方式表現出了對政治功利的關注。它以古典主義式的道德視角，關注的是人物放棄了自我個性的「道德品質」，表現的是道德教化的陳舊觀念。因此，《杜晚香》從丁玲自己的創作道路上看，「無論主題還是寫法，都可以歸入延安整風以後丁玲寫作的〈田保霖〉等歌頌性的報告文學譜系」[43]；而在宏觀的文學背景上，也可以歸入從四十年代出現、到五六十年代盛極一時的那些淺薄的道德教化型的頌歌型的作品行列。

《杜晚香》所刻畫的同名主人公是一個在新中國成長起來的勞動婦女。丁玲以寫好人好事式的頌歌型筆調敘寫了她的成長過程：出身貧窮的杜晚香 13 歲時便出嫁當媳婦，在土改運動中受到黨的教育，成為一名共產黨員。當參軍打仗的丈夫轉業以後，她隻身離開西北的小山溝奔赴北大荒。她以社會主義主人公的姿態從家庭走

[42] 邢小群：《丁玲與文學研究所的興衰．附錄．張鳳珠訪談》，山東畫報出版社 2003 年版，第 150、146 頁。

[43] 王中忱：〈作家生活史與文學史的交集〉，《中國現代文學研究叢刊》2004 年第 4 期。

出，帶領家屬參加了農場的繁重勞動，積極投入到了開發、建設邊疆的事業中去，成為「有高尚品德的新型勞動者」。

對於這樣的題材和人物，擅長探索女性命運的丁玲本來可以從中深入開掘出婦女實現個性解放和社會解放的深層意蘊，但由於她藝術勇氣的缺乏和預設的政治性、道德性主題的限制，更由於她對「五四」個性精神的背離，她不但沒有對此作出應有的探索，反而以傳統、落後的道德意識掩蓋並且代替了對這一題中應有之義的挖掘。從文本來看，丁玲執意回避了對杜晚香個人的情感、欲望的描寫，從而使杜晚香成了一個純然概念化的人物、一個隻知奉獻的「道德聖人」。作品雖也寫到了她的家庭生活，但在她身上所表現出的卻是丁玲自己以前所批判過的非常陳舊的道德觀念和傳統女性的特徵。杜晚香到北大荒後，在家庭生活中與丈夫很不平等。而她本人不但沒有對男女平等的要求，倒表現出了一種無意識的依附與順從。她的丈夫「回到家裏，就只是等著她端飯，吃罷飯就又走了，去找別的人談，笑，或者是打撲克下象棋，他同她沒有話說，正像她公公對她婆婆一樣。其實，他過去對她也是這樣，她也從沒有感到什麼不適合，也沒有別的要求，可是現在她卻想：『他老遠叫我來幹什麼呢？就是替他做飯，收拾房子，陪他過日子嗎？』她儘管這樣想，可是並沒有反感，有時還不覺得產生出對他的尊敬和愛慕，她只是對自己的無能，悄悄地懷著一種清怨」。

杜晚香在家庭生活中是缺乏平等和溫暖的，但她對此不但沒有反感，卻反而因此而萌生出對丈夫的尊敬和愛慕。這真令人感到匪夷所思。正是在這裏，杜晚香表現出了非常傳統、非常陳舊的男權觀念，丁玲對這一觀念顯然沒有進行應有的剖析和批判，倒是以讚賞的口吻表現出對人物的肯定和對這一傳統觀念的認同。在後來對杜晚香走出家庭參加農場勞動、實現了其社會價值的描寫中，丁玲實際上以女性的社會解放涵蓋並取代了婦女的個性解放，以為婦女走向社會、參加勞動就等於婦女人性的全面解放。這正如有的學者所指出的那樣，丁玲在這一描寫中所表現出的「也是以階級解放代替人性解放的思想意識」[44]。這種觀念當然非常偏頗，也相當陳舊。果真如此，那麼，中國許多從事直接生產勞動的婦女在數千年前就得到解放了。

丁玲曾經是一個被視為具有鮮明女權主義色彩的作家，她以《莎菲女士的日記》、〈我在霞村的時候〉、〈「三八」節有感〉等作品表現出了對女性命運的深切關注和獨特思考，思想相當前衛。令人遺憾的是，到她晚年創作的《杜晚香》中，她在觀念上卻大大倒退了。為了政治上的功利，丁玲經過反復掂量選擇了「永遠正確」的題材和主題，以陳舊的道德視角表現出落後的道德觀念。這不能不說是晚年丁玲在創作上的一個悲劇。

第三節　遙遠的回聲

丁玲曾經表示過「要努力寫《杜晚香》式的作品」，但後來類似的創作並不多。為了弘揚《杜晚香》式的創作理念，丁玲還就文藝理論問題發表過許多意見。當時，中國文壇的格局變化巨大，建國後十七年所確立的文學體制在經受內外衝擊的情況下也開始轉型。但是，在「政治」夢魘困擾下的丁玲，卻無視這些變化的發生，以一種刻舟求劍式的愚篤和忠誠依然故我地維護著陳舊的文學體制，一以貫之地發出了為陳舊的文學體制呼號的「小號兵」的聲音。這突出地表現在以下幾個方面：

44　張永泉：〈走不出的怪圈——丁玲晚年心態探析〉，《個性主義的悲劇——解讀丁玲》，第272頁。

一、在觀念上，堅持文藝為政治服務。這是丁玲談得最多的一個理論話題。文藝與政治的關係，是粉碎「四人幫」後，在思想解放運動中提出來的一個尖銳的理論課題和現實課題。在 1979 年第四次文代會後不久，鄧小平在〈目前的形勢和任務〉中就提出「不繼續提文藝從屬於政治這樣的口號」。1980 年 1 月 26 日，《人民日報》發表了題為〈文藝為人民服務，為社會主義服務〉的社論。社論以鄧小平有關文藝與政治關係的理論為指導，明確肯定文藝「兩為」的口號，認為它「比孤立地提為政治服務更全面、更科學。它不僅更完整地反映社會主義時代對文藝的歷史要求，而且更符合文藝規律」。這集中表現了黨對文藝方針的重大調整。

但是，半年多以後的 1980 年 8 月，丁玲在廬山召開的全國高等學校文藝理論學術討論會上所作的題為〈漫談文藝與政治的關係〉的發言中，卻堅持認為「文藝為政治服務」、「文藝為人民服務」、「文藝為社會主義服務」這三個口號完全一樣，沒有什麼根本區別；並且執意把作家政治化，認為只要是生活著的人，就脫離不了政治，宣稱「創作本身就是政治行動，作家是政治化了的人。有的作家說他可以不要政治，你是個作家，就有志向，就有理想，就有感情，這都不是與政治無關的吧？」[45]1981 年 5 月 17 日，她在〈會見加拿大作家代表團的講話〉中又老調重談：「現在不提文藝為政治服務，實際上，文藝不是為這個政治服務，就是為那個政治服務。文藝是教育人的。」[46]同年 7 月 11 日，在為《葉聖陶論創作》作序時，她借文學研究會「為人生」之題對文藝與政治的關係作了進一步發揮，將葉聖陶及文學研究會的「為人生」的主張曲解成了「為政治」。她說：「葉老講到文藝與政治的關係，他的見解也是非常精闢的。現在

---

[45] 丁玲：〈漫談文藝與政治的關係〉，《丁玲全集》第 8 卷，第 121、122 頁。

[46] 丁玲：〈會見加拿大作家代表團的講話〉，《丁玲全集》第 8 卷，第 194 頁。

有些人一提到『政治』兩個字，就感到頭痛，好像政治是妨礙文學發展的禍害，把政治當成棍子。這種看法自然是林彪、『四人幫』等的淫威造成的。他們就是把政治當成棍子，傷害過許多作家、藝術家、知識份子，因此弄到現在就有人談虎色變。但其實，一個作家、一篇作品都是無法離開政治的。葉老當年是文學研究會的成員。文學研究會就主張文學是為人生的。」[47]但她在這一觀點下所列舉的葉聖陶關於文學使命的論述——「使群眾從迷夢中跳將出來，急欲求索人之所以為人」，這顯然是典型的啟蒙主義話語，與「文學為政治」的命題毫不沾邊。用葉聖陶的這一觀點來論證「文學為政治」的命題，不啻為郢書燕說。同年 8 月，在延邊文聯舉行的歡迎會上，她聲稱「藝術總是與政治有關的。一個作品藝術性很高，完全與政治無關，與人民生活無關，能吸引人看，雖也無害，但對人類也沒有益處，用藝術性掩蓋了政治上的貧乏，這種作品比那種藝術性低，政治性也低的作品，作用可能更加不好」。[48]同年 11 月，在加拿大一所大學演講時還批評「現在有些人忌談政治，標榜文學脫離政治，國內也有少數人持這樣的觀點。……固然，文學不等於政治，但文學要完全脫離政治，那也是不切實際的幻想。因為任何一個作家的思想的形成都不可能完全脫離當時的政治環境和社會生活」。[49]在 1982 年 4 月所作的〈到群眾中去！〉中，她認為作家「同時也是一個政治家，他有高度的政治熱情，把政治溶入他所描寫的形象、感情中，使讀者覺得這只是文學，但這些吸引人的優美的文學卻起到政治上的作用」[50]。同月，在與外國留學生的談話中，她借批評蕭

---

[47] 丁玲：〈序《葉聖陶論創作》——從頭學習〉，《丁玲全集》第 9 卷，第 147 頁。
[48] 丁玲：〈延邊之行談創作〉，《丁玲全集》第 8 卷，第 219 頁。
[49] 丁玲：〈五代同堂振興中華〉，《丁玲全集》第 9 卷，第 405 頁。
[50] 丁玲：〈到群眾中去！〉，《丁玲全集》第 8 卷，第 247 頁。

紅「政治性太少，和革命老離得遠遠的」，闡述了「想脫離政治軌道去追求什麼創作自由，是行不通的，文學和政治絕緣是不可能的。作家本身也是政治家，脫離了政治，作家的生命就要完了」。[51]同年5月，她在天津作協分會召開的座談會上強調：「哪個作品不是有高度的政治性它才更富有藝術生命？作品的藝術生命是跟著政治思想來的。」[52]

在黨對文藝方針進行重大調整以後，有人仍然堅持文藝為政治服務的口號，丁玲是其中很有代表性的非常引人注目的一個。為此，胡喬木在1982年6月召開的中國文聯第四屆二次全委會上對「兩為」口號提出的意義，又作出了進一步的闡述，指出：政治本身不是目的，是達到目的的手段，它也應該為經濟、文化教育包括文藝等一切人民所需要的東西服務；黨提出文藝的「兩為」方向，是找到了社會主義時期文藝的終極目標。但從那以後，丁玲還仍然反復鼓吹「文藝為政治服務」，繼續把作家政治化。1983年10底，她接受新華社記者採訪就「清污」問題公開表態時，還甚至有把「不要政治的文學觀」列為精神污染的表現之嫌，說：「現在的年青作家是從十年動亂中走過來的，他們中有的人對政治厭倦甚至懼怕。對此，我們應該理解，但決不能附和、迎合」；並繼續鼓吹「為人民、為社會主義，那就是政治」[53]。1984年3月6日，她在「蕭軍從事文學創作五十年」慶祝會上發表講話，希望「我們現在的文學作品，要像《八月的鄉村》那樣，及時地反映時代，及時地把我們人民要講的話講出來，應該是這樣的」，而批評「我們現在有很多人，至少是有

---

51 丁玲：〈和北京語言學院留學生的一次談話〉，《丁玲全集》第8卷，第293、294頁。

52 丁玲：〈談寫作〉，《丁玲全集》第8卷，第269頁。

53 〈不能以低劣的精神產品去污染社會〉，《人民日報》1983年10月31日。

一些人吧，主張專門講究藝術性，不要思想，排除什麼時代、教育、政治……」[54]。

丁玲在新時期對「文學為政治服務」觀念的泥守，集中表現了她文學思想的保守與僵化。她借此所要維護的是毛澤東在〈在延安文藝座談會上的講話〉中提出來的這一觀念的正統地位（而不允許對之作任何發展與修正），所要顯示的是自己作為一個從延安走出來的曾經親耳聆聽過毛澤東這一講話的老共產黨員在政治上的可靠和忠誠。[55]丁玲對這一觀念的堅守，一半出於其業已定型的政治—文學價值系統（當然其中也充滿矛盾），一半則出於對徹底解決自己問題的政治上的考慮。自從 1942 年經歷延安文藝座談會的洗禮、洗腦之後，毛澤東的政治—文藝價值系統已經深深地植入其心靈。在建國初年，她就是以此為準則和方向，在建立文學新體制的過程中而發出「小號兵」的聲音的。雖然她曾經歷經磨難，但到新時期以後，對此她仍然衷心不改。在他人看來，這該是一種什麼樣的忠誠！當

54　丁玲：《在「蕭軍從事文學創作五十年」慶祝會上的講話》，《丁玲全集》第 8 卷，第 404-405 頁。

55　為了顯示自己這種政治上的可靠與忠誠，丁玲在 1979 年 5 月所作的〈《太陽照在桑乾河上》重印前言〉中饒有深意地稱這部長篇是為毛主席寫的。她說：「因為那時我總是想著毛主席，想著這本書是為他寫的，我不願辜負他對我的希望和鼓勵。那時我總想著有一天我要把這本書呈獻給毛主席看的。當他老人家在世的時候，我不願把這種思想、感情和這些藏在心裏的話說出來。現在是不會有人認為我說這些是想表現自己，擡高自己的時候了，我倒覺得要說出那時我的這種真實的感情。我那時每每腰痛得支援不住，而還伏在桌上一個字一個字地寫下去，像火線上的戰士，喊著他的名字衝鋒前進那樣，就是為著報答他老人家，為著書中所寫的那些人而堅持下去的。」（見《丁玲全集》第 9 卷，第 99 頁。）該文於 7 月 18 日在《人民日報》發表以後，有許多人或不相信她說的是真話，或不理解她在經過 20 多年的打擊以後還能像蘇聯小說中紅軍戰士喊著為史達林去衝鋒那樣，說自己為毛主席而寫作。丁玲的原任秘書張鳳珠持後一種看法。丁玲聽罷，沈默有頃，笑笑說：「看來這廿多年，你政治上進步不大。」見張鳳珠：〈我感到評論界對她不夠公正〉，《黃河》2001 年第 2 期。

然，自認有「自由主義」毛病的丁玲，在其他場合也偶然講過「文學和政治是並行的，都是為人民服務，殊途同歸，相輔相成。優秀的文學作品對政治是一種推動，甚至是啟發」之類的話，但在更多的時候，她卻在不斷地、反復地鼓吹著這一命題。這其中一方面有著她的信念，另一方面也應該有著她的政治策略。一個非常重要的事實是，她對這一命題的鼓吹主要集中在 1980 年至 1984 年初。那時，她組織生活問題雖然得到解決，而歷史問題的陰影卻縈繞在她的心頭。因此，她必須在文藝思想上找到一個抓手，來顯示自己的可靠和忠誠。而這一命題正好成了她的抓手。果然，1984 年 8 月她的歷史問題解決之後，她就不再反覆鼓吹這一命題，而更多地提倡創作自由了。這時候，她感到終於可以無所顧忌、無所畏懼地去說、去做了。

二、在內容上，提倡歌德型主流話語。關於「正確地解決歌頌和暴露的問題」，是一個由「文學為政治服務」觀念派生出來的命題。1942 年，毛澤東在〈在延安文藝座談會上的講話〉中對此作出過明確的說明：「一切危害人民群眾的黑暗勢力必須暴露之，一切人民群眾的革命鬥爭必須歌頌之」，並以蘇聯建設時期的文學為例提倡「以寫光明為主」，規定對黑暗的描寫只能成為整個光明的陪襯，反對只是暴露黑暗的「暴露文學」。這是「革命文藝家的基本任務」，也是文學創作的黨性原則。毛澤東講話的這一精神不但在稍後解放區文學創作中得到迅速的落實，而且成了建國後文學創作的基本指導思想之一。這在很大程度上決定了中國文壇的基本風貌，使之形成了一個長達數十年的頌歌時代。但是，在粉碎「四人幫」以後不久，從「四人幫」專制主義桎梏下解放出來的人們懷著強烈的義憤，以藝術的方式揭露了「文化大革命」給中國人民造成的累累傷痕，創造出了中國當代文學史上第一批社會主義時期的悲劇。這股「傷痕文學」思潮一時蔚為文壇主流，衝擊了「暴露」只能成為「歌頌」陪襯的觀念。在這股思潮的裹挾下，丁玲雖也寫了並不「急於發表」的《「牛棚」小品》，並陰錯陽差地成了她實際上的「亮相」之作，但是，為了說明自己的政治態度和對這一觀念的忠誠，她很快打出了「歌德派」的旗幟。她認為，作家們「可以獻上一些頌辭，有德可歌，還是可以歌的」[56]；並要求作家站穩立場，「為黨頌德，為人民說話」[57]。她不但以《杜晚香》表現出了「歌德」傾向，而且於1981年6月建黨六十周年前夕寫出了「歌德」的長詩，題目即為《歌德之歌》。有人向她建議把題目改為「獻給黨之歌」，因為「『歌德』這個字眼，已經讓人給糟蹋了」。但她卻斷然說：「不，還是『歌德』好，別人是別人，不管他」，並表示哪怕群眾不理解也要這樣寫。[58]

丁玲強調要做「歌德派」，要歌黨之德、歌人民之德、歌社會主義之德，這當然是無可厚非的。但丁玲常常把「歌德」當成了唯一的價值取向，並把它與對社會問題的揭露對立起來，似乎一寫「問題」，就違背了「歌德」之旨。她認為：

> ……國家的問題太多，總是要有人來挑擔子，作家也應該分擔自己的一份。一個作家，如果不關心這個困難，不理解挑擔子的人的難處，你老是寫問題，那麼，你的作品對我們的國家民族有什麼好處呢？對老百姓有什麼好處呢？對年輕人有什麼好處呢？在這個問題上，有人說我是保守派，說我不夠解放。難道一定要寫得我們國家那麼毫無希望，才算思想解放嗎？我不懂了，那解放有什麼好處？有什麼用處？這能

56　丁玲：致孫犁（1980年10月30日），《丁玲全集》第12卷，第146-148頁。

57　丁玲：〈還是要人、文並進〉，《丁玲全集》第8卷，第210頁。

58　詳見袁良駿：〈丁玲同志印象記〉，《丁玲紀念集》，湖南人民出版社1987年版，第373頁。

> 給人民帶來一點福利嗎？……你不幫忙，你在那裏老是挑剔，那有什麼好處？人家又說，你這個人嘛，過去挨了批評，你是怕再挨批評，心有餘悸啊。並不是這樣的。正因為我挨過批評，我跟黨走過很長的艱難曲折的路，吃過很多苦，所以，我才懂得這艱難。[59]

總之，她既承認國家問題很多，又反對「老是寫問題」。在她看來，如果「老是寫問題」，在態度上就不是「幫忙」而是「挑剔」，在性質上就會使我們的國家顯得「毫無希望」，在結果上對國家民族、對老百姓、對年輕人就沒有好處。這就給人以有問題而不能寫問題之感。在這種思想指導下，文學干預生活的功能就會喪失殆盡。當然，她也看到，在一個九百六十萬平方公里的國家裏，在建設社會主義的漫長進程中，總會出現一些不合理想的事，產生「各色各樣的悲劇」。但她認為，「這類事最好不寫，寫起來、讀起來都令人心酸，我是不贊成把這些形諸筆墨，叫下一代為我們難過的」；如果要寫，也「不要寫得哭哭啼啼，悲悲切切，灰心喪氣，不要把整個社會寫成一團漆黑，毫無希望，令人喪失鬥志，而要把處在苦難中的人物寫得堅定、豪邁、泰然，把他們人與人之間的關係寫得親密、莊重、神聖、無私，這就更顯出在社會主義制度下生活的人是如何可愛」[60]。根據丁玲所倡導的這種寫法，對社會主義時期「各色各樣的悲劇」的描寫，實際上卻成了對社會主義制度下生活的人的歌頌。這樣，「問題」本身也就被掩蓋而不成其為問題了。

從這種指導思想出發，丁玲對「傷痕文學」思潮提出了不切實際的要求。「傷痕文學」，顧名思義，本是以「暴露」（暴露「文革」

---

59 丁玲：〈談自己的創作〉，《丁玲全集》第 8 卷，第 89 頁。

60 丁玲：〈一首愛國主義的讚歌——讀張賢亮的短篇小說《靈與肉》〉，《丁玲全集》第 9 卷，第 276 頁。

和極左路線的錯誤）為目的的文學，是寫「傷痕」、寫悲劇的文學，是勇於揭露社會陰暗面、積極干預現實的現實主義文學。但丁玲卻更以一種理想主義的規範去要求它、制約它，因而，在她的相關言論中始終貫穿了「雖然——但是」、「不僅——更要」式的轉折或遞進式的置重於後者的思路。這一思路就是她在1980年7月所作的〈談談文藝創作〉中所概括的「要批評社會的缺點，但要給人以希望」[61]。類似這樣的看法，她曾經反復表述過。1979年，她在答記者問時說：「想不寫傷痕是不行的，但要寫得氣壯山河，不光是同情、悲痛，還要樂觀、要有力量。作家是有自覺的人，不能光是歎氣、受苦，還要引導。」[62]1980年6月21日，在中國作家協會文學講習所對青年作家講話時，她評價道：「你們的文章雖然反映了社會的廣度，能夠切中時弊，但還不能說是很深。這意思是說，我們的作品在批判社會黑暗、揭露醜惡人性時，不是只讓讀者感到痛苦、失望，灰心喪氣，或悲觀厭世，還要能使讀者得到力量，得到勇氣，得到信心，得到鼓舞，去和一切黑暗勢力、舊影響作鬥爭。」[63]同年10月30日在給孫犁的信中說到新時期創作時，她指出：「我並不是希望大家只寫過去，我認為寫現在，寫動亂，寫傷痕，寫特權，寫腐化，寫黑暗，可是也要寫新生的，寫希望，寫光明。不管你怎樣寫，總要從生活出發，寫的深，寫的熱，寫的細，寫的豪邁。不管怎樣令人憤怒、髮指，但終究是要給人以力量，給人以愛，給人以前途，令人深思，促人奮起！」[64]從寬泛的意義上說，丁玲所表述的文學創作中有關社會生活的內容範疇是全面的，也是可取的，因為相關的

---

[61] 丁玲：〈談談文藝創作〉，《丁玲全集》第8卷，第112頁。
[62] 丁玲：〈答《開卷》記者問〉，《丁玲全集》第8卷，第11頁。
[63] 丁玲：〈生活・創作・時代靈魂〉，《丁玲全集》第8卷，第101頁。
[64] 丁玲：致孫犁（1980年10月30日），《丁玲全集》第12卷，第147頁。

文學創作的內容範疇無非就是「暴露」（即「寫黑暗」）與「歌頌」（即「寫光明」）這兩個方面，但是，如果把它置放於特定的文學語境中，則顯然有以「全面」來否定「傷痕文學」這一特定的「片面」（局部）之嫌。因為對於任何一部典型的傷痕文學作品而言，要在「暴露」的同時還有「歌頌」，這不但是一種苛求，而且也是有違傷痕文學之旨的。此外，她在具體論述中所貫穿的轉折或遞進式的思路，更在目的上把「歌頌」置於「暴露」之上，這就不啻從根本上否定了傷痕文學存在的合法性。

丁玲對傷痕文學的不切實際的要求，導致了她對其中一些作品作出了過苛的指責。「她屢屢批評那些暴露文革批判極左的作品。說過誰的作品反黨是小學水平，誰的是中學，誰的是大學云云。」[65]類似的傳言很多，難以一一查對、落實。但是，下面這些批評文字是有案可稽的：她在肯定「《高山下的花環》是寫得美的，因為它不僅揭露了不正之風，更主要地是它讚美了一大批英雄」的同時，批評《春天的童話》「儘管它揭露了何淨這樣的人物，但它的總傾向我不贊成。如果我們的作家都是這樣的心靈，那我們的創作就危險了」[66]。在她看來，似乎如果單是「揭露」而沒有「讚美」，那麼，作家的心靈就「不美」了，「格調和境界」就不高了，創作就危險了。白樺等人的電影劇本《苦戀》是一部較有深度的「暴露」型作品。它展現了愛國知識份子的悲劇命運，並對社會體制的弊端提出了追問。對這樣一部引起爭論的作品，丁玲通過與《牧馬人》的比較作出了否定，認為「同樣都是苦戀，但一個健康，一個不健康；一個起積極作用，一個沒有產生積極的效果」[67]。其之所以「不健康」，是因為

65　王蒙：〈我心目中的丁玲〉，《讀書》1997年第2期。

66　丁玲：〈我讀《高山下的花環》〉，《丁玲全集》第9卷，第292、291頁。

67　丁玲：〈和北京語言學院留學生的一次談話〉，《丁玲全集》第8卷，第294頁。

作者「在動筆的時候，為了表現『苦』，就失去了分寸，把平日深埋在心底的一點小小委屈的火花閃亮了，信筆所之，淋漓盡至，編造了一些不現實的生活、情節，流露出一種並不健康的情緒，使讀者和觀眾感到詫異，感到委屈，感到憤慨。這恐怕是作者當初沒有想到的。在攝製過程中，由於各種藝術手段的使用，影片更加離開了原有的主題，使人看了感到人生的淒涼，對我們這個社會主義國家，對我們民族的前途失去信心。從社會效果看，是很不好的。」[68]1981年，丁玲對認為符合其「不僅——更要」式理想模式的張賢亮的《靈與肉》及據此改編的電影《牧馬人》作出過較高的評價，但三年後在中宣部一次文藝座談會上的發言中，她對作者的另一篇小說《綠化樹》卻作出了相當嚴苛的批評。這篇作品重點是寫主人公章永璘在馬克思經典理論的啟示和勞動人民善良品德的浸染下人性復蘇的過程，是以「寫光明」為主的作品。但由於作者是把這一過程的描寫置放於主人公被打成右派後在三年困難時期遭受磨難的背景之中，所以在一定程度也繼承了傷痕文學的遺緒。儘管如此，丁玲卻明確表示：「我不喜歡這篇小說，我覺得太過分了」。她置任何歷史具體性於不顧，而指責主人公在「饑餓、貧困」之中「像個狼孩」，「他們之間只有餓狗爭食那種關係」，並進而指責作品「使人感到是共產黨把人變成了獸。這個世界太陰暗」[69]。這就連「不僅」也不能有了，剩下來的就只有「更有」——即「歌德」了。

三、在形式上，以固有的民族形式排拒現代派文藝。從總體上來看，丁玲對形式創新的意義是相當輕視的。她說：「形式可以影響內容，內容更能影響形式，新的內容很自然地會衝破一般的舊的形

68　丁玲：〈延邊之行談創作〉，《丁玲全集》第 8 卷，第 222 頁。

69　丁玲：〈在中宣部一次文藝座談會上的發言〉，《丁玲全集》第 8 卷，第 442 頁。

式。」[70]這顯然是從內容決定形式的機械決定論出發，認為只要有了新的內容就必然會有新的形式。這樣，她就把從內容到形式看成了一種自然而然的過程，於是，形式本身的相對獨立性也就被取消了。雖然她也強調「文學藝術一定不能墨守陳規，一定要推陳出新，一定要有新意」，這自然也應當包括形式上的創新，但是，她又認為作家只要深入生活，「時時和群眾一起鬥爭前進，建設新生活」，只要「長期與人民在一道，從人民日常的生活中、德行中去體會去學習」，那麼，寫出來的作品「都會有所變化，都會更加豐富，都會有所創新」——「『新』就會油然而生」。在這裏，她把形式創新不但看成是一種自然過程，而且簡直成了作家的一種本能，一種深入生活後就能取得的本能。這正如她所說：「作家只有深入生活、深入群眾、深入矛盾鬥爭，作家的思想感情、作家的人生觀、世界觀，作家對生活的剖析與感受，才能更敏銳的、更正確、更深刻、才能夠取得敢於和善於抒發這種職業的、近於天生的、充滿詩意的本能。」[71]

輕視形式創新的意義及視形式創新為作家本能，不但表現出了丁玲在理論上的保守與偏頗，而且也表現出了她在新時期特定的文學語境中抵禦西方現代派文學之形式影響的企圖和苦心。因為在她看來，既然形式出新是一種自然的過程，是作家的一種本能，而這一切又都是以「深入生活」為基礎的，那麼，學習和借鑒西方現代派就非但沒有必要，而且簡直就成了一種捨本逐末的行為。這是她在新時期堅守這些僵化觀念的最重要的現實目的之所在。新時期文壇在由封閉走向開放以後，西方現代派文學從思想觀念到內容形式

---

[70] 丁玲：〈淺談「土」與「洋」——《延安文藝叢書》總序〉，《丁玲全集》第9卷，第167頁。

[71] 丁玲：〈淺談「土」與「洋」——《延安文藝叢書》總序〉，《丁玲全集》第9卷，第168頁。

對新時期文學創作產生了全方位的影響，新時期文學創作也在中外文化和文學的碰撞交流中走向繁榮。在這種背景下，丁玲不但從過去僵化的文學體制中去尋找、建構自己排拒外來文學一文化思潮的理論支點，而且還對現代派屢屢提出直截的批評和責難，認為現代派在西方雖說時興過並且風行一時，後來卻被拋棄了，是一種過時的並非新潮而是陳舊的文學思潮和文學現象，它們格調低沈灰暗，超乎現實之上，追求「純粹藝術的文學形式」，不可能給社會主義的文學創作提供新鮮的血液和有益的養料，因而不足為訓，不值得效法。

丁玲對西方現代派幾乎全盤否定，而對新時期學習借鑒西方的「中國式的現代派」也基本持批評否定態度。1984 年 5 月，她在《延安文藝叢書》首次出版發行座談會上發言，嚴厲批評「現在有的人不重視延安的文藝傳統，卻追求西方一些荒誕離奇的文藝思潮」[72]。在新時期「中國式的現代派」文學創作中，她側重從形式方面批評得較多的是以王蒙為代表的「意識流」小說。她以傳統的現實主義的尺度，用異元批評的方法，批評「意識流」小說故弄玄虛，故意繞圈子，故意「跳來跳去」，是形式重於內容。她說：「我對於所謂『意識流』的理解可能不全面，這個東西可以叫作『意識流』，我不反對，但是你一定要深刻地告訴讀者：你到底要說一件什麼事情。……不要引著讀者繞圈子」[73]；「現在有人寫小說，這裏寫兩句，一會又跳開去了。電影表現手法不同，可以這樣做，而小說這樣寫，就叫一般老百姓很難看懂。我們中國小說的表達是很簡捷明白的，為什麼不繼承這些，不發揚這些，而要去寫那些跳來跳去的？我覺

---

[72] 丁玲：〈回顧與追求〉，《丁玲全集》第 8 卷，第 417-418 頁。

[73] 丁玲：〈談寫作〉，《丁玲全集》第 8 卷，第 273-274 頁。

得我們有的東西玄得很，玄到一般讀者不能接受。」[74]她認為，意識流不是寫實際的東西，而是加入一些與此不相干的東西。但這類東西太多了，「就把感情的連續性沖淡了，而減少了整個的意思，就不好。不能從形式上出發，而是應從作品本身的內容去談」[75]。客觀說來，以王蒙為代表的中國式「意識流」小說仍然是重視內容的，從其創作的主題來看仍然屬於意識形態範疇，在觀念上、意識上並沒有「離經叛道」，它們所借鑒的只是西方現代派的一些形式、技巧，注重用主觀感受、內心獨白、自由聯想、夢幻等藝術手法來表現生活，而「去掉了很多敘述語言，沒有那麼多交代過程的話」[76]，從而展現了遠遠大於相應篇幅的時空跨度。但即使如此，丁玲也仍然不能接受，認為這種「意識流小說」是「丟掉自己的珍寶，去揀別人的東西」，把它上升到了民族虛無主義的高度。這也足以見出丁玲觀念上的保守與僵化到了排拒所有探索創新的程度。

在排拒現代派文藝的同時，丁玲在理論上所張揚的是固有的民族形式。或者說，她對後者的張揚正是為了達到抵禦前者的目的。她反覆申述過這樣的觀點：「中國的很多傳統的藝術形式，在我們看來，是最好的東西。可惜現在的作家接受的不多」[77]；「我很希望我能是受了中國小說的影響，我希望我們按中國形式按照中國讀者的習慣和欣賞的興趣，來寫自己的新作品。我們要充分研究我們民族古典文學作品的精華，究竟好在哪裡，不要一味崇拜西洋，只走歐化的一條路」[78]；「從寫作上講，我有一個體會，我很後悔我沒有堅持三十年代我在創作中曾經偶然發現的問題，就是在我國自己的民

[74] 丁玲：〈紮根在人民的土地上〉，《丁玲全集》第 8 卷，第 478 頁。
[75] 丁玲：〈會見加拿大作家代表團的講話〉，《丁玲全集》第 8 卷，第 198 頁。
[76] 王蒙：〈在探索的道路上〉，《漫話小說創作》，上海文藝出版社 1983 年版，第 48 頁。
[77] 丁玲：〈和北京語言學院留學生的一次談話〉，《丁玲全集》第 8 卷，第 288 頁。
[78] 丁玲：〈關於文學創作〉，《丁玲全集》第 8 卷，第 285 頁。

族形式，民族傳統的基礎上繼承、發展和創新。」[79]1985 年在給孫犁的信裏又說：「我是喜歡中國傳統小說的，很想學習它的寫法。」[80]從一般的意義上來說，強調文學的民族傳統、民族形式，本也無可厚非；說「人家喜歡我們的東西是什麼樣的呢？是中國式的」[81]，本也無錯。因為在世界文學到來的時代，一國文學的價值常常就在區別於他國文學的獨特性（包括形式上的獨特性）。但是，丁玲在對民族傳統、民族形式的理解上是有著巨大的偏頗的，她不是把它們理解為在中外文學交流、借鑒中的不斷發展之物、不斷生成之物，而是把它們視為已有之物、既成之物、僵固之物。在她所提及的可以作為民族形式代表的就是中國傳統小說、民族古典文學作品，而認為「五四」以來的新文學因為「大體上都是洋的，都是走的西洋的路子，都是受歐洲文藝復興和十九世紀的歐洲文藝的影響」，而將其實際排斥在民族傳統、民族形式之外。這樣，她對民族傳統、民族形式的強調，事實上不但在性質上成了一種復古，而且在實踐中成了一種排外。無怪乎，她在強調民族傳統、民族形式時常常是與反對崇外對舉的。如「有些年輕作者迷於外國現代派的文藝。……但我認為我們文學優秀傳統，我們文學的主流應該還是現實主義的。……不要盲目崇外。要顧及中國大多數老百姓的欣賞習慣和接受能力，要注意自己文學的民族性」[82]；為此，她甚至還嘲弄「我們有些人很有趣，老把人家不要的東西拿回我們這裏來，拿舶來品給外國人看，甚至拿來顯示我們的『進步』。這該怎麼說呢？好像也不能打掉這些人的興趣，他們正興高著呢！」[83]

[79] 丁玲：〈和湖南青年作者談創作〉，《丁玲全集》第 8 卷，第 317 頁。

[80] 丁玲：致孫犁（1985 年 5 月 20 日），《丁玲全集》第 12 卷，第 285 頁。

[81] 丁玲：〈走正確的文學道路〉，《丁玲全集》第 8 卷，第 335-336 頁。

[82] 丁玲：〈回憶與期望〉，《丁玲全集》第 8 卷，第 256 頁。

[83] 丁玲：〈走正確的文學道路〉，《丁玲全集》第 8 卷，第 335-336 頁。

總之，從觀念、內容到形式，丁玲都相當自覺地維護著在特定戰爭環境和其後封閉的文化環境中形成的已經相當陳舊的文學體制，對之顯示出了自己一以貫之的忠誠。在思想解放運動蓬勃興起、文學體制也已發生調整的當時，丁玲還繼續發出為原先的文學體制呼號的遙遠的回聲，這就顯得相當滯後、相當落伍，甚至相當僵化。這是在政治夢魇困擾下晚年丁玲文藝思想的一個真實側面。

第四節　訪美之行

1981 年 8 月 29 日，丁玲偕同陳明，離開北京，應美國愛荷華國際寫作中心邀請赴美國訪問。這是她 20 多年來的第一次出訪。4、50 年代，丁玲多次訪問過蘇聯和匈牙利、捷克等東歐的社會主義國家，而這次出訪則是她第一次親眼看資本主義發達國家。經過漫長的飛行，她到達了此行的目的地——愛荷華。這是美國中部愛荷華州的一個僅有五萬人左右的小城，城內卻有規模不小的愛荷華大學。坐落其間的國際寫作中心，由愛荷華大學文學系主任、詩人保羅•安格爾於 40 年代創辦。起初只是一個小小的創作室，後來漸漸發展為國際寫作中心，邀請各國作家到美國作為期四個月的訪問寫作。關於訪美的設想，丁玲早在 1979 年復出之初就曾經萌生過。那時，丁玲接到了旅美華裔女作家於梨華發出的赴美訪問的邀請。11 月 9 日，丁玲在給於梨華的信中對她的盛情深表謝意，並興味很高地表示要努力成行：「承你熱心和好意，幾次談及我出國訪問的事，我非常感激。如果我再次說些不願意的話，似乎是太不懂禮貌而且也太辜負你的盛情了。事實上此行倘能對中美兩國的文學交流，對於兩國人民的瞭解和友誼有所補益的話，我是應該樂於從命的。但這需要我們作家協會的統一安排，並且取決於我那時的健康情況。

但願這一切都順利。我能在友好的國家和人民中間再次和你見面，那該多好啊！」[84]丁玲當時因故未能成行。後來，在另一位旅美華裔女作家、安格爾的夫人聶華苓的聯繫和安排下，她終於得以成行。

關於赴美訪問的目的，丁玲在給於梨華的信中說是為了加強中美兩國的文學交流和中美兩國人民的友誼。但後來應愛荷華國際寫作中心邀請赴美前夕，她在給國內朋友的信中，卻表示對「在（去——引者）美國，我原來興致就不高」；她之所以願意「趁還能走動時」去走走，主要目的在於「希望我能使聶華苓更能理解中國些」，「想為中國去做一點工作」[85]。在成行前一個月，她又說自己肩負使命，要儘量「為國家多做點工作」，「讓美國人、旅美僑胞多多瞭解我們」[86]。在起程前幾天，有關部門把幾起出國的人召在一起，談外事紀律及注意事項。關於談話的情況，丁玲在登機前作了轉述，並表明了自己的態度：「夏衍說，這幾起出訪的地方，愛荷華是規格最低的地方。規格低就規格低唄，低規格的人就去低規格的地方好了。橫豎我不會作低規格的事就行！」[87]在這期間，又應加拿大政府文化理事會邀請，丁玲作為第一位由中國方面派來的作家，於 1981 年 11 月 23 日開始對加拿大作了為期十天的訪問。在從美國起程赴加拿大訪問之前，她致函加拿大華裔作家劉敦仁，在談到訪問的目的時也說：「這次訪問，不只對我個人是值得紀念的，而且對加拿大人士和僑胞進一步瞭解政治上撥亂反正後的中國文壇的新氣象也是有意義的。」[88]

---

[84] 丁玲：致於梨華（1979 年 11 月 9 日），《丁玲全集》第 12 卷，第 131 頁。
[85] 丁玲：致周良沛（1981 年 3 月 18 日），《丁玲全集》第 12 卷，第 168、169 頁。
[86] 丁玲：致李鐵錚（1981 年 7 月 13 日），《丁玲全集》第 12 卷，第 179 頁。
[87] 丁玲語，轉引自周良沛：《丁玲傳》，第 778 頁。
[88] 丁玲：致劉敦仁（1981 年 10 月 16 日），《丁玲全集》第 12 卷，第 182 頁。

帶著這種神聖的政治宣傳使命，丁玲踏上了異國的土地。在美國和加拿大，她多次發表講演、參加座談，以自己的言論在異邦人士面前精心打造出了一個政治化的「丁玲形象」。在一些公眾話題上，她義不容辭地承擔起了自己政治宣傳的使命。在國際寫作中心最初舉行的中國作家報告會上，她應邀演講「中國文學現狀」。她著意渲染新時期文壇萬紫千紅的繁榮，並借題發揮，以五六十年代的體制話語向美國聽眾大談文學與政治的關係。在加拿大，當有人問及中國作家的創作自由時，她回答道：「中國人的自由，是在尊重大眾及社會的自由下，享受著不妨礙社會進步的自由。」只要對照她幾個月前給友人的信中所說的「假如《苦戀》是我寫的，你可以想見那些左的右的都會彙成一股洪流來圍剿的」之類的話，可見，說此番言語的丁玲為了政治宣傳的需要而戴上了正統的政治面具。

因丁玲在公眾話題上的講話政治宣傳色彩過濃，效果不佳——外國人更關心的是她個人的際遇及其感觸。一位在愛荷華工作的中國教師告訴她，「你的講話被認為太官氣了，好像官方代表講話，這裏人不喜歡聽，他們希望你能講講自己。」在這種情況下，她開始談自己了。但是，固著的政治情結使她在談自己時還脫不了濃厚的政治宣傳色彩，她對自己個人經歷的說明甚至還成了對自己政治信念的闡釋，成了論證某種政治理念的例證。關於走上創作之路的動機，她多次從政治化的角度作出了說明。10 月 31 日，在國際寫作中心舉行的中國周末的活動上，她應邀演講「我的生平與創作」，在說到自己從事文學創作的原因時指出「我……不是為了描花繡朵，精心雕刻，為了藝術而藝術，或者只是為了自己的愛好才從事文學事業的。不是的，我是為人生，為民族的解放，為國家的獨立，為人民的民主，為社會的進步而從事文學寫作的。」[89]11 月 6 日，在紐約哥倫比亞大學演講時，她又說：她原來並不想當作家，而是「在無其他任何出路的情況之下，開始寫小說，所以根本不是什麼『為文藝而文藝』，也不是為當作家出名，只是要一吐為快，為造反和革命。這裏連帶一個問題，中國的文學，中國的作家歷來多是與政治有不解之緣的，無法分開的，社會條件決定了這種關係」[90]。在這裏，她對自己走上創作道路的原因作出了單一的政治化的解釋。從丁玲自己的政治化思維來看，這是一種拔高；證之以其初期以《莎菲女士的日記》為代表的創作實際，這是有違事實的。她的初期創作如果說有「造反」因素的話，也僅限於思想倫理層面，而與政治上的「革命」、與「國家的獨立」和「民族的解放」其實並沒有什麼直接聯繫。

關於她被整的遭遇，是推崇人權的異邦人士較為關注、提得較多、因而也是她說得較多的話題。丁玲深諳兩種不同的社會制度、不同的意識形態之間的巨大差異，意識到了內外有別，因此，決計不到國外去叫屈、去抱怨，這是無可厚非的。事實上，她也是這樣做的。據外籍作家回憶，丁玲「在訪問加拿大的時候，每次被外國人問到她的過去時，丁玲對自己的國家，沒有說過一句批評的話，多少個夜晚，我們在下榻的飯店閒聊時，她總是堅強地重復一句話：『我要批評自己的祖國，也不會到外國來批評。』」[91]這應該說是很好地表現出了她的政治覺悟和民族情感的。從不抱怨、不批評自己的祖國的立場出發，對這些敏感的話題，她本可以顧左右而言他式地作出迴避。但是，她卻說了。既要考慮政治影響，惟恐照實說以

---

[89] 丁玲：〈我的生平與創作〉，《丁玲全集》第 8 卷，第 229-230 頁。

[90] 丁玲：〈我怎樣跟文學結下了「緣分」〉，《丁玲全集》第 8 卷，第 238 頁。

[91] [加拿大]劉敦仁：〈哀丁玲〉，《丁玲紀念集》，第 504 頁。

授人（包括「外」人更包括「內」人）以柄，於是，她便從自己過去被整的慘痛經歷中找出了「趣味」，這就不能不使許多人感到她的矯飾。[92]11 月的一天，在華盛頓的一個外國朋友家裏，當有人詫異於丁玲在農場養過雞時，丁玲卻強調「養雞也很有趣味」。於是，一位先生更納悶了：「一個作家，不寫文章，卻被處罰去養雞，還認為養雞很有趣味，我真難理解，倒要請教丁女士，這『意思』不知從何而來？」丁玲猶疑著，不知從何說起，只是覺得「他們程度低」；而美國人對她也實在感到難以理解。對於她被整的歷史，她在一次公開演講中表明瞭自己的態度：「現在，我搜索自己的感情，實在想不出更多的抱怨。我個人是遭受了一點損失，但是黨和人民、國家受到的損失更大。我遭受不幸的時候，黨和人民也同受蹂躪。……一個革命者，一個革命作家，在革命的長途上，怎能希求自己一帆風順，不受一點挫折呢？」美國人說話直截：「共產黨把你已經整成這個樣子了，你怎麼還是——或是，就是要整得你只能這麼說了？」她回答說：「不！整我的不是共產黨，只是黨裏作了錯事的人！這才是整得我更明白的道理！」對於在價值觀上以個人為本位的美國人來說，丁玲的如此說法自然是讓他們難以理解的。安格爾聽了丁玲的講述後就是：「我真不懂。受了罪，挨了打，坐了牢，沒有半點怨言！還笑得這麼開心，好像談的是別人的事。中國人，中國人，我永遠也沒法瞭解！」[93]她還像在國內一樣，在另一個公開演講中表現出了「向前看」的姿態：「現在我的國家正處在大亂之後，瘡痍滿目，百廢待興，舉步維艱。……但我絕不能沈湎於昨天的痛苦而呻

92　王蒙在〈我心目中的丁玲〉（《讀書》1997 年第 2 期）一文中寫道：「丁玲到美國大講她的北大荒經驗是如何美好快樂，以致一些並無偏見的聽眾覺得矯情。」這在一定程度上也可以看出國人對丁玲這一言談的評價的。

93　聶華苓：《黑色，黑色，最美麗的顏色》，香港三聯書店 1983 年版。轉引自周良沛：《丁玲傳》，第 783-784 頁。

吟歎息，也不能為抒發過去的憂怨而對現今多所挑剔，我更不願隨和那種少數雖有好心，但忽視全局，輕易作出的片面的論斷。這些對於國家的安定團結，對於國家現代化的建設，都不會有實際的補益。」[94]

總之，不管是在談公眾話題還是在談個人遭遇，丁玲都帶上了濃重的政治宣傳色彩，都非常「官氣」，都「好像官方代表講話」。她之所以如此，一半出於「為國家多做點工作」的需要，一半也出於她個人政治上的考慮。在她訪美前夕，中國作協還有人放出流言，說邀請她前往國際寫作中心是拿聯邦調查局的錢。那時，丁玲本人的「歷史問題」既懸而未決，現實處境又復艱難。她也深深知道，人雖暫時到了國外，但她的一言一行都仍然在國人的視野之中。她在國內時對友人說過：「全國都有耳，小報告四處飛」；「翻不了身，網大著咧」。現在，她也知道，這「耳」和「網」已不僅僅在國內了。政治的夢魘仍然追隨著她，她必須不做「低規格」的事，並以此來顯示出自己對黨和國家的忠誠。出於這樣的政治策略，她以自己的如此的政治宣傳言論在外國人面前更是在中國人面前塑造出了一個忠於共產黨的政治化的「丁玲形象」。

丁玲在訪美之行中角色是雙重的。她既是一個「被看者」，也是一個「看者」。作為一個「被看者」，她根據自己的政治使命和政治需要打造了一個政治化的「丁玲形象」；而作為一個「看者」，她又以自己的眼睛描繪出了她心目中的「美國形象」——這對於我們瞭解丁玲的文化心態同樣重要。

9 月 1 日，剛抵愛荷華不久，她很快就寫出了第一篇訪美散文。自此至 1983 年 3 月，她陸續寫出 25 篇訪美散文，並輯為《訪美散

94　丁玲：〈我的生平與創作〉，《丁玲全集》第 8 卷，第 234-235 頁。

記》於 1984 年 1 月由湖南人民出版社出版。在這部散文集中，丁玲記述了自己在美國的蹤跡和觀感，描繪出了自己心目中的「美國形象」。在她對「美國形象」的描述中，同樣也折射出了她的政治視鏡。為了表達自己政治觀點的需要，她有意把渾融為一的「美國」文明從物質與精神方面進行拆解，在轉折的思路中流露出了國粹派式的民族自大情緒。這種情緒可以用她 1983 年在《文學報》與山西刊大聯合舉辦的「文學創作與中文教學講座」開講大會上所作報告中的兩段話來概括。她說：「儘管我們目前的生活水平不高，物質條件比人家差一點，但是，我們精神上的東西比人家豐富得多。因此我覺得，我們中國是最有希望、最有前途、最光明的地方」；「我去過外國，但我總是覺得我們這個國家好啊，我們這個社會主義好啊，我們的老百姓好啊！他們不髒，他們雖然窮，卻高尚。」[95]這與晚清以降直至「五四」前後出現的國粹派所鼓吹的「西洋物質文明雖好，中華精神文明第一」的論調何其相似乃爾！

丁玲承認美國有高度發達的物質文明，稱美國是「一個世界上少有的繁華、現代化的國度」[96]。在訪美散文中，她描寫了芝加哥的摩天大樓、愛荷華的超級市場、紐約曼哈頓街頭的迷人夜景、現代化的機械公司、便利的交通等等[97]。但她同時卻以更多的篇幅著力揭露了美國的貧富差距與精神危機，從而使這些散文充滿了對比與轉折。首先是美國內部的對比。在〈曼哈頓街頭夜景〉中，在寫了繁華的夜景之後，她用了一半多篇幅寫了一個「傴僂著腰，半閉著眼睛」、神態木然、無家可歸的孤獨老人，點綴著紐約曼哈頓的繁

95 丁玲：〈走正確的文學道路〉，《丁玲全集》第 8 卷，第 329-330、334 頁。

96 丁玲：〈愛荷華〉，《丁玲全集》第 6 卷，第 153 頁。

97 分別見《丁玲全集》第 6 卷中的〈芝加哥夜譚〉、〈超級市場〉、〈曼哈頓街頭夜景〉、〈約翰・迪爾〉、〈汽車與計程車〉。

華的夜景；在〈紐約的住房〉結尾處寫道：「美國既然那樣富有，那樣容易賺錢，怎末還會有這末多無家可歸，只能露宿街頭的人？在那樣巍巍高樓、金屋遍地、擲錢如泥的富裕國家裏，怎麼還會有這末一些尋不到一席安身之地的可憐蟲？難道這不值得令人認真思索麼？難道這還不能使我們某些對美國生活抱有不切實際的希望的人稍稍多想一點麼？」〈超級市場〉以極大的篇幅介紹美國貨物充足、購物便利，但最後卻忽然起了轉折，將話題轉到與處理貨物毫無關係的「使用人力」問題：「我們遊覽了幾個城市的幾個超級市場，欣喜之餘，不免要想到美國這個國家，美國本身就好像是個大的超級市場，擁有從全世界各地搜羅來的新鮮的、五顏六色的、應時的、有利可圖的商品，但同時它每天也要製造丟棄許多垃圾。凡是好的，有用的，美國都不遺餘力地去挖掘、搜集、網羅、購買，不惜血本。但一旦被認為過時了，陳舊了，無利可圖了，便都無情地扔掉，毫不可惜。這樣對待商品貨物，還可以無足厚非，但對待人才，使用人力，也是這樣，那就未免過於殘酷了。」這樣的類比所表露的顯然是作家自己的意識形態。參觀現代化的約翰・迪爾公司，她得出的感悟卻是：「藍天是可愛的，但藍天之下，也有烏雲。池水能照出明亮的藍天，但也能透出烏黑的泥沼。」她將「烏雲」、「烏黑的泥沼」置於收尾處來寫，起到的恰恰是畫龍點睛的作用。

如果說丁玲通過內部對比意在揭露美國社會內部精神與物質的分裂和不和諧的話，那麼，她通過對中美兩國的對比則重在以美國精神文明的墮落來反襯中國精神文明的高尚。丁玲把訪美散文的開篇之作定名為〈向昨天的飛行〉，是饒有寓意的。它所關乎的不僅是時差，更有文明層次上的「昨天」與「今天」之別。在散文中，她還通過在飛機上與兩個美國人的談話，借美國人之口說出美國「許許多多人生活不錯，可是空虛，一片空虛」，從而為自己發出「生活可能是美國方便」、而「人情是中國好」的感悟作出了鋪墊，而這一感悟可以說成了她全部訪美散文的一個情緒基調。僅僅通過與兩個美國人的簡短交談，丁玲在剛到美國後的一兩天裏就寫出了這樣的文章，就表現出了這樣的情緒基調，這不能不說是帶有很鮮明的先入為主的情感色彩的。

從這樣的「先見之明」出發，她在精神文明方面對中美兩國作出了帶有濃重情緒色彩的不合實際的比較。在〈二十九日又一頁〉中，她筆下的秉承了中華傳統美德的舊金山的華人似乎成了拯救墮落的西方文明的一支重要力量——「他們為了保持中華民族固有的文明、淳樸、勤勞、無私、純真、充實，面對西方近代的一些腐朽的、空虛的精神生活，曾經自然地潛蓄著無聲的抗拒。」在訪美散文中，她還比較了中美出版制度：在中國，「我們的刊物只由刊物的編輯負責審查，作者文責自負」，至於電影「一般也只由製片廠自行審查，特殊的重點影片由廠報經文化部電影局審查。這種審查與國外的審查性質不同，它含有更多的和作者、編者商榷餘地，因為我們的作者，導演和審查人員的根本利害是一致的」；而美國似乎沒有審查制度，因而導致文藝刊物上良莠雜存，黃色無聊的作品不少，向讀者傳播自私，引誘青年放蕩、犯罪。「過去美國有人指責共產黨對老百姓洗腦，強迫革命，其實現在美國社會上給人們腦子裏塞進去的儘是義大利烤餅，法蘭西香水，或者就是空虛，無信仰，『今朝有酒今朝醉』等等，這何嘗不也是另一種洗腦呢！還有朋友說，『在我們美國，商人就是審查官：他們以能不能賺錢來衡量作品。對於嚴肅認真的藝術作品，他們沒有興趣。』」（〈在一九八一年的新問題〉）把美國的文藝創作問題、社會問題歸因於美國沒有審查制度顯然也有失公允。但是，在另一篇散文中，她卻又說美國有最壞的審查制度。這就是她歸國後寫成的記述對愛德加・斯諾夫人海倫的訪問的

〈會見尼姆・威爾士女士〉一文。該文最初發表在《新觀察》1982年第4期上。海倫於1937年夏天到過延安，對延安作過不少報導，對丁玲也作過訪問。丁玲在美期間安排了與她的會見。文章在敘寫會見過程中，極力渲染了海倫的生活困境和淒然心境，並從「海倫的鏡子」中「照出我們的幸福，照出我們光明的祖國」。文章的立意不能不算高遠，但其中卻有許多褒貶失實、評價失當之處。關於中國作家按月領工資制度，到底是否都起到了促進文學創作發展的作用，本來是可以探討的。海倫希望中國寫出像托爾斯泰小說和《飄》那樣的作品，而實際上托爾斯泰的小說和《飄》也不是作者在有工資可領的情況下寫出的。但在這麼觸目的對比中，這一制度卻成了「我們多麼幸福」的證據，成了一個無須論證的東西。她還對海倫信中所說「這兒有中國幾乎不可能有的最壞的審查」，作出了進一步的引申：「現在海倫把事情說清楚了，到底是哪裡有審查」。這顯然是有違基本事實的，也是與她在〈在一九八一年的新問題〉所說的美國沒有審查制度相互矛盾的。總之，在她看來，事實本身也許已經並不重要，不管美國有無審查制度，反正都有很多弊端。這就對具體問題缺乏了具體分析的實事求是的科學態度，而帶上了濃重的情緒色彩。該文發表之後，受到了讀者的質疑。一位大學工科學生來信對她這一「配合宣傳」之舉，明確表示出一種很有歷史感和現場感的「失望」：「如果在各個報刊連篇累牘的宣揚資本主義國家如何如何好的時候，您發表這樣的文章，我們說，這確實是『新觀察』，而如今的情況恰恰相反」。而在回信中，丁玲卻否認自己寫作該文是「跟風」，而是自己的「由衷之言」：「幾年來我還沒有學會盲目跟風，一味迎合某些人的嗜好。」[98]後來，她還把這封讀者來信和自

98 丁玲：致一位文學青年（1982年8月5日），《丁玲全集》第12卷，第188頁。

己的回信在《新觀察》同年第 9 期上公開發表，作出了進一步的表態。

因為訪問時間短暫，丁玲對美國的瞭解相當有限，因而她在訪美散文中所勾畫的「美國形象」也只是初具輪廓。但是，就從她所勾畫的輪廓來看，她對「他者」形象的勾畫，是從主體的正統的意識形態出發的「以我觀物」，從中所體現出來的是以異求異的封閉的思維方式。因而，這與其說是一種文化交流，還不如說是一種文化批判。她對「他者」形象的描畫，充滿了意識形態上的成見，而成見則不能不導致偏見。80 年代初的美國，在後工業時代到來的時候，許多人感到了「人」的失落。這是時代病，也是文明病。尚未進入這一時代、到達這一文明層次的中國人可以為自己未雨綢繆，也可以對之進行批判，但是卻沒有理由以國粹派的姿態一概將之斥為「腐朽」、「空虛」，而感到沾沾自喜。如果美國文明已經徹底墮落、沒有絲毫創造力和進取氣象的話，那麼，也就很難解釋為什麼它還會創造出「繁華、現代化」的物質文明來。一貫相信物質決定精神、存在決定意識的丁玲偏偏在這裏卻違背了辯證唯物論的基本原理，將物質與精神截然分開、形成對立之勢，從而製造出了充滿偏見的富必墮落、窮卻高尚的現代神話。雖然她也曾對有人「說美國青年人都沒有信仰，沒有理想，只知道玩樂，吸大麻」的觀點作出過反駁，指出：「這可能嗎？如果真的都是這樣，美國的物質生活是從哪裡來的？難道不是美國人民、美國的青年人的勞動創造而全是掠奪與剝削得來的嗎？是不是有些人習慣看外表，或者只憑一時的一知半解就下結論，容易誇大缺點呢？」[99]她也從美國的橄欖球賽的「那種強烈，那種歡騰，那種狂熱」中看到「美國人民的精力充沛，勇

[99] 丁玲：〈五月花公寓〉，《丁玲全集》第 6 卷，第 165 頁。

猛如雄獅，執著如蒼鷹」，從傾城空巷、熱烈競爭的賽場上的「秩序井然，鬧而不亂」中看到了「美國人民的文化修養」[100]。而事實上，貫穿在整個訪美散文中的思想線索卻是充滿意識形態偏見的「美國物質文明雖好，而精神文明卻差」。這樣的對比立意是全書的主旋律，如上兩篇散文中的觀點作為與全書整個基調極不相符的音符，只是偶爾跳動了一下。總之，丁玲作為一個「看者」所描繪出的「美國形象」，與她作為一個「被看者」所打造出的「丁玲形象」一樣，都充滿了政治色彩。在改革開放之初，在亟需學習西方、溶入現代文明的進程中，丁玲卻顯現出了一種保守、封閉的文化心態。她說過，自己寫作這樣的文章不是「跟風」，不是「迎合」，而是自己發自肺腑的「由衷之言」。誠如斯言，則只能說明她文化觀念的保守。而從她把那一封對她的訪美散文表示失望的讀者來信和自己的回信公開發表的舉動來看，則她在這樣的文化觀念中卻顯然隱含著她自己政治上的考慮。說到底，作為一個敘述者，她所描繪的「美國形象」中仍然有她自己的「丁玲形象」在。

總之，1981 年下半年丁玲的訪美之行，客觀上將她置放於中西文化的激烈衝突之中。其所思所言與國粹心態，在異元文化的參照下，更顯出其保守、落後性質。事實上，丁玲的訪美之行，成了一面具有強大文化聚焦功能的鏡子。不管是在她對「丁玲形象」的打造中還是在她對「美國形象」的描繪中，都突出地呈現了晚年丁玲文化心理之保守的一面。

---

[100] 丁玲：〈橄欖球賽〉，《丁玲全集》第 6 卷，第 174 頁。

第五節　文人相輕的背後

中國向來有「文人相輕」的傳統，而到 20 世紀，這一傳統則在政治的參與和改造下被「現代化」了。它不再僅僅是在一般情感層面上的文人的相互輕視，而是在沾上宗派色彩後顯現出了政治上極強的排異性和攻擊性。因此，「文人相輕」往往只是外衣，其中包裹的內容則是無情的「政治」。建國初期，由於體制對隊伍的選擇，丁玲產生了巨大的自豪感和優越感，而不大瞧得起和她同時代的一些作家（包括巴金、老舍在內）。這種心理的背後雖然也具有了現代的政治內容，但仍然帶上了較為鮮明的「文人相輕」的傳統色彩。在那一時代裏，真正把這一業經「現代化」的傳統發揮到極致因而顯現出極強的排異和攻擊功能的，則是許多文人借助於政治權力所開展的一系列排斥異己的批判運動。繼批判胡風反黨集團之後的對丁玲、馮雪峰的批判，也可以算作那一時代「現代化」的「文人相輕」的經典之作。夏衍說過：「十七年中，如果不是周揚同志領導文藝界工作，而是什麼李揚、王揚……恐怕挨整的人會更多。」[101]話雖這麼說，但如果不是周揚具體策劃、組織的話，胡風、丁玲、馮雪峰等未必一定成為被攻擊的首選人物。丁玲的挨整，與周揚有著直接的關聯。而這又源於他們之間長期以來的說不清道不明的矛盾。

周揚與丁玲本是「同根生」的左翼作家，是在「左聯」共同戰鬥過的戰友。丁玲 1933 年 5 月被捕之後，正是由周揚接任了左聯黨團書記一職。1936 年 11 月，丁玲出獄後先期到達陝北；半年多以後的 1937 年 8 月，周揚也去了延安。可以說，在政治傾向上，兩人之間並沒有什麼實質性的區別。但是，丁玲對周揚是有看法的。據

101　轉引自卓宜休：〈思念和關懷——探望周揚同志時的隨想〉，《文藝報》1985 年第 3 期。

黎辛回憶，在延安時期，丁玲對周揚印象就不好。1942 年春，黎辛去丁玲處送稿、取稿，遇到歐陽山在那裏聊天。那時，周揚在窯洞外喊「丁玲同志」，歐陽山問誰來了，丁玲答曰：「會演戲的」。而這種看法較早見諸文字的則是在她的日記和書信中。1948 年 7 月 5 日，為了參加國際民主婦女聯合會第二次代表大會，丁玲輾轉來到山東膠東地區，在那裏，「胡考和雪葦都問到周部長（指周揚——引者），問是否作風有改變，我無法答覆，只說了些他的長處。每當這種時候，就使我為難，我得違心的說話。」[102]在出發以前，周揚曾挽留她「搞文藝工作委員會，意思是誠懇的，他說我走了就沒有人搞，無人可搞」[103]。10 月，輾轉來到哈爾濱的丁玲卻致函陳明，希望他來東北，原因之一「我實在不願回去和那個人（指周揚——引者）在一起」[104]。

丁玲對周揚不滿，從可考的資料來看，其原因當有以下兩個方面：一是延安時期關於「暴露」與「歌頌」之爭。以丁玲為代表的「文抗派」主張暴露黑暗，而以周揚為代表的「魯藝派」則主張歌頌光明。1941 年，周揚在《解放日報》上發表長文〈文學與生活漫談〉，提出「然而太陽也有黑點」。「文抗」的舒群、蕭軍等五人聯名寫了〈「文學與生活漫談」讀後漫談集錄並商榷於周揚同志〉，提出不同意見，認為「若說人一定得承認『黑點合理化』，不加憎恨，不加指責，甚至容忍和歌頌，這是沒有道理的事」。據說，丁玲也參加了與這五人的討論，最後文章發表時才劃去了名字。

二是後來周揚對〈太陽照在桑乾河上〉的態度。丁玲在 1948 年 6 月 14 日的日記中記述道：「周揚挽留我搞文藝工委會，甚誠。

---

[102] 丁玲：1948 年 7 月 5 日日記，《丁玲全集》第 11 卷，第 348 頁。

[103] 丁玲：致陳明（1948 年 6 月 15 日），《丁玲全集》第 11 卷，第 58 頁。

[104] 丁玲：致陳明（1948 年 10 月底），《丁玲全集》第 11 卷，第 72 頁。

但當我說到我的小說已突擊完工時，他不置一詞。我知道他的確是願我在他領導下工作的，他知道我這人還有些原則性，在許多老文藝幹部之中，他比較願用我，但他對我之寫作是有意的表示著冷淡。」[105] 丁玲寫完書稿後複寫了兩份，將一份先交給周揚看，周揚壓了幾個月未作表態。後來丁玲在胡喬木的支持下將書稿帶到東北，於 1948 年 9 月由新華書店東北總分店初版。在出版半年後，當時住在瀋陽東北魯迅藝術學院的丁玲在去大和旅館看望代表黨中央專程來瀋陽迎接著名民主人士去北平的林伯渠時，從林伯渠處還得知這樣一條消息：林「告訴我江青一看見他就告訴他我這本書很好，周揚壓住不印」[106]。

按說，在正常的情況下，文藝觀點的討論甚至爭論，本也不該影響到當事人之間的私人關係。否則，要麼是氣量狹小，要麼是另有他因。而周揚對丁玲書稿的態度，其實也只是「果」而同樣不是「因」。丁玲和周揚相互不滿的真正原因，實際上還在左翼文學內部根深蒂固的宗派主義。它與 1935 至 1936 年「兩個口號」的論爭有著直接的關聯。那一場論爭爆發時，丁玲尚被軟禁在南京，自然沒有捲入。但是，作為自認「吃魯迅的奶長大的」[107]魯迅的崇拜者，作為馮雪峰心心相印的知音，作為胡風的友人，丁玲連帶著對周揚有了隔閡，而周揚連帶著對丁玲也有所戒備，對於有著濃重的血緣宗派傳統的中國文壇來說，本也在情理之中。50 年代中期，在批判「胡風反革命集團」的政治運動開始之後，丁玲迅速聯想到「一整胡風，我就預感到有人不會放過我的」。這種不祥之兆的產生，正是

---

[105] 丁玲：1948 年 6 月 14 日日記，《丁玲全集》第 11 卷，第 337 頁。
[106] 丁玲：致陳明（1949 年 2 月），《丁玲全集》第 11 卷，第 79 頁。
[107] 丁玲：〈我便是吃魯迅的奶長大的〉，《丁玲全集》第 8 卷，第 204 頁。

源於對文壇內部宗派因素的體認，而事後發生的一切卻無情地證明了丁玲預感的正確和中國文壇宗派主義的存在。

對於丁玲1955年以後開始的長達二十餘年的悲劇命運，周揚作為批判「丁、陳反黨小集團」的領導者、執行者，是難逃其咎的。「文革」爆發以後，周揚也遭到了厄運。「文革」噩夢結束後，丁玲對周揚多有期待。1978年10月，尚在山西農村的丁玲派女兒去見周揚。但周揚卻說，丁玲「四十年的表現，可除掉疑點，但不能排除污點」。這使丁玲痛感「周仍堅持錯誤，對我毫不放鬆」，並發出了「此等人為什麼要去見他！」[108]的感慨。果然，1978年12月，陳明赴京向黨中央和有關組織呈遞丁玲的申訴材料，要求給「丁、陳反黨集團」和「丁玲、馮雪峰右派集團」平反時，丁玲特地在信中說：「勿須去看『周伯伯』，要祖慧不要再找他。」[109]在寫那封信的兩天後，劉真來訪，談到穀嶼等被劃為右派後的淒慘境遇，「我心中實在難安。那些兩面手，心毒手狠，害了多少人，把一群曾經受過黨多年教育，有才華的年輕人都毀了！現在好不容易留得一條命，但也同我一樣，大好的時光都在折磨中消蝕了。使黨的文藝工作傷了元氣，受了大損失！這群人到現在還繼續為惡，我真心痛！」[110]這裏她所說的那些心毒手狠害過許多人而現在還繼續為惡的「兩面手」顯然應該包括周揚在內，甚至可以說主要是針對周揚的。

1979年初，丁玲回到北京後在日記中仍然多次表現出了對周揚的不滿和反感，態度相當激烈：1月26日晚，在「電視中見到周，

---

[108] 丁玲：1978年10月17日日記，《丁玲全集》第11卷，第451頁。

[109] 丁玲：致陳明（1978年12月1日），《丁玲全集》第11卷，第268頁。

[110] 丁玲：1978年12月3日日記，《丁玲全集》第11卷，第464頁。

依然仰頭看天，不可一世，神氣活現。謠傳將出任部長」[111]；2 月 27 日，「讀著周的大文，仍然是空話大道理連篇。」[112]

但是，2 個多月後的 5 月 9 日下午，作為受害者的丁玲卻出乎他人意料地去拜訪了曾經作為施害者的周揚。據甘露回憶，那天上午，她接到陳明電話，說丁玲有十幾年沒有和周揚見面了，想到北京醫院去看看他，並邀甘露一併前往。下午三點，他們一行三人到了二樓周揚住的病房。門開著，周揚和夫人蘇靈揚看到三位來客，走過來招呼他們進屋坐下。丁玲說，前幾天聽說你住院，並且一兩天內要去日本，所以特來看望。接著，她又問了周揚的病情，表示慰問。

周揚說，這次住院沒什麼大病，是來檢查身體的。訪問日本的事，已經確定了時間，不能不去。接著，他談起自己在「文革」中被迫害的遭遇：造反派把他打成假黨員，把他的耳朵也打聾了。又說，夏衍的腿也被造反派打壞了，現在也在這個醫院裏治病，建議她順便去看看。丁玲與周揚談了大約半個小時，就起身告辭了，周揚一直送出走廊。丁玲到樓下去看夏衍，見他那兒人很多，只打了個招呼，互相握手問候一下，就告辭了，主人也沒有挽留。[113]

甘露陪丁玲去看周揚前後的心情是不一樣的。在接到陳明電話後，她想，長期受磨難的丁玲能夠不計個人恩怨，在自己宿疾纏身的情況下，主動去醫院看望周揚，確為難得。這應該成為文藝界老一代領導之間加強團結的一個新起點，她為此感到很高興。她本來

111　丁玲：1979 年 1 月 26 日日記，《丁玲全集》第 11 卷，第 481 頁。

112　丁玲：1979 年 2 月 27 日日記，《丁玲全集》第 11 卷，第 486 頁。所說「大文」，當是刊載於 1979 年 2 月出版的《新文學史料》上的《周揚笑談歷史功過》一文。

113　詳見甘露：〈一次難忘的探視——憶丁玲探望周揚〉，《新文學史料》1991 年第 3 期。

以為自己能夠分享他們劫後餘生、久別重逢的喜悅，但是在這半個小時裏，她卻沒有感受到喜悅的氣氛，而只感到惘然。

丁玲主動去看望周揚，這一大度的舉動中所包含的動機到底是什麼，外人是很難窺其堂奧的。不過，這大概與周揚此時對自己以往惡行的反省、懺悔有關。1979 年 3 月，在《文藝報》座談會上，周揚「講到那場反右鬥爭他如果不執行，自己必然會首當其衝地被打成右派的身不由己的過程。他講得誠懇而沈痛，流著眼淚向受害的同志道歉」[114]。也許丁玲以為他真的痛改前非了，因而想借這個機會去親耳聽聽他的道歉，去聽聽他親口告訴她，50 年代的事他做錯了。只要這樣，她和周揚在度盡劫波以後，也就可以「相逢一笑泯恩仇」了。但是，丁玲的這一願望並沒有實現。

作為受害者而主動去向周揚示好，這對要強、好勝的丁玲來說是需要有相當的勇氣的。而周揚卻沒有向她做出相應的反應，這就不能不使她感到失望和憋屈。這從反面使她進一步激發出了一種反擊甚至主動出擊的心理。帶著這種心理，在同年 11 月 8 日中國作協第三次會員代表大會上，在事先沒有安排的情況下，丁玲作了一個即席發言，後以〈講一點心裏話〉為題發表在當年《紅旗》第 12 期上。在這個發言中，丁玲樹起了「反文藝界的宗派主義」的大旗，並且相當深刻地指出：「有了權再搞宗派這就可怕了，到這個時候，就不是什麼文藝見解的問題了。不是這個了，而是要在這裏面爭權」。對於熟悉中國當代文壇掌故的在場作家來說，誰都能領悟出她這些話的所指。這話說得很解恨，但也合理。在發言的最後，她還駁斥了〈周揚笑談歷史功過〉一文中周揚所說的延安有「魯藝」與「文抗」兩派的觀點，與周揚公開唱起了對臺戲。這話雖然有針鋒

114 李子雲：〈良知的痛苦，艱難的掙扎——周揚同志印象〉，上海《文匯報》1988 年 8 月 31 日。

相對之勢，反駁得似乎也很解氣，但卻不合理了。寬泛說來，在延安文藝座談會以前，延安文藝界確實有繼承革命文學傳統、主張歌頌的和繼承「五四」文學傳統、主張暴露的兩派。兩派的觀點、傾向性和歷史傳承均有所不同，這是無法否認的事實。丁玲為了與周揚叫板，開始有意置某些基本的事實於不顧，其中所貫穿的是類似於「凡是敵人擁護的我們就要反對」的反駁式思路。這就透露出了一個相當嚴重甚至相當危險的信號：她對周揚的反擊已經開始變為「情緒化地對著幹」[115]。

周揚晚年多次坦白地解剖自己，多次向包括馮雪峰、胡風等在內的受害者道歉，但對受害很深的丁玲卻沒有表示過歉意。非但如此，他還在丁玲平反問題上頻繁設置障礙，一直堅持認為丁玲在歷史上有問題，直到 1984 年中央給丁玲的歷史重新作出結論時還持不同意見。他在丁玲問題上多有固執己見、不肯改悔之處，這既關乎他的個人認識，也關乎他的歷史責任感。不管他曾經給多少受害者道過歉，只要他在丁玲的冤案上態度不作根本改變，就不能說他對 50 年代那段歷史是完全負責任的。因此，丁玲至死對他也不能原諒，是可以理解的。

但是，晚年的周揚也是複雜的。他雖然在丁玲問題上仍然有左的一面，有失誤的一面，但從總體上來看，他在新時期思想解放的潮流中所扮演的卻是一個先鋒的形象、一個不懈的探求者的形象。1979 年 5 月，在全國社科界紀念五四運動 60 周年學術討論會上，他作了題為〈三次偉大的思想解放運動〉的主要報告，並側重論述了目前正在進行的第三次思想解放運動的意義和開展的方法，在全國產生了很大的影響。1983 年 3 月，在紀念馬克思逝世 100 週年的

[115] 張永泉語，見〈走不出的怪圈——丁玲晚年心態探析〉，《個性主義的悲劇——解讀丁玲》，第 268 頁。

學術報告會上又發表了〈關於馬克思主義的幾個理論問題的探討〉的講話，對人道主義和異化問題作出了富有識見的論述。而在文藝界，那幾年周揚也是「那樣如同老母雞保護小雞一樣地以保護文藝新生一代為己任」[116]。而丁玲從「凡是敵人擁護的我們就要反對」的思路出發，執意要對高揚思想解放大旗的周揚進行反駁，這樣，她就把自己逼到了左的一面。丁玲在新時期給人留下左的印象的言論與做法，固然有她自己 50 年代的思想資源，但從心理上說則與新時期的周揚直接相關。或者說，正是因為周揚的存在，為了反駁周揚的現實需要，才促使她去汲取了那一時代的思想資源。

丁玲與周揚意氣用事的對著幹的事例，比比皆是。茲舉二例如下：一是關於文藝與政治的關係。1980 年 8 月，在廬山召開全國高等學校文藝理論學術討論會。會上，丁玲就「文藝與政治的關係」作了發言。她認為，「文藝為政治服務」與「文藝為人民服務，文藝為社會主義服務」這三個口號完全一樣，沒有什麼根本區別；「創作本身就是政治行動，作家是政治化的人」。1962 年 5 月，在紀念〈在延安文藝座談會上的講話〉發表二十周年之際，《人民日報》發表由周揚主持撰寫的社論〈為最廣大的人民群眾服務〉。社論將文藝「為政治服務」擴展成「為以工農兵為主體的全體人民服務」，在科學地認識文藝與政治的關係上，有了進步。在 1979 年第四次文代會上所作題為〈繼往開來，繁榮社會主義新時期的文藝〉的報告中，周揚將文藝和政治的關係，解釋為「從根本上說，也就是文藝和人民的關係」。這也可視為在文藝和政治關係理論問題上的重大進展。雖然文藝「兩為」口號是黨中央最後提出的，但是周揚在糾正文藝「從屬說」和「工具說」方面卻也起到了積極的作用。聯繫這一經過，

116　王蒙：〈周揚的目光〉，王蒙等主編《憶周揚》，內蒙古人民出版社 1998 年版，第 409 頁。

聯繫她後面緊接著講到的「我勸大家，也告誡我自己，不要聽那些空話、大話，要聽真話、實話」以及「有些人說的一套，做的一套，總是別人錯誤，自己正確，我就吃過這個虧」，就不難發現，她提出這些左的觀點顯然是沖著周揚而去的，是有意要在理論上與周揚唱反調。這種情緒化的意氣用事，就使她自己陷入了理論上的誤區。

二是在反對資產階級自由化鬥爭中。丁玲深深知道周揚雖然「在某些問題上，對某些人士（這主要指對她自己——引者），實在一絲一毫也不願意、不肯解放的」，但他畢竟扛的是「解放」旗幟[117]。而在她看來，「解放」一旦失去分寸，就會陷入「自由化」的泥潭。丁玲深知其中奧妙，於是趁反對資產階級自由化之機，對周揚進行了反擊。1982 年 9 月，在列席中共十二大期間的一次發言中，她對擔任思想意識形態方面領導工作的、自認「一貫正確」的「負責同志」從不能與中央保持一致的高度進行了攻擊：

> ……黨中央對於文藝戰線上的資產階級自由化傾向，及時敲響了警鐘，明確批評了領導上的軟弱無力。在思想意識上的嚴重的敵情面前，在黨中央的嚴肅批評面前，有的人能及時警惕，但也有一些負責同志放不下一貫正確的架子，從不在適當的場合寫文章或講話，作一點認真的具體的自我檢查和必要的自我批評，而是含含糊糊，遮遮掩掩，好像總有難言之隱、難於和中央完全一致。[118]

明眼人一看便知，她所說的「放不下一貫正確的架子」的「負責同志」就是指周揚。1983 年 10 月 25 日，《人民日報》頭版頭條發表了號召「清除精神污染」，積極開展對人道主義、異化論等批評、鬥

---

[117] 丁玲：致宋謀瑒（1981 年 6 月 4 日），《丁玲全集》第 12 卷，第 176 頁。

[118] 丁玲：〈總結歷史教訓，加強文藝隊伍團結〉，《丁玲全集》第 9 卷，第 417 頁。

爭的消息。可以想見，「當差不多是她取得了最後的勝利的時候，當她的對手××被證明是犯了鼓吹人道主義和社會主義異化論的錯誤，從而使黨的信賴易手的時候，她該是多麼快樂呀」[119]。於是，在這種背景和心境中，她迅速向媒體發表講話，就「清汙」問題公開表態。由於情緒激動，其中有不少誇大、偏激之處，有「使清除精神污染擴大化」之嫌。（詳見本章第一節）

另外，據丁玲的原任秘書張鳳珠回憶，在其他場合的講話中，她也經常敲打周揚幾句。有一次，她在魯迅文學院講話，用挖苦的口氣影射周揚。當時就有學員在下邊議論，怎麼只反大臣，不敢碰皇上呀。這些不甚明智的舉動，使效果適得其反，反而損壞了丁玲自己的形象。在 1984、1985 年之交召開的中國作協第四次代表大會上，代表們對周揚和丁玲的評價形成了極其鮮明的對比。那時，因為周揚患病不能與會，366 位中青年作家代表聯合給周揚寫了封情意懇切的慰問信。信中說：「參加這次會議的全體中青年作家，都熱切地想念你！」並告慰他「多年來渴望的藝術民主與創作自由的黃金般的時代，終於來到」。而正是這個會上，丁玲卻被人們在底下喊作「紅衣主教」。

有一位著名作家曾經私下裏對王蒙說：「丁玲缺少一位高參。她與××的矛盾，大家本來是同情丁的。但是她犯了戰略錯誤。50 年代，那時候是越左越吃得開，××批評她右，她豈有不倒楣之理？現在 80 年代了，是誰『左』誰不得人心，丁玲應該批判她的對立面『左』，揭露××才是文藝界的『左』的根源，責備他思想解放得不夠，處處限制大家，這樣天下歸心，而××就臭了。偏偏她老人家現在批起××的右來，這樣一來，××是越批越香，而她老人家越

119　王蒙：〈我心目中的丁玲〉，《讀書》1997 年第 2 期。

證明自己不右而是很左，就越不得人心了。」從策略和效果上看，此說自然不錯。但是，在人際關係問題上只要涉及到原則上的是非，重要的還不是對策略的考慮，而應該是對真理的堅持。丁玲因為對周揚的失望和怨恨，在許多重大是非問題上陷入了意氣用事的對著幹的境地，流露出了相當明顯的宗派情緒，因而常常放棄了對真理的理性的探討，給人們留下了左的印象。事過境遷以後，後人是要為之感到扼腕痛惜的。

在與周揚對著幹的同時，丁玲還左右開弓，對沈從文發起了攻擊。在人們看來，她左右開弓所要攻擊的兩個對手在地位上、在力量上竟是如此地不相稱：一個是幾十年來處在中心位置上的「負責同志」，而另一個則是在建國初年就退出文壇、因而被徹底邊緣化的文人。但在這兩個對手的選擇中，丁玲卻有著異中有同的統一的考慮；同她與周揚相輕一樣，她與沈從文相輕的背後，也潛伏著「政治」上的因素。

丁玲與沈從文的相輕，是丁玲主動出擊的結果。1979 年 8 月，日本漢學家中島長文和中島碧夫婦在訪問丁玲時，送給丁玲兩本書，是沈從文作於 30 年代的《記丁玲》和《記丁玲續集》的翻印本。丁玲讀後很快作出了劇烈的反應。她於次年初寫成〈也頻與革命〉一文，稍後公開發表於《詩刊》1980 年 3 月號。她在文中稱沈從文的《記丁玲》是「一部編得很拙劣的『小說』」，並斥責了作者作為一個「紳士」「對革命的無知、無情」和「對革命者的歪曲和嘲弄」。文末在肯定胡也頻走向革命的必然性後寫道：「貪生怕死的膽小鬼，斤斤計較個人得失的市儈，站在高岸上品評在洶湧波濤中奮戰的英雄們的高貴紳士是無法理解他的。這種人的面孔，內心，我們在幾十年的生活經歷和數千年的文學遺產中見過不少，是不足為奇的。」這一口氣又給沈從文戴上了幾頂帽子。

此文寫完後不久，她在給趙家璧的信中對作此文的緣由和動機有所說明。她說，她本來想「寫一篇文章逐點加以改正」，而且應該在沈從文在世的時候，否則後人會說沈從文以為她死了（他寫這書時正是謠傳她已經死去），「胡謅」了她一頓；她又在他死了後才來改正，為什麼不在他活著的時候呢？但她又覺得「他近三十年來還是倒楣的」，近年來因為他的古代絲綢研究有了點買賣，生活好了些（也還是不那麼滿意的），其實「他整個一生是一個可憐可笑的人物」，因此，她是以一種惻隱之心強制住自己的禿筆，在最近給《詩刊》寫的一篇短文中，只是「稍稍點了一點，說這篇《記丁玲》是一篇壞小說」。雖然這篇文章的發表「對他是一個打擊，或許有點不人道」，「不過其中另有幾點，仍將在某一天說清楚。以後再看吧」。最後，她從看似泛泛而論中指出了沈從文此作的實質是「為自己搽脂抹粉」而「對異己者則肆加譭謗」：「近代有些史料，可悲的是有許多都是為自己搽脂抹粉樹碑立傳，有意篡改歷史的文章，對異己者則肆加譭謗，或無視其人，盡力貶壓。文壇中人的浮沈，實際已說明問題所在；或可寄希望於後代，但亦難矣。因此實在覺得有老一輩的人能站出來說幾句真話，記錄一點真實的史料，實為後生研究者的幸福。」[120]在此文發表以後，丁玲在給日本友人中島長文夫婦的信中又寫道：「沈先生早年曾是我和也頻的朋友，但因他抱有的思想、立場和我們的不一樣，他是不能正確理解我們的。對此，我並不苛求。不過他不應該在傳說我被害之後，以我們為題材，胡說八道地編撰小說，這種近似造謠的行徑使人感到不快。因為沈先生年事已高，現正專心從事文物研究，我不願以過去的舊賬，影響他今天的工作情緒，我在短文中並沒有更多地批評他……」。[121]1980

---

[120] 丁玲：致趙家璧（1980年1月27日），《丁玲全集》第12卷，第138頁。

[121] 丁玲：致中島長文夫婦（1980年4月），《丁玲全集》第12卷，第139-140頁。

年 10 月，丁玲作回憶散文〈胡也頻〉，在回憶胡也頻時又捎帶給了沈從文一槍：「他（指胡也頻——引者）曾是一個金鋪學徒，有勞動人民的氣質。他不像有些紳士或准紳士，戴著有色眼鏡看世界，把世界全看扁了，賣弄著說點有趣的話，把才能全表現在編纂故事上，甚至不惜造點小謠，以假亂真，或者張冠李戴，似是而非，嘩眾取寵」[122]。文中說到的「紳士或准紳士」，指的就是沈從文。此文後來也公開發表在 1981 年初出版的《文匯增刊》上。

對於丁玲的主動出擊，沈從文也迅速作出了反應。他雖然沒有公開發表文章，沒有與丁玲直接交火，但在編輯十二卷本《沈從文文集》時，卻斷然抽出了《記丁玲》和《記丁玲續集》兩書，並在致友人的信中表明了自己的觀點和態度（後來，在丁玲和沈從文均已作古以後，收信人才將信件公諸於世）。1980 年 7 月，即在丁玲的〈也頻與革命〉公開發表三個多月以後，沈從文在給徐遲的信中在說到自己作品的「正面」反響後寫道：「當然還有『反面』的，也值得欣賞，即詩刊三月份上中國『最偉大女作家』罵我的文章，不僅出人意外，也為我料想不到。真像過去魯迅所說：『冷不防從背後殺來一刀』，狠得可怕！乍一看來，用心極深，措辭極險。但是略加分析，則使人發笑」；這是她「為了恢復她的『天下第一』地位，卻別出心裁，用老朋友來『開刀祭旗』」[123]。一年多後，他在給周健強的信中將自己被殺一刀的怨氣作了更為充分的傾訴：

> 丁玲這二十多年來受了些委屈是真事，以她的絕頂聰明，應當明白這委屈自有或遠或近原因，可派不到我的頭上。她目前是全國文聯副主席，有權有勢，並且也是「舉世無雙」的

---

[122] 丁玲：〈胡也頻〉，《丁玲全集》第 6 卷，第 95 頁。

[123] 沈從文：致徐遲（1980 年 7 月 2 日），《長江文藝》1989 年第 1 期。

> 偉大女作家，誰也無法否定。我卻只算得是個掛名「空頭作家」，任何一點都夠不上被罵資格，更不會妨礙她在世界上在歷史上的尊嚴地位。可是正當上面最高層領導一再提及應「加強團結」時候，她的位置、她的責任、和她的年齡，依我看來，應當是能能夠體會「加強團結」四個字的意義，貫徹到工作態度上、方式上，才可望在她的職務和名分上，把工作領導得更好一些。不至於再給人以二十多年前形成內部矛盾以「丁陳集團」的藉口。如理解到這些大處的責任何在，哪還會一再變換花樣，來和一個老朋友爭雞毛蒜皮小小是非，且言不由衷說是不曾看望過她母親，或不曾出名營救她，而如此生氣？即或果真因此而生氣，哪值得每寫小文必罵、泄氣？……質實一點說來，只不過是四十多年前那本《記丁玲》認為內中不大真實，（她最近在國外還向人說是本「最壞的小說」）主要還是覺得舉得她不夠高，有損於她的形象，如此而已。[124]

沈從文的「被罵」使他積聚了滿腹的怨氣，這股怨氣在他的行動中也很快表現出來。1981 年 5 月 12 日，丁玲和沈從文都參加了接待南斯拉夫作家代表團的活動。在宴會上，丁玲找過沈從文，說要和他同桌吃飯，但他卻躲開了。事後，他解釋說，「人家已經在《詩刊》上罵過我是『市儈』、『膽小鬼』了，我怎麼能跟一個罵過我的人同桌吃飯呢？」丁玲出訪美國前夕，文聯有人請他去參加一個宴會。當得知丁玲也參加時，他斷然拒絕，說：「有丁玲參加的宴會我不參加。……我只能跟自己喜歡的、相投的人一起聚會吃飯。我不能為

---

[124] 沈從文：致周健強（1982 年 1 月 9 日），《散文世界》1989 年第 8 期。

了那個原因委屈自己，去赴自己不願赴的宴會。」[125]據說，這個宴會是丁玲自己請的。後來，有一天，旅居海外的老作家淩淑華來到北京，有關方面安排宴請。淩淑華提出請丁玲和沈從文這兩位 30 年代的老朋友作陪。當得知丁玲參加時，沈從文也婉言拒絕了。[126]

在接連公開發表幾篇攻擊沈從文的文章後（在沈從文看來是「她每寫文章就總忘不了罵我，而且越罵越升級，越罵越精巧」），丁玲一方面作出了某些修好的舉動，另一方面在沒有得到沈從文應有的反應後又繼續了對他的攻擊。1983 年 3 月，她在雲南昆明作訪美散文〈People 雜誌的採訪工作〉時借題發揮，寫道：「三十年代，曾以為我已經不在人世，無人可以對證，就委委婉婉，閃閃爍爍，自炫知己，在我個人的生活上有意加上一些神秘的顏色，著書問世，而且流傳至今。」[127]1984 年 4 月 15 日，她在致徐霞村信中又說：

> 沈從文寫了《記胡也頻》，又寫了《記丁玲》。他把對一個熟人的回憶當小說寫。他用「有趣的」眼光看世界，也用有趣的眼光看朋友。寫書時本來他以為我已經死了，誰知給我留下許多麻煩。……彷彿他說過這樣的話，話具體地怎麼說我忘記了，意思是說丁玲文章表現得很勇敢，實際她本人也不是那個樣子的……等等。[128]

丁玲對昔日的老朋友沈從文發起攻擊，不但出乎沈從文這個當事人的意料，也使很多熟悉現代文壇掌故的人大惑不解。沈從文是胡也頻和丁玲夫婦相交於 20 年代的朋友，在事業和生活上都互有照

---

[125] 轉引自周健強：〈記沈老給我信的前後〉，《散文世界》1989 年第 8 期。

[126] 李輝：《沈從文與丁玲》，湖北人民出版社 2005 年版，第 162 頁。

[127] 丁玲：〈People 雜誌的採訪工作〉，《丁玲全集》第 6 卷，第 262 頁。

[128] 丁玲：致徐霞村（1984 年 4 月 15 日），《丁玲全集》第 12 卷，第 228-229 頁。

顧。早在 1925 年初，胡也頻和沈從文因為《民眾文藝》的編者、作者關係而成為「情同手足」的好朋友，而丁玲則因與胡也頻的關係結識了沈從文。初次見面，當兩人得知對方的籍貫時，共同的湘西、共同的沅水一下子就把陌生人之間那種固有的距離大大縮短了。自此以後，在頻繁的交往中，沈從文成了他們可信任的朋友。每當他們夫婦之間發生爭吵時，「其中一人必定跑到沈從文那裏訴說心中委屈。到後，又總是由沈從文充和事佬，兩邊跑來跑去進行調解。」[129]1929 年，已經在文壇嶄露頭角的丁玲又和沈從文、胡也頻一起在上海創辦了紅黑出版社，出版《紅黑》月刊和《紅黑創作叢書》。當初他們在北京簡陋的居所裏一邊嚼著粗饅頭一邊說出的辦刊物的「大話」終於實現了。

但此時中國知識份子在政治的作用下，已經發生了急劇的分化。在這種大背景下，雖然沈從文還似乎依然故我地在他的「湘西世界」的王國裏咀嚼著「自由」的夢想，但他的這兩個朋友卻先後傾向革命、投身革命，並為「革命」的理想付出了慘重的代價。但是，作為朋友，沈從文在這種情況下，卻也沒有因為政治色彩的不同而坐視他們的悲劇——真正的友誼是可以超乎政治利害關係的。1931 年初，胡也頻被捕後，他陪丁玲去探監，為了營救胡也頻，還到南京找過蔡元培、邵力子和陳立夫。在胡也頻慘遭屠殺以後的 4 月初，他在兵荒馬亂中又陪同丁玲返回湖南常德，將胡也頻的孤雛交丁玲母親撫養。

禍不單行。兩年多以後，丁玲又遭國民黨特務綁架。在丁玲失蹤 11 天後，沈從文在激憤之中寫下了控訴國民黨迫害進步作家罪行的〈丁玲女士被捕〉，並在 6 月 4 日出版的《獨立評論》上公開發表

[129] 凌宇：〈沈從文傳〉，北京十月文藝出版社 1988 年版，第 212 頁。

出來。丁玲被捕之後，上海文化界知名人士聯合發起了營救丁玲、潘梓年的活動。沈從文皆名列其中。6 月 4 日，在看到報上有人謠諑丁玲與一特務同居後，他再次執筆，寫下了〈丁玲女士失蹤〉（稍後發在 6 月 12 日《大公報》上），堅持認為「事實上則人業已被捕，且非法律手續捕去」，洗去了潑在丁玲身上的污水。同月，在得知丁玲被害的傳言後，他又在悲痛之中創作了小說〈三個女性〉，以寄託對死難朋友的哀思。1936 年初，丁玲開始在報刊上發表作品，希冀向外界透露些資訊。沈從文聞訊後不久便去南京苜蓿園探望了丁玲。

此後，兩位老友便各奔前程，天各一方了。丁玲出獄後不久去了陝北，而沈從文則在抗戰烽火中長途跋涉到昆明西南聯大執教，抗戰勝利後復員回到北京，繼續其教書、寫作生涯。時隔 20 多年以後，他們又在北京（當時稱「北平」）相見了。1949 年 6 月，從瀋陽來北平參加第一次全國文學藝術工作者代表大會的丁玲，於 10 日去「看了表哥和沈從文」[130]。此時，兩人政治上的分野更為顯豁。一個是從延安走出來的新體制的中堅，一個則是遭到左翼文壇嚴厲批判的「第三種」政治勢力的代表、「桃紅色文藝」的作家。但是，在解放後的那一段時期裏，丁玲並沒有因為政治原因而終結與沈從文的友誼。在左翼文壇巨大的壓力下，沈從文到了精神崩潰的境地。在極度的恐懼中，他用小刀割破血管，試圖以自殺徹底解脫自己。丁玲聞訊，與陳明一起去看望他。為了使談話更無拘束，還特約了當年的一位京派作家何其芳一道前往。丁玲勸他不要多疑，要他把空洞的自大處和過分的自卑處統統拋掉，拋得越快越好。臨別前，丁玲還以二百萬元相贈。

130　丁玲：致陳明（1949 年 6 月 11 日），《丁玲全集》第 11 卷，第 84 頁。

丁玲的關懷和開導使處在絕境中的沈從文深受感動。1950 年 9 月 8 日，他給丁玲寫了封三千字的長信。信中，他請求丁玲轉告有關方面，希望得到中共諒解，安排他從事工藝美術研究，「為將來建設中的人民工藝美術的保存與發揚終生服務」。至於丁玲是如何向有關方面轉告他的請求的，不為外人所知，但結果是他很快被安排到歷史博物館陳列組工作。1952 年 8 月 18 日，他再次致函丁玲，向她借錢，並托她將文稿推薦給報刊發表。所有這些，都說明沈從文對丁玲的信任和他們之間友誼的存在。

在那時公開發表的文字中，丁玲對他們之間的友誼也作出過筆帶溫情的描寫。在 1950 年 11 月 15 日所作的〈一個真實人的一生——記胡也頻〉一文中，雖然她也從自己的政治取向出發，分析了沈從文的兩面性，指出：「沈從文是一個常處於動搖的人，既反對統治者（沈從文在年輕時代的確有過一些這種情緒），又希望自己也能在上流社會有些地位⋯⋯他很想能當一個教授」[131]，但如此言辭比之於 1948 年《大眾文藝叢刊》對他組織的政治批判文字已經客觀得多，也平和得多。文中，她還如實敘寫了沈從文與胡也頻的友誼和胡也頻被捕後他為了救胡也頻作出的一系列仗義的舉動。她甚至還描寫到了這樣一個細節：胡也頻臨刑前所穿的那件海虎絨袍子，也是沈從文借給他穿的。

綜上，從建國初到 1955 年，在那段短暫的順境裏，丁玲對沈從文表現出了朋友的情誼。80 年代，沈從文對周健強說：「我們一直都是朋友，一直要好。解放後，她在天上飛來飛去的時候，我沒有去巴結過她，她對我也沒有什麼惡意。」這一表述與事實是吻合的。

[131] 丁玲：〈一個真實人的一生——記胡也頻〉，《丁玲全集》第 9 卷，第 68 頁。

1955 年以後，丁玲「因內部矛盾受到排擠」，沈從文「都是充滿同情」;「到明白轉過山西臨汾時，還託熟人致意」[132]。但在動亂當中，他們倆也自顧不暇，以致音訊久隔。直到粉碎「四人幫」兩年後的 1978 年冬，陳漱渝向他打聽丁玲的地址和近況，他「表示一無所知，並承認『和丁玲多年來沒有直接通過信』」[133]。在這種情況下，他們之間的友誼自然談不上發展，但也不可能惡化。

但是，到了度盡劫波的新時期，丁玲卻突然向沈從文發起攻擊。這當然會使很多人感到意外。中山大學的一位教師在向她詢問原因時，丁玲作了這樣的解釋：一是沈從文 1934 年回湘西時，沒去常德看她母親，所以母親生氣，她也生氣；二是在她被捕失蹤後，左聯馮雪峰找他設法營救，但他膽小不敢出面。後來，在寫回憶錄《魍魎世界》時，她對沈從文未去看她母親的原因作了分析，認為「他向來膽小，怕受牽連」；同時對第二條又作了修正，說「沈從文卻不願借用他的名義接我的母親到上海」。對此，沈從文也有辨正：一是「她母親一點也沒有生過我的什麼氣。解放後我們見面時，她還是那麼客氣，感謝我」；二是「根本沒見過左聯來人找過我」。關於沈從文回湘西未看她母親的原因，有學者也指出，沈從文那次回湘西，是為了探望病危的母親，他在家也僅僅住了三天；而他不願借用他的名義寫信要她的母親到上海，也與他「膽小，怕受牽連」無關。果真如此，又何來〈丁玲女士被捕〉等文章？[134]丁玲所提及的這些事因時間久遠，很難得到確證了。但是，它們即使都是真實的話，也不應該成為此時丁玲攻擊沈從文的理由。按理說，丁玲最遲在解放初年就該知道這些事情，因為她的母親早在 1953 年就已經作古，

---

132 沈從文：致徐遲（1980 年 7 月 2 日），《長江文藝》1989 年第 1 期。

133 陳漱渝：〈乾涸的清泉——丁玲與沈從文的分歧所在〉，《人物》1990 年第 5 期。

134 參見凌宇：《沈從文傳》，北京十月文藝出版社 1988 年版，第 297 頁。

所謂「生氣」一事只能在她生前得知。此事還有一個旁證。1938 年 5 月，廣州出版了一本《丁玲在西北》，作者為「L・蔭森」，即中共地下黨員朱正明。其中也寫到「沈從文幾次回湖南，連順道去探望一次都不曾」。這無疑應該是丁玲本人的意思，而不可能是杜撰之詞。關於沈從文不願借用他的名義寫信要她的母親到上海一事，據丁玲在《魍魎世界》中所寫，她是在 1936 年 5 月在北京見到王會悟時就知道了。但是，所有這些，都沒有妨礙建國初期她與沈從文的友好交往。那麼，為什麼 20 多年過去以後，這些陳年舊事又忽然成了她攻擊沈從文的理由了呢？

答案只能從《記丁玲》一書中所塑造的「丁玲形象」中去找，從丁玲的現實處境和現實需要中去找。據陳漱渝的粗略統計，丁玲在《記丁玲》和《記丁玲續集》兩書中作了 127 條眉批、旁注，內容相當豐富。從這些材料來看，在有關「丁玲形象」的刻畫上，最令丁玲憤怒的當有二：其一就是後來陳漱渝所歸納的「丁玲認為，沈從文按照自己的低級趣味，把她描繪成一個向往『肉體與情魔』、與湘西土娼毫無二致的女人，把她跟胡也頻的結合寫成是單純肉體的結合，並有意無意地在她的私生活中蒙上一層粉紅顏色。」[135]這個概括相當準確。丁玲 1985 年 6 月給友人的信中也說，《記丁玲》「到底只是在生活上歪曲了我和也頻」[136]。其二，就是沈從文在書中提到了「現今還活在臺灣的一個人的『懷疑』」——這就是 1931 年至 1934 年 5 月丁玲與之同居的馮達。

《記丁玲》最初在《國聞周報》上連載時題為《記丁玲女士》，是沈從文在誤信丁玲已被害的傳言時為追憶故友而寫的，所以一方面本不存在故意醜化的動機；而另一方面，「我也沒有有意誇大、抬

---

135 陳漱渝：〈乾涸的清泉——丁玲與沈從文的分歧所在〉，《人物》1990 年第 5 期。
136 丁玲：致姚明強（1985 年 6 月 25 日），《丁玲全集》第 12 卷，第 294 頁。

高她，我是按照我當時的所見所聞所感寫的」[137]。因此，他所追求的應該是「真實」，用他自己的話說，就是其中所寫事實是「多可征信」的「真人真事」。而丁玲後來則認為它是「一部編得很拙劣的『小說』」，並在眉批、旁注中多次斥為「混蛋」、「胡說」。在丁玲的「私生活」上到底哪一說更可信，現在已經很難判斷了。但是，可以肯定的是，根據沈從文當時的認識，他顯然不可能從政治角度作過多描寫，把她當作一個革命者、一個馬克思主義者來加以讚美。他對她「私生活」的渲染，倒更令人覺得她在性情上是一個小資產階級分子、一個個性主義者。而他在書中對馮達的提及，更關乎對丁玲三年南京生活的評價。

迂篤的沈從文事後倒也看得分明，丁玲的憤怒主要還是該書「舉得她不夠高，有損於她偉大形象」。確實，所有這些對「丁玲形象」的勾畫，都不能不使處在現實窘境的丁玲怒不可遏，因為前者涉及到了對自己政治上的定性，而後者則涉及到了對自己歷史問題的判斷。1979 年 10 月，雖然丁玲在費盡周折後明確了以黨員身份參加文代會，但黨籍和組織生活的真正恢復，卻是丁玲在經中央批准的中國作協的複查結論上簽字以後。1980 年元月，丁玲為了生活，在經中央批准的中國作協的複查結論上簽字，承認自己歷史上犯「政治上的錯誤」。正是在這一背景下，丁玲看到了沈從文的這兩本書。她於是不能不敏感地意識到，它們客觀上為她政治上的對手提供了攻擊她的歷史依據，證明 50 年代對她「個人主義」思想的定性是真實的，對她歷史問題的結論是可信的。因此，為了自己的政治前途，為了自己歷史問題的最後解決，她必須對沈從文發起攻擊。而在攻擊沈從文這個「弱」的對手時，她則具有很強的心理優勢，而不需

[137] 轉引自周健強：〈記沈老給我信的前後〉，《散文世界》1989 年第 8 期。

要瞻前顧後、投鼠忌器。有人問過丁玲為什麼老跟沈從文過不去，她答曰：「沈從文去了一趟美國回來驕傲了，架子大了，不理我了，我偏要碰碰他……」。因此，從這種心理優勢出發，她自然就可以大大地把他相輕一番了。

丁玲對沈從文的相輕，其背後的動因仍然是政治功利。她要改變自己的政治處境，本無可非議，但是，為此她卻「用老朋友來『開刀祭旗』」，這不能不使那些看重朋友間非功利的情誼、道義的人感到失望。邵燕祥就說過，在丁玲與沈從文之間，自 1931 年胡也頻遇難後「沈從文的一系列行動所表現出來的道義精神，只是早年純真情誼得不到真誠回應的尾聲罷了」[138]。80 年代初，沈從文文學創作的思想價值和藝術價值已經開始受到國內外的高度關注。而此時丁玲為了攻擊的需要給沈從文戴上了多頂侮辱性的帽子，這也不能不給人留下左的印象。

---

[138] 邵燕祥：〈政治・功利・友誼〉，《讀書》1994 年第 3 期。

尾　聲

1986 年 3 月 4 日，在歷經人間的是是非非之後，82 歲高齡的丁玲走到了生命的盡頭，駕鶴西去了。

2 月 8 日，農曆除夕。那天下午，丁玲歪歪扭扭地寫下了最後一行字：「你們大家高興吧，我肯定能成佛。」守在一邊的陳明不解：「為什麼說成佛呢？我們還要在人間攜手奮鬥呢。」丁玲回答：「以後我什麼都不管了，只寫我的文章，還不是成佛嗎？」五天以後，她在神志不清、舌根發硬時，還清晰地一字一頓地對秘書說：「我早成佛了。」

彌留之際的丁玲，在極度疲憊中似乎真的頓悟了：

她終於意識到了，幾十年來的是是非非其實有許多是由「文章」以外的「什麼」造成的——這是像她這樣的現代中國作家的一種宿命般的生存環境。這樣的環境給她帶來的，固然有短暫的如魚得水般的順遂，但更多的卻是坎坷、辛酸與無奈。從她這一迷途知返般的頓悟中，我們可以讀出她對這一環境的厭倦和執意規避的心態。

她終於意識到了，「寫我的文章」（「文藝」）與她過去管過的「什麼」（當然包括「政治」而且主要是「政治」）究竟不是一回事，「文藝」和「政治」是可以分開的。而她想到要把它們分開，則意味著她終於也認識到了二者之間的矛盾和衝突。

其實，早在 1927 年 12 月的一次講演中，魯迅就深刻地指出過「文藝與政治的歧途」：「我每每覺到文藝和政治時時在衝突之中；文藝和革命原不是相反的，兩者之間，倒有不安於現狀的同一。惟政治是要維持現狀，自然和不安於現狀的文藝處在不同的方向」；文藝和政治在整個社會結構中擔任的角色和所起的作用不同：「政治想維繫現狀使它統一，文藝催促社會進化使它漸漸分離；文藝雖使社會分裂，但是社會這樣才進步起來」[1]。因此，如果強行使文藝為政治服務，去「促進革命和完成革命」，那麼，「這樣的文章是無力的，因為好的文藝作品，向來多是不受別人命令，不顧利害，自然而然地從心中流露的東西；如果先掛起一個題目，做起文章來，那又何異於八股，在文學中並無價值，更說不到能否感動人了」[2]。垂危中的丁玲在這一頓悟中似乎回到了魯迅的這一理論原點。

理所當然的，她還應該意識到自己雙重身份之間的矛盾。在黨員這個政治身份和作家這個社會身份中，她過去一向強調：「我首先是一個共產黨員，其次才是一個作家。」[3]現在，她既然已經意識到「文藝與政治的歧途」的存在，那麼，她如果還有機會的話，首先該以自己的哪一種身份來從事文藝活動？在文藝活動中，她對這雙重身份的認識和排列還會如此斷然、如此簡單嗎？

順理成章的，她還應該進一步意識到文藝的本質到底是基於個性之上的「自由」、「審美」還是基於集體之上的「革命」、「功利」；在20世紀形成的兩種文學傳統中，哪一種更符合文藝的本質和規律……。

所有這一切的頓悟，對她來說雖然為時已晚，但對後人來說畢竟具有久遠的昭示意義。在整個新文學的運演過程中，始終伴隨著「文藝」與「革命」的矛盾，始終佈滿了魯迅所指出的「文藝與政治的歧途」。丁玲的最後生涯具體而微地呈示了這一矛盾和這一「歧途」。在一定程度上，她成了這一矛盾的全息切片，她的最後生涯也成了這一「歧途」的深刻象徵。

---

1 魯迅：〈文藝與政治的歧途〉，《魯迅全集》第7卷，人民文學出版社1981年版，第113、114頁。

2 魯迅：〈革命時代的文學〉，《魯迅全集》第3卷，第418頁。

3 丁玲：〈與美籍華裔女作家於梨華的談話〉，《丁玲全集》第8卷，第29頁。

主要參考文獻

王中忱、尚俠著：《丁玲生活與文學的道路》，吉林人民出版社 1982 年版。

張炯、王淑秧著：《樸素・真誠・美——丁玲創作論》，人民文學出版社 1988 年版。

王中忱著：《風雨人生——丁玲傳》，中國文聯出版公司 1988 年版。

孫偉、彭其芳著：《丁玲在故鄉》，中國文聯出版公司 1989 年版。

宋建元著：《丁玲評傳》，陝西人民出版社 1989 年版。

鄭笑楓著：《丁玲在北大荒》，湖北人民出版社 1989 年版。

許華斌著：《丁玲小說研究》，復旦大學出版社 1990 年版。

左克誠著：《生命倔強的回聲——丁玲小說創作論》，內蒙古人民出版社 1991 年版。

周良沛著：《丁玲傳》，北京十月文藝出版社 1993 年版。

丁言昭著：《在男人的世界裏——丁玲傳》，上海文藝出版社 1998 年版。

楊桂欣著：《丁玲評傳》，重慶出版社 2001 年版。

王增如著：《無奈的涅槃——丁玲最後的日子》，上海書店出版社 2003 年版。

邢小群著：《丁玲與文學研究所的興衰》，山東畫報出版社 2003 年版。

張永泉著：《個性主義的悲劇——解讀丁玲》，中國社會科學出版社 2005 年版。

袁良駿編：《丁玲研究資料》，天津人民出版社 1982 年版。

孫瑞珍、王中忱編：《丁玲研究在國外》，湖南人民出版社 1985 年版。

蔣祖林、李靈源著：《我的母親丁玲》，遼寧人民出版社 2004 年版。

《丁玲作品評論集》，中國文聯出版公司 1984 年版。
《中國》編輯部編：《丁玲紀念集》，湖南人民出版社 1987 年版。
丁玲創作六十周年學術討論會編選小組編：《丁玲與中國新文學》，廈門大學出版社 1988 年版。
郜元寶、孫潔編：《三八節有感——關於丁玲》，北京廣播學院出版社 2000 年版。
丁言昭編選：《別了，莎菲》，人民文學出版社 2001 年版。
楊桂欣編：《觀察丁玲》，大眾文藝出版社 2001 年版。
汪洪編：《左右說丁玲》，中國工人出版社 2002 年版。
許志英、鄒恬主編：《中國現代文學主潮》，福建教育出版社 2001 年版。
包忠文主編：《當代中國文藝理論史》，江蘇教育出版社 1998 年版。
洪子誠著：《中國當代文學史》，北京大學出版社 1999 年版。
陳思和主編：《中國當代文學史教程》，復旦大學出版社 1999 年版。
楊守森主編：《二十世紀中國作家心態史》，中央編譯出版社 1998 年版。
黎之著：《文壇風雲錄》，河南人民出版社 1998 年版。
王蒙、袁鷹主編：《憶周揚》，內蒙古人民出版社 1998 年版。
顧驤著：《晚年周揚》，文匯出版社 2003 年版。
凌宇著：《沈從文傳》，北京十月文藝出版社 1988 年版。
李輝著：《沈從文與丁玲》，湖北人民出版社 2005 年版。
田本相著：《曹禺傳》，北京十月文藝出版社 1988 年版。

國家圖書館出版品預行編目

文藝與政治的歧途 ： 丁玲的最後生涯 (1949-1986) / 秦林芳著. -- 一版. --臺北市 ： 秀威資訊科技, 2008.03

面 ； 公分. –(史地傳記類 ; AC0006)

參考書目 ： 面

ISBN 978-986-6732-80-5 (平裝)

1.丁玲 2.傳記

782.886 97001869

史地傳記類 AC0006

文藝與政治的歧途

——丁玲的最後生涯（1949-1986）

作　　者 / 秦林芳
發 行 人 / 宋政坤
主　　編 / 蔡登山
執行編輯 / 賴敬暉
圖文排版 / 黃莉珊
封面設計 / 蔣緒慧
數位轉譯 / 徐真玉　沈裕閔
圖書銷售 / 林怡君
法律顧問 / 毛國樑　律師
出版印製 / 秀威資訊科技股份有限公司
台北市內湖區瑞光路 583 巷 25 號 1 樓
電話 :02-2657-9211　傳真 :02-2657-9106
E-mail：service@showwe.com.tw
經 銷 商 / 紅螞蟻圖書有限公司
台北市內湖區舊宗路二段 121 巷 28、32 號 4 樓
電話 :02-2795-3656　傳真 :02-2795-4100
http://www.e-redant.com

2008 年 3 月 BOD 一版
定價：440 元

讀　者　回　函　卡

感謝您購買本書，為提升服務品質，煩請填寫以下問卷，收到您的寶貴意見後，我們會仔細收藏記錄並回贈紀念品，謝謝！

1.您購買的書名：____________________________

2.您從何得知本書的消息？

☐網路書店　☐部落格　☐資料庫搜尋　☐書訊　☐電子報　☐書店

☐平面媒體　☐ 朋友推薦　☐網站推薦　☐其他__________

3.您對本書的評價：(請填代號　1.非常滿意 2.滿意 3.尚可 4.再改進)

封面設計____　版面編排____　內容____　文/譯筆____　價格____

4.讀完書後您覺得：

☐很有收獲　☐有收獲　☐收獲不多　☐沒收獲

5.您會推薦本書給朋友嗎？

☐會　☐不會，為什麼？____________________________________

6.其他寶貴的意見：____________________________________

____

____

____

讀者基本資料

姓名：____________________　年齡：______　性別：☐女　☐男

聯絡電話：________________　E-mail：____________________

地址：____

學歷：☐高中(含)以下　☐高中　☐專科學校　☐大學

☐研究所(含)以上　☐其他_______________

職業：☐製造業　☐金融業　☐資訊業　☐軍警　☐傳播業　☐自由業

☐服務業　☐公務員　☐教職　☐學生　☐其他__________

請貼
郵票

To：114

台北市內湖區瑞光路 583 巷 25 號 1 樓

秀威資訊科技股份有限公司　　　收

寄件人姓名：

寄件人地址：□□□

(請沿線對摺寄回,謝謝!)